Detlev Mares, Dieter Schott (Hg.)
Das Jahr 1913

W0202563

Histoire | Band 65

Detlev Mares, Dieter Schott (Hg.)

Das Jahr 1913

Aufbrüche und Krisenwahrnehmungen am Vorabend des Ersten Weltkriegs

[transcript]

Bibliografische Information der Deutschen Nationalbibliothek
Die Deutsche Nationalbibliothek verzeichnet diese Publikation in der Deutschen Nationalbibliografie; detaillierte bibliografische Daten sind im Internet über http://dnb.d-nb.de abrufbar.

© 2014 transcript Verlag, Bielefeld

Die Verwertung der Texte und Bilder ist ohne Zustimmung des Verlages urheberrechtswidrig und strafbar. Das gilt auch für Vervielfältigungen, Übersetzungen, Mikroverfilmungen und für die Verarbeitung mit elektronischen Systemen.

Umschlaggestaltung: Kordula Röckenhaus, Bielefeld
Innenlayout und Satz: Sonja Stein | www.grafik-stein.de
Druck: CPI – Clausen & Bosse, Leck
Print-ISBN 978-3-8376-2787-9
PDF-ISBN 978-3-8394-2787-3

Gedruckt auf alterungsbeständigem Papier mit chlorfrei gebleichtem Zellstoff.
Besuchen Sie uns im Internet: *http://www.transcript-verlag.de*
Bitte fordern Sie unser Gesamtverzeichnis und andere Broschüren an unter: *info@transcript-verlag.de*

Inhalt

1913 – Annäherungen an ein Jahr der Möglichkeiten 7
DETLEV MARES/DIETER SCHOTT

I. Lebensräume – Zeithorizonte – Zeitdiagnosen

Das Pathos der Jugend. 25
Die Entdeckung des jugendlichen „Selbst"
und der „Hohe Meißner" 1913
JÜRGEN REULECKE

Bedrohliche und bedrohte Natur. 47
Anmerkungen zur Geschichte des deutschen
Natur- und Heimatschutzes im Kaiserreich
FRIEDEMANN SCHMOLL

Die Großstadt als Lebensraum des modernen Menschen 71
DIETER SCHOTT

Max Weber, Ernst Troeltsch und die
‚Entdeckung der Moderne' 95
CHRISTOF DIPPER

II. Nation und Identität

Das antike Griechenland. 121
Traditionelles Bildungsideal, Bezugspunkt des deutschen
Nationalgefühls und Forschungsgegenstand
ELKE HARTMANN

Die Jahrhundertfeiern der ‚Völkerschlacht'. Erinnerungskulturen und Kriegslegitimation im Jahr 1913 143
Birte Förster

„Völker, hört die Signale"? Internationalismus und Nationalismus der SPD am Vorabend des Ersten Weltkrieges 169
Walter Mühlhausen

III. Aufbrüche der Vorkriegszeit

Kaiserhuldigung und Eigensinn. Die Einweihung des Deutschen Stadions in Berlin und der Aufbruch des Sports 195
Noyan Dinçkal

Das Jahrhundert der Frauen? Frauenbewegung und Gesellschaft zu Beginn des 20. Jahrhunderts 217
Angelika Schaser

Das Jahr 1913. Aufbrüche in Architektur und Städtebau 243
Werner Durth

Nachwort 273

Autorinnen und Autoren 275

Abbildungsverzeichnis 279

1913

Annäherungen an ein Jahr der Möglichkeiten

Detlev Mares/Dieter Schott

Was war so besonders an ‚1913'? Das Jahr hat 2013 in Geschichtswissenschaft und Öffentlichkeit eine Aufmerksamkeit gefunden, die weit über den bloßen Anlass eines Rückblicks nach 100 Jahren hinauszuweisen scheint. Ausstellungen, Vorlesungsreihen und Buchpublikationen trugen die Jahreszahl im Titel und erlangten eine Resonanz, die das Epochenpanorama von Florian Illies sogar bis in die Sachbuchbestsellerlisten katapultierte.[1] Dieses Maß an Beachtung ist ungewöhnlich für ein Jahr, das meist nicht als eine epochale Zäsur gehandelt wird – als Epochenschwelle gilt wegen des Weltkriegsbeginns das Jahr 1914.

Zumindest ein Teil des Interesses am Jahr 1913 dürfte sich aus der Weltkriegsperspektive erklären lassen: Das Wissen aus der Rückschau macht das Jahr 1913 zum letzten Friedensjahr und verleiht ihm dadurch einen besonderen Charakter. Es liegt eine eigentümliche Faszination im Blick auf das Ende einer Epoche, die nicht allmählich unterging, sondern ein Jahr später in einen Weltenbrand mündete. Dessen tiefen zivilisatorischen Einschnitt erahnten zuvor allenfalls einige sensible Zeitgenossen, insbesondere Künstler wie Ludwig Meidner in seinen ‚apokalyptischen Landschaften' oder Georg Trakl in seinen visionären Gedichten. Niemand konnte aber die ungeheuerlichen Formen des Krieges voraussehen.

Auch die Suche nach den Ursachen der Katastrophe rückt unweigerlich das Jahr 1913 als „Vorkriegszeit" in den Fokus der Analyse.[2] Anzeichen für einen bevorstehenden Krieg finden sich im Jahr 1913 problemlos: Balkankriege, Rüstungswettlauf und internationales Säbelrasseln lassen den 1914 ausgebrochenen Großkonflikt im Nachhinein als folgerichtig und geradezu unvermeidbar erscheinen. Dieser Eindruck wird gestützt durch Äußerungen führender Militärs, wie des preußischen Generalstabschefs Helmuth Graf von Moltke. Für ihn schien nur noch der richtige Zeitpunkt für einen „über kurz oder lang" kommenden Krieg fraglich zu sein, wenn er den österreichisch-ungarischen Militärattaché in Berlin 1913 mahnte, der „Beginn eines Weltkriegs" sei nicht zu überstürzen (wobei zu klären wäre, was Moltke zu diesem Zeitpunkt unter einem ‚Weltkrieg' verstand).[3]

Doch es gab auch entgegengesetzte Stimmen. So veröffentlichte der Brite Norman Angell 1910 den Weltbestseller *The Great Illusion*, in dem er den Nachweis zu führen suchte, dass ein Krieg angesichts der weltweiten ökonomischen und kommunikativen Verflechtungen sinnlos wäre. Keine der kriegführenden Parteien würde einen Nutzen aus einem Krieg ziehen, so dass von Industrie und Finanzwelt mächtige Impulse zur friedlichen Beilegung von Konflikten ausgingen. Angells Thesen fanden durch die Übersetzung unter dem Titel *Die falsche Rechnung* (1911) und einen offenen Brief des Autors an die deutsche Studentenschaft (1913) auch in Deutschland Verbreitung.

Der Historiker Holger Afflerbach argumentiert in einer Untersuchung der Haltungen von Politikern und Militärs sowie der öffentlichen Meinung, dass weniger die Annahme der *Unausweichlichkeit* als vielmehr die Überzeugung von der *Unwahrscheinlichkeit* eines Krieges das Denken der Akteure in den Jahren 1913/14 prägte.[4] Paradoxerweise mag gerade der Eindruck, die internationalen Spannungen würden schon nicht in einen Krieg münden, zu einem „leichtfertigen Umgang mit Krisen und Kriegsgefahren" verleitet haben, der 1914 in den Abgrund führte.[5] In jedem Fall erscheint der ‚Große Krieg', wie ihn die Briten und Franzosen nennen, der historischen Forschung nicht länger als unvermeidliche und zwangsläufige Konsequenz aus der Verkettung antagonistischer Prozesse, wie wir dies lange anzunehmen gewohnt waren. Der Historiker Christopher Clark hat in seiner bejubelten Studie *Die Schlafwandler* gezeigt, dass das europäische Staatensystem in den Jahren vor dem Ersten Weltkrieg zwar von Konkurrenzen und tiefgreifenden Konfliktlinien durchzogen war, dennoch aber immer wieder die nötige Flexibilität zur Vermeidung des großen Konflikts unter Beweis stellte. Die Diplomatie steuerte nicht geradlinig auf einen Krieg zu, sondern verfing sich in wechselseitig errichteten Blockaden und Gegensätzen, die womöglich hätten gelöst werden können, wenn nicht die Schüsse von Sarajevo als Auslöser einer fatalen Entscheidungskette gezündet hätten: „Die Zukunft war offen – wenn auch nur knapp."[6] Je mehr aber bei der Suche nach den Kriegsursachen die ‚Offenheit' der Entwicklungen betont wird, desto weniger lässt sich das Jahr 1913 als bloße ‚Vorkriegszeit' interpretieren. Der Blick verlagert sich dadurch von Politik und Diplomatie hin zu gesellschaftlichen und kulturellen Trends. Auch dies dürfte das außergewöhnliche Interesse am Jahr 1913 erklären, häuften sich doch Ereignisse, die als Wegmarken der Moderne gefeiert werden: in der Musik die Skandale um Igor Strawinskys Ballett *Le Sacre du Printemps* in Paris und das Konzert mit atonalen Werken von Arnold Schönberg, Alban Berg und Anton von Webern in Wien, in der Literatur das Erscheinen des ersten Bandes des Romanzyklus *À la recherche du temps perdu* von Marcel Proust, in der bildenden Kunst die bahnbrechende Ausstellung moderner Werke in der Armory Show in New York, in der Industrie die Einführung des Fließbands durch Henry Ford zur Produktion des *Model T*, in der Architektur mit dem Grand Central Terminal in New York die Eröffnung des größten Bahnhofs der Welt, in derselben Stadt die Geburt des Wolkenkratzers durch die Eröffnung des Woolworth Building – weitere Beispiele ließen sich aufzählen.[7] Schon deutlich vor dem Jahrhundertjubiläum war das Jahr 1913 daher von der historischen Forschung als „Wiege" der Modernität entdeckt und als kultureller Umschlagpunkt gewürdigt worden.[8] Auch Florian Illies hat in seinem Bestseller *1913* einen „Sommer des Jahrhunderts" beschworen, in dem eine kosmopolitische Kulturelite zwischen trivialem Alltag und tiefem seelischen Erleben Wegmarken für die Kultur des gesamten 20. Jahrhunderts errichtet hat. Damit deutet er die ungeheure künstlerische Produktivität des Jahres als Durchbruch der Moderne in Gesellschaft und Kultur, was dem Jahr durchaus einen epochalen Charakter verleiht.[9]

Die Zeitgenossen nahmen die Dynamik ihrer Epoche, die Wirtschaft, Gesellschaft und Kultur erfasste, als optimistisches Zukunftsversprechen, aber zugleich als häufig verstörende Beschleunigung des Lebens wahr. Seit dem *fin de siècle* erschienen Kultur und Gesellschaft durchzogen von Zeichen des Aufbruchs und der Erneuerung, zugleich aber von Unruhe, Unsicherheiten, Neurosen. Diagnostisch rückblickend ist vom „Zeitalter der Nervosität"[10] die Rede, in dem die Modekrankheit der Neurasthenie symbolisch für das Unbehagen an der Entfaltung der modernen Kultur, der Heraufkunft der Massen und der Transformation von Glaubens- und Wertehorizonten stand, die die Menschen teils von tradierten Schranken befreite, teils überforderte.[11] Sinnbild des Unstetigen war vielen Beobachtern der deutsche Kaiser, der Max Weber bereits 1889 sinnieren ließ: „Man hat den Eindruck, als säße man in einem Eisenbahnzuge von großer Fahrtgeschwindigkeit, wäre aber im Zweifel, ob auch die nächste Weiche richtig gestellt werden würde.“[12]

Während in den USA die Modernität selbstbewusst als Signum der eigenen Nation in Anspruch genommen wurde, dominierte in Europa ein Gefühl des Taumels.[13] Robert Musil brachte dieses oft diffuse Gefühl der ‚Neuheit‘, des ‚Aufbruchs‘, aber auch der inhaltlichen Unbestimmtheit dieses Aufbruchs in seinem Roman *Der Mann ohne Eigenschaften* unter der Kapitelüberschrift „Geistiger Umsturz“ zum Ausdruck:

> Aus dem ölglatten Geist der zwei letzten Jahrzehnte des neunzehnten Jahrhunderts hatte sich plötzlich in ganz Europa ein beflügelndes Fieber erhoben. Niemand wußte genau, was im Werden war; niemand vermochte zu sagen, ob es eine neue Kunst, ein neuer Mensch, eine neue Moral oder vielleicht eine Umschichtung der Gesellschaft sein solle. Darum sagte jeder davon, was ihm paßte. Aber überall standen Menschen auf, um gegen das Alte zu kämpfen. [...] Es entwickelten sich Begabungen, die früher erstickt worden waren oder am öffentlichen Leben gar nicht teilgenommen hatten. Sie waren so verschieden wie nur möglich, und die Gegensätze ihrer Ziele waren unübertrefflich. Es wurde der Übermensch geliebt, und es wurde der Untermensch geliebt; es wurden die Gesundheit und die Sonne angebetet, und es wurde die Zärtlichkeit brustkranker Mädchen angebetet; man begeisterte sich für das Heldenglaubensbekenntnis und für das soziale Allemannsglaubensbekenntnis; man war gläubig und skeptisch, naturalistisch und preziös, robust und morbid; man träumte von alten Schloßalleen, herbstlichen Gärten, gläsernen Weihern, Edelsteinen, Haschisch, Krankheit, Dämonien, aber auch von Prärien, gewaltigen Horizonten, von Schmiede- und Walzwerken, nackten Kämpfern, Aufständen der Arbeitssklaven, menschlichen Urpaaren und Zertrümmerung der Gesellschaft. Dies waren freilich Widersprüche und höchst verschiedene Schlachtrufe, aber sie hatten einen gemeinsamen Atem; würde man jene Zeit zerlegt haben, so würde ein Unsinn herausgekommen sein wie ein eckiger Kreis, der aus hölzernem Eisen bestehen will, aber in Wirklichkeit war alles zu einem schimmernden Sinn verschmolzen.[14]

Obwohl Musils Roman an einem schönen „Augusttag des Jahres 1913“ beginnt[15], stammt seine Beschreibung der Befindlichkeiten aus der Rückschau des Jahres 1930. Nichtsdestotrotz trifft das von Musil zum Ausdruck gebrachte Gefühl eines allgemeinen Aufbruchs, aber auch beschleunigten Wandels die Wahrnehmung der Zeitgenossen. Selbst in die Welt gediegener akademischer Zeitanalyse hatte es Einzug gehalten. Zum Jahr 1913 erschien der von David Sarason herausgegebene Versuch, *„führende Geister*" seiner Zeit ein „Gesamtbild der Kulturentwicklung" des laufenden Jahres zeichnen zu lassen.[16] Die Absicht, dem Sammelwerk jährlich weitere Bände folgen zu lassen, scheiterte durch den Kriegsausbruch 1914, so dass der verbliebene Solitär dem Jahr 1913 ungewollt eine herausgehobene Bedeutung verleiht. Die Begründung des Gesamtprojekts in der Einführung des Herausgebers ist weniger wegen der anklingenden kulturkritischen Töne von Interesse; charakteristisch ist vielmehr der Hinweis auf die Widersprüchlichkeit der kulturellen Tendenzen und die Beschleunigung der Zeiterfahrung:

> Die Zeit, in der wir leben, ist wohl die anregendste und erregendste, die je dagewesen ist. Überreich an Kultur*werten* – und erschreckend arm an Kultur*höhe*, wie es nur allzuoft und mit schmerzhafter Deutlichkeit die Begebnisse des politischen, sozialen und individuellen Lebens enthüllen. Unaufhörlich katastrophale Ereignisse in Natur und Menschenleben auf der einen Seite – und auf der andern: Schlag auf Schlag glanzvollste, neue Welten erschließende Großtaten in Wissenschaft und Technik.[17]

Sarason begründet die Notwendigkeit seiner Bestandsaufnahme nun nicht etwa mit der Fülle des neugewonnenen Wissens, sondern mit dessen unmittelbar einsetzendem Verlust durch die Geschwindigkeit der Entwicklung, ebenfalls versetzt mit kulturkritischem Unterton:

> Wo finden wir heute noch einen tiefer gehenden Nachhall, welcher den Tag überdauerte und nur entfernt im Einklang stünde mit der geschichtlichen Bedeutung und den fühlbaren Nachwirkungen aller jener Erlebnisse? Das heute noch Überraschendste ist morgen schon durch Banalitäten verdrängt und vergessen. *Ewigkeitswerte weichen der Sensation des Tages, und das Epochale sinkt zum Ephemeren herab! So gehen unserem Leben fortdauernd unschätzbar große Lehr- und Erkenntniswerte verloren,* die eine nachdenkliche, im Banne der Ereignisse entstandene Darstellung bei rückschauender Betrachtung schaffen und nutzbar machen könnte.[18]

Erforderlich sei es daher, „*Gesichtspunkte von höchster Überordnung*" zu finden, um den Einfluss der „*großen, bewegenden Gedanken der Zeit*" auf „andre Gebiete und auf die *Gestaltung der Gesamtkultur* zum Bewußtsein" zu bringen.[19]

Sarasons Konzept einer „Gesamtkultur" ist allerdings trügerisch. So plausibel die allgemein formulierten Zeitdiagnosen klingen mögen, so sehr bedürfen sie der Differenzierung. Es ist nicht von vornherein klar, wer genau von den großen Trends in welchem Maße betroffen war. Der Erzähler in Musils *Mann ohne Eigenschaften* mahnt, die durch den „geistigen Umsturz" ausgelöste Bewegung „nicht zu überschätzen. Sie vollzog sich ohnehin nur in jener dünnen, unbeständigen Menschenschicht der Intellektuellen [...] und wirkte nicht in die Menge"[20]. Doch auch dieser Befund wäre zu einfach, lässt sich doch allein schon die ‚Modekrankheit' Neurasthenie nicht als Spleen einiger weniger Intellektueller abtun. Die Vielfalt und Widersprüchlichkeit der Zeitphänomene wirft somit bei genauerer Betrachtung zahlreiche Fragen auf, die sich mit dem Konzept der „Gesamtkultur" nicht erfassen lassen. Die Beiträge des folgenden Sammelbandes erheben daher gerade nicht den Anspruch, die Welt des Jahres 1913 aus „Gesichtspunkten von höchster Überordnung" heraus zu erklären. Sie bieten punktuelle ‚Tiefenbohrungen', die die Widersprüchlichkeiten der Zeit an einzelnen Phänomen und Prozessen aufzeigen und dabei die Narrative von Modernität und Krise am konkreten Beispiel auf ihre Tragfähigkeit hin überprüfen. Bemerkenswert ist dabei, wie Parallelen und Verwebungen zu Tage treten, die für ein Verständnis des besonderen Charakters des Jahres 1913 von zentraler Bedeutung sind.

Globalisierung und Internationalisierung

Das frühe 20. Jahrhundert gilt in der historischen Forschung als Abschluss einer „ersten Globalisierungsphase", die bis zum Ersten Weltkrieg eine rasante Zunahme an weltweiter kommunikativer Vernetzung und ökonomischer Integration brachte.[21] Einen weithin sichtbaren Ausdruck erhielt der Kontakt zwischen den Kulturen im Jahr 1913 durch die Verleihung des Nobelpreises für Literatur an den indischen Schriftsteller Rabindranath Tagore.[22] Die Auszeichnung ging damit erstmals an einen Nicht-Europäer. Doch auch jenseits solcher symbolträchtiger Einzelereignisse beflügelten transnationale Kommunikationsnetze und internationaler Wissenstransfer die Hoffnungen auf Lösungen für viele der aus dem 19. Jahrhundert überkommenen Probleme.[23] Beispielhaft greifen *Werner Durth* und *Dieter Schott* dafür im vorliegenden Band die Felder Architektur und Stadtplanung heraus, denn gerade in diesen Bereichen verdichtete sich der internationale Austausch in den Jahren unmittelbar vor dem Ersten Weltkrieg spürbar. Eine junge Generation von Architekten, die gegen die erstarrte Formensprache des Historismus aufbegehrte, suchte in länderübergreifenden Zirkeln nach Formen des Bauens jenseits des Historismus. Diese sollten eine „Durchgeistigung der Arbeit" durch eine neue Industrie- und Zweckarchitektur ermöglichen und brachten richtungsweisende und international rezipierte Impulse für die zukünftige Gestaltung städtischen Lebens.[24] Auf der Ebene von Stadtplanung und Stadtverwaltung schufen internationale Kongresse, Studienreisen und Exkursionen mit teilweise hunderten von Teilnehmern eine internationale Ökumene der Urbanisten, die sich als Speerspitze des Fortschritts zur grundlegenden Verbesserung der städtischen Lebenswelt verstand.[25] Diese meist internationalistisch und pazifistisch orientierten Urbanisten waren beim Ausbruch des Weltkriegs fassungslos, suchten aber hartnäckig-trotzig das rationalisierende und friedensstiftende Potential ihrer Bestrebungen zu behaupten: Während die Nationen in den Krieg zögen, seien die Städte „free from those obscure and shifting motifs which so largely govern the conduct of nations"[26].

Doch nicht nur urbanistische Hoffnungen auf die wohltätigen Effekte internationaler Kooperation wurden enttäuscht – auch die Arbeiterbewegung, die sich den Internationalismus in großen Lettern auf die Fahnen geschrieben hatte, lernte dessen Grenzen bei Kriegsausbruch kennen. Die Erwartung, die Arbeiter würden sich, wie auf zahlreichen Friedenskongressen vor 1914 beschworen, in internationaler Solidarität dem Waffengang verweigern, wurde bereits in den Augusttagen 1914 weitgehend enttäuscht; das Nationalgefühl obsiegte gegenüber der Zukunftsvision vom friedlich-brüderlichen Miteinander der Völker. Allerdings steht das Beispiel der Arbeiterschaft zugleich für die Grenzen, die bereits dem Vorkriegsinternationalismus innewohnten. Wie *Walter Mühlhausen* anhand der SPD zeigt, setzte die Partei bereits lange vor dem Weltkrieg auf eine verstärkte nationale Integration. Zwar beschwor die Rhetorik den Sieg des internationalen Proletariats, doch gleichzeitig wies die stolze Partei fremde Einflussversuche zurück, zumal nach der Ablösung der Gründergeneration durch eine neue Führungsriege, die den evolutionären Weg der sozialreformerischen SPD als einen anhaltenden Erfolgskurs erlebt hatte.[27] Auch der Internationalismus immunisierte also nicht gegen die Lockungen des Nationalismus.

Nationalismus und Militarismus

Schon ein kursorischer Blick auf das Jahr 1913 fördert zahlreiche Anlässe zutage, die für eine ungebrochene Dominanz von Militarismus und Nationalismus gegenüber völkerverbindenden Idealen und gegenüber den von Fortschrittskräften erhofften Effekten der Globalisierung sprechen. Als im November 1913 ein preußischer Leutnant im elsässischen Zabern (Saverne) beleidigende Äußerungen über die einheimische Bevölkerung fallen ließ und seine Rekruten dazu anhielt, im Konfliktfall gegenüber den Elsässern von der Waffe Gebrauch zu machen, löste er einen Proteststurm aus. Widerrechtliche Verhaftungen durch die preußischen Truppen und die Rückendeckung des Kaisers für das Vorgehen seiner Militärs verstärkten den Eindruck eines unsensiblen deutschen Nationalismus und einer ungebrochenen, parlamentarisch nicht kontrollierbaren Dominanz des Militärapparats in der deutschen Innenpolitik.[28] Auch erfreulichere Ereignisse waren durchzogen von Demonstrationen nationalen Selbstbewusstseins. 1913 war ein ausgesprochenes Jubeljahr, in dem das Deutsche Reich unter anderem den Geburtstag und das 25-jährige Regierungsjubiläum des Kaisers mit aufwändigen Festakten beging.[29] *Birte Förster* und *Noyan Dinçkal* greifen mit der Einweihung des Völkerschlachtdenkmals in Leipzig und der Eröffnung des Deutschen Stadions in Berlin zwei weitere Festanlässe heraus, die Inszenierungen im Zeichen des nationalen Pathos und der Festigung militärischen Drills erlaubten. Beide Ereignisse wurden durch militärische Paraden und die Anwesenheit des Kaisers aufgewertet und präsentierten Bilder männlicher Kraft und nationaler Einheit.

Doch auch Bekundungen des Nationalismus waren nicht frei von gegenläufigen Tendenzen. Der Einweihung des Deutschen Stadions war bei aller nationalen Vereinnahmung ein kosmopolitischer Anfangsimpuls eingeschrieben, war der Bau doch für die an Berlin vergebenen Olympischen Spiele 1916 (die wegen des Weltkriegs nicht zustande kamen) gedacht. Die Eröffnungsfeierlichkeiten und die Nutzung des Stadions dienten zudem Vertretern des Sports dazu, ihre nationale Integration zur Gewinnung bürgerlicher Respektabilität zu nutzen, die den neuen Wettkampfformen bislang durch die Konkurrenz der etablierten Turnerbewegung weitgehend versagt geblieben war.[30] Auch die Festveranstaltung am neuen Völkerschlachtdenkmal erschöpfte sich nicht in der Wiederbelebung eines nationalen Ursprungsmythos aus dem Sieg über Napoleon. Ähnlich wie im Fall des Deutschen Stadions konkurrierten unterschiedliche Ansprüche miteinander, die ihren Platz während des Festes zu behaupten suchten. Während der Kaiser die Nation auf sein Herrschertum und eine dynastische Perspektive eingeschworen sehen wollte, galt vielen bürgerlichen Organisatoren das ‚Volk' als eigentlicher Bezugspunkt der erfolgreichen ‚Befreiungskriege'.[31] Es zeigten sich auch regionale Varianten des Gedenkens. So musste das Großherzogtum Hessen bei der Einreihung in die Feierphalanx vergessen machen, dass es seinerzeit auf der ‚falschen', nämlich der pro-Napoleonischen Seite in die Schlacht gezogen war. Schließlich erforderte die Beschwörung der geeinten Nation die Berücksichtigung unterschiedlicher Geschlechterperspektiven. Frauen als Nicht-Kombattantinnen ließen sich nicht ohne Weiteres in den militärisch konnotierten Nationalismus integrieren. Immerhin bot die Zeit des Kampfes gegen Napoleon eine Identifikationsfigur in der preußischen Königin Luise, die sich zum „Idealbild deutscher Weiblichkeit" verklären ließ.[32]

Auch im Politischen konterkarierte die Geschlechtergrenze Behauptungen von der integrierten Nation. Der Tod der englischen Suffragette Emily Davison, die sich 1913 in Epsom vor das Rennpferd des Königs warf, stellt nur ein besonders drastisches Beispiel für den in fast allen europäischen Staaten anhaltenden Kampf um die rechtliche Gleichstellung der Frauen dar. Es zeigten sich allerdings Unterschiede in der Strategie. Wie *Angelika Schaser* in ihrem Beitrag darlegt, lehnte die deutsche Frauenrechtsaktivistin Gertrud Bäumer, die als einzige Frau mit einem Beitrag in Sarasons „Gesamtbild der Kulturentwicklung" vertreten war, die gewaltsamen Methoden der Suffragetten ab und verwies auf die Chancen einer allmählichen Verbesserung der sozialen und rechtlichen Situation der Frauen durch Überzeugungsarbeit und politisches Engagement.[33] In jedem Fall war die Frauenbewegung Teil „der allseitigen Durchdringung eines ungemein weitreichenden Wandels"[34] und damit Bestandteil einer Moderne, die sich seit den ersten Jahrzehnten des 20. Jahrhunderts zunehmend selbst als solche reflektierte.

Moderne

Im Jahr 1913 sprach Max Weber erstmals von der „Entzauberung der Welt"[35], die als Folge neuzeitlicher Rationalisierungsprozesse eingetreten sei. Damit beschrieb er ein wesentliches Element der Veränderungen, die immer häufiger unter dem Begriff der ‚Moderne' zusammengefasst wurden. Ebenso wie der Theologe Ernst Troeltsch, der mit ihm im Zentrum des Beitrags von *Christof Dipper* steht, strebte

Weber nach einer historisch informierten Gegenwartsanalyse, die zunächst weder wertete noch Zukunftsprognosen beabsichtigte, sondern die grundlegenden Charakteristika des okzidentalen Rationalismus zu erfassen suchte.[36] Doch der suggestive Gehalt des Schlüsselbegriffs ‚Entzauberung' wies über die Ebene soziologischer Analyse hinaus und traf den Nerv der Zeitgenossen, die mit den Folgen der ‚Moderne' rangen. Der Modernebegriff war daher von Beginn an schillernd.[37] In fortschrittsoptimistischer Manier konnte ‚Moderne' die Hoffnung auf eine rational und dadurch human gestaltete Zukunft repräsentieren. Zugleich bündelte der Begriff, zum Feindbild gewendet, aber auch das Unbehagen an ‚kalter' Rationalität und dem Niedergang humaner Werte durch den Verlust traditioneller Ordnungsrahmen.

Materielle Grundlage der intellektuellen Debatten über ‚Moderne' war eine fortschreitende Technisierung von Lebensräumen, die insbesondere seit den 1880er Jahren die Welt der Städte tiefgreifend umgestaltet hatte. Erstmals seit Anfang städtischer Zivilisation waren Städte, wie *Dieter Schott* zeigt, nicht mehr von der ‚Produktivkraft' der sie unmittelbar umgebenden Natur abhängig, sondern koppelten sich durch komplexe Netzwerke technischer Infrastruktursysteme davon ab. Technisierung als materielle Grundlage der Moderne war aber nicht auf die Stadt beschränkt; in der fundamentalen Umgestaltung zahlreicher Landschaftselemente durch Melioration, Beseitigung vermeintlich ‚unproduktiver' Landschaften wie Heiden, Hochmoore oder Flussauen, durch Einsatz von Kunstdünger, durch Flurbereinigung und Entfernung von Hecken und Sträuchern zeigt sich die Wirkung renditeorientierter agrarischer Bewirtschaftungsweisen; die ‚Moderne' offenbart sich so als konsequente Orientierung an ökonomischen Nutzenkalkülen. Die neuen Verkehrstechnologien der Straßen- und Umlandbahnen erschlossen die stadtnahe Natur, die zugleich freizeitgerecht umgestaltet wurde, zunehmend für die stadtmüden Stadtbewohner.

Beide Ebenen von Moderne und Umgang mit der Moderne, die Befreiung von überkommenen Anschauungen und Strukturen wie auch der Verlust traditioneller Ordnungsrahmen und Werte, zeigten sich bereits im Jahr 1913 in ihrer unauflösbaren, dadurch aber nicht weniger verstörenden Verflechtung. Alle Tendenzen der kulturellen und gesellschaftlichen Entwicklung – Globalisierung und Nationalismus oder Innovationen in Wissenschaft, Technik und Kultur – ließen sich durch diese interpretatorische Großkategorie erfassen und damit in einen Diskussionszusammenhang bringen, wobei der Modernebegriff wegen seiner scheinbar beliebigen Verfügbarkeit nicht selten an Erklärungskraft verlor.

Dennoch markiert das Jahr 1913 – folgt man Jean-Michel Rabaté – einen besonderen Punkt in den Selbstvergewisserungsversuchen der Moderne. Mit Blick auf die Neuentwicklungen im Bereich der Kunst konstatiert er, dass

> the emerging modernism of 1913 attempted precisely to make us imagine things differently [...]. For 1913 gives us a glimpse of modernism before it was canonized, systematized, or institutionalized, a process that would take place rapidly in the late twenties, and which continued until the mid-fifties. This early modernism arose before any distinction was made between progressive form and regressive content.[38]

Diese Beobachtung kann auch über den Anwendungsbereich der Kunst hinaus dazu beitragen, dem Umgang mit der Moderne im Jahr 1913 auf die Spur zu kommen: Noch ließen sich Positionen und Erfahrungen zusammenbinden, die sich im Verlauf des 20. Jahrhunderts als unvereinbar, widersprüchlich oder antagonistisch ausdifferenzieren sollten, sei es im Bereich der Kunstauffassung und Architektur, der gesellschaftlichen Vision oder der politischen Lagerbildung. Diese Vielschichtigkeit und innere Widersprüchlichkeit der Aufbruchs- und Suchbewegungen um 1913 zeigt sich in der Jugendbewegung ebenso wie in der Geschichte des deutschen Natur- und Heimatschutzes, die in den Beiträgen von *Jürgen Reulecke* und *Friedemann Schmoll* analysiert werden. In beiden Fällen entstand ein Veränderungsimpuls aus der Unzufriedenheit mit der bestehenden Zivilisation – gesucht wurde ein ‚unverdorbeneres' Leben, nahe an der Natur, ungezügelt von gesellschaftlichen Zwängen.[39] Alte Bildungsideale waren brüchig geworden, wie *Elke Hartmann* in ihrem Beitrag am Beispiel des Griechenideals aufzeigt. Vermittelt über die Bildungseinrichtungen hatte es über ein Jahrhundert lang das Selbstverständnis der Deutschen geprägt, die sich als nicht-romanisierte Nachfahren der Germanen und Verwandte der antiken griechischen Kultur inszenieren konnten.[40]

Doch wie Musils Panorama reformerischer Bewegungen anschaulich zeigt, brachte der Sturz des Alten nicht unmittelbar verbindliche neue Formen der Selbstdarstellung und frische, allgemein akzeptierte Orientierungspunkte hervor; diese mussten erst noch gefunden werden. An Angeboten mangelte es nicht – es war die Zeit der Propheten und Lebensreformer, die 1913 auch dem Treffen der Freideutschen Jugend auf dem ‚Hohen' Meißner ihren Stempel aufzudrücken suchten. Für Jugendbewegung und Heimatschutz gleichermaßen bezeichnend war dabei, dass im Jahr 1913 romantisierende und fortschrittliche Impulse noch eng beieinanderlagen, die sich im Verlauf des 20. Jahrhunderts immer stärker in unterschiedlichen politischen Lagern wiederfinden sollten. Der Erste Weltkrieg brach in die Entfaltung der neuen Orientierungen ein, veränderte diese nachhaltig und radikalisierte viele Problemstellungen. Allerdings ist die Bedeutung des Krieges für diese Prozesse im Detail alles andere als leicht zu bestimmen.

Über den Weltkrieg hinaus

Modris Eksteins hat 1989 in seinem anregenden Buch *Tanz über Gräben* gezeigt, wie wichtig der Erste Weltkrieg für die Aus- und Umformung der Moderne war.[41] In der Tat lassen sich problemlos Beispiele dafür finden, dass der Krieg ein Schlüsselereignis in vielen der im vorliegenden Band für das Jahr 1913 untersuchten Bereiche war. Die zuvor von Sehnsüchten nach neuen Lebensformen bewegte Jugend stellte nun die Soldaten, die in den Schützengräben verbluteten. Die Gewalterfahrung des Krieges prägte Mentalitäten und politische Optionen in der Nachkriegszeit. Die Moderne zeigte die kälteste Seite ihrer Rationalität in der Hervorbringung zuvor ungekannter und hocheffektiver Tötungstechnologien.

Dennoch setzt die Untersuchung der Auswirkungen des Krieges auf das Selbstverständnis der Moderne voraus, dass diese bereits vorher existierte. Nicht der Krieg, sondern die Zeit davor schuf die Moderne. Der Krieg verformte sie lediglich, gab ihr neue Entwicklungsschübe und belastete sie mit zusätzlichen Fragen, die manche Erfahrung der Vorkriegszeit in neuem Licht erscheinen ließen, als träumerische Utopie oder als gar zu leichtfertig aufgegebene Option für die Zukunft.

Die Beiträge des vorliegenden Bandes erheben nicht den Anspruch, die Nachkriegsentwicklung systematisch zu verfolgen. Dennoch bieten die meisten Autorinnen und Autoren in ihren Beiträgen auch einen Blick auf die von ihnen untersuchten Phänomene aus der Perspektive der Nachkriegszeit. Wie *Werner Durth* am Beispiel der Architekten zeigt, lassen sich die Konstellationen der Vorkriegszeit als ‚Knoten' verstehen, die durch den Krieg aufgeriffelt, in der Weimarer Zeit aber neu und anders wieder geknüpft wurden. Auch der jugendbewegte Impetus entfaltete bald eine klassenübergreifende Wirksamkeit. Selbstverständlich verloren viele der Denkkategorien und Wertvorstellungen der Vorkriegszeit durch den Krieg an Überzeugungskraft; ohne Zweifel bedeutete die Erfahrung des Krieges einen Bruch, der viele Hoffnungen des frühen

20. Jahrhunderts im Nachhinein als naiv oder unverständlich erscheinen ließ.[42] Doch häufig entstanden beim neuen Knüpfen der Knoten aus den Impulsen der Vorkriegszeit neue Muster, die die Ursprünge erkennen lassen und doch mit diesen nicht identisch sind. So blieben die Erfahrungen der Vorkriegszeit über den Krieg hinaus bewahrt – und die Moderne mit ihren Widersprüchen erhalten.

Schlägt man den Bogen noch weiter in unsere Gegenwart, dürfte sich auch das breite öffentliche Interesse, das dem Jahr 1913 im Jahr 2013 zuteil wurde, aus der Erinnerung an eine Zeit erklären lassen, die einerseits fern erscheint, andererseits aber, weil sie die Ursprünge heutiger Befindlichkeiten in sich fasst, zur Identifizierung ungelöster Problemlagen beiträgt: In dem Maß, wie sich die lange Zeit prägenden historischen Bezugspunkte des 20. Jahrhunderts – die beiden Weltkriege, die in ihrem Verlauf verübten Genozide und die stabile, wenngleich immer gespannte Struktur des Kalten Krieges – zeitlich und mental von unserer Gegenwart entfernen, verändern sich auch die Referenzpunkte gegenwärtiger historischer Selbsteinordnung. Die neuerlichen Erfahrungen mit beschleunigtem Fortschritt, technologischer Umwälzung und globalen Waren-, Informations- und Menschenströmen, gepaart mit welt- und währungspolitischen Krisen sowie Fragen nach den Folgewirkungen bis in die Tiefen des biologischen Selbstbildes des Menschen eingreifender Technologien schaffen neue Unsicherheiten, die das Jahr 1913 mit seiner Widersprüchlichkeit von Globalisierung und nationaler Regression näher an unsere Erfahrungswelt heranrücken lassen. Das Jahr 1913 erscheint „auch als Warnung dafür, wie schnell vermeintliche Sicherheiten wegbrechen können“[43].

So präsentiert sich ‚1913‘ in der Rückschau als eine Zeit der Möglichkeiten, deren Potentiale durch die Wirklichkeit in ungeahnte Richtungen geschleudert wurden. Es ist faszinierend, sich die Offenheit dieses Jahres neu zu vergegenwärtigen und sich auf das „beflügelnde Fieber“[44] einzulassen, das durch eine alleinige Blickrichtung vom Weltkrieg her unverständlich bleiben muss. Trotz der späteren Wirklichkeit des Krieges wollen die Beiträge des vorliegenden Bandes die zuvor bestehenden Möglichkeiten ergründen, eingedenk der Devise: „Wenn es Wirklichkeitssinn gibt, muß es auch Möglichkeitssinn geben.“[45]

Anmerkungen

1 | Illies, Florian: 1913. Der Sommer des Jahrhunderts, Frankfurt am Main 2012. Das Braunschweigische Landesmuseum präsentierte ab Mai 2013 die Ausstellung „1913 – Herrlich moderne Zeiten?"; die TU Chemnitz bot eine Ringvorlesung zum „Epochenjahr 1913", an der Universität Wuppertal widmete sich eine Vorlesungsreihe dem ab 1913 erschienenen Romanzyklus *Auf der Suche nach der verlorenen Zeit* von Marcel Proust, an der TU Darmstadt fragte eine Ringvorlesung: „Das Jahr 1913 – Götterdämmerung oder Morgenröte einer neuen Zeit?".

2 | Vgl. das Themenheft „Vorkrieg 1913" von: Aus Politik und Zeitgeschichte 63 (2013), Heft 12.

3 | Beide Zitate aus: Geiss, Imanuel (Hg.): Juli 1914. Die europäische Krise und der Ausbruch des Ersten Weltkriegs, München [3]1986, S. 19 u. 20.

4 | Afflerbach, Holger: The Topos of Improbable War in Europe before 1914, in: Ders./ Stevenson, David (Hgg.): An Improbable War? The Outbreak of World War I and European Political Culture before 1914, New York/Oxford 2007, S. 161–182.

5 | Nübel, Christoph: Bedingt kriegsbereit. Kriegserwartungen in Europa vor 1914, in: Aus Politik und Zeitgeschichte 63 (2013), Heft 12, S. 22–27, Zitat S. 27. Vgl. auch die Zusammenfassung der Forschungsdebatte in Janz, Oliver: 14 – Der Große Krieg, Frankfurt am Main 2013, S. 25–40.

6 | Clark, Christopher: Die Schlafwandler. Wie Europa in den Ersten Weltkrieg zog, München 2013, S. 470.

7 | Vgl. Rabaté, Jean-Michel: 1913. The Cradle of Modernism, Malden/Oxford/Victoria 2007, S. 18–45; Eksteins, Modris: Tanz über Gräben. Die Geburt der Moderne und der Erste Weltkrieg, Reinbek bei Hamburg 1990, S. 26–92; Eybl, Martin: Neue Musik sucht ein neues Publikum. Das Wiener Skandalkonzert vom März 1913, in: Indes. Zeitschrift für Politik und Gesellschaft 2 (2013), Heft 2, S. 73–79; Kiesewetter, Gabriele: Die Entstehung der modernen Skyline. Das Woolworth Building in New York, in: ebd., S. 49–56; Roberts, Sam: „A Tribute to the Glory of Commerce". New York's Grand Central Terminal, in: ebd., S. 57–62. S. zudem die Beiträge zum Themenschwerpunkt „Das Jahr 1913" in: Internationales Archiv für Sozialgeschichte der deutschen Literatur 38 (2013), Heft 1 und Heft 2. Zu New York vgl. auch Emmerson, Charles: 1913. In Search of the World before the Great War, New York 2013, S. 161–181.

8 | Vgl. Rabaté, Cradle. Zudem Cowles, Virginia: 1913. An End and a Beginning, New York 1967 (deutsche Ausgabe: 1913. Abschied von einer Epoche, Frankfurt 1969); Brion-Guerry, Liliane: L'Année 1913. Les formes esthétiques de l'oeuvre d'art à la veille de la premiére guerre mondiale, 3 Bde., Paris 1971–73. Einen Literaturbericht zum Jahr 1913 bietet Werner, Meike G.: Warum 1913? Zur Fortsetzung des Themenschwerpunkts „Das Jahr 1913 in Geschichte und Gegenwart", in: Internationales Archiv für Sozialgeschichte der deutschen Literatur 38 (2013), S. 443–451.

9 | Illies, 1913 (Zitat aus dem Untertitel). In einem Interview hat Illies zusätzlich unterstrichen, „dass es wirklich ein besonderes Jahr ist", in dem sich „kulturelle Schlüsselereignisse" häufen, vgl. „Es ist seitdem nicht mehr viel dazugekommen." Ein Gespräch mit Florian Illies über Kunst und Gesellschaft 1913, in: Indes. Zeitschrift für Politik und Gesellschaft 2 (2013), Heft 2, S. 8–19, Zitate S. 9. Zur kritischen Auseinandersetzung mit Illies' „synchronoptischem" Ansatz in *1913* vgl. Hübinger, Gangolf: Das Jahr 1913 in Geschichte und Gegenwart. Zur Einführung in den Themenschwerpunkt, in: Internationales Archiv für Sozialgeschichte der deutschen Literatur 38 (2013), S. 172–190, hier: S. 173–177.

10 | Radkau, Joachim: Das Zeitalter der Nervosität. Deutschland zwischen Bismarck und Hitler, München/Wien 1998.

11 | Vgl. Schmiedebach, Heinz-Peter: Das Leiden an der modernen Welt. Über das Phänomen der Neurasthenie, in: Indes. Zeitschrift für Politik und Gesellschaft 2 (2013), Heft 2, S. 98–108.

12 | Max Weber an Hermann Baumgarten, 31.12.1889, in: Max Weber. Werk und Person. Dokumente ausgewählt und kommentiert von Eduard Baumgarten, Tübingen 1964, S. 73–74.

13 | Blom, Philipp: Der taumelnde Kontinent. Europa 1900–1914, München 2009. Allerdings waren die USA und Deutschland in mancherlei Hinsicht auch „einander erstaunlich ähnlich", vgl. dazu ausführlicher Mauch, Christof/Patel, Kiran Klaus: Wettlauf um die Moderne. Konkurrenz und Konvergenz, in: Dies. (Hgg.): Wettlauf um die Moderne. Die USA und Deutschland 1890 bis heute, München 2008, S. 9–26, hier: S. 13.

14 | Musil, Robert: Der Mann ohne Eigenschaften, 1. Band, neu durchgesehene und verbesserte Ausgabe, Reinbek bei Hamburg 1978, S. 55.

15 | Ebd., S. 9.

16 | Sarason, David (Hg.): Das Jahr 1913. Ein Gesamtbild der Kulturentwicklung, Leipzig/Berlin 1913, Zitat S. VI. Zu Sarasons Projekt vgl. Hübinger, Das Jahr 1913, S. 178–188, sowie die Beiträge von Hartmann und Schaser in diesem Band.

17 | Sarason, Jahr 1913, S. V (Hervorhebung im Original).

18 | Ebd. (Hervorhebung im Original).

19 | Ebd., S. VI (Hervorhebungen im Original).

20 | Musil, Mann ohne Eigenschaften, S. 55/56.

21 | Vgl. Fäßler, Peter E.: Globalisierung. Ein historisches Kompendium, Köln/Weimar/Wien 2007, S. 74–97; Osterhammel, Jürgen/Petersson, Niels P.: Geschichte der Globalisierung. Dimension, Prozesse, Epochen, München [4]2007, S. 63–76.

22 | Vgl. Rabaté, Cradle, S. 124–126.

23 | Vgl. etwa zur Sozialpolitik Rodgers, Daniel: Atlantic Crossings. Social Politics in a Progressive Age, Cambridge MA 1998.

24 | Vgl. den Beitrag von Durth in diesem Band (dort auch das Zitat).

25 | Vgl. Schott, Dieter: Europäische Urbanisierung (1000–2000). Eine umwelthistorische Einführung, Köln/Weimar/Wien 2014, S. 320–322; Schott, Dieter: Die Stadt als Thema und Medium europäischer Kommunikation: Stadtplanung als Resultat europäischer Lernprozesse, in: Roth, Ralf (Hg.): Städte im europäischen Raum. Verkehr, Kommunikation und Urbanität im 19. und 20. Jahrhundert, Stuttgart 2009, S. 205–225, sowie den Beitrag von Schott in diesem Band. Den internationalen Austausch betont auch Lenger, Friedrich: Metropolen der Moderne. Eine europäische Stadtgeschichte seit 1850, München 2013, bes. S. 188–202.

26 | Town Planning Review 5 (1914), Heft 3, S. 179.

27 | Vgl. den Beitrag von Walter Mühlhausen in diesem Band.

28 | Vgl. Wehler, Hans-Ulrich: Deutsche Gesellschaftsgeschichte. Dritter Band: Von der „Deutschen Doppelrevolution" bis zum Beginn des Ersten Weltkrieges, München 1995, S. 1125–1129.

29 | Auch lokale Festakte reihten sich in den Jubiläumsreigen ein – nicht immer überzeugend, wie im Fall der bereits längerfristig geplanten neuen Moselbrücke in Trier, vgl. Göller, Andreas: Die Kaiser-Wilhelm-Brücke in Trier und ihr Architekt Paul Meissner, in: Köhler, Udo (Hg.): Hundert Jahre Kaiser-Wilhelm-Brücke Trier (1913–2013), Trier 2014, S. 19–41, hier: S. 19.

30 | Vgl. den Beitrag von Dinçkal in diesem Band sowie Eisenberg, Christiane: „English sports" und deutsche Bürger. Eine Gesellschaftsgeschichte 1800–1939, Paderborn 1999.

31 | Zur Problematik des Begriffs, der selbst Ergebnis historischer Mythenbildungen wie der Völkerschlachtfeiern ist, vgl. Planert, Ute: Der Mythos vom Befreiungskrieg. Frankreichs Kriege und der deutsche Süden. Alltag – Wahrnehmung – Deutung 1792–1841, Paderborn 2007 (= Krieg in der Geschichte 33).

32 | Vgl. den Beitrag von Förster in diesem Band sowie Förster, Birte: Der Königin Luise-Mythos. Mediengeschichte des „Idealbilds deutscher Weiblichkeit", 1860–1960, Göttingen 2011 (= Formen der Erinnerung 46).

33 | Vgl. den Beitrag von Schaser in diesem Band.

34 | Bäumer, Gertrud: Die Frauenbewegung, in: Sarason, Jahr 1913, S. 150–156, hier S. 156.

35 | Weber, Max: Über einige Kategorien der verstehenden Soziologie [1913], in: Ders.: Gesammelte Aufsätze zur Wissenschaftslehre, Tübingen 1922, S. 403–450, hier S. 409.

36 | Vgl. den Beitrag von Dipper in diesem Band.

37 | Zur Moderne und zum Modernebegriff vgl. Dipper, Christof: Moderne, Version: 1.0, in: Docupedia-Zeitgeschichte, 25.8.2010, URL: http://docupedia.de/zg/Moderne?oldid=84639 (abgerufen am 15.5.2014); Raphael, Lutz/Schneider, Ute (Hgg.): Dimensionen der Moderne. Festschrift für Christof Dipper, Frankfurt a. M. 2008.

38 | Rabaté, Cradle, S. 215–216.

39 | Vgl. die Beiträge von Reulecke und Schmoll in diesem Band.

40 | Vgl. den Beitrag von Hartmann in diesem Band.

41 | Eksteins, Modris: Tanz über Gräben. Die Geburt der Moderne und der Erste Weltkrieg, Reinbek bei Hamburg 1990.

42 | Vgl. Hölscher, Lucian: The First World War as ‚Rupture' in the European History of the Twentieth Century: A Contribution to the Hermeneutics of Not-Understanding, in: Bulletin of the German Historical Institute London 35 (2013), Heft 2, S. 73–87.

43 | Lühmann, Michael/Rahlf, Katharina: Editorial, in: Indes. Zeitschrift für Politik und Gesellschaft 2 (2013), Heft 2, S. 1–3, hier: S. 3.

44 | Vgl. Musil, Mann ohne Eigenschaften, S. 55.

45 | Ebd., S. 16.

I. Lebensräume – Zeithorizonte – Zeitdiagnosen

Das Pathos der Jugend

Die Entdeckung des jugendlichen „Selbst" und der „Hohe Meißner" 1913

Jürgen Reulecke

Anfang 1912 kam eine Zeitschrift auf den Markt, die mit dem programmatischen Titel *Der Vortrupp. Halbmonatsschrift für das Deutschtum unserer Zeit* von ihren Herausgebern Hans Paasche und Hermann Popert als ein Medium geplant war, das die unterschiedlichen damaligen Lebensreformbewegungen zusammenführen sollte. In dieser Zeitschrift begann am 1. Mai 1912 Heft für Heft der Abdruck von insgesamt neun Briefen eines Afrikaners mit dem Namen Lukanga Mukara, der anlässlich einer im Auftrag seines afrikanischen Häuptlings Ruoma von Kitara ins wilhelminische Deutschland durchgeführten Reise diesem über seine Erlebnisse mit den „Wasungu", so nannte er die Deutschen, Bericht erstattete. Eine geplante anschließende Gesamtveröffentlichung der Briefe 1914 in einem Sammelband wurde damals allerdings verboten: Als zu massiv wurde von staatlicher Seite die Kritik an den Lebensumständen im Kaiserreich beurteilt! Erst nach dem Ersten Weltkrieg konnte der Sammelband mit dem Titel *Die Forschungsreise des Afrikaners Lukanga Mukara ins innerste Deutschland* veröffentlicht werden und wurde ein Bestseller, der bis in die jüngste Zeit immer wieder, zuletzt im Jahre 2011, nachgedruckt wurde und auch zu Raubdrucken und Plagiaten geführt hat.[1] In seinen Briefen berichtete der Afrikaner Mukara zum Beispiel über die ungesunden Ess- und Trinkgewohnheiten sowie das „Rauchstinken" der Deutschen, über deren ungesunde Bekleidung, über die sinnlose Geschäftigkeit, über die „Bierseligkeit", aber auch über den

„Schwertglauben", den Hurrapatriotismus und den alltäglichen Gewaltkult sowie den männlichen Korpsgeist in den Studentenverbindungen. Auch von sozialer Ungerechtigkeit, von naiver Buchstabengläubigkeit und der Verbreitung von Schund- und Schmutzliteratur ist die Rede. Viele Leser der Briefe glaubten damals tatsächlich eine Zeitlang, es habe diesen afrikanischen Reisenden gegeben, doch in Wirklichkeit war der Verfasser Hans Paasche, der als ehemaliger Kolonialoffizier in Ostafrika eingesetzt gewesen war und dort die Bantusprache Kisuaheli gelernt hatte. Dass Paasche die Briefe geschrieben hatte, war für deren Erfolg kein Problem, im Gegenteil: Wie kaum ein anderer Zeitgenosse hatte er ironisch und zugleich pointiert die gesellschaftlichen Missstände im Kaiserreich aufs Korn genommen und dabei gleichzeitig die Ideen der Lebensreform zu verbreiten versucht.

Ein im 9. Lukanga-Brief dargestelltes Ereignis hat allerdings trotz aller vorher charakterisierten Problemfelder zu Beginn des 20. Jahrhunderts den Verfasser dennoch begeistert und zu optimistischen Zukunftserwartungen angeregt. Gemeint ist das Treffen der Freideutschen Jugend Anfang Oktober 1913 auf dem Hohen Meißner, einem Bergrücken östlich von Kassel.[2] Dort sei er, so schreibt Lukanga alias Hans Paasche, endlich jungen Menschen begegnet, die „gehen konnten [...] und springen, sprechen, lachen und singen. Sie hatten kein Leibgerüst und keine Zwangsschuhe. Sie trugen keine Steißfedern wilder Tiere auf dem Kopfe. Ihr eigenes Haar hing in goldenen Flechten über den Rücken, und Kränze roter Beeren schmückten die Köpfe." Viele von ihnen hätten gerufen: „Wir wollen einen Unterschied machen zwischen Jungen und Alten: Die Jungen sind nämlich klug, die Alten dumm. Wir wollen niemand gehorchen [... und] nur an uns denken. Denken und Jungsein genügt." Und der Bericht des Lukanga läuft dann auf die ihn stark anrührende Beobachtung hinaus: „Ich sah die Gestalten von jungen Männern und Mädchen. Ich sah ihre Augen und den Feuerglanz darin. Ich sah als Fremder die Zukunft eines Menschenvolkes."[3] Was in den neun Briefen von Hans Paasche dem Lukanga Mukara als Kritik an den aktuellen Verhältnissen zu Jahrhundertbeginn und anschließend als Erwartung an eine bessere Zukunft in den Mund gelegt wird, ist ein facettenreiches Bild der wilhelminischen Gesellschaft. Das Ereignis auf dem Hohen Meißner wird von ihm geradezu als ein befreiender Ausbruch aus einer von vielen Verunsicherungen, diffus gewordenen Rollenbildern und sich zuspitzenden Deutungskonkurrenzen geprägten *fin de siècle*-Stimmung gedeutet. Rückblickend wurden von Nachgeborenen zwar oft die dem Kriegsausbruch unmittelbar vorausgehenden Jahre als Beginn der „Urkatastrophe des 20. Jahrhunderts" und einer „Götterdämmerung" charakterisiert, doch ist besonders hier ausdrücklich jener an uns, die Nachkommenden, gerichtete Nietzsche-Zuruf ernst zu nehmen, der – zugespitzt ausgedrückt – lautet: „Ihr seid nicht klüger, ihr kommt nur später!"[4] Aus dem Blickwinkel vieler Angehöriger der um 1913 jungen Generation erschienen nämlich die zehn/fünfzehn Jahre seit Ende der 1890er Jahre durchaus als eine von „Morgenröte" geprägte Aufbruchzeit. Die folgenden Ausführungen versuchen daher, zentrale Elemente der erfahrungs- und wahrnehmungsgeschichtlich rekonstruierbaren Stimmungslage zu Jahrhundertbeginn zu erfassen.

Zukunftsentwürfe und Zeitkritik am *fin de siècle*

Wenn in einer Gesellschaft bisher für selbstverständlich gehaltene Rollenbilder ihre Verbindlichkeit verlieren, wenn tradierte Orientierungen bzw. Werthierarchien fragwürdig geworden sind und Nachwuchsgenerationen immer intensiver nach neuen Horizonten Ausschau zu halten beginnen, gedeihen Schlagworte, mit denen man in die Zukunft gerichtete, oft widersprüchlich begründete Perspektiven auf den Punkt zu bringen sucht. Seit Ende des 19. Jahrhunderts erlebte mit Blick auf das beginnende 20. Jahrhundert der Begriff ‚Jugend' eine solche Konjunktur – dies mit immensen gesellschafts- und erfahrungsgeschichtlichen Folgen letztlich bis in die Gegenwart! Konjunktur bedeutet in diesem Zusammenhang, dass mit ‚Jugend' nicht mehr nur eine spezielle Lebensphase angesprochen, sondern zugleich ein Lebensgefühl beschworen wurde, das über das konkrete Jugendalter hinaus völlig neue Erfahrungswelten zu erschließen versprach.[5] Die seit 1895 in München publizierte Wochenzeitschrift *Jugend* beschrieb in ihrer ersten Ausgabe dieses Lebensgefühl programmatisch folgendermaßen: „Jugend ist Daseinsfreude, Genussfähigkeit, Hoffnung und Liebe, Glaube an die Menschen – Jugend ist Leben, Jugend ist Farbe, ist Form und Licht".[6]

Angestoßen nicht zuletzt durch diese Zeitschrift entwickelte sich in der Folgezeit im Kontrast zu den Nachbarländern ein recht spezieller deutscher Jugendkult, der geradezu eine Glorifizierung der Jugend als eines zentralen gesellschaftlichen Leitbildes im Gefolge hatte und dem beginnenden neuen Jahrhundert das erwartungsvolle Etikett „Jahrhundert der Jugend" verlieh: Einen „neuen Menschen" galt es zu erzeugen; das wollten auch die traditionalistischen nationalen Kreise: Er sollte den Aufbruch zu neuen geistigen Ufern in die Wege leiten und eine Verjüngung von Staat und Gesellschaft herbeiführen, um auf diese Weise die noch junge deutsche Nation mit ihrem jungen Kaiser an der Spitze im Kreise der alten Mächte des Kontinents zu einer Leitnation in der Welt zu machen. Viel zitiert wird ja das berühmte damalige Motto: „Am deutschen Wesen soll die Welt genesen!"

Abb. 1: Titelbild der Zeitschrift Jugend *Nr. 1 (1896)*

Neben „Jahrhundert der Jugend" wurde um 1900 aber noch eine Reihe weiterer Etikettierungen in Richtung auf das beginnende 20. Jahrhundert geschaffen, die deutlich machen, in welchen Richtungen

Neuorientierungen und motivierende Zukunftsvisionen wiesen. Die Schwedin Ellen Key publizierte zum Beispiel ihren Bestseller *Das Jahrhundert des Kindes*, der 1902 mit großer Resonanz in deutscher Übersetzung herauskam und in dem die Verfasserin dazu aufforderte, die bisherigen Schwerter zu Pflugscharen umzuschmieden, damit im neuen Jahrhundert die Menschheit zur „Heiligkeit der Generation" erwache, die dann dem „Kampf ums Dasein edlere Formen" verleihen werde. Lenin veröffentlichte 1902 seine epochemachende Schrift *Was tun?*, in der er prophezeite, dass die marxistische Bewegung als „Vorhut der revolutionärsten Klasse" die aktuelle Phase des „Stimmbruchs" überwinden werde, wenn der sich abzeichnende Übergang vom Knaben- zum Mannesalter abgeschlossen sei.[7]

Werner Sombarts bildungsbürgerliche Analyse *Der moderne Kapitalismus* kam auf den Markt ebenso wie Theodor Herzls Roman *Altneuland* mit dem Entwurf eines jüdischen Staates in Palästina und Willibald Hentschels *Varuna*, in dem der Verfasser den Weg zu einem zukünftig rassisch reinen Heldenvolk mit „arischem Hochsinn" beschrieb. Auch von einem zu erwartenden „Jahrhundert der Frau" war die Rede, und bekannte Philosophen wie Theobald Ziegler und Georg Simmel glaubten prophezeien zu können, dass das 20. Jahrhundert einen ganz erheblichen Umschwung der Geschlechterverhältnisse mit sich bringen werde.[8] Vor allem aber kam 1902 eine höchst wirksame „Botschaft" im Hinblick auf eine männerbündisch geprägte Zukunft auf den Büchermarkt: breit dargestellt in dem Werk des Bremer Volkskundlers Heinrich Schurtz *Altersklassen und Männerbünde*. Aufgrund umfangreicher Studien einfacher Völker versuchte Schurtz nachzuweisen, dass die wichtigsten Bewegungskräfte und Grundformen des öffentlichen Lebens bis hin zur Staatsbildung männlichen „sympathischen Vereinigungen" entstammten: Die „Liebe zum Weibe", die Ehe und die Rolle des Mannes als Familienvater seien, so Schurtz, nur Episoden, denn dem innersten Wesen des Mannes entspreche letztlich das männerbündische Zusammenwirken.[9] Darin liege ein tiefer, kaum überbrückbarer Gegensatz zwischen Mann und Weib begründet, der ständig den Alltag durchziehe und sich oft auch in tragischen Konflikten äußere. Von den Schurtz'schen Ideen ging in der Folgezeit eine erhebliche Wirkung aus, die nachweislich bis in die männerbündischen Prinzipien der NS-Formationen und der NS-Pädagogik reichte.[10]

Bei den hier nur kurz angesprochenen Beispielen schriftlicher Zeitkritik mit ihren oft utopischen Zukunftsentwürfen blieb es jedoch nicht: Eine Reihe von unterschiedlichen Reformbewegungen entstand um 1900 – von der Heimatschutzbewegung über die Lebensreformbewegung und die Reformpädagogik bis hin zum jugendbewegten Aufbruch der Wandervögel und dann der ‚Freideutschen'. Dabei spielte oft auch eine sich damals zuspitzende Generationenkonfrontation eine Rolle, die der 28-jährige Arthur Moeller van den Bruck im Jahre 1904 in einer Streitschrift mit dem Titel *Verirrte Deutsche* so auf den Punkt gebracht hat: Seine Generation – so Moeller van den Bruck – habe sich bisher „ein Zeitalter wilhelminischer Laienhaftigkeit" gefallen lassen müssen: Jetzt aber gelte es endlich, einen „Blutwechsel" in der Nation herbeizuführen, „eine Empörung der Söhne gegen die Väter, die Ersetzung des Alters durch die Jugend".[11] Moeller van den Bruck war einer der Wortführer jener Angehörigen der um 1875/80 geborenen Altersgruppe, die der vorausgegangenen und nun um 1900 das politisch-gesellschaftliche Heft in der Hand haltenden Generation der sogenannten ‚Wilhelminer', benannt nach dem seit 1889 regierenden, 1859 geborenen Wilhelm II., in zunehmender Schärfe Starrheit, Machtanmaßung, Autoritätsfixiertheit und kulturelle Engstirnigkeit vorwarfen.[12] Diese Kritik an den ‚Wilhelminern' kam aus verschiedenen Richtungen: Einerseits begann nun auch eine immer vehementer auftretende und selbstbewusster werdende Arbeiterbewegung sozioökonomisch Einfluss zu nehmen und politische Forderungen aufzustellen; andererseits waren es aber vor allem jüngere Angehörige des Bildungsbürgertums, die die bisher geradezu zwangsläufig Erlösung versprechende Lehre vom „Fortschritt", d.h. den weitgehend unkritisch sich durchsetzenden optimistischen Glauben an eine unumkehrbare Höherentwicklung der Menschen immer distanzierter beurteilten: Die Folge war, dass das bisherige Selbstbild des Bildungsbürgertums in eine Krise geriet, zumal in seinen Kreisen immer deutlicher ein gesellschaftlicher Statusverlust angesichts der erheblich zunehmenden Bedeutung neuer technischer, naturwissenschaftlicher und ökonomischer Eliten wahrgenommen wurde. Ein Bereich, der in diesen Kreisen besonders kritisch wahrgenommen wurde, war die rasant voranschreitende Verstädterung, das heißt das Wuchern der um 1910 48 deutschen Großstädte mit über hunderttausend Einwohnern und deren Ausgreifen in immer weitere Bereiche des Umlandes.[13] Zivilisationskritik und ein vehementer Antiurbanismus waren die Folge: Die Zusammenballung der Menschenmassen in den großen Zentren und expandierenden Industrieregionen wurde als eine Provokation empfunden, die nicht nur in konservativen Bildungsbürgerkreisen, sondern auch bei vielen jungen Autoren und Künstlern geradezu apokalyptische Visionen erzeugten.[14]

Der Großstadtmensch galt hier nur noch als ein Wesen, das keine Natur mehr kannte und deshalb zur „Entartung" verdammt war. Besonders ausdrucksstark war in diesem Zusammenhang die breit wahrgenommene Botschaft, die der Philosoph und Psychologe Ludwig Klages (1872–1956) in seinem Beitrag *Mensch und Erde* für die den jungen Leuten auf dem Hohen Meißner 1913 gewidmete Festschrift verkündete. „Wo aber der Fortschrittsmensch die Herrschaft antrat, deren er sich rühmt, hat er ringsum Mord gesät und Grauen des Todes." Die zunehmende Auslieferung der Menschen an die vom „Fortschritt" bestimmte großstädtische Massenzivilisation, so Klages, werde zu einer „Selbstzersetzung des Menschentums" führen und ein „Zeitalter des Untergangs der Seele" einleiten, in dem die Jugend bei ihrem Heranwachsen „kein sorglos freies Spiel, keine fröhliche Ruhe" mehr wie einst die Väter erfreuen werde.[15] Gleichzeitig verfasste 1913 auch der Kulturphilosoph Oswald Spengler (1880–1936) seinen – allerdings erst 1918 publizierten – Bestseller *Der Untergang des Abendlandes*, der nach dem Ersten Weltkrieg zu einer Art Bibel für alle Kulturpessimisten werden sollte und nicht zuletzt auch die Rassentheoretiker erheblich anregte. Der Mensch als „städtebauendes Tier", so Spengler, habe sich mit seiner Massenzivilisation zwar vom Lande befreit, aber er werde an diesem Sieg letztlich zugrunde gehen und das gesamte Abendland mit in den Abgrund reißen.[16]

Eine angesichts der um sich greifenden „Landflucht" von der Zivilisationskritik angestoßene Bewegung entdeckte um 1900 den Begriff „Heimat" neu, entwickelte Strategien gegen die angebliche „Aussaugung des Landes" und glaubte in einer Neubewertung des ländlichen Lebens einen Weg zu sehen, durch den die Nation wieder „Erfrischung und Erstarkung" erfahren werde. Großstädte mit ihrer „Syphilisation" konnten nach Auffassung der Heimatschützer keine „Heimat" sein, denn diese galt ihnen als ein Mysterium, das menschliche Wärme, Geborgenheit und Sicherheit schuf und damit ein Gefühl vermittelte, das „den Menschen mit der allnährenden Mutter Erde verknüpft."[17] Neben den von diesen Impulsen angestoßenen zahlreichen örtlichen Heimatvereinen, Geschichts- und Volkskulturvereinen war es auch die um 1900 entstehende Bewegung der Wandervögel, die sich in vielfältiger Weise von den Heimatschutzideen anregen ließ.[18] Einer der rührigsten Propagandisten eines „gesunden Bauerntums", Heinrich Sohnrey, „Vater des deutschen Landvolks" genannt, war zum Beispiel als älterer Freund in der Frühphase des Wandervogel e. V. in Berlin-Steglitz zeitweise dessen Vorsitzender.[19] Gleichzeitig machten sich auch die „Alldeutschen" den Heimatbegriff zu Nutze und beriefen sich bei ihrer Propagierung der nationalen Wehrhaftigkeit und eines völkischen Nationalismus lautstark auf „Heimat". „Heimat" sollte hier den männlichen Nachwuchs für einen heldischen Einsatz für das Vaterland begeistern – gegen feindliche Bedrohungen von innen und außen, d. h. gegen eine allgemeine Verweichlichung bzw. „Verweiblichung" des männlichen Nachwuchses durch die „Syphilisation" der Massenzivilisation sowie durch „rassische Überfremdung" in der deutschen Gesellschaft. Auch eine „welsche Begehrlichkeit" der das Deutsche Reich angeblich umzingelnden Feinde wurde behauptet – ein Argument, das dann bei der nationalistischen Propaganda im Ersten Weltkrieg auf die Spitze getrieben wurde.

Abb. 2: Titelbild der Zeitschrift Deutsche Volksstimme *(1905)*

Die im Umfeld der Heimatschutzbewegung aufkommende Wertschätzung des „unverdorbenen Landlebens" führte schließlich gesamtgesellschaftlich zur Suche nach einem „dritten Weg", der die Menschen aus den in den Ballungsräumen immer bedrohlicher werdenden Folgen eines „kalten Kapitalismus" auf der einen und den Verführungen eines radikalen Kommunismus, wie er der Arbeiterklasse demagogisch nahe gebracht wurde, auf der anderen Seite hinausführen sollte.

Laut Fidus alias Hugo Höppener war dieser „dritte Weg" die „Bodenreform". Damit ist ein neues ökologischen Bewusstseins angesprochen, das wiederum ein zentrales Element innerhalb der gesamten Lebensreformbewegung war: Lebensreformerische Gemeinschaftssiedlungen und Landkommunen wie die 1893 bei Berlin gegründete „Obstbaumkolonie Eden" und insbesondere die von vielen prominenten Zeitgenossen, von Lenin bis Hermann Hesse und Max Weber, besuchte

Siedlung Monte Verità bei Ascona galten als Experimentierorte, an denen Weichenstellungen in Richtung auf einen „neuen Menschen" erprobt wurden. Das Spektrum der Lebensreform mit ihren zahlreichen Vereinen und den von einigen „Gurus" wie etwa Karl Wilhelm Diefenbach und Gusto Gräser vertretenen Einzelinitiativen war breit und reichte von der Naturheilbewegung und der Kleidungsreform über die Freikörperkultur, die Ernährungsreform und Bodenreform bis hin zur Antialkoholbewegung.[20] Ein zukünftiges „vegetarisches Zeitalter" wurde in diesen Kreisen beschworen, in dem der ursprünglich „harmonische Dreiklang" von Körper, Geist und Seele wieder hergestellt und die damals vieldiskutierten Zivilisationskrankheiten wie die Neurasthenie vor allem bei den Männern und die Hysterie bzw. Hypernervosität bei den Frauen endgültig überwunden sein würden.[21]

Das Umfeld des Freideutschen Jugendtags auf dem Hohen Meißner im Oktober 1913

Die bisherigen Ausführungen konnten und sollten nur knappe Hinweise auf das immens heterogene Spektrum gesellschaftlicher Aufbruchideen und zivilisationskritischer Argumente liefern, die seit Ende des 19. Jahrhunderts vor allem die heranwachsende junge Generation, geboren seit den 1880er Jahren, herausforderten. Eine zentrale Bewegung in diesem Kontext war die um 1900 entstehende bürgerliche Jugendbewegung, beginnend mit der Gründung des „Wandervogel" in Berlin-Steglitz, die dann gegen Ende des ersten Jahrhundertjahrzehnts eine besondere Ausprägung in den Gruppierungen der „Akademischen Freischaren" bzw. „Freideutschen Jugend" erhielt. Diese wurden zumeist gegründet von aus Wandervogelgruppen stammenden Studenten vor allem in den Universitätsstädten Göttingen, Jena, Marburg. Freiburg und auch Wien. Die von einigen älteren Ideengebern und Gesellschaftskritikern gelieferten Anregungen, die sich vor allem auf das wilhelminische Schul- und Erziehungswesens bezogen, wurden in diesen Kreisen aufgegriffen und breit diskutiert. Einer dieser Anreger war der scharfzüngige Zeitkritiker Ludwig Gurlitt (1855–1931), Altphilologe am Steglitzer Gymnasium und dort einer der geistigen Väter der Wandervogelbewegung, deren Anerkennung durch das Preußische Unterrichtsministerium er 1903 erreichte. Typisch für seine deutliche Distanzierung vom Schulwesen seiner Zeit ist folgendes Zitat: „Unsere Erziehung, die so tyrannisch über jeden Schritt der Jugend wacht und von Stunde zu Stunde die Ziele und die Aufgaben und dazu die Mittel vorschreibt, zerstört durch ihren pedantischen Betrieb die elementaren Naturkräfte, die nach eigener freier Entwicklung drängen."[22] Kennzeichnend war folgende Episode: Als Gurlitt im Oktober 1906 gerade dabei war, ein Buchmanuskript mit dem Titel „Erziehung zur Mannhaftigkeit" abzuschließen, erfuhr er in der Presse von der spektakulären Tat des „Hauptmanns von Köpenick", die ihm ein besonders deutlicher Beweis für die allgemeine „Erziehung zur Subalternität" und den vorherrschenden „Geist der Dressur" zu sein schien. Er formulierte deshalb ein Nachwort, in dem er das Köpenick-Ereignis als einen „traurigen Triumph preußisch-militärischer Abrichtungskunst", als einen „Triumph der geistigen Hosennaht" bezeichnete und eine Männlichkeitserziehung forderte, bei der das individuelle Selbst im Mittelpunkt stehen sollte und nicht, wie allgemein üblich, eine drakonische Erziehungsmethode, bei der die Prügelstrafe an erster Stelle stand. Die damals erheblich zunehmende Zahl an Schülerselbstmorden war für ihn ein bedrückender Beleg dafür, wie sehr der Schulbetrieb bei vielen Schülern zu „Verzweiflung und Lebensüberdruss" geführt hatte.[23] Sein Kerngedanke lautete deshalb: „Männer setzen Knaben voraus", denn nur in einer freien Knabenerziehung sei die Voraussetzung gegeben, dass in Zukunft „neue und ganze Männer" und nicht „servile Lakaien mit Untertanendemut und hässlichem Strebergeist" die Geschicke des Deutschen Reiches bestimmen würden. Parallel zu diesem massiven Engagement Gurlitts, das letztlich 1907 zu seiner zwangsweisen Frühpensionierung führte, äußerte sich auch eine Reihe weiterer Pädagogen kritisch zum Schulsystem und stieß eine Reformschulbewegung an, die dann den Ausbau von Reformschulen und Landerziehungsheimen vorantrieb: Hermann Lietz und Berthold Otto, Georg Kerschensteiner, Paul Geheeb und insbesondere Gustav Wyneken gehörten dazu.[24] Die sich rasch ausbreitende Jugendbewegung der Wandervögel und Freideutschen wurde von ihnen hoffnungsvoll beobachtet. So erwartete Wyneken von den sich um 1910 immer deutlicher zu Wort meldenden Jugendbewegten die Schaffung einer eigenständigen „Jugendkultur", die dann der „alten Welt" eine wirkliche Wiedergeburt und Verjüngung schenken würde. Gurlitt unterstellte ihnen, dass sie in der Lage seien, beharrlich einen Kampf gegen alles durchzuführen, was sie „[...] in der eigenen Brust und in der Umwelt als unwahr" erkennen, und gegen „[...] alle nur äußerlich anerzogene und nur gedankenlos mitgeschleppte Scheinkultur" zu Felde zu ziehen.[25] Die jugendbewegten Freideutschen reagierten auf solche und viele weitere Ermunterungen, indem sie sich nun ebenfalls programmatisch zu äußern begannen. So wiesen sie dem „echten Freischärler" die

Aufgabe zu, in Zukunft ein „Kämpfer in allen Lebenslagen“ vor allem gegen die gesellschaftlichen „Ordnungsphilister“ und „Pharisäer“ zu sein, sich von allen Vorurteilen zu befreien, „mit denen eine finstere geschichtliche Vergangenheit“ die Gesellschaft belaste, und „mit kraftvollem Handeln“ jeder Art von Intoleranz gegenüber „gesunden Lebenserscheinungen“ und jeder Brutalität im Umgang miteinander ebenso entgegen zu treten wie im Verkehr der Völker.[26]

Abb. 3: Titelseite der Festschrift zum Meißnerfest 1913

Die Freideutschen fühlten sich nicht zuletzt deshalb zu solcher Selbstbestätigung aufgerufen, weil seit Jahrhundertbeginn auch von den Kirchen, von politischen Parteien sowie von staatlichen Stellen eine intensive Politik der Jugendpflege betrieben wurde und von Erwachsenen geleitete Jugendverbände, allen voran der stark militärisch ausgerichtete Jungdeutschlandbund, aber auch nach englischem Vorbild das ‚Pfadfindertum', gegründet worden waren und sich immer deutlicher ein „Kampf um die Jugend" abzeichnete.[27]

Als 1912 in der Öffentlichkeit bekannt wurde, dass im Oktober 1913 in Leipzig mit großem politisch-militärischen Aufwand an den Sieg über Napoleon vor hundert Jahren erinnert werden sollte, kam angesichts der immer hitziger gewordenen Debatten um die öffentliche Rolle der Jugend in Wandervogel- und vor allem in freideutschen Studentenkreisen der Gedanke auf, ein Parallelfest durchzuführen, das zugleich ein jugendliches Gegenfest zu Leipzig sein sollte. Bei einer Vorbesprechung von über zehn „Korporationen" im Juli 1913 in Jena einigte man sich als Veranstaltungsort auf den „Meißner", jenen sagenumwobenen Bergrücken östlich von Kassel, der von nun an „Hoher Meißner" genannt wurde, mit der Begründung: „schöne Lage, großer Festplatz, Gelegenheit für Feuer, kein Zulauf von Fremden".[28]

Angesichts der zu erwartenden „patriotischen Selbstbeweihräucherungen" in Leipzig wollte man „fern vom Trubel der offiziellen Veranstaltungen" im Kreise Gleichgesinnter „der ideal gerichteten Freiheitskämpfer gedenken und geloben, ihnen auf unsere Art nachzustreben: ‚Krieger zu sein im Heer des Lichts!'"[29] Auf Anregung des Jenaer Verlegers Eugen Diederichs wurde gleichzeitig eine Festschrift vorbereitet, in der – wie es hieß – „die bedeutendsten Führer des neuzeitlichen deutschen Geisteslebens" zu Wort kommen sollten.[30] Tatsächlich hat eine größere Zahl von Angesprochenen mit Texten oder schriftlichen Grüßen positiv reagiert, so neben den oben schon erwähnten Pädagogen Gurlitt und Wyneken sowie dem Philosophen Klages zum Beispiel die Historiker Hans Delbrück und Karl Lamprecht, der Kultursoziologe Alfred Weber, die Frauenrechtlerin Gertrud Bäumer, der Schriftsteller Gerhard Hauptmann, der liberale Politiker Friedrich Naumann u. a. – alles Personen, die nicht zum wilhelminisch-nationalistischen Establishment, sondern zu den liberal-bürgerlichen Zeitkritikern gehörten.

Häufig zitiert wurde aus der Festschrift vor allem ein Widmungsgedicht des 1876 geborenen Dichters und Dramaturgen Herbert Eulenberg:

Ich grüße die Jugend, die nicht mehr säuft,
die Deutschland durchdenkt und Deutschland durchläuft,
die frei heranwächst, nicht schwarz und nicht schief.
Weg mit den Schlägern, seid wirklich ‚aktiv',
Das Mittelalter schlagt endlich tot!
Ein neuer Glaube tut allen not.

Bringt Humpen und Säbel zur Rumpelkammer,
verjagt den Suff samt dem Katzenjammer
und alles, was Euch verfault und verplundert!
Auf, werdet Menschen von unserm Jahrhundert![31]

Dass ein solcher Festgruß von manchen Zeitgenossen vor allem aus den traditionellen Burschenschaften und schlagenden Verbindungen als „gehässiger Angriff" auf deren Ehre verstanden wurde, liegt – wie damalige Presseartikel zeigen[32] – auf der Hand!

Das Treffen auf dem Hohen Meißner begann am Freitagabend mit einer Zusammenkunft der Sprecher der beteiligten „Korporationen" und Organisatoren auf der Burg Hanstein einige Kilometer nordöstlich vom Meißner, bei der durchaus unterschiedliche Meinungen aufeinander stießen und Hans Paasche auf das Kaiserreich bezogen den viel zitierten Ausspruch von sich gab, es brenne in diesem Hause, und die Jugend müsse die Feuerwehr sein. Das Fest am 11./12. Oktober 1913 auf dem Meißner mit seinen über zweitausend Teilnehmern, darunter auch vielen jungen Frauen, hier im Detail beschreiben zu wollen, würde jetzt zu weit führen.

Neben den vier Hauptreden von Gottfried Traub, Knud Ahlborn, Gustav Wyneken und Ferdinand Avenarius war es vor allem die Vorstellung und breite Akzeptanz der sogenannten Meißnerformel, die seither – auch noch bei dem jugendbewegten Treffen Anfang Oktober 2013 aus Anlass des nun hundert Jahre zurückliegenden Ereignisses – im Laufe des weiteren 20. Jahrhunderts immer wieder zustimmend zitiert oder auch wegen ihrer allzu deutlichen Fixierung auf das individuelle Selbst kontrovers diskutiert worden ist. Sie lautet: „Die Freideutsche Jugend will aus eigener Bestimmung, vor eigener Verantwortung, mit innerer Wahrhaftigkeit ihr Leben gestalten", und es folgten dann noch die Selbstbestätigungen, dass man in Zukunft für „diese innere Freiheit geschlossen" eintreten wolle und alle weiteren Treffen „alkohol- und nikotinfrei" sein sollten. Dahinter stand die Vorstellung von einer zukünftigen Jugend, die – so hatte es in der Einladung zu dem Fest geheißen – „ihr Selbst frei entwickeln (werde), um es dann dem Dienst der Allgemeinheit zu widmen."[33]

Von beträchtlicher Wirkung auf die Zuhörer waren vor allem die „Feuerrede" des damals 25-jährigen Knud Ahlborn und die Worte des 38-jährigen Pädagogen und Gründers der Freien Schulgemeinde Wickersdorf Gustav Wyneken.

Abb. 4: Festpostkarte zum Freideutschen Jugendtag auf dem Hohen Meißner

Ahlborn prangerte den aktuellen „Parteienkampf", den „Eigennutz" in der Gesellschaft, die „entseelte Arbeit" und den weit verbreiteten „entseelenden Genuss" an, lehnte eine „mythische Einheit des Volksganzen" ab und rief zur Toleranz gegenüber allen anders denkenden, aber ebenfalls nach

Wahrheit suchenden Mitmenschen auf. Wyneken beschwor die Entstehung einer eigenständigen Jugendkultur, warnte gleichzeitig vor der um sich greifenden Manipulation der Jugend und einer „Mechanisierung" der jugendlichen Begeisterungsfähigkeit, distanzierte sich außerdem massiv von einigen chauvinistischen Äußerungen, die bei dem Treffen zu hören gewesen waren, und kam schließlich zu jenem häufig zitierten Ergebnis: „Wenn ich die leuchtenden Täler unseres Vaterlandes hier zu unseren Füßen ausgebreitet sehe, so kann ich nicht anders als wünschen: Möge nie der Tag erscheinen, wo des Krieges Horden sie durchtoben. Und möge auch nie der Tag erscheinen, wo wir gezwungen sind, den Krieg in die Täler eines fremden Volkes zu tragen."[34] Tatsächlich haben dann die Sprecher der Freideutschen Jugend vom Hohen Meißner noch Anfang 1914 an den Kaiser ein Telegramm geschickt, in dem sie ihn beschworen, alles daran zu setzen, der Jugend einen Krieg zu ersparen.

Ein Ausblick: Vom Fest auf dem Hohen Meißner in den Ersten Weltkrieg und in die Nachkriegszeit

Dass das Meißnerfest der Freideutschen Jugend in der Öffentlichkeit – neben der schon erwähnten Kritik aus Kreisen der Burschenschaften – eine sehr gemischte Beurteilung erlebte, belegen die damaligen Pressereaktionen[35], vor allem aber eine Debatte im Bayrischen Landtag, in der insbesondere von der Seite des Zentrums der freideutschen Jugendbewegung unpatriotisches Verhalten, Kirchenfeindlichkeit und Unsittlichkeit vorgeworfen wurde, worauf der zuständige Kultusminister zusagte, „das Übel im Keim ersticken" zu wollen.[36] Die Freideutschen organisierten daraufhin am 9. Februar 1914 in München eine „Aufklärungsversammlung", bei der der Soziologe Alfred Weber und Gustav Wyneken werbende Reden hielten, so dass es nicht zu polizeistaatlichen Maßnahmen kam. Doch solche Ereignisse blieben ebenso wie das Verbot des von Hans Breuer geschaffenen berühmten Wandervogelliederbuchs *Der Zupfgeigenhansl* Episoden, denn kurze Zeit später führte das „Augusterlebnis 1914" angesichts der angeblich bedrohlichen Umkreisung des Deutschen Reiches dazu, dass alle bisherigen Debatten um die Themen Jugend, Jugendkultur, Jugendbewegung und die Kritik an der Vätergeneration der ‚Wilhelminer' zurücktraten. Selbst der zum Pazifisten gewordene Hans Paasche trat noch einmal für kurze Zeit als Reserveoffizier in die Marine ein, ehe er definitiv in vielen Publikationen den Krieg anzuklagen begann und deshalb wegen Landesverrats verhaftet wurde.[37]

Für die meisten jungen Freideutschen wurden die Schützengrabenerlebnisse und Herausforderungen der „Stahlgewitter“ (E. Jünger) an der Front geradezu eine Initiationserfahrung, die ihnen die Chance mannhafter Bewährung bot. Tapferkeit, Härte und eiserner Wille, Treue und Kameradschaft, Liebe zu Volk und Vaterland bis hin zur Bereitschaft zum Opfertod waren jetzt die für selbstverständlich gehaltenen männlichen Tugenden, die dazu führten, dass sich der junge Mann, wie es in vielen Kriegsgedichten und Soldatenliedern beschworen wurde, freudig und zugleich ernst von seiner Familie, seiner Mutter und der Geliebten trennte, um nun seiner eigentlichen Bestimmung zu folgen und sich an der Front zu bewähren.[38] Der 1892 geborene Heinrich Zerkaulen hat, um nur ein besonders treffendes Beispiel für eine solche Selbststilisierung zu zitieren, diese Jungmännerperspektive folgendermaßen beschworen:

Aus zieh ich meiner Jugend buntes Kleid
und werf es hin zu Blumen, Glück und Ruh.
Heiß sprengt das Herz die Brust mir breit,
der Träume Türen schlag ich lachend zu.

Ein nacktes Schwert wächst in die Hand hinein,
der Stunden Ernst fließt stahlhart durch mich hin.
Da steh ich stolz und hochgereckt allein
Im Rausch, dass ich ein Mann geworden bin.[39]

Solche Selbstauslieferung vollzogen jedoch nicht alle Freideutschen: Als im November 1914 Gustav Wyneken in einer Rede den Krieg als die Möglichkeit jungmännlicher Bewährung und als „Weihe“ bezeichnet und in einer Broschüre die junge Generation zur Verteidigung des Deutschen Reiches aufgefordert hatte, empörten sich Vertreter der Jugendkulturbewegung des Hohen Meißner um die Zeitschrift *Der Anfang*, vor allem Walter Benjamin und Siegfried Bernfeld, und sprachen von einem „fürchterlichen scheußlichen Verrat“ Wynekens.[40] Benjamin brach 1915 den Kontakt zu ihm ab, und ein weiterer Beteiligter am *Anfang*, Hans Reichenbach, brachte seine Empörung in einem Brief an Wyneken folgendermaßen auf den Punkt: „Ihr Alten, die ihr uns diese erbärmliche Katastrophe eingebrockt habet, Ihr wagt es überhaupt noch, uns von Ethik zu sprechen [...] Ihr habt das Recht verwirkt, unsere Führer zu sein. Wir verachten Euch und Eure Zeit!“ Doch solche Positionen vertrat zu Kriegsanfang nur eine sehr kleine jugendbewegte Minderheit. Die große Mehrheit dürfte jener immer wieder zitierten Schlusszeile des Gedichts „Soldatenabschied" von Heinrich Lersch zugestimmt haben: „Deutschland muss leben, und wenn wir sterben müssen."

Dieser Gedanke einer völligen Selbstaufgabe ist auch zentrale Botschaft jenes Bestsellers, den Walter Flex 1916 verfasst hat: *Der Wanderer zwischen beiden Welten*. Ein viel zitierter Kernsatz von Flex lautete zum Beispiel: „Wer auf die preußische Fahne schwört, hat nichts mehr, was ihm selbst gehört."[41] Recht bald begann sich jedoch bei immer mehr jungen Soldaten ein Umschwung anzubahnen – dies nicht zuletzt deshalb, weil der Stellungskrieg in den Schützengräben und der „Hagel tückischer Geschosse" immer mehr als höchst abstoßende Kampfesweisen empfunden wurden, wo man doch dem Drang „vorwärts, ran an den Feind" hatte folgen wollen. Sätze wie zum Beispiel „mit welcher Freude, welcher Lust bin ich hinausgezogen in den Kampf [...] Mit welcher Enttäuschung sitze ich jetzt hier, das Grauen im Herzen" finden sich in einer ganzen Reihe von studentischen Kriegsbriefen, die später in dem ebenfalls auflagenstark verbreiteten Buch von Philipp Witkopp „Kriegsbriefe gefallener Studenten" abgedruckt worden sind.[42] Der begeisterte Jüngling von 1914 wurde schließlich – wie es in einem Kriegsgedicht einer Frau, Hermine von Schönburg-Waldenburg, von 1918 heißt – „trotzig und hart ein graubärtiger Landsturmmann", „gebleicht der goldenen Locken lichthelle Pracht von Not und Tod, Entbehrung und blutiger Nacht."[43] Auch in „Der Wanderer zwischen beiden Welten" findet sich eine solche bedrückende melancholische Stimmung in Versen von Walter Flex:

> Der Wald ist wie ein Sterbedom,
> der von verwelkten Kränzen träuft,
> die Kompanie ein grauer Strom,
> der müde Wellen rauschend häuft.
> [...]
> Es schwillt der Strom und ebbt und schwillt.
> Mein Herz ist müd', mein Herz ist krank
> nach manchem hellen Menschenbild,
> das in dem grauen Strom versank.[44]

Doch dann kam das katastrophale Ende des Krieges. Jetzt ging es zunächst einmal darum, in irgendeiner Weise jenen verbreiteten Rückkehrerschock der Frontsoldaten zu überwinden, den der 1890 geborene Fritz Woike als Grundgefühl einer „verlorenen Generation" folgendermaßen bedichtete:

Auf grauen Schollen hocken schwarze Raben,
der Abend sinkt und Regen nieselt schwer...
Zur Heimat fliehn die keine Heimat haben,
zur grauen Heimat zieht das graue Heer.

Und der Autor Otto Paust (geb. 1897) schrieb damals:

Wir schauen fremd uns in der Heimat um,
gehören nicht in Freude und Genuss,
gehören nicht in Alltagsmenschentum.
Um uns ist noch ein kalter Todesgruß.

Und er lässt sein Gedicht dann mit den Zeilen enden:

Um uns schlägt noch das Grauen seine Flügel,
wir sind noch scheu von dem, was wir durchlitten.
Es klingt das Lied vom großen Totenhügel
und hängt gleich einer Last in unsrer Mitten.[45]

Nicht nur tiefe Depressionen einerseits und andererseits die Flucht in unmittelbar nach Kriegsende gegründete Freikorps als Möglichkeit, die Kameraderie des Männerbundes fortzusetzen, waren jetzt gängige Reaktionen.[46] Es begann gleichzeitig auch eine intensive Suche nach den Schuldigen für die Misere. Eine zentrale Schuldzuweisung der ehemals Jugendbewegten richtete sich an die wilhelminische Vätergeneration. Jetzt waren es deren um 1890/1900 geborenen Söhne, die sich zu Wort meldeten. Den Hauptvorwurf, der auf ein schuldhaftes Versagen und auf eine Charakterlosigkeit der Väter hinauslief, formulierte in der Zeitschrift *Junge Menschen* ein anonymer Autor 1922 folgendermaßen: „Die Generation unserer Väter übernahm 1890 ein herrlich blühendes Reich, dessen Adler seine Schwingen zur Weltmacht ausbreitete. Dieses Erbe von 1890 haben die Herren in wenigen Jahrzehnten verwirtschaftet. Was sie uns hinterlassen haben ist – Konkurs."[47] Da ist von „bankrotter Generation" die Rede sowie von einer wie nie zuvor vorhandenen, unüberbrückbaren Spannung zwischen zwei Generationen, nämlich „der Generation der Kriegsschuldigen und der Kriegsteilnehmer", und der Autor beendete schließlich seine Philippika auf die Väter mit dem Ruf nach einer neuen „Führerjugend", der gleichzeitig ein Ruf nach einem Führer dieser Jugend war – ein in der Folgezeit häufig formulierter Ruf, der sich z. B. auch bei Eduard Spranger in seinem dann in vielen Auflagen erschienenen Werk aus dem Jahre 1924 „Psychologie des Jugendalters“ findet. Spranger spricht hier von einem zeitgenössischen Warten auf einen „Jugenddiktator“ und meinte damit einen Mann, „der an der Spitze der Jugend die neue Welt heraufführt, wenn die alte endgültig in ihrer Sackgasse gescheitert ist“.[48] In den jugendbewegten Bünden mit ihren Führern, die infolge einer zunehmenden Vermischung der Wandervogeltradition mit den sich nun als Jugendbewegung definierenden Pfadfindern entstanden waren[49], glaubte Spranger zu sehen, „wie weit durchgebildet der Gedanke einer eigenen Jugendwelt neben der Gesellschaft der Erwachsenen heute schon ist“. Allerdings ahnte er bereits, dass in der Sehnsucht nach einem Führer „auch viel Problematisches“ stecken könne.

Abschließend noch ein Hinweis auf ein weiteres in diesem Kontext damals entstandenes Schlagwort, das den krassen Unterschied zwischen dem Vaterbild des Kaiserreichs und dem der Nachkriegszeit charakterisierte und ebenfalls langfristig immer wieder einmal auf dem Markt der gesellschaftlichen Meinungen und Deutungen eine Konjunktur hatte: Gemeint ist der von dem Freud-Schüler und Wiener Psychoanalytiker Paul Federn 1919 geprägte Begriff „vaterlose Gesellschaft“.[50] Federn lieferte damit eine schon fast prophetische Deutung, indem er die radikale Abgrenzung nach 1918 von der Vätergeneration als Folge der Auflösung der bisherigen „Ehrfurchtsverpflichtungen gegen die väterliche Autorität“ und der Aufkündigung des traditionellen Vater-Sohn-Verhältnisses interpretierte. Diese Auflösung könne jedoch – so Federn – zu der verhängnisvollen psychischen Bedürfnislage führen, dass die vaterlosen Söhne von nun an „nur auf eine geeignete, neu auftretende Persönlichkeit warten, die ihrem Vaterideal entspricht, um sich wieder als Sohn zu ihm einzustellen“.[51] Mit großer Regelmäßigkeit habe nach dem Sturz von Königen die darauf folgende Republik bald wieder der Herrschaft eines Volksführers Platz gemacht. Um dieser Gefahr zu entgehen, plädierte der Sozialist Federn nachdrücklich dafür, eine nichtpatriarchalische, genossenschaftliche Gesellschaftsordnung mit neuen Familienstrukturen und einem bruderschaftlichen Männerbild sowie einem neuen männlichen Arbeitsethos zu schaffen, denn auch die Streiks, die weit verbreitete Arbeitsunlust und die Straßenkämpfe seien „Zeichen dafür, dass kein Vater mehr die Seelen der Söhne zu friedlicher Arbeit vereint“. Dass diesem Appell Federns kein bemerkenswerter Erfolg beschieden war, das sollte dann die sozial- und mentalitätsgeschichtliche, aber nicht zuletzt auch psychohistorische Weiterentwicklung in den 1920er Jahren in Richtung auf die gesellschaftlichen Zuspitzungen ab 1929/1930 zeigen.

Anmerkungen

1 | S. zuletzt Paasche, Hans: Die Forschungsreise des Afrikaners Lukanga Mukara ins innerste Deutschland, Bremen 2011 (mit Beiträgen von Iring Fetscher und Helmut Donat). Zu Paasche s. Lange, Werner: Hans Paasches Forschungsreise ins innerste Deutschland. Eine Biographie, Bremen 1995; sowie Ders.: Hans Paasche. Das verlorene Afrika. Ansichten vom Lebensweg eines Kolonialoffiziers zum Pazifisten und Revolutionär, Berlin 2008.

2 | Die folgenden Zitate sind der Ausgabe der Briefe Bremen 1988 entnommen, S. 85–90.

3 | Ebd., S. 90.

4 | S. dazu ausführlich Daniel, Ute: Kompendium Kulturgeschichte. Theorien, Praxis, Schlüsselwörter, Frankfurt/Main [5]2006, bes. S. 419 und 426f.

5 | S. dazu Rüegg, Walter: Jugend und Gesellschaft um 1900, in: Ders. (Hg.): Kulturkritik und Jugendkult, Frankfurt/Main 1974, S. 47–59; Nipperdey, Thomas: Jugend und Politik um 1900, in: ebd, S. 87–114; außerdem Dudek, Peter. Jugend als Objekt der Wissenschaften. Geschichte der Jugendforschung in Deutschland und Österreich, Opladen 1990.

6 | Zitiert nach Rüegg, Jugend, S. 56; s. zum Folgenden Reulecke, Jürgen: Lebensentwürfe: Irritation und Formierung, in: Werber, Niels u. a. (Hgg.): Erster Weltkrieg. Kulturwissenschaftliches Handbuch, Stuttgart/Weimar 2014, S. 85-96.

7 | Lenin, Wladimir Iljitsch: Was tun? Brennende Fragen unserer Bewegung (1902), hier zit. nach der Ausgabe Berlin 1962, S. 230ff.

8 | S. dazu Simmel, Georg: Weibliche Kultur, in: Ders.: Aufsätze und Abhandlungen 1909–1918 (= Georg Simmel Gesamtausgabe Band 12), Frankfurt/Main 2001, S. 251–289.

9 | Schurtz, Heinrich: Altersklassen und Männerbünde. Eine Darstellung der Grundformen der Gesellschaft, Berlin 1902, S. 21; s. dazu ausführlich Reulecke, Jürgen: Das Jahr 1902 und die Ursprünge der Männerbundideologie in Deutschland, in: Ders.: Männerbünde im 20. Jahrhundert, Frankfurt/New York 2001, S. 35–46.

10 | S. dazu vor allem Baeumler, Alfred: Männerbund und Wissenschaft, Berlin 1934, sowie Sturm, Karl Friedrich: Deutsche Erziehung im Werden, Osterwieck/Berlin [4]1938.

11 | Moeller van den Bruck, Arthur: Die Deutschen, Bd. 1: Verirrte Deutsche, Minden 104, S. 142.; s. dazu Stambolis, Barbara: Mythos Jugend. Leitbild und Krisensymptom, Schwalbach/Ts. 2003, bes. S. 22f.

12 | S. dazu Doerry, Martin: Übergangsmenschen. Die Mentalität der Wilhelminer und die Krise des Kaiserreichs, Weinheim/München 1986.

13 | S. dazu Reulecke, Jürgen: Geschichte der Urbanisierung in Deutschland, Frankfurt/Main 1985, bes. S. 68f. und Lenger, Friedrich: Die Metropolen der Moderne. Eine europäische Stadtgeschichte seit 1850, München 2013, bes. S. 51ff. und S. 227ff.

14 | Engeli, Christian: Die Großstadt um 1900. Wahrnehmungen und Wirkungen in Literatur, Kunst, Wissenschaft und Politik, in: Zimmermann, Clemens/Reulecke, Jürgen (Hgg.): Die Stadt als Moloch? Das Land als Kraftquell?, Basel/Boston/Berlin 1999, S. 21–51.

15 | Zitiert nach Klages, Ludwig: Mensch und Erde, in: Freideutsche Jugend. Zur Jahrhundertfeier auf dem Hohen Meißner 1913, Jena 1913, S. 89–107, Zitate S. 91, 98f. und 106; s. auch Mogge, Winfried/Reulecke, Jürgen: Hoher Meißner 1913. Der Erste Freideutsche Jugendtag in Dokumenten, Deutungen und Bildern, Köln 1988, S. 171–189.

16 | Spengler, Oswald: Der Untergang des Abendlandes. Bd. 1: Gestalt und Wirklichkeit, zuerst Wien 1918, dann München 1923.

17 | So Hansen, Georg: Die drei Bevölkerungsstufen, München 1915, S. 407. Hansen war neben dem Sprecher des 1904 gegründeten „Deutschen Heimatbundes" Ernst Rudorff einer der wirkungsvollsten Propagandisten des Heimatschutzgedan-

kens. Vgl. dazu Klueting, Edeltraud (Hg.): Antimodernismus und Reform. Zur Geschichte der deutschen Heimatbewegung, Darmstadt 1991; s. dort vor allem den Beitrag von Andreas Knaut zu Ernst Rudorff, S. 20–49.

18 | Vgl. zur Heimatschutzbewegung auch den Beitrag von Friedemann Schmoll im vorliegenden Band.

19 | S. zu den Einflüssen der Heimatschutzbewegung auf die Jugendbewegung vor dem Ersten Weltkrieg Reulecke, Jürgen: Wo liegt Falado?, in: Klueting, Antimodernismus, S. 1–19.

20 | S. dazu Fritzen, Florentine: Gesünder leben. Die Lebensreformbewegung im 20. Jahrhundert, Stuttgart 2006, sowie Kerbs, Diethart/Reulecke, Jürgen (Hgg.): Handbuch der deutschen Reformbewegungen 1880-1933, Wuppertal 1998, und Rohkrämer, Thomas: Eine andere Moderne? Zivilisationskritik, Natur und Technik in Deutschland 1880–1933, Paderborn 1999; vgl. auch den Katalog: Lepp, Nicola u. a. (Hgg.): Der Neue Mensch. Obsessionen des 20. Jahrhunderts, Ostfildern 1999, und besonders die beiden umfangreichen und reich bebilderten Katalogbände zur Darmstädter Ausstellung im Jahre 2001: Buchholz, Kai u. a. (Hgg.): Die Lebensreform. Entwürfe zur Neugestaltung von Leben und Kunst um 1900, Darmstadt 2001.

21 | Radkau, Joachim: Das Zeitalter der Nervosität. Deutschland zwischen Bismarck und Hitler, München 1998.

22 | Zitiert nach Scheibe, Wolfgang: Die reformpädagogische Bewegung 1900–1932. Eine einführende Darstellung, Weinheim/Basel 1994, S. 53f.

23 | Zitate nach Gurlitt, Ludwig: Erziehung zur Mannhaftigkeit, Berlin 1906, S. 217, 227 und 243; 1908 erschien von ihm ein weiteres Buch mit dem Titel „Schülerselbstmorde".

24 | S. dazu das umfangreiche zweibändige Handbuch: Keim, Wolfgang/Schwerdt, Ulrich (Hgg.): Handbuch der Reformpädagogik in Deutschland (1890–1933), Frankfurt/Main 2013.

25 | Zitate aus den Widmungen von Wyneken und Gurlitt in der Festschrift zum Meißnertreffen von 1913, S. 78ff. und 166ff.

26 | S. ebd. den Artikel „Die Deutsche Akademische Freischar", S. 41–48.

27 | Auf die Tatsache, dass dieser „Kampf" nach dem Ersten Weltkrieg in spezifisch zugespitzter Weise fortgesetzt worden ist, sei hier nur kurz hingewiesen: Die Übernahme bzw. Nachahmung der in der Jugendbewegung der Wandervögel und Freideutschen sowie dann auch der Pfadfinder entwickelten Stilformen in den großen weltanschaulichen und politischen Jugendverbänden bis später zur Hitlerjugend – vom Fahrten- und Lagerleben über das Liedgut bis hin zum „bündischen" Auftreten und zur Kleidung – spielte dabei eine wichtige Rolle. S. dazu den Katalogband der Ausstellung 2013/2014 in Nürnberg: Grossmann, Ulrich/Selheim, Claudia/Stambolis, Barbara (Hgg.): Aufbruch der Jugend. Deutsche Jugendbewegung zwischen Selbstbestimmung und Verführung, Nürnberg 2013.

28 | S. das Protokoll des Treffens in Jena mit den Organisations- und Programmplanungen zum 10.bis 12. Oktober 1913, in: Die Wandervogelzeit (= Dokumentation der Jugendbewegung II, hg. von Kindt, Werner), Köln 1968, S. 484–490.

29 | Ebd., S. 429, zit. aus einem ersten Rundschreiben der Planer aus der Deutschen Akademischen Freischar vom Juni 1913, unterzeichnet von Knud Ahlborn.

30 | S. dazu Mogge/Reulecke, Hoher Meißner, S. 74ff.

31 | Abdruck ebd., S. 145.

32 | S. Beispiele dafür ebd., S. 307ff.

33 | Zitate ebd., S. 52 (betr. die Meißner-Formel) und S. 85 („Der erste Aufruf").

34 | Ebd., S. 294.

35 | S. ebd. das Kapitel „Presse-Echo", S. 307–345.

36 | Ebd., S. 54f.

37 | S. dazu die Paasche-Biographie von Werner Lange (s. Anm. 1), S. 166ff.

38 | S. hierzu und zum Folgenden Reulecke, Jürgen: Mannmännliche Gefühlswelt im jugendbewegten Jungmännerbund, in: Frevert, Ute/Wulf, Christoph (Hgg.): Die Bildung der Gefühle (= Sonderheft 16 der Zeitschrift für Erziehungswissenschaft), Wiesbaden 2012, S. 65–79, sowie Ders.: Eine junge Generation im Schützengraben, in: van Laak, Dirk (Hg.): Literatur, die Geschichte schrieb, Göttingen 2011, S. 151-164 (vor allem zu „Der Wanderer zwischen beiden Welten" von Walter Flex).

39 | Abgedruckt in Böhme, Herbert (Hg.): Rufe in das Reich. Die heldische Dichtung von Langemarck bis zur Gegenwart, Berlin 1934, S. 11.

40 | S. hierzu und zum folgenden Dudek, Peter: Walter Benjamin und Siegfried Bernfeld – Jugendprotest am Vorabend des Ersten Weltkriegs, Bad Heilbrunn 2002.

41 | Flex, Walter: Gesammelte Werke, Band 1, München 1925, S. 74 (= Zeile aus dem Gedicht „Preußischer Fahneneid").

42 | Witkop, Philipp (Hg.): Kriegsbriefe gefallener Studenten, München 1928, Zitat S. 15.

43 | Zitiert in: Die Woche vom 9.11.1918, S. 22.

44 | Flex, Walter: Der Wanderer zwischen beiden Welten, hier zitiert nach dem Abdruck in: Gesammelte Werke, Band 1, S. 257f.

45 | Die beiden Gedichte von Woike und Paust sind abgedruckt bei: Böhme, Rufe in das Reich, S.33 f.

46 | S. dazu Beispiele in Theweleit, Klaus: Männerphantasien, Band 2: Männerkörper. Zur Psychoanalyse des weißen Terrors, Frankfurt/Main 1978.

47 | Junge Menschen 3, Heft 4 (Februar 1922), S. 51.

48 | Spranger, Eduard: Psychologie des Jugendalters, hier zitiert nach der 3. Aufl. Leipzig 1925, S. 164.

49 | S. dazu Reulecke, Jürgen: Hie Wandervogel – hie Pfadfinder. Die Meißnerformel 1913 und das Prunner Gelöbnis 1919, in: Historische Jugendforschung (= Jahrbuch des Archivs der deutschen Jugendbewegung, NF Band 6, 2009), S. 61–75. Bei einem Treffen verschiedener Pfadfindergruppierungen auf Schloss Prunn bei Regensburg war es Anfang August 1919 zu einem „Gelöbnis" gekommen, in dem es in Absetzung von der zentral auf das individuelle „Selbst" bezogenen Meißnerformel der Freideutschen und Wandervögel von 1913 u. a. hieß: „Wie wollen unseren Führern, denen wir vertrauen, Gefolgschaft leisten." Zit. ebd. S. 64.

50 | Federn. Paul: Zur Psychologie der Revolution: Die vaterlose Gesellschaft, zuerst in: Der österreichische Volkswirt 11 (1919), Nr. 32 vom 10.5.1919, S. 572–574 und S. 595–598.

51 | Zit. ebd., S. 598.

Bedrohliche und bedrohte Natur

Anmerkungen zur Geschichte des deutschen Natur- und Heimatschutzes im Kaiserreich

Friedemann Schmoll

Im Jahre 1913 präsentierte sich der junge Naturschutz, der im vorangegangenen Jahrzehnt damit begonnen hatte, sich in zivilgesellschaftlichen Vereinen und halbstaatlichen Institutionen zu organisieren, als bunte, vielstimmige und durchaus heterogene Szene. Seine Protagonisten und Protagonistinnen entstammten politischen Lagern unterschiedlichster *couleur.* Vielfältige Naturschutzbegründungen, Strategien und Sinnstiftungen für Naturschutzhandeln konkurrierten miteinander und korrigierten sich wechselseitig. Die Bewegung suchte Anschluss an internationale Aktivitäten. Mit den Kenntnissen des weiteren Verlaufs der Naturschutzgeschichte und aus der Retrospektive betrachtet mag sich dieses Bild einer pluralistischen und internationalistischen Bewegung dagegen relativieren. Die nationalen und nationalistischen Akzentuierungen traten vor allem nach dem Ersten Weltkrieg vehement in den Vordergrund, sodass sich die Frage aufdrängt: Sind Natur- und Heimatschutz jenen antimodernistischen Gegenströmungen und irrational-regressiven Fluchtbewegungen zuzuordnen, die, radikalisiert durch den Ersten Weltkrieg und verengt auf ihre völkischen, antirationalen und biologistischen Akzente, geradewegs im nationalsozialistischen Ideenkonglomerat mündeten?[1]

Deutsche Naturen – Ideologisierungen

Tatsächlich wird die fürsorglich-bewahrende Zuwendung zur Natur in international vergleichender Perspektive, gerade auch am Beispiel des Natur- und Heimatschutzes, häufig als typisch deutsche Merkwürdigkeit vermerkt. Für die These einer deutschen Sonderentwicklung oder Sonderausprägung dieser um Erhaltung und Bewahrung des Natürlichen engagierten Bewegungen drängen sich denn auch stichhaltige Argumente auf. Ein in der Frühgeschichte des Naturschutzes populärer und prägender Stichwortgeber wie Hermann Löns (1866–1914) wollte den Naturschutz weniger „als eine rein naturwissenschaftliche Bewegung" verstanden wissen, sondern primär als „Kampf für die Gesunderhaltung des gesamten Volkes, ein Kampf für die Kraft der Nation, für das Gedeihen der Rasse."[2] Gesinnungsverwandte Vorläufer führen über den Heimatschutz-Nestor Ernst Rudorff („In dem innigen und tiefen Gefühl für die Natur liegen recht eigentlich die Wurzeln des germanischen Wesens."[3]) oder über den Volkskundler Wilhelm Heinrich Riehl zurück in den Geist deutscher Romantik. Riehl verknüpfte eine spezifische emotionale Beziehung zum Wald unmittelbar mit der Frage nach nationaler Identität der Deutschen:

> Ein Volk muß absterben, wenn es nicht zurückgreifen kann zu den Hintersassen in den Wäldern, um sich bei ihnen neue Kraft des natürlichen, rohen Volksthumes zu holen. Eine Nation ohne beträchtlichen Waldbesitz ist gleich zu achten einer Nation ohne gehörige Meeresküste. Wir müssen den Wald erhalten, nicht bloß, damit uns der Ofen im Winter nicht kalt werde, sondern damit die Pulse des Volkslebens warm und fröhlich weiter schlagen, damit Deutschland deutsch bleibe.[4]

Immerzu handelt es sich um dieselbe Sinnstiftung, dieselbe Naturschutzbegründung: Wir schützen nicht irgendeine, eine universelle Natur – wir schützen die **deutsche** Natur. Und wir schützen sie nicht nur als physischen Lebensraum, sondern auch als psychischen Rekreationsraum des **Volkes**!

Aus dem Abstand eines Jahrhunderts drängen sich zur Genüge weitere plausible Anhaltspunkte auf, Natur- und Heimatschutz unter der Rubrik einer deutschen Merkwürdigkeit zu verzeichnen und seine Entwicklung weitgehend innerhalb der Zusammenhänge eines spezifisch deutschen *nation-building* einzuordnen. Gleichwohl bereits zu Zeiten der Weimarer Republik vorgedacht und vorbereitet, fällt der Erlass des legendären Reichsnaturschutzgesetzes (die erste gesamtnational verbindliche rechtliche Regelung von Naturschutzfragen) in das Jahr 1935 und damit in die Bedingungen der nationalsozialistischen Diktatur – durchgeboxt auf Geheiß und von Gnaden des Reichsjägermeisters Hermann Göring.[5] Diese weniger in der praktischen Natur- und Umweltpolitik, aber umso exzessiver in den Biotopen des Ideologischen vollzogene Liaison von Naturschutz und Nationalsozialismus folgte keinesfalls einer Bemächtigung von außen, einer Instrumentalisierung durch die Nazis, sondern einer inneren Konsequenz. Das kann zwar auf anderen Feldern des gesellschaftlichen Handelns genauso beobachtet werden, aber: 1933 erfolgte keine Instrumentalisierung oder Mobilisierung des Naturschutzes für die Herrschaftssicherung des Nationalsozialismus, sondern eine Selbstmobilisierung des Naturschutzes – vorbereitet lange vor 1933, nicht nur durch prägende Stichwortgeber wie Walther Schoenichen, Leiter der Staatlichen Stelle für Naturdenkmalpflege in Berlin und entschiedener Republikfeind. Die Grenzen zwischen fachlichen Naturschutzbegrifflichkeiten und dem wabernden Wortsalat völkischer Schlüsselfloskeln waren längst durchlässig geworden, als er im März 1933 im *Völkischen Beobachter* die deutsche Landschaft als „Keimbett unserer völkischen Eigenprägung" pries; beim Schutz der Natur, so tönte Schoenichen, gehe es um nichts weniger als die „Gesunderhaltung der deutschen Seele". Ein reines, unverdorbenes Volk benötige eine reine Natur, eine saubere Umwelt bzw. im zeitgenössischen Naturschutz-Jargon einen reinen, unverfälschten Lebensraum.[6]

Hier liegt viel Tragik deutscher Naturschutzgeschichte. Die Berufung auf „Eigenart" und ihren Schutz (der Schutz des Arteigenen!) implizierte nicht erst 1933 unmissverständlich die Abweisung des Fremden und die Obsession seiner Vernichtung. Damit war alsbald einem offenen Antisemitismus Tür und Tor geöffnet. In den Diskussionen um Natur- und Heimatschutz begann „der Jude" die Rolle des Fremden, des Wesensfremden, zu spielen – das wurzellose Nomadenvolk, ohne Bindung und Beziehung zu Boden und Wald, zu einem verpflichtenden Lebensraum, der Fürsorge und bewahrende Zuwendung verdient hätte. „Der Jude" mochte zwar Staatsangehöriger geworden sein, aber er war eben nicht Angehöriger eines biologisch-rassisch definierten „Volkskörpers". Er entbehrte eindeutiger Zugehörigkeit, irritierte als Fremdling, als zersetzender Schädling, der die naturhafte Ordnung des Heimatlichen bedrohte – ein Heimatraum, den er ausbeutete und verfälschte. „Judentum und deutsche Natur sind unvereinbare Begriffe. Und erst wenn wir die letzten Reste jüdischen zersetzenden Geistes abgewehrt haben, können wir auch den großen Gedanken des Naturschutzes ganz verstehen", hieß es 1939 in der Zeitschrift *Naturschutzparke*.[7]

Naturschutz mutierte von einer Bewegung des Bewahrens des Lebens, des Erhaltens des Lebendigen, zu einem Stichwortlieferanten einer Vernichtungsideologie. Vielfalt – ja, in der Natur; Mono-Kultur, Gleichartigkeit dagegen in Kultur und Gesellschaft. Selbst Hans Klose, der in seinem Rückblick auf „Fünfzig Jahre Staatlicher Naturschutz" die Destruktionspotenziale des Nationalsozialismus nicht unerwähnt gelassen hatte, gelangte zu einem eigentümlichen Periodisierungsvorschlag, als er die Verabschiedung des Reichsnaturschutzgesetzes im Jahre 1935 zum Schlüsselereignis deutscher Naturschutzgeschichte deklarierte und so die Jahre zwischen 1919 und 1935 als „Kampfzeit" und die kurze Periode zwischen 1935 und 1939 als die „Hohe Zeit" des Naturschutzes klassifizierte.[8] Dabei übersah der seit 1938 amtierende Leiter der „Reichsstelle für Naturschutz", dass die Bewahrung der natürlichen Umwelt für den Nationalsozialismus tatsächlich nichts mehr gewesen ist als ein Versatzstück ideologischer Folklore, hinter deren Kulisse durch die von Technik- und Modernitätseuphorie getragene Autarkie- und Rüstungswirtschaft spätestens seit 1935 ein ganz anderes Drama von Naturbeherrschung und Naturausbeutung betrieben wurde. Das gehörte offenkundig zu den Widersprüchen des Nationalsozialismus: Hie Schollenkult, Heimattümelei und Bauernverehrung – da das rücksichtsloseste Kalkül instrumenteller Vernunft, mit dem die nationalsozialistischen Machbarkeitsphantasien auch mit Blick auf die Naturverhältnisse jegliche bislang vertrauten Grenzen überschritt.

Auch nach 1945 hielt die Verschwisterung von Naturschutz und nationalen Befindlichkeiten an, die das Stereotyp einer intimen Beziehung der Deutschen zu Natur und Heimat nahelegen und festigen könnte. Kaum ein Volkshochschulvortrag über „Heimat", der nicht mit dem Hinweis eröffnet, dass diese schöne Wendung doch in keine andere Sprache angemessen zu übersetzen sei, womit schon ein besonders vertrautes, eben typisch deutsches Verhältnis zu Natur und Heimat reklamiert wäre![9] Da ist der „Deutsche Wald" als Zufluchtsort und Rekreationsraum der Deutschen.[10] Seine Gefährdung in der Diagnose „Waldsterben" wurde in den 1970er und 1980er Jahren vom Deutschen ins Französische übernommen – „le waldsterben".

Und schließlich erfolgt in der jüngeren Gegenwart eine vehemente Besetzung ökologischer Themen durch rechtsextreme Gruppierungen, welche die völkischen Biologismen der Zwischenkriegszeit erneuern:

Strategisch erfolgreich geht die NPD als „Heimatpartei" auf Stimmenfang und reklamiert „Heimat" als muffig-borniertes Mausoleum des Eigenen, eben des Arteigenen. Dort, wo Modernisierung und Strukturwandel Verlust und Verfall des Ländlichen Raums bedeuten, entstehen offenkundig nicht nur Sozial-, sondern auch Sinnstiftungsbrachen – dort lässt sich offenbar ganz erfolgreich mit brauner Ökologie, mit Themen wie Heimat und Naturschutz hausieren. „Heimatschutz" als Reservat traditioneller Heimatverbände avancierte als „Thüringer Heimatschutz" zu einem programmatischen Etikett, das auf die grauenhafte Mordserie des Nationalsozialistischen Untergrunds (NSU) verweist.[11]

Gründe, Natur- und Heimatschutz als merkwürdiges deutsches Sonderphänomen auszuweisen, gibt es also zur Genüge. In ideologiekritischem Belegeifer lassen sich allfällige Zitate von der Romantik bis in unsere Gegenwart wie auf einer Perlenschnur aneinanderreihen. Aber auch jenseits der Ideologien drängen sich gute Gründe auf, Natur und Heimatschutz als „typisch deutsch" auszuweisen: Wird die Formierung und Entwicklung von Natur- und Heimatschutz primär an die spezifischen politisch-gesellschaftlichen Bedingungen gekoppelt, unter denen sie im Jahrhundert des Untergangs des Kaiserreichs, der gesellschaftlichen und kulturellen Krisenlagen der Weimarer Republik, der Katastrophe des Nationalsozialismus und der deutsch-deutschen Systemkonkurrenz nach 1945 ihre Entwicklung erfuhren, dann erscheinen sie in der Tat vor allem als Ergebnis der spezifischen Geschichte eines deutschen *nation-building*, dann erscheinen sie vor allem als Folge eines schwierigen deutschen Weges in die Moderne.

1913 – Naturschutz in globalem Maßstab

Aber an dieser Stelle geht es um die Problemlagen und Zukunftserwartungen des Jahres 1913, in dem die folgenschweren Weichenstellungen des baldigen Weltkrieges noch nicht bekannt waren. Aus dem Abstand eines Jahrhunderts mag sich eine Entwicklungslogik des deutschen Natur- und Heimatschutzes aufdrängen, die weitestgehend durch Eindeutigkeit gekennzeichnet scheint; manche mögen da auch Zwangsläufigkeit wittern. Wie aber, so ließe sich fragen, stellen sich eigentlich Natur- und Heimatschutz dar, wenn sie im Horizont des Jahres 1913 betrachtet und verstanden werden? Wie präsentierten sich diese Bewegungen, bevor ihre weitere Geschichte aktenkundig geworden ist und nicht prognostizierbar erscheint? Weder sind die weitreichenden

Folgen des Ersten Weltkrieges noch die anderen Brüche und Zäsuren des 20. Jahrhunderts bekannt. Welche Positionierungen und Haltungen, welche Selbst- und Weltdeutungen sind zu konstatieren, wenn die unterschiedlichen, noch vielstimmigeren Strömungen des Natur- und Heimatschutzes in diesem Vorkriegsjahr 1913 betrachtet werden?

Ein Ereignis, das 1913 die zeitgenössische Naturschutzszene mobilisierte, hatte mit nationalen Stimmungslagen zunächst wenig zu tun; stattdessen war da im völkerfreundschaftlich gesinnten Klima der Vorkriegszeit viel Internationalität im Spiel. Bereits in der frühen Formierungsphase der sich organisierenden Naturbewegungen bildeten sich in einer zusehends globalisierten Welt ein internationales Problembewusstsein über Natur- und Umweltfragen sowie internationale Verflechtungen von Organisationen und Institutionen aus: Im November 1913 lud der Basler Naturforscher, Forschungsreisende und Ethnologe Paul Sarasin nach Bern, wo sich Delegierte aus 19 Staaten trafen, um die Idee eines globalen Naturschutzes zu diskutieren und eine Weltnaturschutz-Kommission zu gründen. Vertreter aus Argentinien, Dänemark, Belgien, den Niederlanden, Italien, Portugal und Spanien, Russland, Schweden, den USA, Deutschland, der Schweiz und anderer Staaten folgten der Einladung.

Aus Sorge um einen gemeinsam bewohnten Planeten sollte Naturschutz im Weltmaßstab betrieben werden! Gründe, Umwelt- und Naturpolitik in globalem Maßstab zu verstehen, gab es zur Genüge. Bereits drei Jahre zuvor hatte Paul Sarasin auf dem Internationalen Zoologenkongress in Graz auf drängende Naturprobleme hingewiesen, deren Dimensionen nationale Lösungsversuche sprengten; teilweise sind die Konflikte auch 100 Jahre später noch bestens vertraut: Der Fang von Walen und Robben in den erdumspannenden Weltmeeren, die Folgen der Großwildjagd in den damaligen Kolonien oder der Schutz wandernder Tierarten über Kontinente hinweg. Natur wurde hier nicht als nationales Identitätsreservoir gesehen, sondern als ein universelles Gut verstanden, wie Sarasin in seiner Eröffnungsrede proklamierte,

> denn wie die Natur keine politischen Grenzen kennt, so ist auch ihre Beschützung an keine staatlichen Bezirke gebunden; die lebendigen Schönheiten des Erdballs vor dem sie bedrohenden Untergange zu retten, ist Aufgabe des nationalen sowohl als des internationalen Naturschutzes; aber der Wetteifer der Nationen soll auch in diesem Gebiete sich entflammen, und diejenige Nation, welche innerhalb ihrer Grenzen im Naturschutz Großes schafft, wird auch [...] im Weltnaturschutz Großes geleistet haben.[12]

Das sollte also ein friedlicher Wettbewerb sein, getragen vom Geist der Völkerverständigung, der besonders in kleinen Staaten wie der Schweiz Resonanz fand. Aber nicht nur dort: Bereits 1909 hatten der deutsche *Bund Heimatschutz* und die 1901 gegründete *Societé pour la Protection des Paysage de France* nach Paris zu dem „Congrés International pour la Protection des Paysages" und 1912 zum internationalen Heimatschutzkongress nach Stuttgart geladen.

In diesen Jahren verdichteten sich also etliche internationale Initiativen. Für November 1914 war unter der Regie Paul Sarasins die zweite Delegierten-Konferenz der Weltnaturschutz-Kommission geplant; der Ausbruch des Weltkrieges machte die Planungen zunichte. Über den Bruch des Krieges wurden die Ideen jedoch hinübergerettet in die Nachkriegszeit. So gründet die Geschichte globaler Umweltverantwortung und internationaler Naturschutzpolitik eben im internationalistischen Klima der Jahre zwischen 1900 und Erstem Weltkrieg und bildet seither eine Kontinuität über die Systembrüche und Zäsuren des 20. Jahrhunderts hinweg.[13]

Wie gesagt: Viele der damals problematisierten Natur- und Umweltprobleme sind auch heute noch geläufig. Andere dagegen mögen eher befremdlich tönen. Als wichtigste Naturschutzaufgabe nämlich nobilitierte Sarasin in seiner Weltnaturschutz-Rede 1913 das, was er als „anthropologischen Naturschutz" verstand, „die wichtigste von allen, und zugleich die würdigste [...], die letzten der uns aufbewahrten Reste der primitiven Völkerstämme, der sogenannten Naturvölker, vor Ausrottung zu bewahren und der Nachwelt möglichst unbeeinflusst zu erhalten."[14] Sarasin trug hier die evolutionistische Deutung seiner Zeit vor, indem er den Schutz schriftloser Kulturen aus einem Entwicklungsgedanken heraus begründete,

> können wir uns doch glücklich schätzen, dass ein günstiges Schicksal bis auf unsere Tage Menschenstämme erhalten hat, die nach Lebensweise und nach Denken und Empfinden [...], einen Durchgangszustand unserer eigenen Kultur darstellen, sodass, indem wir auf ihr Leben und Treiben hinblicken, wie von einem Turme herab unsere eigene Vergangenheit mit leiblichem Auge schauen. Wie wichtig erscheint also das Bestreben, solche Reste, welche wie durch ein Wunder unsrem Planeten erhalten geblieben sind, in möglichst unberührter Reinheit der Wissenschaft, uns selbst und der Nachwelt zu sichern.[15]

Sarasin sprach vom „engen Band [...], das Mensch und Tier verknüpft". Und wenn Menschen Tiere schützten, so müssten Naturschützer sich „erst recht dafür einsetzen, auch dem Naturmenschen, diesem edelsten aller freilebenden Naturgeschöpfe, tatkräftigen Schutz angedeihen lassen." Sie müssten „mit Trauer feststellen, dass schon gewaltige Lücken in ihren Bestand gerissen worden sind, dass der weisse Mensch auch hier, wie in der Tierwelt, zerstörend aufgetreten ist, dass er ganze Stämme ausgeschlachtet hat, in wilder Mordgier, von Blut triefend."[16]

Wie gesagt – solches mag befremdlich tönen, wenn Trauer über Verlust ohne Unterschied auf Relikte der außermenschlichen Natur wie auf menschliche Kulturen zielte. Dies entsprach jedoch den zeitgenössischen Denkstilen und der Sprache des Evolutionismus. Dieser war einst mit der Hypothese angetreten, gegen die Rede von der Ungleichheit der Menschen das Diktum der Gleichheit zu belegen. Danach, so das Deutungsmuster, würden alle Kulturen dieselben Entwicklungsprozesse vollziehen, aber eben nicht in Gleichzeitigkeit, sondern ungleichzeitig, sodass die europäische Gegenwart des Jahres 1913, die in der Wahrnehmung Sarasins und seiner Zeitgenossen die Klimax menschlicher Kultur- und Zivilisationsentwicklung markierte, quasi mit Erwachsenenaugen auf den naturhaft-ursprünglichen Zustand der „Naturvölker" schaute wie auf Kinder. Und Kinder benötigten wie Natur Schutz und Zuwendung.

Dieser Problembereich des Schutzes der „anthropologischen Naturdenkmäler" sollte im Weltnaturschutz nach dem Ersten Weltkrieg keine nennenswerte Rolle mehr spielen. Im Gegensatz dazu erfuhren dauerhaft andere Problemlagen Thematisierung, zu denen mit zunehmender Globalisierung bald noch mehr hinzukommen sollten, wie die Verschmutzung der Weltmeere durch Öl und andere internationale Konflikte. Dieser Verweis auf die internationale Naturschutzgeschichte soll unterstreichen, dass es in diesem Wertehimmel, der sich über das Jahr 1913 spannte, eben nicht nur die **eine** dominante Sinnstiftung gab, Naturschutz vor allem als nationale Identitätspolitik zu betreiben. Ein anderes konkurrierendes Problem- und Umweltbewusstsein verstand Natur als universelles Gut, als Menschheitsbesitz. Nicht nur in Deutschland, sondern in allen westlichen Gesellschaften, die je unterschiedlich die Entfaltung moderner Industriezivilisationen erlebten, formierten sich ähnliche Bewegungen des Natur-, Heimat- oder Landschaftsschutzes. Der Naturschutz in Deutschland mochte zwar mit einem besonderen Zungenschlag auftreten, markante Akzente aufweisen, er folgte jedoch vor dem Ersten Weltkrieg zunächst einer allgemeinen Entwicklungslogik von Modernisierungsprozessen.

Was passierte in diesem Vorkriegsjahr 1913? Für die Feier der Freideutschen Jugend auf dem Hohen Meißner am 18. Oktober, auf die Jürgen Reulecke in seinem Beitrag in diesem Band näher eingeht, verfasste Ludwig Klages seinen Essay *Mensch und Erde*. Klages zeichnet in düster-pessimistischen Farben ein Szenario des Verfalls der Bindungen zwischen Mensch und Natur. Der von Ernst Bloch despektierlich als „Tarzan-Philosoph" titulierte Klages thematisierte hier alle möglichen Probleme des Natur-, Vogel- oder Landschaftsschutzes und zog sie allesamt als Symptome dafür heran, dass sich das „Zeitalter des Untergangs der Seele" ankündige.[17] Mit großem Pathos sprach er vom Vergehen an der Landschaft. Er griff das Trauma des Aussterbens und der Ausrottung von Tierarten wie Luchs, Wisent, Bär oder Wolf auf, deren Rückkehr ein Jahrhundert später, von uns als Zeitgenossen, als Rückkehr der „Wildnis" – allerdings durchaus kontrovers kommentiert – erlebt werden kann. Ludwig Klages zürnte gegen den Vogelfang sowohl zu Ernährungszwecken wie für die Hutmode. Allerorten würde Natur Tiere, Landschaften, Ressourcen – zur Ware, zur puren Sache herabgewürdigt: „Eine Verwüstungsorgie ohnegleichen hat die Menschheit ergriffen, die ‚Zivilisation' trägt die Zügel entfesselter Mordsucht, und die Fülle der Erde verdorrt vor ihrem giftigen Anhauch. So also sähen die Früchte des ‚Fortschritts' aus."[18]

Geistiger Hintergrund der allerorten grassierenden Naturverachtung waren nach Ansicht des untergangsgläubigen Lebensphilosophen ‚Materialismus', ‚Fortschritt', ‚Wissenschaft', ‚Zivilisation' – die allfälligen Reizwörter des Kulturpessimismus und der Zivilisationskritik, die machtvollen Entzauberungskräfte der Moderne also. Hören wir noch einmal Klages:

> Schrecklicher noch, als was wir bisher gehört, wenn auch vielleicht nicht ganz im gleichen Maße unverbesserbar, sind die Wirkungen des ‚Fortschritts' auf das Bild besiedelter Gegenden. Zerrissen ist der Zusammenhang zwischen Menschenschöpfung und Erde, vernichtet für Jahrhunderte, wenn nicht für immer, das Urlied der Landschaft. Dieselben Schienenstränge, Telegraphendrähte, Starkstromleitungen durchschneiden mit roher Geradlinigkeit Wald und Bergprofile, sei es hier, sei es in Indien, Ägypten, Australien, Amerika; die gleichen grauen vielstöckigen Mietskasernen reihen sich einförmig aneinander, wo immer der Bildungsmensch seine ‚segensbringende' Tätigkeit entfaltet; bei uns wie anderswo werden die Gefilde ‚verkoppelt', d.h. in rechteckige und quadratische Stücke zerschnitten, Gräben zugeschüttet,

> blühende Hecken rasiert, schilfumstandene Weiher ausgetrocknet; die blühende Wildnis der Forste von ehedem hat ungemischten Beständen zu weichen, soldatisch in Reihen gestellt und ohne das Dickicht des ‚schädlichen' Unterholzes; aus den Flußläufen, welche einst in labyrinthischen Krümmungen zwischen üppigen Hängen glitten, macht man schnurgerade Kanäle; die Stromschnellen und Wasserfälle, und wäre es selbst der Niagara, haben elektrische Sammelstellen zu speisen; Wälder von Schloten steigen an ihren Ufern empor, und die giftigen Abwässer der Fabriken verjauchen das lautere Naß der Erde – kurz, das Antlitz der Festländer verwandelt sich allgemach in ein mit Landwirtschaft durchsetztes Chicago![19]

Klages' Essay ist sicherlich ein Schlüsseltext für die damalige Bewusstseinslandschaft. All das, was er der Freideutschen Jugend auf dem Hohen Meißner ans Herz legte, mag an den untergangsgewissen Alarmismus moderner Natur- und Ökobewegungen erinnern. Natürlich hat Ludwig Klages in seinem Text Vielerlei eingefangen und verdichtet, was „in der Luft" lag an Unbehagen an der Moderne, an wachsender Skepsis über die vermeintlichen Segnungen des Fortschritts und an diffusen Entfremdungserfahrungen und Zukunftsängsten.[20] Und natürlich bekennt sich der Lebensphilosoph unmissverständlich als Anwalt der Natur. Aber: Es wäre verfehlt, Klages mit seiner radikal zivilisationskritischen Vorstellungswelt und seinen untergangsgläubigen Deutungsversuchen als typischen Repräsentanten der im Jahre 1913 noch jungen Szene des Naturschutzes zu sehen. In dieser tummelte sich auch ganz anderes Publikum: brave Beamte und Honoratioren, nüchterne Nationalökonomen, tierliebende Aristokratinnen, anarcho-syndikalistische Aussteiger, Pianisten und Literaten, Apotheker, Naturwissenschaftler, ein linker Karl Liebknecht und ein rechter Hermann Löns – ganz unterschiedliche Akteure, zu denen auch Pragmatiker, nüchterne Rechner und spröde Realisten zählten.

Umkehrung: Schutz der bedrohten Natur

Dennoch rief Ludwig Klages natürlich nicht zufällig Fragen des Umgangs mit Natur auf, um seiner Überzeugung vom kulturellen Niedergang Nachdruck zu verleihen. Er reagierte hier auf ähnliche Problemlagen und Fragen, die sich auch dem Naturschutz aufdrängten. Woran entzündeten sich nun zwischen 1890 und dem Ersten Weltkrieg die

Bewegungen des Natur- und Heimatschutzes? Mit der Entfaltung moderner Industriezivilisationen vollzog sich offenkundig eine elementare Umkehrung in den Kräfteverhältnissen zwischen Natur und Mensch. Nicht mehr eine mächtige, unwägbare und oft genug entfesselte Natur bedrohte, wie in vormodernen Gesellschaften, die Bemühungen von Menschen, sich kultivierend ihre Existenz zu sichern. Jetzt erschien diese Natur umgekehrt selbst bedroht. Tatsächlich korrespondiert dieser Paradigmenwechsel mit dem zeitgenössischen Bewusstsein früher Naturschützer, in einer epochalen Wendezeit zu leben. In ihren Gegenwartsdiagnosen spielte das Motiv des radikalen Bruchs ihrer Zeit mit allen historisch vertrauten Mensch-Natur-Beziehungen eine tragende Rolle. So unterstrich Max Haushofer 1909 in seiner Abhandlung *Der Schutz der Natur*:

> Mit den gewaltigen Mächten der Natur mußte diese Menschheit durch ungezählte Reihen von Generationen zähe und gefahrvolle Kämpfe auskämpfen, ehe ihr Dasein gegen die Naturmächte gesichert erschien. Und nun, seit dem Ausgange des neunzehnten Jahrhunderts erst, wird den Kulturvölkern voll bewußt, daß nicht nur der Mensch gegen die Naturmächte, sondern umgekehrt auch die Natur gegenüber menschlichem Tun eines Schutzes bedarf.[21]

Tatsächlich also erschien die Vorstellung, Natur bedürfe einer fürsorglichen Zuwendung, historisch neu. Logik und Dynamik der Zivilisationsentwicklung ließen nun immer vehementer nach den Schattenseiten der Moderne fragen, nach dem Verlust und nach Grenzen menschlicher Naturbemächtigung. Oder, in zeitgenössischen Worten aus dem Jahre 1911:

> Bei diesen Riesenschritten menschlicher Kultur muß die Befürchtung rege werden, daß auch manches vernichtet wird, was unwiederbringlich ist, ist es einmal verloren. [...] Aus diesem Gefühl der Sehnsucht nach Natur und der Furcht vor der alles nivellierenden Kultur an Orten, die uns in ihrer natürlichen Schönheit teuer sind, aus diesem Gefühl heraus entstand erst bei einzelnen, dann in rascher Ausbreitung zu breitem Strome anschwellend der Gedanke des Naturschutzes, des Heimatschutzes.[22]

Hier schien sich im Bewusstsein mancher Zeitgenossen etwas Ungeheuerliches zu vollziehen: Der moderne Mensch entledigte sich der Fesseln der Natur und betrieb nun umgekehrt deren Versklavung.

Dieses Schauspiel der Emanzipation aus menschlicher Naturabhängigkeit erlebten die Bewohner der europäischen Welt um 1900 als Bruch mit allen historisch tradierten Erfahrungen. In der Moderne hatte die Bemächtigung und Unterwerfung der Umwelt durch Menschen einen Grad erreicht, der Natur nicht mehr als bedrohende, sondern selbst als bedrohte Größe erscheinen ließ. Oder, wie dies Otto Neurath in ein simples, aber pointiertes Bild fasste:

> Der Mensch wird immer unabhängiger vom Boden, auf dem er lebt. Er kann überall Wärme und Kälte erzeugen, er kann überall Lebensbedingungen so variieren [...], daß die geographischen Bedingungen eine immer geringere Rolle spielen. [...] Wenn früher ein Mensch und ein Sumpf zusammenkamen, verschwand der Mensch, jetzt der Sumpf.[23]

Soll heißen: Jahrtausende lang sammelten Menschen Erfahrungen, sich selbst vor einer unwägbaren, launischen und bedrohlichen Natur zu schützen und ihr eine leidliche Existenz abzuringen. In diesem Sinne verstand nicht nur Sigmund Freud die basalen Funktionen von Kultur. Ihre Hauptaufgabe, ihr eigentlicher „Daseinsgrund" sei es, die Menschen gegen die Natur zu verteidigen. Kultur, so Freud, sei nichts anderes als „die ganze Summe der Leistungen und Einrichtungen, die zwei Zwecken dienen: dem Schutz des Menschen gegen die Natur und der Regelung der Beziehungen zwischen den Menschen."[24] Nun aber, in der künstlichen Wirklichkeit moderner Lebensverhältnisse, erschien nicht mehr die Natur als Feind menschlicher Bemühungen, eine unwirtliche Welt in ein Zuhause zu verwandeln. Nun konnte umgekehrt „Die Kultur als Hauptfeind der Natur" betrachtet werden.[25]

Offenkundig war um 1900 in den Beziehungen zwischen Natur und Mensch eine Wendezeit eingetreten, die auch nach den Zerstörungsmöglichkeiten menschlicher Naturbemächtigung fragen ließ. Diese Lesart entbehrte keinesfalls einer gewissen Plausibilität. Tatsächlich schien ja mit der Entfaltung moderner Industriezivilisationen innerhalb weniger Jahrzehnte fast eine Art neue Schöpfungsgeschichte geschrieben worden zu sein, so umfassend hatte sich das Erscheinungsbild von Landschaft und Natur verändert: Zwischen 1800 und dem Ersten Weltkrieg hatte sich die Bevölkerung auf dem Territorium des Deutschen Reiches von 24 auf knapp 68 Millionen Menschen fast verdreifacht. Aus Klein- und Mittelstädten waren Metropolen geworden; die Einwohnerzahl Frankfurts stieg in diesem Zeitraum von 40.000 auf 420.000, diejenige Stuttgarts von 23.000 auf 286.000. Um 1800 vermochte die traditionale bäuerliche

Landwirtschaft die damalige Bevölkerung nicht mehr zu ernähren; die erste Hälfte des 19. Jahrhunderts verzeichnete noch katastrophale Hungersnöte. Dass diese seit der zweiten Jahrhunderthälfte weitgehend der Vergangenheit angehörten, verdankte sich der umfassenden Rationalisierung der Landwirtschaft, etwa den von Klages als Verkoppelung inkriminierten Flurbereinigungen und Meliorationen, in deren Zusammenhang die Natur- und Heimatschützer alsbald von der Tyrannei der geraden Linie sprachen, vom unduldsamen Diktat der Geometrie. Und sie konnten sich dabei auf Wilhelm Heinrich Riehl berufen, der 1873 schrieb: „Die gerade Linie ist nun einmal der ästhetische Fluch der modernen Cultur, und ich glaube, die gegenwärtige Vorliebe für das tollste Schnörkelwerk der Roccocoformen ist eine Art Verzweiflungsflucht vor der geraden Linie, die uns überall verfolgt."[26] Die Künstlichkeit der geraden Linie symbolisierte für Riehl und seine Mitstreiter den menschlichen Willen, sich über die organischen Formen der Natur und Landschaft hinwegzusetzen. Flurbereinigungen also optimierten die Landwirtschaft, genauso der Übergang zu moderner Stallfütterung. Chemisierung und Mechanisierung steigerten die Produktivität der Landwirtschaft ins schier Grenzenlose: Die Hektarerträge der Kartoffel verdoppelten sich allein zwischen 1870 und 1913 von 85 auf 160 Doppelzentner; die Zahl der deutschen Schweinepopulationen stieg von sieben Millionen 1873 auf 25,6 Millionen 1913. Die Forstwirtschaft verwandelte vielfältig genutzte Wälder in moderne Holzäcker; die Infrastrukturen neuer Verkehrssysteme zu Lande und zu Wasser setzten sich über die Widrigkeiten der Naturverhältnisse hinweg. Beispielhaft hierfür erschien den Naturschützern der Eisenbahnbau, der sich als naturunabhängiges System über Berge und Täler mittels Tunnels und Brücken hinwegsetzte. Flüsse und Wasserläufe wurden gezähmt und begradigt. Schon 1871 klagte Wilhelm Heinrich Riehl, der Rhein sei durch die Schiffbarmachung und den Eisenbahnbau zum „Kanal" herabgewürdigt, seiner Wildheit und seiner Natürlichkeit beraubt. Nur bei Hochwasser, so Riehl, wenn die ungezähmte Natur dann und wann doch wieder über alles Menschenwerk triumphiere, finde „der alte Vater Rhein sich wieder. Der Knecht zerbricht die Kette; er wird wieder Herr."[27]

Mensch und Sumpf – Grenzen der Naturbeherrschung

Hier wurden also mit der Frage nach der Natur elementare Probleme moderner Gesellschaften aufgeworfen; neben der „sozialen Frage" erschien nun auch die Frage nach der Natur als Schlüsselproblem auf der

Tagesordnung moderner Industriegesellschaften. Das erscheint heute als Allgemeinplatz; vor 100 Jahren war ein solches Bewusstsein neu. Es war die Erfahrung der Gefährdung und Begrenztheit der natürlichen Wirklichkeit, die Verwandlung historisch gewordener Kulturlandschaften in Nutz- und Produktionsräume und damit die Erfahrung einer nachhaltigen menschlichen Entfremdung von Natur- und Landschaft. Bewegungen wie der Natur- und Heimatschutz riefen in Erinnerung, dass Natur mehr bedeutete als Mittel zum Zweck, mehr als nur Instrument und Sache. Vor dem Ersten Weltkrieg griffen sie drängende Fragen auf: Wie sollte die Welt für menschliche Beheimatungsmöglichkeiten beschaffen sein? Welche Landschaften wollen wir? Wo gab es möglicherweise Grenzen in der menschlichen Naturbeherrschung und Naturbemächtigung, die dank moderner Technik und Wissenschaften ins Grenzenlose gesteigert werden konnten?

In der Sorge um Natur lag also das Initial für den Naturschutz. Gründe, sich dieser gefährdeten Natur in bewahrender Absicht zuzuwenden, gab es viele. Das konnten ethische Motive sein: Wenn menschliches Leben notwendigerweise auf der Nutzung von Natur basierte, dann war dem Menschen die Natur in einer Art und Weise anvertraut, dass er auch in einer Verantwortung für sie stehen musste, ob das Natur als materielle Lebensgrundlage und Ressource war oder eine dem Menschen anvertraute „Schöpfung". Da gab es wissenschaftlich-naturkundliche oder museale Motive, durch welche die Aufmerksamkeit auf ein wie auch immer definiertes natürliches Erbe gelenkt wurde. Die Erfahrungen des Schwundes, das Trauma der Ausrottung von Tier- und Pflanzenarten oder Landschaftsensembles motivierte umgekehrt das Bedürfnis nach Rettung und Erhaltung. Als 1906 in Preußen mit der „Staatlichen Stelle für Naturdenkmalpflege" die erste staatliche Institution des Naturschutzes ins Leben gerufen wurde, orientierte man sich im Geist des Historismus nicht zufällig am Vorbild der (baulichen) Denkmalpflege.[28] Naturschutz formierte sich als Denkmalpflege: Es ging als Reflex auf den Primat ökonomischer Nutzung von Natur zunächst vor allem um den Schutz von Relikten und musealen Naturinseln, merk-würdige Baumveteranen, die Erhaltung einzelner Arten und Bestände oder die Konservierung außergewöhnlicher Landschaftsensembles.

Hinzu kamen ästhetische Bedürfnisse: Natur wurde geschützt, weil sie über die Sphäre der Notwendigkeiten hinauswies und die menschliche Wirklichkeit bereicherte. Erhaltung folgte hier dem Bedürfnis, Natur und Landschaft in der unerschöpflichen Vielfalt ihrer Erscheinungsformen und Hervorbringungen zu bewahren. Dies zielte etwa auf die unverwechselbaren Eigenarten von Landschaften, die in einem unendlichen Prozess der Geschichte in der kultivierenden Auseinandersetzung mit Natur entstanden waren. Besonders schön ist für das moderne landschaftliche Auge immer das Nicht-Nützliche – besonders in der Natur. Aus einem ästhetischen Zugang zur Natur ließ sich deren Schutz mit Argumenten der Selbstzwecklichkeit legitimieren, wie 1900 durch den Ornithologen Ernst Hartert:

> Überhaupt ist die Frage, warum wir eigentlich den Vögeln Schutz gewähren wollen, nicht so leicht zu erledigen, wie es meist geschieht. [...] Haben wir doch den Mut zu sagen, daß wir die Vögel selbst wollen, daß wir sie schützen wollen um ihrer selbst willen, daß wir nicht wollen, daß die ganze Natur um unseres Geldbeutels und unserer ‚Entwickelung' wegen einseitig werde. Gestehen wir nur ein, daß wir die Vögel aus ‚ethischen' Gründen schützen wollen, und daß wir selbst solche, die ‚schädlich' sind, nicht ganz missen wollen.[29]

Da formierten sich gewissermaßen prä-ökologische Vorstellungen: „Die Hauptaufgabe des Vogelschutzes, der sich nicht an das Utilitaritätsprinzip binden darf", so etwa Werner Sunkel, „muß es daher sein, für die Erhaltung des Gleichgewichtes in der gesamten Natur zu sorgen."[30]

Die nationalkulturellen und bald auch völkisch aufgeladenen Motive wurden bereits zur Genüge aufgerufen – die Vorstellung einer „reinen" und „gesunden" Natur als Lebensraum eines „reinen" und „gesunden" Volkes, Natur als völkischer Jungbrunnen und Rekreationsraum. Aber die Frage nach der Natur stellte sich nicht nur als eine nach ‚Konservierung'. Da drängten in Zeiten der Urbanisierung mit ihren sozialen Folgen auch sozialpolitische Interessen auf Teilhabemöglichkeiten von Menschen an Natur und Landschaft. Dies machte Naturschutz zu einem Thema für die Arbeiterbewegung mit den „Naturfreunden" und die Sozialdemokratie, für die sich etwa Karl Liebknecht 1912 bei den Diskussionen um ein preußisches Gesetz für die Naturdenkmalpflege leidenschaftlich engagierte:

> Wir sehen, wie ein Verständnis für den Wert der Naturschätze erst in der neueren Zeit wieder in weiteren Kreisen eingetreten ist – nach der wilden Periode der Entwicklung unserer Industrie, unseres Verkehrs, in der alle anderen Interessen zurückgesetzt worden sind hinter dem einen Interesse des: Bereichert Euch! Enrichissez vous!, wo man gehöhnt hat über diejenigen, die die ästhetischen Werte zu schätzen und zu schüt-

> zen suchten, als über Narren, die noch nicht genügend den Geist der Zeit verstanden hätten. Jetzt hat nach und nach eine gewisse Einkehr eingesetzt, wesentlich deshalb, weil die unermeßliche Bedeutung der Natur und ihrer Schätze für die Gesundheit der Bevölkerung in moralischer und geistiger, aber auch körperlicher Beziehung immer mehr erkannt worden ist.[31]

Natur und Landschaft wurden nicht als individuelles Eigentum verstanden, sondern als ein Allgemeingut, und deshalb sollte allen Menschen das Recht auf Teilhabe an der Natur zugesprochen werden. Dies gab der Schweizer Heimatschützer Ernest Bovet (1870–1941) zu bedenken, als er Heimat als „sozialen Begriff" verstanden wissen wollte: „das Gesamtbild einer Stadt oder einer Landschaft, so wie es durch die Natur und die Arbeit vieler Generationen geschaffen wurde, ist ein Gut, das allen zugleich und wiederum keinem einzelnen gehört, denn kein einzelner hat dafür mehr getan als die Gesamtheit."[32]

Dass sich der Naturschutz um 1900 so rasch als breite gesellschaftliche Bewegung formierte, lag sicher auch daran, dass er sich nicht nur auf wenige Schutzbegründungen berief. Signifikant war eher eine diffuse Gemengelage höchst unterschiedlicher emotionaler, ästhetischer, nationalkultureller, politischer, wissenschaftlicher und anderer Begründungen. Dies führte dazu, dass sich ein Karl Liebknecht auf Seiten der politischen Linken den Anliegen des Naturschutzes genauso gut und leidenschaftlich verschreiben konnte wie ein völkischer Rassist vom Schlage eines Hermann Löns. Natürlich: Es gab die nationalistischen und völkischen Stimmen auch schon vor 1914. Aber noch waren sie Bestandteil eines vielstimmigen Konzerts, in dem sich mancherlei artikulierte. Und da es viele unterschiedliche Stimmen gab, konnten sich diese auch wechselseitig korrigieren, hinterfragen und ergänzen. Das ist ein maßgeblicher Unterschied zum Nationalsozialismus, als der Naturschutz nur noch auf völkisch verengte und nationalistisch aufgeladene Deutungen reduziert war.

Bewahren und Gestalten – Korrekturen am Fortschritt

Um 1913 haben wir es also mit Blick auf die Natur mit historisch neuen Bewusstseinslagen zu tun. Hier ist ein bemerkenswerter Verdichtungs- und Institutionalisierungsprozess zu registrieren, der eindrücklich vor Augen führt, wie wichtig die Frage nach der Natur nun offenbar als Frage des Allgemeinwohls geworden war. Bereits gegen Ende des

19. Jahrhunderts konstatieren wir eine regelrechte Welle von Gründungen von Vereinen und Verbänden, Gesetzesinitiativen und Institutionen, die sich dem Schutz von Natur, Landschaft oder Heimat verschrieben: 1880 hatte Ernst Rudorff in den „Preußischen Jahrbüchern" einen Markstein mit seinem Aufsatz *Über das Verhältniß des modernen Lebens zur Natur* gesetzt.[33] 1888 verwendete Rudorff in seinen Tagebüchern erstmals explizit den Begriff „Naturschutz". Dort hatte er bereits im September 1886 festgehalten, viel „über Gründung eines Vereins zum Schutz der Natur, des Charakteristischen, Ursprünglichen, Schönen auch in der Bauart usw. nachgedacht" zu haben. Am 5. Oktober 1888 sprach er explizit von „Naturschutzideen" und erneut am 9. November 1888 von „Naturschutz".[34]

Gleichfalls 1888 kam es zur Verabschiedung des Reichsvogelschutzgesetzes, nachdem sich bereits seit den 1860er-Jahren Aktivitäten des Vogelschutzes verdichteten. 1898 forderte Wilhelm Wetekamp vor dem preußischen Abgeordnetenhaus, dass der Staat nicht nur Mittel für die Erhaltung von Kunst- und Kulturdenkmälern zur Verfügung stellen solle, sondern es ebenso im Interesse der Allgemeinheit liege, wenn ursprüngliche Natur erhalten werde. Um 1900 kam es zu einer Gründungswelle von teils reichsweit operierenden Naturschutzorganisationen, aber auch lokal und regional agierenden Initiativen, die sich dem Schutz von Tieren, Pflanzen oder der Landschaft verpflichteten: 1899 der *Bund für Vogelschutz*, 1900 der *Verein zum Schutze und zur Pflege der Alpenpflanzen*, 1902 der *Münchner Isartalverein*, 1904 der *Bund Heimatschutz*, 1907 der *Verein Jordsand zum Schutze der Seevögel*, 1909 der *Verein Naturschutzpark*. Dem Ziel des Schutzes von Natur und Landschaft verschrieben sich darüber hinaus zahlreiche Touristen- und Wandervereine, Vereine für Naturkunde oder Tierschutz, Geschichtsvereine und Strömungen der Lebensreform, für welche die Frage nach Natur und Natürlichkeit zu einer Schlüsselfrage ihrer individuellen Existenz avancierte.

Auch der Staat bewies erstaunlich schnell ein Sensorium für die Naturfrage und signalisierte, dass er die Frage nach der Natur als Frage des Gemeinwohls erachtete: 1902 berücksichtigte das Hessische Denkmalschutzgesetz „natürliche Bildungen der Erdoberfläche wie Wasserläufe, Felsen, Bäume u. dergl., deren Erhaltung aus geschichtlichen oder naturgeschichtlichen Rücksichten oder aus Rücksicht auf die landschaftliche Schönheit oder Eigenart im öffentlichen Interesse liegt".[35] 1902 und 1907 wurden in Preußen Gesetze gegen „Verunstaltung landschaftlich hervorragender Gegenden" verabschiedet. 1904 legte Hugo Conwentz seine im Auftrag Preußens erarbeitete Denkschrift über *Die Gefährdung der Naturdenkmäler und Vorschläge zu ihrer Erhaltung* vor, die nicht nur in nationalem Horizont, sondern international breit als Modellfall rezipiert wurde.[36]

Besonders bedeutsam und folgenträchtig wurde dann 1906 die Gründung der ‚Staatlichen Stelle für Naturdenkmalpflege' in Preußen unter Leitung von Hugo Conwentz. Manche deutsche Einzelstaaten orientierten sich in den Folgejahren hinsichtlich der staatlichen Organisation des Naturschutzes am preußischen Vorbild, andere suchten eigenständige Wege und bezogen stärker übergeordnete Anliegen des Heimatschutzes wie die Erhaltung von Stadt- und Landschaftsbildern oder die Denkmalpflege mit ein wie der 1908 gegründete *Landesausschuß für Natur- und Heimatschutz* in Württemberg oder der ebenfalls 1908 ins Leben gerufene *Landesverein Sächsischer Heimatschutz*.[37]

1913 lud Paul Sarasin zur besagten ersten Weltnaturschutzkonferenz nach Bern. Die Liste nationaler und internationaler Aktivitäten ließe sich lange fortsetzen und verdichten. In jedem Fall traf zu, was Gottfried Eigner schon kurz nach der Jahrhundertwende als markantes Signum seiner Zeit beobachtete:

> Über den Schutz der Naturdenkmäler zu sprechen ist heutzutage modern. In fast allen Ländern Europas steht die Frage gegenwärtig zur Diskussion. Gelehrte und Laien, Naturforscher und Juristen, Vereine und Versammlungen, Gesetzgeber und Verwaltungsbehörden sind damit befasst. Während von der einen Seite schon fast jedes Naturgebilde geschützt werden will, begegnet man auf der anderen Seite verächtlichem Achselzucken.[38]

Innerhalb kürzester Zeit vollzog sich also im Naturschutz ein Prozess der Institutionalisierung; dies unterstreicht, wie schnell nach den massiven Industrialisierungsschüben des späten 19. Jahrhunderts die Ideen von Natur- und Heimatschutz auf gesellschaftlichen Agenden in den Vordergrund traten und zum einen als zivilgesellschaftliches Engagement, zum anderen aber auch als Aufgabe des staatlichen Gemeinwohls verankert werden konnten.

Natur- und Heimatschutz, die hier im Kontext des Vorkriegsjahres 1913 thematisiert wurden, haben natürlich nur bedingt etwas mit dem Problembewusstsein des heutigen Naturschutzes oder gar des Umweltschutzes zu tun. Endlos präsentiert sich die zeitgenössische Liste mit öffentlichen Versicherungen von Naturschutzakteuren, man wolle keinesfalls den Fortschritt bremsen und behindern. Am Primat der

Ökonomie war sowohl im Allgemeinen wie in konkreten Konflikten zwischen Nutzung oder Schutz von Natur nicht zu rütteln. Hier ging es weniger um eine irgendwie zu arrangierende Versöhnung von Ökonomie und Ökologie, wenn auch mitunter wiederholt davon die Rede war, dass man einem zügellos sich entfesselnden Kapitalismus Zügel anlegen, ihn lenken und seinen Kräften eine vernünftige Richtung geben müsse.[39] Getragen vom Geist des Historismus ging es zunächst vor allem um das Konservieren, das Sammeln, das Bewahren von Resten und Relikten, ‚Überlebseln' einstiger biologischer und ästhetischer Vielfalt in Natur und Landschaft. Betrieben wurde Naturschutz als eine Art Musealisierung von Natur und historisch modellierter Landschaft in Reservaten und Museumsinseln, außerhalb derer sich der industrielle Fortschritt vielleicht umso ungebremster zu entfalten vermochte. Dem modernen, von Verlustaffekten und Naturvergessenheit beunruhigten Menschen, so Werner Sombart 1938, bliebe offenbar die Bewahrung von Natur nur mehr als Kompensation, welche die Vergegenwärtigung eines verlorenen Naturganzen ermögliche:

> Es ist wohl eine Art von Angstgefühl, das die Menschen unserer Zeit angesichts der raschen und anhaltenden Zerstörung und Verunstaltung der natürlichen Landschaft dazu bewogen hat, sogen. Naturschutzparks anzulegen, in denen man die Dinge beläßt, wie sie Gott geschaffen hat, und wie sie sich aus eigener Lebenskraft gestalten. Das dürfte das Zukunftsbild sein, das sich hier vor unseren Augen auftut: Natur nur noch als musealer Gegenstand.[40]

Hier werden denn auch die Ambivalenzen moderner Naturbeziehungen deutlich, die Widersprüche und elementaren „Entzweiungsstrukturen" moderner Gesellschaften.[41] Diese Moderne forcierte einerseits die instrumentelle Nutzung der Natur und tendierte zu ihrer Versachlichung. In dem Maße jedoch, da die Rationalisierung der natürlichen Wirklichkeit, die umfassende Entzauberung der Welt betrieben wurde,[42] erwachte umgekehrt auch die Sehnsucht nach ihrer Wiederverzauberung, nach ihrer Ästhetisierung und Idealisierung. So weist die Moderne eine irritierende Gleichzeitigkeit paradoxer Beziehungen auf: Naturausbeutung und Naturschutz, Bewahrung und Vernichtung, einerseits die unberührten Sehnsuchtslandschaften des Tourismus, andererseits die Tristesse und Unwirtlichkeit urbaner Ballungszentren, hie das gehätschelte Haustier, da der industrialisierte Tiertod im Schlachthof. Naturausbeutung repräsentiert den einen Pol moderner Naturbeziehungen, Naturschutz und Naturliebe die andere.

Insofern stellt sich natürlich auch die Frage nach einer Lieblingsvokabel unseres gesellschaftlichen Diskurses im frühen 21. Jahrhundert, nach der ‚Nachhaltigkeit', nach der politischen Wirksamkeit des Naturschutzes. Das Anliegen des Bewahrens genoss im Jahre 1913 quer durch alle politischen Lager hohe Anerkennung, zumindest in Sonntagsreden. Politisch und juristisch blieb der Naturschutz indes schwach. Das Problembewusstsein der Naturschützer über die Zusammenhänge zwischen den Zerstörungspotenzialen industrieller Zivilisationen und natürlichen Rahmenbedingungen menschlichen Handelns blieb in Zeiten des Kaiserreiches rudimentär. Dennoch riefen Bewegungen wie Natur- und Heimatschutz vor einem Jahrhundert in Erinnerung, dass Wirklichkeit sich nicht erschöpfte in der zunehmend als künstlich empfundenen Welt, in der sich Menschen der Moderne beheimaten, sondern dass darüber hinaus eine Wirklichkeit existiert, die auch ohne Menschen und ihre Regeln auskommt und in der diese schon gar nicht das Zentrum allen Geschehens bilden – Natur.

Der Rekurs auf Natur um 1900 war keinesfalls nur ein deutscher Reflex auf problematische Begleiterscheinungen und Nebenfolgen, welche die Entfaltung der Industriemoderne hervorbrachte. Zeitgleich organisierten sich auch in anderen modernen Gesellschaften ähnliche Bewegungen, sodass die fürsorgliche Hinwendung zur Natur einer allgemeinen Entwicklungslogik gesellschaftlicher Modernisierung zuzuordnen ist. Dennoch erhielt der deutsche Naturschutz schon vor 1914 eine spezifische Signatur. Während bestimmte Naturschutzbegründungen, wie z. B. sozialpolitische, in der deutschen Naturschutzgeschichte nachrangiger blieben, erfuhr markanter als in anderen nationalen Naturschutzgeschichten in Deutschland die romantische Zivilisationskritik eine stark nationalistische Akzentuierung, durch die Natur zum Modell organologischer, bald völkischer und biologistischer Gesellschaftsvorstellungen werden konnte.[43] So begann zwar vor dem Ersten Weltkrieg die langsame Internationalisierung des Naturschutzes. Die zaghaften Versuche aber wurden durch den Ausbruch des Ersten Weltkrieges abrupt unterbrochen. Nach Kriegsende konnte daran nicht nur wegen der Isolierung deutscher Repräsentanten auf dem internationalen Parkett auf lange Zeit nicht mehr angeknüpft werden. Während der Weimarer Republik gewannen die völkischen Strömungen im deutschen Naturschutz an Dominanz, so dass ohne nennenswerte Widerstände die agrarromantisch-restaurativen Utopien des Kaiserreichs geradewegs in den Blut- und Boden-Mythos des Nationalsozialismus überführt werden konnten. Die Geschichte des deutschen Naturschutzes präsentiert sich also einerseits als Bestandteil übergreifender internationaler Entwicklungsprozesse, weist aber andererseits markante Sonderausprägungen auf. Im Vorkriegsjahr 1913 indes erschien diese Geschichte noch weithin offen; zu diesem Zeitpunkt war der Naturschutz noch gekennzeichnet durch Vielstimmigkeit, durch wechselseitig sich ergänzende und miteinander konkurrierende Motive und Begründungen. Wie auf vielen anderen gesellschaftlichen Handlungsfeldern auch, sollte sich die traumatische Weltkriegsniederlage als maßgebliche Weichenstellung für nationalistische Verengungen erweisen.

Anmerkungen

1 | Vgl. z.B. die Beiträge in Klueting, Edeltraud (Hg.): Antimodernismus und Reform. Beiträge zur Geschichte der Heimatbewegung, Darmstadt 1991; Radkau, Joachim/Uekötter, Frank (Hgg.): Naturschutz und Nationalsozialismus, Frankfurt/New York 2003; Lekan, Thomas/Zeller, Thomas (Hgg.): Germany's Nature. Cultural Landscapes and Environmental History, New Brunswick 2005; Brüggemeier, Franz-Josef/Cioc, Marc/Zeller, Thomas (Hgg.): How Green Were the Nazis? Nature, Environment, and Nation in the Third Reich, Athens Ohio 2006.

2 | Löns, Hermann: Naturschutz und Rassenschutz, in: Ders.: Nachgelassene Schriften, hg. von Wilhelm Deimann, Bd. 1, Leipzig 1928, S. 486–491, hier: S. 486.

3 | Rudorff, Ernst: Ueber das Verhältnis des modernen Lebens zur Natur, in: Preussische Jahrbücher 45 (1880), S. 261–277, hier: S. 276.

4 | Riehl, Wilhelm Heinrich: Land und Leute, Stuttgart/Tübingen 1854 (= Die Naturgeschichte des Volkes als Grundlage einer deutschen Social-Politik, 1. Bd.), S. 32.

5 | Vgl. Klueting, Edeltraud: Die gesetzlichen Regelungen der nationalsozialistischen Reichsregierung für den Tierschutz, den Naturschutz und den Umweltschutz, in: Radkau/Uekötter, Naturschutz, S. 77–105; Ditt, Karl: Die Anfänge der Naturschutzgesetzgebung in Deutschland und England 1935/49, in: ebd., S. 107–143.

6 | Schoenichen, Walther: Naturschutz im nationalen Deutschland, in: Völkischer Beobachter, 25.3.1933.

7 | Dr. W.: Jude und Naturschutz, in: Naturschutzparke 24 (1939). Vgl. Schmoll, Friedemann: Die Verteidigung organischer Ordnungen: Naturschutz und Antisemitismus zwischen Kaiserreich und Nationalsozialismus, in: Radkau/Uekötter, Naturschutz, S. 169–182.

8 | Vgl. Klose, Hans: Fünfzig Jahre Staatlicher Naturschutz. Ein Rückblick auf den Weg der deutschen Naturschutzbewegung, Gießen 1957, S. 32–35.

9 | Vgl. Applegate, Celia: A Nation of Provincials. The German Idea of Heimat, Oxford 1990.

10 | Vgl. Waldungen. Die Deutschen und ihr Wald. Ausstellung der Akademie der Künste 1987, bearbeitet von Bernd Weyergraf, Berlin 1987; Lehmann, Albrecht/Schriewer, Klaus (Hgg.): Der Wald – ein deutscher Mythos? Perspektiven eines Kulturthemas, Berlin/Hamburg 2000; Zechner, Johannes: „Ewiger Wald und ewiges Volk". Die Ideologisierung des deutschen Waldes im Nationalsozialismus, Freising 2006.

11 | Vgl. oekom e.V. – Verein für ökologische Kommunikation (Hg.): Ökologie von rechts. Braune Umweltschützer auf Stimmenfang (= Politische Ökologie 30, 2012), Bd. 131.

12 | Sarasin, Paul: Ueber die Aufgaben des Weltnaturschutzes. Denkschrift, gelesen an der Delegiertenversammlung zur Weltnaturschutzkommission in Bern am 18. November 1913, Basel 1914, S. 5f.

13 | Wöbse, Anna-Katharina: Weltnaturschutz. Umweltdiplomatie in Völkerbund und Vereinten Nationen 1920–1950, Frankfurt a. M. 2012.

14 | Sarasin, Aufgaben des Weltnaturschutzes, S. 54 f.

15 | Ebd., S. 54 f.

16 | Ebd., S. 55.

17 | Klages, Ludwig: Mensch und Erde, in: Ders.: Mensch und Erde. Sieben Abhandlungen. Jena [3]1929 [1913], S. 28.

18 | Ebd., S. 20.

19 | Ebd., S. 22f. ‚Verkoppelung' war der zeitgenössische Ausdruck für ‚Flurbereinigung'.

20 | Dazu der Beitrag von Christof Dipper in diesem Band.

21 | Haushofer, Max: Der Schutz der Natur, München 1906, S. 3.

22 | Schwalbe, Ernst: Schutz der Tierwelt als Naturdenkmal, in: Naturwissenschaftliche Wochenschrift NF 8 (1911), S. 481–489, hier: S. 482.

23 | Neurath, Otto: Empirische Soziologie [1931], in: Ders.: Gesammelte philosophische und methodologische Schriften. Bd. 1, Wien 1981. S. 423–527, hier: S. 507.

24 | Freud, Sigmund: Das Unbehagen in der Kultur, in: Ders.: Das Unbehagen in der Kultur und andere kulturtheoretische Schriften, Frankfurt a. M. 1994, S. 29–108, hier: S. 55.

25 | Heerwagen, August: Die Kultur als Hauptfeind der Natur, Nürnberg 1909.

26 | Riehl, Wilhelm Heinrich: Rheinlandschaft. Gesprochen im ‚Verein für wissenschaftliche Vorträge' zu Crefeld am 24. Oktober 1871, in: Ders.: Freie Vorträge. Erste Sammlung, Stuttgart 1873, S. 57-91, hier: S. 65.

27 | Ebd., S. 64.

28 | Vgl. Speitkamp, Winfried: Die Verwaltung der Geschichte. Denkmalpflege und Staat in Deutschland 1871–1933, Göttingen 1996.

29 | Hartert, Ernst: Einige Worte der Wahrheit über den Vogelschutz, Neudamm 1900, S. 20f.

30 | Sunkel, Werner: Die biologische Ornithologie als Grundlage des praktischen Vogelschutzes, in: Mitteilungen über die Vogelwelt 10 (1910), S. 73.

31 | Stenographische Berichte über die Verhandlungen des Preußischen Hauses der Abgeordneten, 21. Legislaturperiode, V. Session, Bd. 7, Berlin 1912, 105. Sitzung am 11.12.1912, Sp. 8976.

32 | Bovet, Ernst: Heimatschutz und Bergbahnen, in: Heimatschutz 9 (1913), S. 27–48, hier: S. 28.

33 | Rudorff, Ueber das Verhältnis des modernen Lebens zur Natur, S. 261–277.

34 | Zit. n. Klose, Hans: Ernst Rudorffs Heimatland unter Landschaftsschutz. Mit Auszügen aus seinen Tagebüchern, in: Naturschutz 20 (1939), S. 117–121, hier: S. 119 u. 121.

35 | Zitiert nach Eigner, Gottfried: Über den Schutz der Naturdenkmäler und insbesondere der Flora unter besonderer Berücksichtigung der bayerischen Rechtsverhältnisse, München 1904, S. 15. Für einen Überblick vgl. auch Bredt, Friedrich Wilhelm: Die Heimatschutzgesetzgebung in den deutschen Bundesstaaten, Düsseldorf 1912.

36 | Conwentz, Hugo: Die Gefährdung der Naturdenkmäler und Vorschläge zu ihrer Erhaltung. Denkschrift, dem Herrn Minister der geistlichen, Unterrichts- und Medizinal-Angelegenheiten überreicht, Berlin 1904.

37 | Vgl. Frohn, Hans-Werner/Schmoll, Friedemann (Hgg.): Natur und Staat. Die Geschichte des staatlichen Naturschutzes in Deutschland 1906–2006, Bonn 2006.

38 | Eigner, Gottfried: Der Schutz der Naturdenkmäler und insbesondere der Flora unter besonderer Berücksichtigung der bayerischen Rechtsverhältnisse. Vortrag, gehalten in der Monatsversammlung der Bayerischen Botanischen Gesellschaft zur Erforschung der heimischen Flora (e. V.) zu München am 13. Oktober 1903, München 1904, S. 3.

39 | Vgl. etwa Fuchs, Carl Johannes: Heimatschutz und Volkswirtschaft, in: Mitteilungen des Bundes Heimatschutz 1, 1904/05, S. 17–23; Ders.: Heimatschutz und Volkswirtschaft, Halle a. d. S. 1905 (= Flugschriften des Bundes Heimatschutz 1).

40 | Sombart, Werner: Vom Menschen. Versuch einer geisteswissenschaftlichen Anthropologie, Berlin 1938, S. 335.

41 | Vgl. Eder, Klaus: Die Vergesellschaftung der Natur. Studien zur sozialen Evolution und praktischen Vernunft, Frankfurt a. M. 1988.

42 | Vgl. auch den Beitrag von Christof Dipper über Max Weber in diesem Band.

43 | Vgl. Ditt, Karl: Naturschutz zwischen Zivilisationskritik, Tourismusförderung und Umweltschutz. USA, England und Deutschland 1860-1970, in: Frese, Matthias/Prinz, Michael (Hgg.): Politische Zäsuren und gesellschaftlicher Wandel im 20. Jahrhundert. Regionale und vergleichende Perspektiven, Paderborn 1996, S. 499–534.

Die Großstadt als Lebensraum des modernen Menschen

DIETER SCHOTT

Den „Rhythmus von New York" erspürte Stefan Zweig, wie er in seiner gleichbetitelten Skizze von 1912 ausführt, erstmals auf der Brooklyn Bridge zwischen Manhattan und Brooklyn:

Abb. 1: Brooklyn Bridge (2008)

> Dieser gigantische Bogen, der – ein zierliches Netzwerk von der Ferne, [...] zwei Millionenstädte verbindet, scheint wie ein Symbol der Festigkeit. Man steht auf der Höhe des Brückenbogens wie auf dem Gipfel eines Berges und mißt mit Bewunderung eine weitgebreitete Landschaft. Rechts und links je eine ungeheure Steinmasse mit zackigen Spitzen, den Wolkenkratzern, von beiden Seiten rauscht ein Murren vielfältiger Geräusche. Zwischen ihnen, tief unten der breite Strom [...].
>
> Man möchte ruhig all das betrachten; aber der Blick wird verwirrt. Rechts saust hier auf der Brücke ein Zug heran, ein zweiter über einem, links zischt ein Automobil vorbei, hier mitten auf der Brücke ist man wie zwischen den Gleisen eines Bahnhofs. [...] Dazwischen strömen Menschen, diese Brücke ist Eisenbahn, Straße, Fahrweg zugleich, fünfzig Wagen trägt sie in einer Minute, sie klingt von Lärm; mitten auf steiler Höhe, gewölbt über einem Fluß, steht man auf einem Kreuzweg von zehn Straßen. [...]
>
> Ein leises Gefühl von Schwindel überkommt einen, man fasst das Geländer. Und da – es ist ein merkwürdiger Moment – spürt man: es schwingt einem unter der Hand. Man tastet nochmals. Und wirklich, es schwingt, schwingt ununterbrochen, manchmal stärker, manchmal schwächer, aber stets in gleichem, nie aussetzendem Rhythmus. Von früh bis nachts, von nachts bis früh schwingt diese ungeheure Brücke [...] wie eine dünne Saite von der menschlichen Masse, seit Jahren vibriert sie so von der elektrischen Spannung dieser Stadt. Dieser Strang, der die zwei Millionenbündel New York und Brooklyn als Nerv verbindet, zittert beständig in jedem Molekül, und jeder, der hier oben steht, schwingt mit von der Erregung der fremden Masse. Hier habe ich zum erstenmal den Rhythmus von New York gespürt.[1]

Der Verkehr – insbesondere der moderne, technisierte Verkehr – charakterisierte nicht nur bei Stefan Zweig die Essenz von ‚Großstadt'. Viele Autoren und Stadtforscher verstanden Stadtverkehr in biologistischer Manier geradezu als Blutkreislauf des Stadt-Organismus. Auf der Brooklyn Bridge wurde Stefan Zweig dieser Pulsschlag, der ‚Rhythmus der Großstadt' vielleicht besonders dramatisch deutlich, zu spüren war er aber auch in Berlin, London oder Paris und bis in Städte wie Mannheim und Darmstadt, die zu diesem Zeitpunkt noch nicht oder kaum als Großstädte angesprochen werden können.

Kurz vor dem Ersten Weltkrieg wurden Großstädte in deutlich wachsendem Maße in Deutschland wie auch im nördlichen und westlichen Europa zum Lebensraum der modernen Menschen. Diesen Prozess in wichtigen Aspekten nachzuzeichnen, ist Gegenstand dieses Beitrags. Ich möchte zeigen, wie sich die kulturelle, aber auch die praktisch-technische Auseinandersetzung mit ‚Großstadt' entfaltete. Dabei wird es notwendig sein, bis zur Mitte des 19. Jahrhunderts zurückgehen, um die Veränderungen deutlich zu machen.

Die ‚Vergroßstädterung' als säkulare Tendenz

Neu an der demographischen Entwicklung des späten 19. und frühen 20. Jahrhunderts war der rasch wachsende Anteil der Großstadt-Bevölkerung. Im Zuge der Urbanisierung als quantitativem Prozess[2] wuchsen gerade die Großstädte – die Schwelle wird in Deutschland statistisch mit 100.000 Einwohnern angesetzt – besonders rasch: Von den 41 Millionen Einwohnern des Deutschen Reiches lebten zur Zeit der Reichsgründung 1871 nur 4,8 % in den damals acht Großstädten, 1910 waren schon 21,3 % der nun 67 Mio. in den mittlerweile 48 Großstädten ansässig.[3] Ein gutes Fünftel der Reichsbevölkerung, rund 14 Mio. Menschen, hatte in den Jahren vor dem Ersten Weltkrieg also den ‚Lebensraum Großstadt'. In England und Wales, wo die moderne Urbanisierung europaweit am frühesten eingesetzt hatte, lebten 1911 fast 16 Millionen Einwohner in Großstädten, davon allein über 7 Millionen in London, der damals größten Stadt der Welt. Fast 44 % der Gesamtbevölkerung von England und Wales waren Großstädter.[4] Ganz Europa war im 19. Jahrhundert von Urbanisierung geprägt. Die Verstädterungsrate unterschied sich regional jedoch deutlich: Die am stärksten urbanisierten Gesellschaften lagen im Nordwesten Europas, Großbritannien, Belgien, die Niederlande und Deutschland, während die südlichen und östlichen Teile Europas wesentliche geringere Verstädterungsraten aufwiesen.[5] Dies zeigt auch den engen Zusammenhang zwischen Urbanisierung und Industrialisierung: Die Industrialisierung schuf ganz neue Städte, etwa auf der Kohle gegründete Industriestädte wie Gelsenkirchen oder Bochum, die bis 1910 zu Großstädten wurden. Sie gab aber auch älteren Städten unterschiedlichen Typus – Handels- und Gewerbestädten wie Köln oder Nürnberg, aber auch Hauptstädten wie Berlin, München oder Stuttgart – erhebliche Wachstumsimpulse.[6]

Diese ‚Vergroßstädterung' der europäischen Gesellschaften produzierte erhebliche, meist ausgeprägt kritische Reaktionen, vor allem unter bürgerlichen Intellektuellen.[7] Die ‚Großstadt' wurde sehr häufig als Ort des Lasters, des moralischen Verfalls und der physischen Degeneration der Volksgesundheit betrachtet. Angesichts statistisch festgestellter sehr hoher Mobilitätsraten erschien den bürgerlichen Großstadtkritikern die ständig in Bewegung befindliche Großstadtbevölkerung wie haltloser ‚Treibsand'; ihr schien jegliche sittliche Verankerung und Verwurzelung zu fehlen. Meine These in diesem Beitrag ist, dass wir eine erhebliche Diskrepanz beobachten können zwischen dieser überwiegend kritisch-ablehnenden Einstellung der Großstadt gegenüber, wie sie uns im literarischen und publizistischen Diskurs vor allem in Deutschland entgegentritt, und der tatsächlichen Situation europäischer Großstädte, die sich um 1913 doch erheblich und in vielen Punkten positiv vom diskursiven Bild der Großstadt als lebensfeindlicher ‚Moloch' unterschied.

Die Metropolen Paris und London prägten auch in Deutschland um die Mitte des 19. Jahrhunderts das Bild der Großstadt, in Deutschland gab es damals keine vergleichbare Stadt. Bereits 1827 warnt Heinrich Heine seine Landsleute: „Aber schickt keinen Poeten nach London! Dieser bare Ernst aller Dinge, diese kolossale Einförmigkeit, diese maschinenhafte Bewegung, diese Verdrießlichkeit der Freude selbst, dieses übertriebene London erdrückt die Phantasie und zerreißt das Herz."[8] Paris, aber insbesondere London erschienen den wie aus einer anderen Zeit kommenden ausländischen Besuchern erschreckend, befremdlich, gefährlich und abstoßend.

Nun lässt sich diese primär ästhetisch argumentierende Position nicht nur als borniertes Provinzlertum abtun. Zahlreiche Quellen belegen, dass sich Paris und London um die Mitte des 19. Jahrhunderts in einer existenziellen Krise befanden. Von 1800 bis 1850 strömten jedes Jahr 10.000 Menschen nach Paris, die Größenordnung einer französischen Provinzstadt.[9] Weil der Wohnungsbau diesem zusätzlichen Bedarf meist nicht nachkam, verdichtete sich die Bevölkerung immer mehr, was insbesondere die hygienischen Bedingungen massiv verschlechterte. Die Stadt drohte, an ihren eigenen Exkrementen zu ersticken, denn der traditionelle ‚Stoffwechsel' mit dem Umland, die Entfernung von Fäkalien und Abfall, die den stadtnahen Bauern und Gärtnern als Dünger dienten, funktionierte immer weniger.[10] Die Cholera, die ab 1831 Europa heimsuchte, wirkte denn auch in Paris verheerend: 1832 fielen 2% der Pariser der Cholera zum Opfer und auch 1849 gab es wiederum rund 20.000 Tote. Paris war aber nicht nur „Hauptstadt der Cholera", sondern auch „Hauptstadt der

Revolution". Seit den 1820er Jahren waren in Pariser Stadtvierteln neunmal großflächige Aufstände mit Barrikadenkämpfen ausgebrochen, die Ordnungskräfte konnten die Aufständischen in den engen Altstadtstraßen kaum kontrollieren. Im Februar 1848 hatten die Barrikadenkämpfe auch zum Sieg der Revolution geführt. Der grandiose Sozialkitsch des Musicals *Les Miserables*, auf einen Roman von Victor Hugo (1862 veröffentlicht) zurückgehend, der Pariser Barrikadenkämpfe im Juni 1832 thematisiert, hat eine durchaus reale historische Grundlage!

In London gab es zwar keine Barrikadenkämpfe, dafür ausgedehnte Slums im East End. Insgesamt waren die hygienischen Bedingungen durchaus vergleichbar, wie der große *Sanitary Report* von Edwin Chadwick 1842 darlegte. Chadwick entwickelte darin ein umfassendes Bild der gesundheitlichen Bedingungen der englischen Arbeiterschaft. Als Reformer der Armenfürsorge zielte seine Ausgangsfrage darauf, warum so viele Arme eigentlich krank und daher nicht arbeitsfähig wären. Die Antwort fand Chadwick im allgegenwärtigen Dreck in englischen Städten. Dieser Schmutz erzeuge ‚Miasmen', gesundheitsgefährdende Gerüche, die die Menschen krank machten und auch Seuchen übertrugen. Als Abhilfe schlug Chadwick eine umfassende Säuberung und Hygienisierung der städtischen Lebenswelt vor.[11]

Deren zentrale Komponenten sollten die Einführung einer zentralisierten Wasserversorgung in allen Haushalten, des WC und die rasche Entfernung der Fäkalien aus den Haushalten und dem Lebensumfeld mit Hilfe einer Kanalisation sein. Diese *Sanitary Reform* entwickelte sich in den Folgejahren zur einflussreichsten Bewegung zur Veränderung der Städte in ganz Europa. Ich sehe zwei Gründe, warum Chadwick und die Sanitary Movement letztlich so erfolgreich waren, obwohl die Umsetzung, vor allem der Bau der Kanalisationssysteme, enorm teuer war und überdies auf der Miasma-Theorie beruhte, die wissenschaftlich durch die Bakteriologie widerlegt wurde. Zum einen versprach die Hygienisierung der Stadt dem städtischen Bürgertum größeren Schutz gegenüber Seuchen und Ansteckung durch unsaubere Stadtbewohner aus der Unterschicht. Zum zweiten schien die Hygienisierung die Chance zu bieten, nicht nur die gesundheitlichen, sondern auch die sozialen Probleme zu lösen. Saubere Arme – so das Kalkül Chadwicks – würden weniger häufig und weniger schwer krank und könnten sich daher besser selbst durch ihre Arbeit erhalten.[12]

Auch in Großbritannien bedurfte es zum Handeln neben der Cholera-Epidemie von 1848/49 noch des *Great Stink*, einer katastrophalen Trockenheit im Sommer 1858, bei der die Schlammbänke der Themse innerhalb Londons frei lagen. Diese Schlammbänke bestanden zu erheblichen Teilen aus Fäkalien, die aus den in besseren Vierteln Londons Mode gewordenen WCs in die Themse gespült wurden und sich dort abgelagert hatten; die Themse war zur Abtritt-Grube der Hauptstadt geworden. Der entsetzliche Gestank erzwang die Schließung des Parlaments und ließ – auch jenseits akuter Cholera-Epidemien – eine Lösung des Abwasser-Problems vordringlich erscheinen. Nach 1858 wurden daher administrative Hindernisse rasch überwunden und ein großes Netz von Abwasser-Kanälen gebaut.[13]

Während London sich mit Sanitär-Hygiene befasste, erfuhr Paris unter der Herrschaft von Napoleon III. durch den Präfekten Georges-Eugène Haussmann eine grundlegende Umgestaltung seiner Stadtstruktur. Haussmann ließ gewaltige Breschen in die kleinteilige Stadtstruktur schlagen und erschloss Paris durch ein Netz großer städtischer Boulevards, die auch den Zugang zu den neuen ‚Stadttoren', den Bahnhöfen, wesentlich verbesserten. Gleichzeitig wurden die Breschen genutzt, um Sammelkanäle und Versorgungsleitungen unter die Straßen zu legen.[14] Vor 1850 mussten die Pariser ihr Wasser aus häufig verschmutzten Brunnen oder der Seine holen. Nunmehr brachten Aquädukte und Wasserleitungen sauberes Quellwasser aus Gebieten rund 200 km von Paris entfernt in die Häuser. Und zur Erholung der Pariser legte Haussmann im vorher fast ganz steinernen Paris jetzt zahlreiche kleinere und größere Parks an. Der britische Hygienepapst Chadwick war jedenfalls begeistert: Als Napoleon III. ihn nach seiner Einschätzung der sanitären Maßnahmen fragte, entgegnete Chadwick: „Sir, it was said of Augustus that he found Rome brick and left it marble. May it be said of you that you found Paris stinking and left it sweet."[15] Dieser radikale Stadtumbau einer unzerstörten Stadt machte Paris mit seinen eleganten Boulevards und großzügigen Stadträumen für längere Zeit zum bewunderten Vorbild ganz Europas und darüber hinaus.[16]

Die ‚Zivilisierung' der Stadt

Insgesamt stand die europäische Urbanisierung in der zweiten Hälfte des 19. Jahrhunderts und im frühen 20. Jahrhundert unter dem Signum, die Krisensymptome der großen Stadt zu bewältigen und die Lebensbedingungen zu verbessern. Ziel der vor allem von bürgerlichen Sozialreformern vorangebrachten Bestrebungen war eine umfassende Zivilisierung großstädtischen Lebens. Leben in der Großstadt sollte weniger gesundheitsgefährlich, weniger riskant, weniger gewaltsam und weniger roh werden. Wesentliches Mittel solcher ‚Stadtreform' wurde eine umfassende Technisierung der Stadt, die innerhalb weniger Jahrzehnte ‚Großstadt' nicht mehr nur als eine riesenhafte und chaotische Ansammlung von Häusern, Straßen und Plätzen, sondern vielmehr als ein auf vielen Ebenen funktionierendes und integriertes technisches Großsystem, als Mega-Maschine, erscheinen ließ.[17] Schon die Zeitgenossen konstatierten Mitte des 19. Jahrhunderts fasziniert diese neue Qualität von Stadt als unterirdisches Netzwerk; sie wird in Zeichnungen, die anatomischen Schnitten ähneln, etwa von Edmond Texier in seinem *Tableau de Paris* oder anläßlich des Baus der Londoner Untergrundbahn Anfang der 1860er Jahre herausgestellt.[18] Ich nenne diesen Vorgang „Vernetzung der Stadt", weil diese Technisierung insbesondere durch den Aufbau von tendenziell die ganze Stadt erfassenden Ver- und Entsorgungs-, Verkehrs- und Kommunikationsnetzen charakterisiert ist, die maschinell angetrieben wurden.

Der Aufbau zentralisierter Wasserversorgungs- und Abwassersysteme wurde bereits für London und Paris erwähnt. Für die deutschen Städte lässt sich dieser Prozess mit der Periode ab Mitte der 1860er Jahre fassen; je nach Größe der Stadt war er meistens bis gegen 1900 abgeschlossen. In Berlin, wo der Bau der Kanalisation nach Plänen von James Hobrecht nach 1869 einsetzte, waren 1886 bereits 90% der Grundstücke an die Kanalisation angeschlossen.[19] Die verbesserte Qualität des Trinkwassers und die Entfernung der gesundheitlich problematischen Fäkalien aus dem Wohnumfeld reduzierten rasch die Sterblichkeit aufgrund von Magen-Darm-Erkrankungen. So sank die Typhus-Sterblichkeit in Berlin von 1 Promille im Jahr 1850 auf nur noch 0,2 Promille 1877. Insgesamt ging die Sterblichkeit in sanitär modern ausgestatteten Städten gegen Ende des 19. Jahrhunderts deutlich zurück, die *urban penalty* – die höhere städtische Mortalität im Vergleich zum Land – kehrte sich um 1900 um.[20]

Wasserversorgung und Kanalisation standen im Zentrum der Hygienisierung von Stadt, aber diese grundlegenden Infrastrukturen schufen zugleich die materiellen Voraussetzungen für die Etablierung eines breiteren Geflechts sanitär wirksamer Einrichtungen, das auch kulturell verändernd wirkte: So ermöglichte Kanalisation, begleitet von Pflasterung und Befestigung städtischer Straßen und Wege, den städtischen Boden leichter sauber zu halten, Versumpfung und stehende, miasmenproduzierende Gewässer zu vermeiden. Straßenreinigung und Müllabfuhr als neue städtische Daueraufgaben verbesserten die Reinlichkeit im öffentlichen Raum.[21] Urinale und städtische Bedürfnisanstalten schufen geplagten Städtern die Möglichkeit, auch außer Haus abgeschirmt von den Blicken anderer ihre Notdurft zu verrichten. Öffentliches Urinieren, um 1850 noch gängige Praxis, wurde in dieser Periode geächtet und auch strafrechtlich verfolgt.[22] Volksbäder und Duschanstalten in Schulen, Kasernen und Fabriken erlaubten der großen Mehrheit der städtischen Bevölkerung, die noch keine Badegelegenheit in ihrer Wohnung hatte, sich regelmäßig zu säubern.[23] Auch das verbreitete ‚Auf-den-Boden-Spucken' – dies war die Hoch-Zeit des Tabak-Kauens – wurde geächtet und verfolgt. Mediziner hatten festgestellt, dass das Sputum häufig Tuberkulose-Bakterien enthielt, die lange überlebten und aus dem getrockneten Sputum mit dem Wind verbreitet wurden.[24] ‚Hygiene' wurde in dieser Periode des letzten Drittels des 19. Jahrhunderts zu einem die ganze gesellschaftliche Reformdebatte bestimmenden und prägenden Zentralbegriff.[25] Insgesamt war die technische Hygienisierung der Stadt verbunden mit einer umfassenden mental-kulturellen Zivilisierung, die der städtischen Bevölkerung neue, den Erkenntnissen der modernen Hygiene gemäße Verhaltensweisen anzuerziehen suchte.

Licht für die Stadt

Ein älterer Strang der Vernetzung der Stadt war die Etablierung von Gaswerken und der Aufbau umfassender Versorgungsnetze. Das aus der Verkokung von Steinkohlen gewonnene Gas wurde zur Straßenbeleuchtung und häufig auch schon zur Innenbeleuchtung von Theatern, Hotels, Restaurants und größeren Geschäften verwendet. Nach 1810 zunächst in London, rasch auch in größeren britischen Städten eingeführt, setzte die Gasbeleuchtung in deutschen Städten auf breiter Front seit den 1850er Jahren ein, in Darmstadt etwa 1855.

Gaslicht revolutionierte das Nachtleben der Städte.[26] Vor Einführung der Gasbeleuchtung hatten Öllampen den Straßenraum nicht wirksam beleuchtet. Wer nachts das Haus verließ, was man möglichst zu vermeiden suchte, trug eine Laterne mit sich. Gaslampen brachten nun eine völlig neue und ungewohnte Lichtfülle in die Stadt. Erstmals entstand so etwas wie ‚Nachtleben'. Städtische Straßen und Plätze wurden durch die bessere Beleuchtung zu vergleichsweise sicheren Räumen, in denen ‚anständige Bürger' sich auch nachts zu bewegen wagten. Gasbeleuchtung illuminierte die sich entfaltende kapitalistische Warenwelt, ermöglichte außerhäusliche Geselligkeit und Unterhaltung auch nach Einbruch der Dunkelheit. Gaslicht schuf also einen technisierten Lichtraum, koppelte städtisches Leben in bisher ungekannter Weise von natürlichen jahres- und tageszeitlichen Zyklen ab.[27]

Gegen Ende des 19. Jahrhunderts wurde das Gas dann in zwei Punkten erneut wichtig für die Veränderung der Großstadt: Zum einen produzierten die Erfahrungen mit den meist privatwirtschaftlichen Gasgesellschaften einen Lernprozess für viele Stadtverwaltungen: Unzufrieden mit den Leistungen der Gasgesellschaften im Hinblick auf Preis, Qualität und Netzausbau kündigten viele Städte nach Ablauf der Konzessionsverträge den Gasgesellschaften und übernahmen die Werke und Netze in eigene Regie. Dieser europaweit, aber mit deutlichen Variationen zu beobachtende ‚Munizipalsozialismus' war ein neues und umstrittenes Phänomen. Deutsche Städte waren seit den 1850er Jahren in ihren Selbstverwaltungskörperschaften meist bürgerlich-liberal geprägt, folgten also den Maximen des *laissez-faire, laissez-aller* auch für die Stadtpolitik. Einen Gewerbebetrieb wie ein Gaswerk in kommunalen Besitz und kommunale Regie zu übernehmen, stellte zunächst einmal einen Bruch mit der bisher verfolgten Ordnungspolitik dar. Dieser Bruch wurde mit dem ‚Gemeinwohl' legitimiert; mit den Gewinnen des Gaswerks konnten der städtische Haushalt saniert und die Steuerzahler entlastet werden. Die Kommunalisierung der Gaswerke brachte letztlich den Durchbruch zu einer wesentlich aktiveren und unternehmerisch agierenden Gemeindewirtschaft. Wasserwerke wurden sehr häufig von vornherein als kommunale Betriebe konzipiert. Für die Kanalisation gab es ohnehin keine privatwirtschaftlichen Interessenten, die musste in kommunaler Regie aufgebaut werden.[28]

Der zweite Aspekt betrifft die Konkurrenz durch Elektrizität seit den 1880er Jahren: Elektrizität versprach, die Probleme des Gaslichts, insbesondere die Feuergefahr und die Verschlechterung der Raumluft durch Erwärmung und Sauerstoffentzug, zu beseitigen. Die Werbung von Elektro-Firmen wie Siemens und AEG präsentierte die für die Zeitgenossen schwer verständliche Elektrizität als feenhafte, überirdische Kraft ohne Gestank und Feuergefahr. Stadtverwaltungen diskutierten die Elektrifizierung vor der Folie ihrer Erfahrungen mit privaten Gaswerken; daher engagierten sich viele Städte in Bau und Betrieb eigener Elektrizitätswerke. Allerdings blieb elektrisches Licht wegen sehr hoher Kosten vor dem Ersten Weltkrieg noch weitgehend Luxusillumination, kaum 10 % der städtischen Wohnungen waren bis 1914 elektrifiziert.[29] Zudem modernisierte sich das Gaslicht unter dem Konkurrenzdruck: Mit der Übernahme der Glühtechnik in Form des

Auer-Brenners von der elektrischen Glühbirne sank der Gasverbrauch dramatisch. Gas wurde nun stärker für Wärme- und Motorenenergie eingesetzt, hier ergab sich über den rasch steigenden Einbau von Badezimmern mit gasbetriebenen Badeöfen in Wohnhäuser eine enge Verbindung zur Hygienisierung.[30]

Die Mobilisierung der Stadt

Bedeutsam wurde die Elektrifizierung vor allem für eine Hauptanwendung des elektrischen Stroms, die elektrische Straßenbahn. Seit den 1860er Jahren hatten sich Pferdestraßenbahnen in den größeren europäischen Städten etabliert, die es ermöglichten, die wachsenden Distanzen in den Städten zu bewältigen, vor allem aber auch den Komfortbedürfnissen des Bürgertums entgegen kamen. Diese Nahverkehrssysteme stießen nun in den 1880er Jahren an Grenzen der Kapazität und der Erweiterung, gleichzeitig stand nach 1885 mit der Elektrizität und dem Oberleitungssystem eine praxistaugliche technische Alternative zur Verfügung.[31]

Zunächst gab es noch erhebliche Bedenken und Widerstände im städtischen Bürgertum gegen die befürchtete ‚Verdrahtung' der Stadt. Aber Praktiker der Städtetechnik, wie der Frankfurter Stadtbaurat Lindley, bezeichneten bei der Internationalen Elektrizitätsausstellung in Frankfurt 1891 die elektrische Straßenbahn für die Großstädte als eine Frage „von Lebensbedeutung in hygienischer und sozialer Beziehung. Jedes neue Mittel, den Verkehr zu beschleunigen und zu verbilligen, das Centrum der Städte zu entlasten und den Überschuß der Peripherie zuzuleiten, muß dankbar begrüßt werden".[32]

Die nach 1891 in deutschen Städten eingeführten elektrischen Straßenbahnen veränderten den Lebensraum der Großstädte tiefgreifend. Die ‚Elektrische', wie sie bald abgrenzend genannt wurde, war die erste allgegenwärtige Maschine im städtischen Raum. Um 1900 war städtischer Straßenverkehr noch weitgehend von Pferden dominiert, was in hygienischer Hinsicht, wegen der zahllosen Roßbollen, keineswegs unproblematisch war.[33] Ein großes Fahrzeug, das sich ohne Pferde und ohne Dampf bewegte, war also zunächst gewöhnungsbedürftig.

Die Großstädter – hier die Frankfurter, aber ähnliche Scherzpostkarten gab es für zahlreiche deutsche Städte – nutzten die Einführung der elektrischen Straßenbahn, um sich über die „dummen" Landbewohner lustig zu machen, die angeblich eine pferdelose Straßenbahn nicht begreifen konnten. Der Text in der Karikatur verweist darauf, dass ein ‚Sachsehäuser' (Frankfurter Stadtteil) einem Bauern (niederknieender Mann mit breitkrempigem Hut) weis macht, die Pferde zum Antrieb der Bahn würden unter dem Gleis laufen.

Abb. 2: ‚Die pferdelose Bahn'. Scherzpostkarte, 1898

Die ‚Elektrische' setzte sich sehr rasch durch, ihre Einführung schien vielerorts unter Beweis zu stellen, wie bedeutend und ‚großstädtisch' das die elektrische Straßenbahn einführende Gemeinwesen ist. So feierte sich die dynamische Industriestadt Mannheim, gerade statistisch zur Großstadt avanciert, bei der Einweihung der ‚Elektrischen' als ‚klee Paris'![34] Verschiedentlich gab die Einführung der ‚Elektrischen' auch Anlass für allerdings meist räumlich recht begrenzte Straßendurchbrüche und -Erweiterungen. Um 1910 verkehrten in allen deutschen Großstädten und vielen Städten unterhalb der statistischen Großstadtschwelle, etwa in Darmstadt, elektrische Straßenbahnen.[35]

Die Straßenbahn brachte eine deutlich höhere Geschwindigkeit in den noch gemächlichen, vom Schritttempo der Fußgänger und vom Trott der Pferde bestimmten Straßenverkehr. Zwar wurde die Elektrische in den Stadtzentren meist auf 12-15 km/h beschränkt, aber auch dies war rund doppelt so schnell wie der sonstige Verkehr, der sich im Fußgängertempo bzw. im Schritttempo der Pferdefuhrwerke vollzog. Zudem hatte die Elektrische eine ganz andere Geräuschkulisse; im vom Hufgeklapper erfüllten Straßenlärm ging ihr Fahrgeräusch offenbar unter. Ihre Einführung war daher in fast allen Städten von einer

Serie schwerer, teilweise tödlicher Unfälle begleitet, weil die Menschen mangels akustischer Warnsignale und der ,hohen' Geschwindigkeit die Gefahren falsch einschätzten. Die ,Elektrische' bahnte sich daher häufig mit Dauerklingeln den Weg durchs großstädtische Gewühl.[36]

Die Obrigkeit reagierte auf die neuen Gefahren mit Verkehrsordnungen, die das Verhalten auf der Straße neu und dem neuen Verkehrsmittel angemessen zu regeln versuchten. So wurde etwa das Rechtsfahrgebot nachdrücklich bekräftigt. Die Verkehrserziehung, die uns heute schon in Kindergarten und Grundschule eingebläut wird, nahm hier ihren Anfang.

Presse und Leserbriefschreiber verbanden mit der Einführung der elektrischen Straßenbahn Hoffnungen auf eine durchgreifende Modernisierung und Beschleunigung des Stadtverkehrs. Aber viele Fahrgäste nutzten die ,Elektrische' wie die alte Pferdebahn: Sie versuchten, auf offener Strecke ein- und auszusteigen oder trödelten beim Umsteigen. Dieses Verhalten drohte, den Zeitgewinn, den die neue Technik theoretisch brachte, wieder zu verspielen. Angesichts solcher Missstände rief in Mannheim ein Leserbriefschreiber seine Mitbürger zu „mehr Großstadtzucht" auf.[37] Wer Bürger einer Großstadt war, so die Botschaft, musste sich dieser auch würdig erweisen. Großstädter sollten also einen Selbsterziehungsprozess durchlaufen, um sich gegenüber dem modernen Verkehrsmittel und dessen Beschleunigungspotential adäquat, also ebenfalls modern, zu verhalten. Die Straßenbahn diente in dieser Perspektive nicht nur als Beförderungsmaschine, sondern zugleich auch als Erziehungsinstrument.

Wie weit gingen die zitierten Hoffnungen eines William Lindley auf die Lösung städtischer Verkehrsprobleme durch die elektrische Straßenbahn in Erfüllung? Hauptnutznießer der elektrischen Straßenbahn war zunächst das städtische Bürgertum.[38] Dieser Schicht ermöglichte die Straßenbahn, in gesünderer und angenehmerer Umgebung am Stadtrand zu wohnen und trotzdem in der Innenstadt der Arbeit nachzugehen, Theater oder Restaurants zu besuchen. Neue Stadtviertel am (damaligen Stadtrand) mit gehobener Villenarchitektur profitierten zweifellos von der praktisch gleichzeitig mit der Anlage dieser Viertel eingerichteten Straßenbahn. Den bürgerlichen Frauen schuf die ,Elektrische' neue Mobilitätsräume; das unbegleitete Fahren mit der Straßenbahn galt nicht als unschicklich, und mit den Kaufhäusern, die sich in den Stadtzentren an den Umsteige-Stationen der Straßenbahnen ansiedelten, entstanden hochmoderne Konsumtempel, die wichtige Aktionsräume bürgerlicher Frauen bildeten.[39]

Für die Masse der Arbeiterschaft war die Straßenbahn als tägliches Verkehrsmittel meist noch zu teuer, 20 Pfennig Fahrgeld (hin und zurück) bei 3 Mark Taglohn war zu viel, aber am Wochenende leisteten sich häufiger auch Arbeiterfamilien das Vergnügen einer Straßenbahnfahrt zu Endstationen am Stadtrand, wo Spazierwege, Vergnügungsparks oder neue Freizeitstätten zum Zeitvertreib einluden. Der Sonntag war vor allem in den Sommermonaten der Hauptverkehrstag der ‚Elektrischen', die damit den Drang der Städter, im Geiste der Lebensreform „aus grauer Städte Mauern" zu ziehen, erleichterte.[40]

Die Straßenbahn veränderte auch die physische Form der Stadt erheblich: Entlang der Linien der elektrischen Straßenbahn wuchs die Stadt um 1900 in das Umland; typisch wurde eine Erscheinungsform, die an einen Seestern erinnert. In Manchester konnten die Bewohner des nahen Umlands mit der elektrischen Straßenbahn aus einer Entfernung von bis zu 4 Meilen innerhalb von 30 Minuten das Stadtzentrum erreichen.[41]

Die Großstadtkritik des späten 19. Jahrhunderts

Im gleichen Zeitraum, in dem sich die Großstadt dramatisch materiell und technisch veränderte, entfaltete sich parallel ein extrem kritischer Diskurs über sie. Stichwortgeber war hier in Deutschland zunächst Wilhelm Heinrich Riehl, der bereits seit den 1850er Jahren in seiner *Naturgeschichte des Volkes* Städte als Symbole wie zugleich Ursache der schlimmsten Aspekte der modernen Welt brandmarkte. Städte entfremdeten das deutsche Volk von seinen nationalen Traditionen, die Architektur folge nur internationalen Moden aus Paris oder London. Städte wären auch nicht aus sich heraus lebensfähig, sie verdankten ihren Bestand und ihr Wachstum ausschließlich der Zuwanderung vom Land. In der Stadt würden die Zuwanderer ein entwurzeltes, orientierungsloses Proletariat bilden. Stadt brüte Vereinzelung, entfremde die Menschen von der Religion wie auch von althergebrachten Loyalitäten zum Fürsten. Großstädte bedrohten die Fundamente der bürgerlichen Gesellschaft.[42]

Riehls Kritik lieferte die Stichworte für eine sich ab Ende der 1880er Jahre radikalisierende Großstadtkritik. Diese Kritik, v. a. vorgetragen von Georg Hansen und Otto Ammon, machte sich insbesondere an der demographischen Wirkung fest. Hansen und Ammon befürchteten – mit im Detail unterschiedlichen, aber in der Tendenz gleichgerichteten

Argumenten – eine umfassende Degeneration der ‚Rassenqualität' durch die Großstädte.[43] Weitere Ebenen der Kritik zielten auf die moralischen Wirkungen der Großstadt: Das Stadtleben hebe herkömmliche Kontrollen durch die Gemeinschaft auf, der Einzelne sei sich selbst überlassen, könne seinen Egoismus, seine Triebhaftigkeit ungebremst ausleben. Daher würden Städte lasterhaftes Verhalten, Promiskuität, Kriminalität, Trunksucht und Verwahrlosung verstärken. Vor allem Geistliche beider Konfessionen spielten in dieser stadtkritischen Literatur eine wichtige Rolle. Mit dem Zug in die Großstadt verlören viele Menschen ihre religiöse Bindung, so die Befürchtung der geistlichen Stadtkritiker. Die Kirchen reagierten auf diese wahrgenommene Bedrohung mit einem massiven Kirchenbauprogramm, das die zentrale Rolle der Kirche zumindest baulich in den neuen Vierteln wieder zu etablieren suchte.[44] Eine weitere Stoßrichtung der Kritik richtete sich gegen den Kulturwert der Großstädte: Besonders einflussreich war hier Julius Langbehn, der mit seinem Buch *Rembrandt als Erzieher* die hohle, oberflächliche Zerstreuung im Unterhaltungsbetrieb der Städte einer vermeintlich tief innerlichen Kreativität entgegensetzte, die nur auf dem Land gedeihen könne.[45]

Schließlich wurden Großstädte auch als politisch gefährlich gebrandmarkt: Die zersetzende Wirkung des Großstadtlebens schwäche die Volkskraft Deutschlands im Wettstreit mit anderen Völkern, etwa indem städtische Rekruten zu erheblichen Anteilen nicht diensttauglich wären.[46] Dieser stadtkritische Diskurs prägte im frühen 20. Jahrhundert die Geisteshaltung großer Teile des deutschen Bürgertums. In der Großstadtkritik kam letztlich das Unbehagen an den Erscheinungsformen der industriegesellschaftlichen Moderne und ihren Zumutungen zum Ausdruck. Eine Gesellschaftskritik, die – im Unterschied zur Fundamentalkritik der marxistischen Arbeiterbewegung – nicht an Eigentumsverhältnissen als den Grundfesten der bürgerlichen Gesellschaft rühren wollte, gab stattdessen der baulichen und sozialen Form ‚Großstadt' die Schuld an den wahrgenommenen Missständen. Aus solchen Denkmustern, einer ins Ästhetische abgeleiteten Kritik an der Moderne, entstanden dann auch die vielfachen Protestbewegungen des ausgehenden 19. und frühen 20. Jahrhunderts, wie etwa die Jugendbewegung als Protest gegen das vermeintlich verknöcherte wilhelminische Bürgertum oder der Heimat- und Naturschutz.[47]

Die Verteidiger der Großstadt

Die Verantwortlichen für die großen Städte, die Oberbürgermeister, Stadträte und die Ingenieure, Ärzte und Statistiker, die seit den 1870er Jahren die Zivilisierung und Technisierung der Städte wesentlich vorangetrieben hatten, sahen sich also ideologisch in der Defensive.[48] Die Veranstaltung einer großen Städteausstellung in Dresden im Jahr 1903 diente dazu, der allgemein verbreiteten Großstadtkritik die tatsächlich erheblichen Leistungen der deutschen Städte und ihrer Verwaltungen in der Öffentlichkeit entgegen zu stellen. Die Großstadtkritik beruhte nämlich, insbesondere was die demographischen Wirkungen anging, auf verzerrten Wahrnehmungen und falschen Annahmen. Dank erheblicher hygienischer Fortschritte seit den 1870er Jahren, aber auch dank eines ausdifferenzierten Systems kommunaler Fürsorge, waren die Städte keineswegs mehr die ‚Gräber der Menschheit', als die sie über so viele Jahre (zurecht) gebrandmarkt worden waren. Die Situation hatte sich sogar umgekehrt: Um 1900 lagen die Sterblichkeitsraten auf dem Land über denen in der Stadt. Der befürchtete Verkehrsinfarkt durch übermäßige Verdichtung war nicht eingetreten; leistungsfähige Verkehrsmittel wie die elektrische Straßenbahn, in den großen Metropolen auch Stadtbahn, U-Bahn oder Hochbahnsysteme, entlasteten die Stadtzentren und erlaubten eine Verkehrsintegration des rasch wachsenden Stadtraumes. Insgesamt standen die deutschen Großstädte – international viel beachtet – an vorderster Front in der Entwicklung neuer sozialreformerischer Initiativen: Einrichtungen wie das Arbeitsamt oder die Erwerbslosenfürsorge wurden zuerst auf städtischer Ebene entwickelt, bevor daraus staatliche Institutionen wurden.[49]

Anlässlich der Städte-Ausstellung 1903 entstand für einen Begleitband ein bemerkenswerter und bis heute klassischer Text, der eine ganz andere Sicht auf die Großstadt als Lebensraum entwickelte: Der Herausgeber des Bandes, der Nationalökonom Karl Bücher, hatte den noch wenig bekannten Privatdozenten Georg Simmel gebeten, einen Beitrag über *Die Großstädte und das Geistesleben* beizusteuern. Simmel missverstand produktiv seine Aufgabe[50]: Statt der erwarteten Leistungsbilanz städtischer Bibliotheken und Kultureinrichtungen (‚Kulturwert der Großstädte') lieferte er eine subtile Reflektion darüber, wie das Leben in der Stadt die Mentalität, die Verhaltensweisen der Städter verändert. Durchaus zeittypisch – Neurasthenie war die Modekrankheit der Zeit um 1900[51] – problematisierte Simmel die Großstadt als Zumutung und Überforderung des menschlichen Nervensystems. In der vorrangig verstandesmäßigen Reaktion auf diese Überforderung und in einer daraus resultierenden Blasiertheit der Großstädter sieht Simmel die überlebensnotwendige und sinnvolle Reaktion. Simmel beschreibt die Verhaltensweisen der Großstädter in vielen Punkten ähnlich wie die konservative Kulturkritik; er registriert Egoismus, rein an Geldgewinn orientierte Denkweisen. Allerdings bewertet Simmel – und darin liegt der entscheidende Unterschied – die kulturelle Leistung der Großstadt radikal anders: Indem die Großstadt den Einzelnen zwinge, einen Kokon der Distanz, der Indifferenz gegenüber seinen Mitmenschen, seiner Umwelt aufzubauen, wird sie für Simmel letztlich zum Ort der Freiheit! Großstädte sind die Orte, in denen der ‚moderne Mensch' – dieser Begriff fällt bei Simmel hier nicht, ist im Prinzip aber mitgedacht – seine Individualität, seine Besonderheit in einem Maße ausleben und entwickeln kann, ja sogar muss, wie es in anderen Lebenskreisen nicht möglich ist.[52]

Simmels Interpretation der Mentalität der Großstädter wurde außerordentlich einflussreich für die sich an seine Überlegungen anschließende Stadtsoziologie und Stadtethnographie.[53] Besonders die amerikanische Stadtsoziologie, wie sie sich in der Chicago School in den 1920er Jahren entwickelte, bezog sich auf Simmel, pointiert in Louis Wirths Überlegungen zu Urbanität. In sozialgeschichtlicher Perspektive ließe sich allerdings einwenden, dass Simmels Darstellung der großstädtischen Mentalität, der zwangsläufigen Distanz zu Mitmenschen, eine spezifisch bürgerlich-intellektuelle Sichtweise darstellt. Für große Teile der Großstadtbewohner anderer sozialer Schichten dürfte statt des Habitus des blasiert-distanzierten Großstädters eher eine durchaus intensive Integration in bestimmte sozialstrukturell und kulturell geprägte und keineswegs anonyme Stadtviertel prägend gewesen sein. Diese Viertel wurden später – wieder von der amerikanischen Stadtsoziologie – als *urban villages* charakterisiert. Solche Quartiere, in Berlin bis heute ‚Kiez' genannt, bildeten den primären Lebensraum zahlreicher Großstädter, die dort arbeiteten und wohnten, dort beim Bäcker und im Kolonialwarenladen an der Ecke anschreiben ließen, die Kneipe und die Versammlungen ihrer Vereine, Parteien und Gewerkschaften besuchten.[54]

Das ‚Ordnen' der Stadt

Auf gesamtstädtischer Ebene hatte sich um 1900 – zunächst vorrangig in Deutschland, dann in wachsendem Maße aber auch international – eine Praxis des ‚Ordnens von Stadt' etabliert, die nicht nur die hygienischen Postulate der Zeit umsetzte, sondern auch bestrebt war, ästhetisch ansprechende Lebensräume in den Großstädten und darüber hinaus herzustellen. ‚Stadtplanung' bzw. ‚Städtebau' wurden die international gängigen Begriffe für diese Praxis, in der die Stadtverwaltungen zunehmend zu steuernden, gestaltenden und die Schwerpunkte der Stadtentwicklung bestimmenden Akteuren wurden. Anfänglich hatte die Stadtplanung primär versucht, die technischen Imperative einer hygienischen Stadt auf der Ebene der Straßen- und Platzplanung zu verdoppeln, also eine Stadtstruktur in Analogie zur räumlichen Gliederung der Kanalisation entwickelt, woraus einigermaßen schematische und langweilige Stadträume entstanden. Seit den 1890er Jahren stellte sie sich unter dem Einfluss von Camillo Sitte zunehmend in den Dienst einer künstlerischen Durchformung von Stadt. Es entstanden schwingende Straßen, der starre Schematismus der früheren, axial und symmetrisch ausgerichteten Planung wurde aufgehoben. In München und Frankfurt begann man mit ‚Zonierung' zu experimentieren; einzelne Stadtviertel sollten nunmehr unterschiedlich, im Hinblick auf Gebäudehöhe, Hausformen und funktionale Widmung differenziert, bebaut werden können. Neue Stadtviertel sollten durch eigene Quartierszentren gegliedert und akzentuiert werden.[55] Aus Großbritannien kam die Idee der ‚Garden City', eine – im Unterschied zur später häufig realisierten Trabantenstadt – im Prinzip selbstständige Mittelstadt von rund 32.000 Einwohnern, eingebettet in ein nicht besiedeltes und für die Lebensmittelversorgung dieser Stadt zuständiges Umland. Auch wenn dieses auf genossenschaftlichem Grundbesitz des städtischen Bodens beruhende Programm kaum jemals genau so umgesetzt wurde, entfaltete die Vorstellung einer Auflösung der ‚steinernen' Städte, einer durchgängigen Durchgrünung der Städte langfristig große Wirksamkeit.[56]

Ein Sprung auf neue Skalen wurde dann um 1910 erreicht. Mit dem Wettbewerb ‚Groß-Berlin' wurde die notwendige Integration von Planung und Infrastruktur-Ausbau zwischen der damaligen Stadt Berlin und ihrem großen, teilweise selbst aus Großstädten wie Charlottenburg bestehenden Umfeld problematisiert. Die Ausstellung der Wettbewerbsbeiträge in Berlin und Düsseldorf förderte die internationale Diskussion über die Planung im Maßstab der Großstadtregion erheblich. Planen für die Großstadt hieß, darin war sich die mittlerweile formierte internationale Community der Planer[57] einig, über die administrativen Grenzen der Stadt hinauszugehen und die Großstadt in ihre weiteren funktionalen und verkehrsmäßigen Bezüge zu stellen.[58] Diese ‚Community' der Planer verstand Stadtplanung auch weit überschießend als Ansatz, auf internationaler Ebene dauerhafte Kooperationsformen zu etablieren, die mit dem Ziel gesellschaftlichen Fortschritts durch rationale Planung des Raumes nationale Konkurrenzen letztlich beseitigen würden. Gerade 1913 wurde im Rahmen der Weltausstellung im belgischen Gent eine *International Union of Cities* gegründet; zeitlich parallel trat ebenfalls 1913 die *International Garden Cities and Town Planning Association* ins Leben.[59]

Großstadt 1913

Wo standen die Großstädte schließlich um 1913? Der Rückblick in die Mitte des 19. Jahrhunderts diente dazu, die großen Herausforderungen verständlich, aber auch die langfristigen Prozesse nachvollziehbar zu machen, die die Städte als Lebensraum bis 1913 so tiefgreifend verändert haben. Großstadt unterschied sich um 1913 also sowohl quantitativ als auch qualitativ radikal vom Stand um 1850 oder auch noch 1880: Grundbedürfnisse der Städter wurden mittlerweile durch maschinelle Netze befriedigt (Wasser, Gas, Elektrizität, etc.), die ihre Versorgung sicherten, sie natürlich aber auch abhängig vom Funktionieren dieser Netze machten. Nahverkehrsmittel ermöglichten potentiell eine hohe Mobilität innerhalb des stark expandierten Raums der Großstadt, eröffneten denen, die es sich leisten konnten, neue Handlungsspielräume, neue Wohnpotentiale im Grünen und doch in erreichbarer Entfernung zur Stadt.

Abb. 3: Bayerischer Platz in Berlin, 1910

Die in den Jahren bis 1913 geschaffenen Stadtviertel, hier der Bayerische Platz in Berlin, gehören in vielen Städten angesichts der qualitätsvollen Architektur und der ansprechenden Gestaltung öffentlicher Räume auch heute noch zu den beliebtesten Wohnquartieren.

Die Daseinsrisiken städtischen Lebens waren nicht aufgehoben, aber zumindest gemindert durch ein immer differenzierteres System kommunaler Fürsorge-Einrichtungen. Dennoch blieben auch Negativpunkte, die nicht unerwähnt bleiben sollen: In Deutschland waren die zweifellos effizienten und tatkräftigen Großstadtverwaltungen in keiner Weise nach unserem heutigen Verständnis demokratisch legitimiert; die ‚Gemeindeparlamente' wurden nach plutokratischen Wahlrechtssystemen gewählt; je mehr Steuern ein Bürger zahlte, um so gewichtiger war sein Stimmrecht. Im Extremfall von Krupp in Essen konnte dieser Großunternehmer alleine, aufgrund seiner hohen Steuerkraft, ein Drittel der Stadtverordneten bestimmen. Stadtverordnete aus der Arbeiterschaft waren deutlich unterrepräsentiert, viele Jahre überhaupt nicht vertreten.[60] In Großbritannien und Frankreich war die Mitwirkung auf kommunaler Ebene formal deutlich demokratischer, aber auch hier manifestierte sich die Macht bürgerlicher Honoratioren in der konkreten Politik.

Schließlich war die Wohnsituation der Mehrheit der Bevölkerung in den meisten europäischen Großstädten nach wie vor katastrophal. Die Berliner Mietskasernen galten wegen massiver Überbelegung immer noch als Synonym für menschenunwürdige Lebensbedingungen. Aber vergleichbar hohe Wohndichten gab es auch in vielen anderen europäischen Großstädten. Insgesamt waren Stadtverwaltungen vor dem Ersten Weltkrieg in ganz Europa kaum in nennenswertem Umfang als Bauherren in Erscheinung getreten. Zwar waren ‚Wohnungsfrage' und ‚Wohnungsreform' wichtige Themen des sozialpolitischen Diskurses spätestens seit den 1880er Jahren, aber in der Regel begnügten sich Großstadtverwaltungen mit unterstützenden Maßnahmen für die Aktivitäten gemeinnütziger Wohnungsgenossenschaften und Bauvereine, denen man mit der Vergabe günstigen Baulands, der Gewährung zweiter Hypotheken oder durch verkehrspolitische Maßnahmen zu helfen versuchte. Erst nach dem Ersten Weltkrieg setzten sich in zahlreichen Staaten Europas die Städte, dann meist im Rahmen gesamtstaatlicher Wohnungspolitik in sozialpolitischer Motivation, für eine nachdrückliche Verbesserung des Wohnungsstandards der breiten Bevölkerung ein.[61]

Für den Großbürger und Weltenbummler Stefan Zweig jedenfalls repräsentierten die europäischen Großstädte in den Jahren vor dem Ersten Weltkrieg, rückblickend aus der Katastrophe des Zweiten Weltkriegs, Manifestationen des Fortschritts und des vermeintlich allgemeinen und dauerhaften Aufstiegs:

> Die Städte wurden schöner und volkreicher von Jahr zu Jahr; das Berlin von 1905 glich nicht mehr jenem, das ich 1901 gekannt; aus der Residenzstadt war eine Weltstadt geworden und schon wieder großartig überholt von dem Berlin von 1910. Wien, Mailand, Paris, London, Amsterdam – wann immer man wiederkam, war man erstaunt und beglückt; breiter, prunkvoller wurden die Straßen, machtvoller die öffentlichen Bauten, luxuriöser und geschmackvoller die Geschäfte [...]. Eine wunderbare Unbesorgtheit war damit über die Welt gekommen, denn was sollte diesen Aufstieg unterbrechen, was den Elan hemmen, der aus seinem eigenen Schwung immer neue Kräfte zog? Nie war Europa stärker, reicher, schöner, nie glaubte es inniger an eine noch bessere Zukunft.[62]

Diese ‚Unbesorgtheit' fand im August 1914 ein jähes Ende, aber das Lebensgefühl in den Kreisen des gehobenen Bürgertums für die Zeit um 1913 kommt in diesem Zitat gut zum Ausdruck.

Anmerkungen

1 | Zweig, Stefan: Der Rhythmus von New York, in: Ders.: Länder, Städte, Landschaften, Frankfurt am Main 1981, S. 16–22, hier S. 17/18.

2 | Vgl. zur Unterscheidung zwischen Urbanisierung als qualitativem und quantitativem Prozess Reulecke, Jürgen: Geschichte der Urbanisierung in Deutschland, Frankfurt am Main 1985, S. 10–12.

3 | Vgl. ebd., S. 202 (Tab. 2).

4 | Vgl. Lawton, R./Pooley, C.G.: Britain 1740–1950, London 1992, S. 91, zit. nach Lees, Lynn Hollen: Urban Networks, in: Daunton, Martin (Hg.): The Cambridge Urban History of Britain. Vol. III 1840–1950, Cambridge 2000, S. 59–94, hier S. 70 (Table 2.1.).

5 | Überblick zur europäischen Urbanisierung bei Lenger, Friedrich: Metropolen der Moderne. Eine europäische Stadtgeschichte seit 1850, München 2013, S. 50–83.

6 | Vgl. Reulecke, Geschichte, S. 40–49; Lenger, Metropolen, S. 63–74.

7 | Vgl. Lees, Andrew: Cities perceived. Urban Society in European and American Thought. 1820–1940, Manchester 1985; mit breitem Literaturüberblick Engeli, Christian: Die Großstadt um 1900. Wahrnehmungen und Wirkungen in Literatur, Kunst, Wissenschaft und Politik, in: Zimmermann, Clemens/Reulecke, Jürgen (Hgg.): Die Stadt als Moloch? Das Land als Kraftquell. Wahrnehmungen und Wirkungen der Großstädte um 1900, Basel/Boston/Berlin 1999, S. 21–51.

8 | Heine, Heinrich: Reisebilder 4. Teil, in: Ders.: Werke und Briefe in zehn Bänden. Band 3, Berlin/Weimar [2]1972, S. 422.

9 | Vgl. zur krisenhaften Situation der Städte allgemein Schott, Dieter: Europäische Urbanisierung (1000–2000). Eine umwelthistorische Einführung, Köln u. a. 2014,

S. 275–277; vgl. auch Lees, Andrew/Lees, Lynn Hollen: Cities and the Making of Modern Europe, 1750–1914, Cambridge 2007, die von der Phase 1750–1850 als „era of disruption" sprechen. Zur Situation in Paris vor 1850 Girouard, Mark: Die Stadt, Frankfurt a. M./Wien 1992, S. 286–287; Hall, Peter: Cities in Civilization, London 1998, S. 706–745, hier S. 707–711.

10 | Der Gebrauch des Begriffs ‚Stoffwechsel' geht zurück auf das Konzept ‚Sozialer Metabolismus' der Wiener Schule für Soziale Ökologie; vgl. Fischer-Kowalski, Marina u. a.: Gesellschaftlicher Stoffwechsel und Kolonisierung von Natur. Ein Versuch in Sozialer Ökologie, Amsterdam 1997; Schott, Europäische Urbanisierung, S. 17–21.

11 | Vgl. Hamlin, Christopher: Public Health and Social Justice in the Age of Chadwick. Britain, 1800–1854, Cambridge 1998; Schott, Europäische Urbanisierung, S. 223–238.

12 | Vgl. Hamlin, Public Health, S. 217–244.

13 | Vgl. Halliday, Stephen: The Great Stink of London. Sir Joseph Bazalgette and the Cleansing of the Capital, Stroud 1999.

14 | Vgl. Hall, Peter: Cities in Civilization, London 1998, S. 706–745; Jordan, David: Die Neuerschaffung von Paris. Baron Haussmann und seine Stadt, übersetzt aus dem Amerikanischen, Frankfurt a. M. 1996; Girouard, Die Stadt, S. 285–300; Lenger, Metropolen, S. 34–49.

15 | Zit. n. Hall, Civilization, S. 724. Übersetzung (D. S.): „Mein Herr, man sagte über Augustus [den römischen Kaiser], dass er Rom als Ziegelstadt vorgefunden und als marmorne Stadt hinterlassen hat. Möge über Sie einst gesagt werden, dass Sie Paris stinkend vorgefunden haben und es wohlriechend hinterließen."

16 | Vgl. zum Vorbildcharakter von Paris: Lenger, Metropolen, S. 28: „Hier [in London und Paris, D.S.] wurden die Standards entwickelt, denen ein europäische Großstadt genügen musste und die bald auch über Europas Grenzen hinaus prägend wurden."; Hall, Thomas: Planning Europe's Capital Cities. Aspects of Nineteenth-Century Urban Development, Oxford 1997, S. 79: Verweis auf die Begeisterung des britischen Stadtplaners Abercrombie für Paris; Schott, Dieter: Die Stadt als Thema und Medium europäischer Kommunikation – Stadtplanung als Resultat europäischer Lernprozesse, in: Roth, Ralf (Hg.): Städte im europäischen Raum. Verkehr, Kommunikation und Urbanität im 19. und 20. Jahrhundert, Stuttgart 2009, S. 205–225; Schott, Europäische Urbanisierung, S. 271–273.

17 | Vgl. zur hygienischen Zivilisierung Hardy, Anne I.: Ärzte, Ingenieure und städtische Gesundheit. Medizinische Theorien in der Hygienebewegung des 19. Jahrhunderts, Frankfurt a. M. 2005; zur Stadt als technisches Großsystem Schott, Dieter: Wege zur vernetzten Stadt – technische Infrastruktur in der Stadt aus historischer Perspektive, in: Informationen zur Raumentwicklung, H. 5. (2006), S. 249–257; Schott, Europäische Urbanisierung, S. 279–305; Hård, Mikael/Misa, Thomas (Hgg.): Urban Machinery. Inside Modern European Cities, Cambridge, Mass. u. a. 2008; Dinçkal, Noyan/Mares, Detlev: Die Stadt als vernetztes System. Didaktische Möglichkeiten im Schnittfeld von Stadt-, Umwelt- und Technikgeschichte, in: Geschichte in Wissenschaft und Unterricht 62 (2011), S. 92–105.

18 | Vgl. Texier, Edmond: Tableau de Paris, 2 Bde., Paris 1852; Nead, Lynda: Victorian Babylon. People, Streets and Images in Nineteenth-Century London, New Haven/London ²2005, S. 37/38.

19 | Koppitz, Ulrich/Vögele, Jörg: Sanitäre Reform und der epidemiologische Übergang in Deutschland (1840–1920), in: Frank, Susanne/Gandy, Matthew (Hgg.): Hydropolis: Wasser und die Stadt der Moderne, Frankfurt/Main 2006, S. 75–93.

20 | Vögele, Jörg: Sozialgeschichte städtischer Gesundheitsverhältnisse während der Urbanisierung, Berlin 2001 (= Schriften zur Wirtschafts- und Sozialgeschichte, 69).

21 | Hösel, Gottfried: Unser Abfall aller Zeiten. Eine Kulturgeschichte der Städtereinigung, München 1990.

22 | Vgl. Payer, Peter: Unentbehrliche Requisiten der Großstadt. Eine Kulturgeschichte der öffentlichen Bedürfnisanstalten von Wien, Wien 2000; Gleichmann, Peter R.: Die Verhäuslichung körperlicher Verrichtungen, in: Ders./Goudsblom, Johan/Korte, Hermann (Hgg.): Materialien zu Norbert Elias' Zivilisationstheorie, Frankfurt am Main 1979, S. 252–279; Ders., Von der stinkenden Stadt zum Toilettenzimmer. Zur langfristigen Verhäuslichung menschlicher Vitalfunktionen – die Harn- und Kotentleerung, in: Jungblut, Marie-Paule/Exner, Martin (Hgg.): „Sei sauber ...!" Eine Geschichte der Hygiene und öffentlichen Gesundheitsvorsorge in Europa, Köln 2004, S. 76–85.

23 | Vgl. Spieker, Ira: „Jedem Deutschen wöchentlich ein Bad!" Die Popularisierung von Volksbädern um die Jahrhundertwende und ihre Einrichtung im ländlichen Raum, in: Löneke, Regina (Hg.): Reinliche Leiber – schmutzige Geschäfte. Körperhygiene und Reinlichkeitsvorstellungen in zwei Jahrhunderten, Göttingen 1996, S. 113–140.

24 | Vgl. Condrau, Flurin: Lungenheilanstalt und Patientenschicksal. Sozialgeschichte der Tuberkulose in Deutschland und England im späten 19. und frühen 20. Jahrhundert, Göttingen 2000.

25 | So wurden umfangreiche Hygiene-Handbücher verfasst, die weit über den engen Kreis der Mediziner hinaus Beachtung fanden, vgl. Schott, Dieter: The ‚Handbuch der Hygiene'. A Manual of Proto-Environmental Science in Germany of 1900? in: Berridge, Virginia/Gorsky, Martin (Hgg.): Environment, Health and History, Basingstoke 2011, S. 69–93.

26 | Vgl. Schivelbusch, Wolfgang: Lichtblicke. Zur Geschichte der künstlichen Helligkeit im 19. Jahrhundert, München/Wien 1983, S. 17–35; Paquier Serge/Williot Jean-Pierre (Hgg.): L'industrie du Gaz en Europe aux XIXe et XXe Siècles. L'innovation entre marchés privés et collectivités publiques, Brüssel u. a. 2005; zu Darmstadt Schott, Dieter: Die Vernetzung der Stadt. Kommunale Energiepolitik, öffentlicher Nahverkehr und die „Produktion" der modernen Stadt. Darmstadt – Mannheim – Mainz 1880–1918, Darmstadt 1999, S. 168–170; Lenger, Metropolen, S. 174–176.

27 | Vgl. Schivelbusch, Lichtblicke, S. 133–148; Nead, Victorian Babylon, S. 87–101.

28 | Vgl. zu Munizipalsozialismus und Gemeindewirtschaft: Krabbe, Wolfgang R.: Städtische Wirtschaftsbetriebe im Zeichen des „Munizipalsozialismus". Die Anfänge der Gas- und Elektrizitätswerke im 19. und frühen 20. Jahrhundert, in: Blotevogel, Hans Heinrich (Hg.): Kommunale Leistungsverwaltung und Stadtentwicklung vom Vormärz bis zur Weimarer Republik, Köln/Wien 1990, S. 117–135; zum europaweiten Vergleich Lenger, Metropolen, S. 198–202.

29 | Zum Gesamtkontext städtischer Elektrifizierung vgl. Schott, Vernetzung, S. 41–51; zur kulturellen Imagination Binder, Beate: Elektrifizierung als Vision. Zur Symbolgeschichte einer Technik im Alltag, Tübingen 1999; Elektrifizierungsquote 10% nach Schott, Vernetzung, S. 733.

30 | Zur Modernisierung des Gases vgl. Braun, Hans-Joachim: Gas oder Elektrizität? Zur Konkurrenz zweier Beleuchtungssysteme, 1880–1914, in: Technikgeschichte 47 (1980), S. 1–19; zu Gasbadeöfen Trupat, Christina: „Bade zu Hause!" Zur Geschichte des Badezimmers in Deutschland seit der Mitte des 19. Jahrhunderts, in: Technikgeschichte 63 (1996), S. 219–236.

31 | Vgl. zur Geschichte des städtischen Nahverkehrs McKay, John P: Tramways and Trolleys. The Rise of Urban Mass Transit in Europe, Princeton 1976, S. 23–25; Armstrong, John: From Shillibeer to Buchanan: Transport and the Urban Environment, in: Daunton (Hg.): Cambridge Urban History, S. 229–260; Dienel, Hans-Liudger: Stadt und Verkehr, in: Informationen zur modernen Stadtgeschichte H. 2 (2006), S. 5–14.

32 | Lindley, W. H.: Vortrag: ‚Die verschiedenen Systeme der elektrischen Straßenbahnen' auf der Versammlung deutscher Stadtverwaltungen 27.–29.8.1891, zit. nach: Offizieller Bericht über die internationale Elektrotechnische Ausstellung in Frankfurt am Main 1891, Frankfurt/M. 1893, S. 86f.

33 | Vgl. zur hohen Bedeutung von Pferden als ‚living machines' für die Städte McShane, Clay/Tarr, Joel: The Horse in the City. Living Machines in the Nineteenth Century, Baltimore 2007.

34 | Ein Gedicht auf einer Postkarte zur Eröffnung, Schott, Vernetzung, S. 448.

35 | McKay, Tramways, S. 67–83; Kaufhold, Karl Heinrich: Straßenbahnen im Deutschen Reich vor 1914, in: Petzina, Dietmar/Reulecke, Jürgen (Hgg.): Bevölkerung, Wirtschaft und Gesellschaft seit der Industrialisierung, Dortmund 1990, S. 219–238.

36 | Vgl. Schott, Vernetzung, S. 208–210, 445–449, 642–648. Im Vergleich von britischen und deutschen Städten Schmucki, Barbara: The Machine in the City: Public Appropriation of the Tramway in Britain and Germany, 1870–1915, in: Journal of Urban History 38 (2012), S. 1060–1093.

37 | Vgl. Schott, Vernetzung, S. 448.

38 | Vgl. Schott, Vernetzung, S. 734; Fisch, Stefan: Die Anfänge der elektrischen Straßenbahn im Spannungsfeld von Elektroindustrie und Städtebaureform, in: Schott, Dieter/Klein, Stefan (Hgg.): Mit der Tram ins nächste Jahrtausend: Geschichte, Gegenwart und Zukunft der elektrischen Straßenbahn, Essen 1998, S. 31–39.

39 | Schmucki, Machine, S. 1068.

40 | Vgl. ebd., S. 1066; Schott, Dieter: Eine Bürgertram für die Residenzstadt: Planung, Bau und Betrieb der Elektrischen in Darmstadt, 1890–1945, in: Schott/Klein (Hgg.), Mit der Tram, S. 69–85. Vgl. zur Lebensreform und Jugendbewegung auch die Beiträge von Reulecke und Schmoll in diesem Band.

41 | Vgl. McKay, Tramways, S. 217–219, Karte S. 218.

42 | Riehl, Wilhelm Heinrich: Die Naturgeschichte des Volkes als Grundlage einer deutschen Social-Politik, 4 Bde, Stuttgart 1854–1869; vgl. auch Engeli, Großstadt, S. 33.

43 | Hansen, Georg: Die drei Bevölkerungsstufen, München 1889; Ammon, Otto: Die natürliche Auslese beim Menschen, Jena 1893; vgl. auch Sieferle, Rolf Peter/Zimmermann, Clemens: Die Stadt als Rassengrab, in: Smuda, Manfred (Hg.): Die Großstadt als Text, München 1994, S. 53–72.

44 | Vgl. Nipperdey, Thomas: Deutsche Geschichte 1866–1918: Bd. 1. Arbeitswelt und Bürgergeist, München [3]1993, S. 477–480, S. 716–718.

45 | Langbehn, Julius: Rembrandt als Erzieher, Leipzig [7]1890; vgl. Lindner, Rolf: Walks on the wild side. Eine Geschichte der Stadtforschung, Frankfurt a.M. 2004.

46 | Vgl. Engeli, Großstadt, S. 33–34.

47 | Vgl. die Beiträge von Reulecke und Schmoll in diesem Band.

48 | Insbesondere in der wichtigen hygienischen Reformbewegung, dem *Deutschen Verein für öffentliche Gesundheitspflege*, waren sehr viele Ärzte, aber auch Ingenieure engagiert, gleichzeitig wurden die Richtlinien und Empfehlungen des Vereins auch von Kommunalverwaltungen sehr ernst genommen, vgl. Hardy, Ärzte; Rodriguez-Lores, Juan: Stadthygiene und Städtebau: Zur Dialektik von Ordnung und Unordnung in den Auseinandersetzungen des Deutschen Vereins für Öffentliche Gesundheitspflege 1868–1901, in: Fehl, Gerhard/Ders. (Hgg.): Städtebaureform 1865–1900: Von Licht, Luft und Ordnung in der Stadt der Gründerzeit, Hamburg 1985, S. 19–58.

49 | Vgl. zur Schrittmacher-Rolle der Städte für den Sozialstaat Reulecke, Jürgen: Einleitung, in: Ders. (Hg.): Die Stadt als Dienstleistungszentrum. Beiträge zur Geschichte der „Sozialstadt" in Deutschland im 19. und frühen 20. Jahrhundert, St. Katharinen 1995, S. 1–17. Zur internationalen Anerkennung der Leistung

deutscher Städte vgl. Nolte, Paul: Effizienz oder self-government? Amerikanische Wahrnehmung deutscher Städte, in: Die alte Stadt, 15 (1988), S. 261–288; Lenger, Friedrich: Großstädtische Eliten vor den Problemen der Urbanisierung. Skizze eines deutsch-amerikanischen Vergleichs 1870–1914, in: Geschichte und Gesellschaft 21 (1995), S. 313–337. Zum Interesse der britischen Städtereformer an der deutschen Stadtverwaltung und Planungspraxis vgl. Schott, Stadt als Thema, S. 216.

50 | Zum ‚Missverständnis' vgl. Engeli, Großstadt, S. 35.

51 | Vgl. Radkau, Joachim: Das Zeitalter der Nervosität. Deutschland zwischen Bismarck und Hitler, Darmstadt 1998.

52 | Georg Simmel: Die Großstädte und das Geistesleben, in: Ders.: Aufsätze und Abhandlungen 1901–1908, hg. von Rüdiger Kramme u. a., Frankfurt a. M. 1995, S. 116–131.

53 | Vgl. Lindner, Walks.

54 | Friedrich Lenger zitiert das – allerdings extreme – Beispiel eines Ehepaars in den 80er Jahren aus dem Londoner East-End, die keine Nacht in ihrem Leben außerhalb ihres Viertels verbracht und den Tower (fast angrenzend an das East End), Hyde Park oder Westminster Abbey nie gesehen hatten, Lenger, Metropolen, S. 109/10.

55 | Vgl. Sutcliffe, Anthony: Towards the planned city. Germany, Britain, the United States and France 1780–1914, Oxford 1981, S. 9–46; Albers, Gerd: Zur Entwicklung der Stadtplanung in Europa, Braunschweig/Wiesbaden 1997; Schott, Stadt als Thema, S. 211–214.

56 | Vgl. Miller, Mervyn: Letchworth. The first Garden City, Chichester ²2002; Hall, Peter: Cities of Tomorrow. An Intellectual History of Urban Planning and Design in the Twentieth Century, Oxford ³2002, S. 87–141.

57 | Vgl. zur Community der Planer Saunier, Píerre-Yves: Sketches from the Urban International, 1910–1950: Voluntary Associations, International Institutions and US Philanthropic Foundations, in: International Journal of Urban and Regional Research 25 (2001), S. 380–403; Sutcliffe, Towards, Kap. 6: „Planning as an International Movement", S. 163–201; Schott, Stadt als Thema, S. 214–221.

58 | Zum Wettbewerb Groß-Berlin und dem ‚Sprung in die Region' vgl. Bodenschatz, Harald u. a. (Hgg.): Stadtvisionen 1910/2010. Berlin, Paris, London, Chicago, Berlin 2010; 100 Jahre Allgemeine Städtebau-Ausstellung in Berlin; Berlin 2010; Bodenschatz, Harald/Bernhardt, Christoph (Hgg.): Der Wettbewerb Groß-Berlin 1910 im internationalen Kontext, in: Informationen zur modernen Stadtgeschichte Heft 2 (2010).

59 | Vgl. Schott, Stadt als Thema, S. 219–221; Saunier, Sketches.

60 | Vgl. Reulecke, Urbanisierung, S. 131–139, zu Krupp S. 134.

61 | Vgl. zur Wohnungssituation vor 1914 die Beiträge in Reulecke, Jürgen (Hg.): Geschichte des Wohnens. 1800–1918. Das bürgerliche Zeitalter, Stuttgart 1997; zur städtischen Wohnungspolitik im europaweiten Vergleich Lenger, Metropolen, S. 131–148.

62 | Zweig, Stefan: Die Welt von gestern. Erinnerungen eines Europäers, Frankfurt a. M. 1947, S. 226ff.

Max Weber, Ernst Troeltsch und die ‚Entdeckung der Moderne'

Christof Dipper

Im Mai 1913 war es so weit:

> Max Weber erfindet das große Wort von der „Entzauberung der Welt". In einem Essay über Grundbegriffe der Soziologie schreibt er darüber, was für die kapitalistische Struktur der Gesellschaft wichtig sei – und dazu gehört die zunehmende Technisierung und Verwissenschaftlichung, ja Rationalisierung dessen, was vormals als Wunder galt. „Entzauberung der Welt" meint, in Webers eigenen Worten, dass die Menschheit glaubt, alles durch Berechnung beherrschen zu können. Immerhin, Webers eigener Körper stemmte sich gegen die Berechnungen der Diättabellen. Der 49jährige war im Frühjahr 1913 nach Ascona gereist, ohne seine Ehefrau, um sich von seiner Medikamentensucht und seinem Alkoholismus zu kurieren. So will er, entzaubert, wieder seine äußere „Schönheit" herstellen. Doch keine Chance. Er fastet zwar in Ascona und hält Diät mit „Vegetarierfraß", wie er an das „liebe Schnauzerl", seine Frau, schreibt. Aber es hilft alles nicht: „Die Polsterung und das Mastbürgertum weichen nicht. Der Schöpfungsplan will mich so." Er bleibt also dick, weil das so vorberechnet wurde. Es ist also auch bei ihm bereits deutlich mehr Plan als Schöpfung. So wird vielleicht das eigene Gewichtsproblem zur Grundlage für eines der wichtigsten Schlagworte des 20. Jahrhunderts.[1]

In Wirklichkeit sind die Dinge nicht ganz so einfach. Florian Illies hat mit seiner in spöttischem Ton gehaltenen synchronoptischen Zusammenschau des Kunst- und Kulturbetriebs jener zwölf Monate ein allzu einseitiges Bild des Jahres 1913 geliefert. Er unterschlägt, wie Gangolf Hübinger kritisch anmerkt, dass 1913 auch „das Jahr der disziplinierenden Wissensordnungen" war[2], und wegen Illies' Ironie wird nicht hinreichend deutlich, dass sich ungezählte Europäer, insbesondere die Angehörigen der Geistesaristokratie, in einer „Übergangsperiode" mit entsprechender Orientierungskrise wähnten.[3] In diesen Zusammenhang gehört, dass Max Weber auf der Suche nach einer angemessenen Beschreibung der besonderen Kulturentwicklung Europas just 1913 eine Metapher aufgegriffen hat, die so überzeugend war, dass sie rasch ungeheure Verbreitung fand, denn sie brachte Subjektives und Objektives, Lebensgefühl und Zeitdiagnose der *Moderne* gekonnt auf den Begriff. Vieles, allzu vieles hatte sich nämlich in den letzten Jahren geändert. Um nur ein paar besonders gut sichtbare Dinge herauszugreifen: Die Zahl der Großstädte hatte stark zugenommen, aus manchen waren gar Metropolen geworden. Gegen Verstädterung und zunehmend von der Technik bestimmte Lebensweise wehrten sich zahlreiche Reformbewegungen, die ihrerseits durch den Verstoß gegen Konventionen provozierten. In den Medien hielt das Bild Einzug, der Film, obgleich noch stumm, faszinierte die Massen und vor den Kinos formierten sich tagaus, tagein lange Schlangen. Jugend wurde zu einem eigenständigen Lebensabschnitt, junge Menschen suchten selbstbestimmte Formen des Umgangs als Protest gegen die Welt der Erwachsenen. Und schließlich forderten immer mehr Frauen politische Mitbestimmung, beruflichen Aufstieg und Anerkennung für ein Leben außerhalb der traditionellen Ehe. Kurz, Dinge waren ins Rollen gekommen, Verortung in der Welt fiel zunehmend schwerer. Viele bekamen den Eindruck, eine Welt gehe unter und eine neue Epoche sei angebrochen.[4]

Es ist kein Zufall, dass Robert Musil seinen großen Roman ins Jahr 1913 verlegte und seine Protagonisten ausführlich über die Geschichte diskutieren ließ. Geschichte ist, in den Worten Ulrichs, der Hauptperson, „der breite, ungeregelte Fluß von Zuständen", „sie sieht unsicher und verfilzt aus, unsere Geschichte, wenn man sie aus der Nähe betrachtet, wie ein nur halb festgetretener Morast, und schließlich läuft sonderbarerweise doch ein Weg über sie hin, eben jener ‚Weg der Geschichte', von dem niemand weiß, woher er gekommen ist".[5] Gewissheit sieht anders aus. Für General Stumm von Bordwehr ist Geschichte nichts anderes als ein „Sauhaufen"[6], in den Ordnung gebracht werden muss. ‚Ordnung' ist eines der Schlüsselthemen in Musils Roman, sie wird zwischen den Beteiligten 1913 andauernd diskutiert. Der General hält es zwar für eine „Täuschung", dass „der Geist der Neuzeit eben in dieser größeren Ordnung liegt"[7], entwirft aber dennoch ein „Grundbuchblatt der modernen Kultur" mit den „Namen der Ideen und ihren Urhebern, von denen wir in den letzten fünfundzwanzig Jahren bewegt worden sind", das Orientierung und insofern Ordnung verspricht.[8] Diotima, in deren Salon das große Vorhaben besprochen wird, antwortet ihm ganz im Sinne der Avantgarden: „Niemals wird man durch Ordnung [...] zum Ziel kommen; die Lösung muss ein Blitz, ein Feuer, eine Intuition, eine Synthese sein"[9], während Ulrich im Tonfall des zeittypischen *Fin de Siècle* eine Lösung grundsätzlich ausschließt: Vor hundert Jahren habe man noch fest an die vernünftige, geordnete Welt geglaubt, aber „diese Überhebung ist uns seither gründlich ausgetrieben worden" als Folge der unüberschaubar gewordenen Fülle von Entdeckungen und Erfindungen. „Der Erfolg ist sozusagen, daß [...] wir immer mehr Ordnungen und immer weniger Ordnung haben."[10] Im Romanjahr 1913 ist also überall ,halb festgetretener Morast', herrscht Unübersichtlichkeit als Folge der rasanten Entwicklungen der jüngsten Vergangenheit. Man sucht deshalb nach ,Ordnung', weiß bzw. spürt jedoch, dass die hergebrachten Verfahren nichts mehr helfen, weil alte Gewissheiten obsolet geworden sind und man aus der Geschichte nichts mehr lernen kann, jedenfalls nicht im hergebrachten Sinne.

Diskussionen wie diese um ,den Geist der Neuzeit' führen uns zu der Frage, wie eigentlich historische Epochen zustande kommen. Jedenfalls nicht durch Beschlüsse geschichtswissenschaftlicher Konferenzen oder Vereinigungen, auch wenn die Historiker den Eindruck haben, sie allein seien aufgrund ihres Fachwissens zuständig. In Wirklichkeit ist es viel komplizierter. Zwar diskutieren wir Historiker in der Tat, wenn auch ohne Monopol, Wesen und Grenzen historischer Epochen, aber wir sind dabei im Grunde lediglich die – oft genug zu spät kommenden – Verstärker vielfältiger Stimmen und Stimmungen, die ihrerseits Reflexe komplexer Vorgänge zu sein pflegen. Die wirklich berufenen Zeitdiagnostiker, insofern Erben der Theologen, die das jahrtausendelang konkurrenzlos zu tun pflegten, sind seit 1900, seit Durkheim, Simmel, Tönnies und Weber, die Kultursoziologen; auch Theologen wie Troeltsch müssen hinzugerechnet werden. Zu Beginn des 20. Jahrhunderts wähnte man sich mitten in einer Epochenschwelle. Die einen sprachen bedauernd vom *Fin de Siècle*, die anderen zuversichtlich von der *Moderne*, die 1886 von Literaten als ästhetische Selbstverortung ausgerufen, aber schon bald vom *Brockhaus* zum „Inbegriff der jüngsten socialen, litterarischen und künstlerischen Richtungen" erhoben worden war.[11] Das hat die Kultursoziologen dauerhaft motiviert, die Zeitstimmungen zu analysieren. Dazu gehörte auch die Rekonstruktion der Heraufkunft der modernen Welt, für die namentlich Troeltsch und Weber bis heute maßgebliche, weltweit rezipierte Deutungen vorgelegt haben.

Man kann diese Beobachtung verallgemeinern: Wenn Vertrautes ins ‚Rutschen' kommt oder gar zu verschwinden beginnt, ist Zeitdiagnose angesagt. Wir erleben das ja selbst seit ca. dreißig bis vierzig Jahren. Der amerikanische Soziologe Daniel Bell sprach schon 1975 von der „nachindustriellen Gesellschaft", Jürgen Habermas dann 1985 von der „neuen Unübersichtlichkeit", der kanadische Religionssoziologe Charles Taylor schließlich 1995 vom „Unbehagen an der Moderne" – um nur ein paar der gängigsten Buchtitel aufzuzählen, die im Abstand von jeweils zehn Jahren die Zeitstimmung aufzugreifen und das Problem zu benennen versuchten.[12] Und es ist ja inzwischen auch kein Geheimnis mehr: Die *Moderne*, so sagen viele aufmerksame Zeitbeobachter neuerdings, hat ihr Potential erschöpft, die *Postmoderne* ist dabei, sie zu beerben. Jeder mag sich unter diesen beiden Leitbegriffen vorstellen, was er möchte: Solange er – oder sie – das Empfinden teilt, es beginne eine neue Zeit, nimmt er am zeitdiagnostischen Diskurs teil. Das ist das Wesentliche.

Brechen wir an dieser Stelle unsere Analyse der Gegenwart im Lichte unserer Wahrnehmungen ab und fragen stattdessen, was zwischen 1880 und 1913 zu der Vorstellung vieler Zeitgenossen geführt hat, eine historische Schwelle zu erleben. Im Interesse einer enggeführten und dadurch hoffentlich übersichtlich bleibenden Argumentation seien aus der Fülle der Ereignisse jene zwei Themenstränge herausgegriffen, die für das „Schlüsseljahr der Moderne"[13], 1913, untrennbar zusammengehören.

Der erste ist die Kunst, denn dort wurde die Moderne gewissermaßen erfunden, jedenfalls sprachlich. Dort herrschte lange die Ansicht vor, sie müsse, um perfekt, d.h. schön zu sein, die Natur abbilden. Die Folge war ein fester, an der Antike ausgerichteter ästhetischer Kanon, mit dem sich Maler und Literaten (Musiker viel weniger) kreativ auseinandersetzen mussten. Im Frankreich Ludwigs XIV. wurde erstmals die Vorbildrolle der *antiqui* in Frage gestellt; den *moderni* sollte mehr Schöpferisches erlaubt sein.[14] Zur Entscheidung kam es jedoch nicht. Die Diskussion setzte sich darum fort und gewann im 19. Jahrhundert enorm an Tempo, weil neue literarische Gattungen und neue künstlerische Stilmittel erfunden und enorm populär wurden, und weil außerdem der Geniekult jener Zeit die *moderni* unentwegt zu Überschreitungen des Hergebrachten animierte. Viele Vorschläge wurden gemacht, um das Lebensgefühl der sich überlegen wissenden Gegenwart auszudrücken, wobei lange Zeit die Franzosen den Ton angaben. So bestimmte Baudelaire 1863 *modernité* als transitorisch, flüchtig und kontingent, als die eine von zwei Bedingungen gelungener Ästhetik[15], und wurde damit sehr einflussreich. Der Provokateur Rimbaud dagegen hämmerte 1873 seinen Lesern ein: „Il faut être absolument moderne".[16] In Berlin war es der Literaturhistoriker Eugen Wolff, der im Hinterzimmer einer Kneipe am Spittelmarkt im September 1886 einen Vortrag hielt, an dessen Ende er jeder Tradition eine Absage erteilte. „Nein, die stille, kalte Antike ist nicht mehr unser höchstes Ideal. Aber wo es finden?" Seine metaphorisch aufgeladene Antwort lautet: Das Ideal ist „ein junges Weib", „keine Jungfrau", sondern sie besitzt „die schmerzverzerrten Züge der Wissenden, die überwunden hat" – ein Gedanke, der 25 Jahre später in Max Webers *Entzauberung* wieder begegnen wird.

> „Nicht Ebenmaß schmückt dieses Weib, in wilder Schönheit umrahmt ihr Haar Stirn und Nacken, und in wilder Hast stürmt sie dahin ... Daheim harrt wohl ein geliebter Sprößling ihrer, für den sie tagsüber gearbeitet, nun wird sie mit ihm vereint den Lohn der Arbeit genießen, darum beflügeln sich ihre Schritte. [...] Der idealsuchende Jüngling [muss ihr] mit Eifer nachstreben". [Deshalb] „lebt es in ihm auf, wie wenn ein lang Gesuchtes gefunden, ein lange nach Gestalt Ringendes sich gestalte, und es flüstert in ihm: d i e M o d e r n e!"[17]

Damit war ein Begriff geprägt, der im deutschen Sprachraum bei aufbruchsbewegten Literaten, Künstlern und Architekten als Kampfbegriff rasch Karriere machte. Immer neue Manifeste riefen eine bisher unbekannte Stilrichtung als *Moderne* aus. Gerade damit aber handelte man sich ein kaum zu lösendes Problem ein. Denn die unentwegt sich gleichsam selbst überwindenden Modernen führten unvermeidlich dazu, dass dieser Begriff entweder mit immer neuen Adjektiven wie z. B. *klassisch* präzisiert werden oder, wo das nicht half, alsbald anderen Platz machen musste: *Avantgarde* oder *Futurismus* in der Malerei noch vor dem Ersten Weltkrieg, *Postmoderne* in der Literatur dann schon in den 1930er Jahren.[18] In der Literatur hatte sie der Berliner Kritiker Samuel Lublinski in seinem Buch *Bilanz der Moderne* schon 1904 für beendet erklärt.[19] Die Künste, so kann man das Gesagte bilanzieren, haben mit dem von ihnen geprägten Terminus ein spezifisch neuartiges Phänomen heraufbeschworen. Denn einerseits sollte mit ihm das vermeintlich voraussetzungslose Neue bezeichnet werden – ein wahrlich ‚moderner' Gedanke –, andererseits konnte dieses naturgemäß immer nur im Blick auf das von ihm Überwundene verdeutlicht werden. So blieben der *Moderne* in der Kunst trotz aller Substantivierung „Spuren des relationalen Zeitbegriffs" erhalten[20], d.h. *Moderne* erreichte in immer kürzeren Abständen ihr Verfallsdatum und galt dann als unmodern. Bei Museen war die terminologische Not vielleicht am größten. Das Bostoner *Institute of Modern Art* entschied sich in den 1950er Jahren für eine Umbenennung und heißt seither viel- und nichtssagend zugleich *Institute of Contemporary Art*.[21]

Gerade 1913 ließen Kunst, Musik und Architektur mit Durchbrüchen zu radikal Neuem, Modernem aufhorchen. Der in München lebende Franz Marc schuf 1913 eines seiner bekanntesten, seit 1945 jedoch verschollenes Gemälde, den „Turm der blauen Pferde". Dieses expressionistische Werk schockiert uns Heutige nicht mehr, diese Version der künstlerischen *Moderne* ist in unserem ästhetischen Kanon fest installiert. Anders verhält es sich wohl mit Marcel Duchamps Ready-made von 1913, dem „Fahrrad-Rad", mit dem er den Kunstbegriff radikal in Frage stellte, denn er vertrat öffentlich die Meinung, dass bereits die Auswahl eines Gegenstandes ein künstlerisches Werk sei. Das blieb selbst innerhalb seiner engsten Familie umstritten – nachdem Duchamp 1915 nach New York übersiedelt war, warf seine Schwester das Kunstwerk kurzerhand auf den Müll. Es ließ sich, anders als etwa Rembrandts „Nachtwache", jedoch leicht nachbauen, und nur deshalb wissen wir heute überhaupt, wie das Original ausgesehen hat. In New York eröffnete gerade 1913 zum ersten Mal die bis heute berühmte Ausstellung für moderne Kunst, die „Armory Show", um die Amerikaner mit der künstlerischen *Moderne* Europas bekannt zu machen. Man schockierte sie unter anderem mit Matisses „Atelier rouge" von 1911 und Duchamps „Nu descendant un escalier, No. 2" von 1912, die vom konservativ-prüden amerikanischen Kunstgeschmack radikal abgelehnt wurden. Aber selbst Europäer, sogar Franzosen, konnte die Kunst 1913 schockieren. Nachdem endlich nach vielen Anläufen 1913 das *Théâtre des Champs Elysées* in ganz neuartiger Bauweise fertig gestellt war – es war das erste Gebäude dieser Dimension, das strukturell ganz aus Stahlbeton errichtet wurde –, fand dort am 29. Mai die Premiere von Strawinskys musikalisch-tänzerischem Gesamtkunstwerk „Le sacre du printemps" statt: Ein Höllenlärm, überall Trommeln, auf der Bühne die Tänzer nackt in ekstatischen Bewegungen; die eine Hälfte des Publikums pfeift, johlt, verlässt unter Protest den Saal, die Anhänger der *Moderne* klatschen dagegen von den billigen Plätzen und Maurice Ravel schreit immer nur „Genial". Hören wir noch einmal Florian Illies:

> Was am Abend des 29. Mai zwischen 20 und 22 Uhr geschieht, ist einer der sehr seltenen Momente, bei dem schon die Augenzeugen spüren, dass sie einem historischen Ereignis beiwohnen. Selbst Harry Graf Kessler ist hin und weg: „Eine ganz neue Choreographie und Musik. Eine durchaus neue Vision, etwas Niegesehenes, Packendes, Überzeugendes ist plötzlich da; eine neue Art von Wildheit in Unkunst und zugleich in Kunst: alle Form verwüstet, neue plötzlich aus dem Chaos auftauchend". Was Kessler da nachts um 3 Uhr seinem Tagebuch anvertraut, das ist eine der prägnantesten und tragfähigsten Formulierungen für den Modernitätsschub, der die Welt 1913 erfasst.[22]

Kein Wunder, dass 1913 „im Rückblick das produktivste Jahr der Avantgarde" genannt wurde.[23]

Etwas anderes – und damit komme ich zum zweiten meiner angekündigten Themenstränge – hat es mit dem Fortschrittsbegriff auf sich.[24] Als Singular ist er ein Kind der späten Aufklärung und seither ist *Fortschritt* theorie- und ideologiefähig, was konkret bedeutet, dass er zum Maßstab wurde, mit dessen Hilfe man den Lauf der Welt erkennen und steuern konnte; ob er auch für die Moral gilt, blieb umstritten. Seit der Französischen Revolution avancierte *Fortschritt* zur politischen Kategorie und im 19. Jahrhundert, im Zeichen bis dahin unvorstellbarer wissenschaftlicher und technischer Errungenschaften, wurde die Vorstellung allumfassenden und unendlichen Fortschritts für große Teile der europäischen und nordamerikanischen Bevölkerung vollkommen plausibel. Die Weltausstellungen fungierten gewissermaßen als international besuchte Gottesdienste der Fortschrittsreligion: 1900 in Paris, 1904 in St. Louis, 1910 in Brüssel. Zugleich boten diese Ausstellungen Gelegenheit zum Austausch der Wissenschaftler. So nahmen etwa in St. Louis von deutscher Seite auch Ernst Troeltsch und das Ehepaar Weber teil.[25] Die vulgarisierte Form der Darwinschen Entwicklungslehre machte *Fortschritt* dann gar zur Ersatzreligion, die vom imperialistischen Ausgriff der Europäer und Nordamerikaner zusätzliche Nahrung erhielt, da die Welt nun als zwischen Kultur- und Naturvölkern zweigeteilt galt; letztere konnte man bei Hagenbeck in Hamburg und auf Jahrmärkten gegen Eintrittsgebühr besichtigen.[26] Das provozierte natürlich Gegenkräfte, die entweder mit religiösen Argumenten oder als Kulturkritik das moderne Vertrauen in die unaufhaltsame Besserung der Zustände bekämpften. Letzten Endes lagen beim *Fortschritt* die Dinge nicht viel anders als beim *Moderne*-Begriff in der Kunst: Um 1900 war er zur Testformel geworden, an der sich die Geister schieden, weshalb er zur Diagnose der Gegenwart nur noch beschränkt taugte. Max Weber benutzte ihn deshalb nicht für seine Deutung der okzidentalen Geschichte.

Wo man historisch gesehen stand, war um 1900 also alles andere als unumstritten. *Neuzeit* war viel zu allgemein, um dem Selbstverständnis der Gegenwart gerecht zu werden; schließlich war sie inzwischen schon 400 Jahre alt und wird, wie Troeltsch 1903 feststellt, „jeden Tag weniger neu".[27] Nicht besser ging es dem *20. Jahrhundert*. Obgleich sein Beginn allenthalben mit großem Aufwand[28], im Deutschen Reich sogar mit dem feierlichen Inkrafttreten des seit vielen Jahren verabschiedet vorliegenden BGB, begangen wurde – übrigens ein Jahr zu früh, nämlich am 1. Januar 1900 –, erlaubte auch die Rede vom neuen Säkulum den Zeitgenossen wenig mehr als nur eine chronologische Orientierung im Lauf der Weltgeschichte, denn das *20.* folgte ganz von alleine auf das *19.* und würde sich hundert Jahre später ebenfalls ohne menschliches Zutun zugunsten des *21.* verabschieden.

Wo stand man also wirklich, was unterschied die Gegenwart signifikant von der Vergangenheit und wie war das Ergebnis dieses Vergleichs zu bewerten? Man tut gut daran, diese Selbstbefragung als Ausdruck eines Krisenbewusstseins zu verstehen. Natürlich waren nicht alle damals der Meinung, man lebe mitten in einer Krise, die selbst das historische Bewusstsein erfasste. Aber die Angehörigen etablierter Disziplinen mit ihrem kulturaristokratischen Selbstverständnis – also vor allem Theologen, Historiker und Nationalökonomen – erlebten die Zeit um 1900 als eine Epoche, in der andere, neue Disziplinen, ein neuer Wissenschaftlertyp – der Experte – und eine ganz neue Form von Öffentlichkeit sie an den Rand zu drücken im Begriff waren, und empfanden das als den Beginn einer „neuen Hörigkeit".[29] Das provozierte Anstrengungen zur Zeitdiagnose, die natürlich die Frage einschlossen, wie das Neue, die Gegenwart mit ihren problematischen Kulturerscheinungen zustande gekommen sei. Das Problematische war in den Augen der Kulturaristokraten vor allem der Umstand, dass neuerdings „alle Lebensbereiche wissenschaftlich durchleuchtet" und die Ergebnisse „auf den Prüfstand einer demokratischen Öffentlichkeit gestellt" wurden.[30] Mit anderen Worten: Der hergebrachte Deutungsanspruch weltgelehrter Ordinarien, ihr traditionsbewusstes Prestige verlor geradezu täglich an Renommee. Der „Niedergang der deutschen Mandarine"[31] war offensichtlich geworden, vor allem natürlich für die Betroffenen selbst. Man kann es auch anders formulieren: Dieser „Niedergang der deutschen Mandarine" war selbst schon ein Zeichen, dass die *Moderne* begonnen hatte.

Moderne lebt nämlich, genau betrachtet, vom scharfen Gegensatz zum ‚Alten', zur Tradition, zur Vergangenheit.[32] *Moderne* setzt darum den Bruch der historischen Kontinuität voraus, einen Neubeginn, einen Anfangspunkt. *Moderne* ist also nicht einfach ‚neu', ‚gegenwärtig', gar ‚modisch' – ein Gedanke, der selbst heute noch nicht ganz selbstverständlich ist, obwohl inzwischen eine ganze Reihe historischer Neuanfänge ausgerufen worden sind, zuletzt 1989/90. Denn der anthropologische Blick auf die Geschichte zeigt diese als Kontinuum. Das Denken im geschichtlichen Kontinuum stößt sich allerdings immer wieder an unserem Wissen, dass manches eben doch fundamental neu ist: unsere im Zeichen der Medienrevolution sich rasch ändernde Verfassungswirklichkeit zum Beispiel, die ubiquitär uns umgebende, wenn nicht beherrschende Technik, der seit den 1970er Jahren um sich greifende bzw. die Macht ergreifende Finanzmarktkapitalismus (als vierte Stufe des Kapitalismus), die inzwischen jeden von uns direkt betreffende globale Welt usw. Das klingt trivial, hat aber gewaltige Konsequenzen, wenn man den Gedanken weiter ausspinnt. Tatsächlich haben im Blick darauf Historiker vor allem seit den 1930er Jahren die Dreiteilung der Geschichte für überholt erklärt und an deren Stelle eine Zweiteilung vorgeschlagen: Der Franzose Fernand Braudel und seine Kollegen von der legendären *Annales*-Schule unterschieden nur noch zwischen *Ancien Régime* und *Histoire contemporaine*[33] und Otto Brunner popularisierte in Deutschland die Unterscheidung zwischen *Alteuropa* und *moderner Welt*.[34] Selbst in England, das gemeinhin seine bruchlose Geschichte betont, ordnete der emigrierte Österreicher Karl Polanyi in seinem Hauptwerk *The Great Transformation* die Weltgeschichte nur noch in ein ‚davor' und ‚danach'.[35]

Die Zweiteilung der Geschichte ist das Ergebnis der sog. Krise des Historismus, die zwischen 1890 und 1930 unser historisches Weltbild verändert hat – leider nur unvollständig. Damit sind wir wieder in der Zeitebene der Jahrhundertwende und bei Max Weber, Ernst Troeltsch und anderen, die sich damals aus Gründen, von denen vorhin die Rede war, intensiv mit der Frage befasst haben, wann und weshalb denn eigentlich das Neue, die Gegenwart, um genau zu sein, begonnen habe. Troeltsch machte mit einer Kritik der Reformation, mit der herkömmlicherweise – ja vielfach bis heute – der Beginn der Neuzeit in Verbindung gebracht wird, den Anfang. Obgleich Theologe, teilte er diese eindeutig konfessionell geprägte (und erst recht eurozentrische) Sicht auf die Neuzeit gerade nicht. 1903 kritisierte er:

> Die allgemeine Annahme ist im Zusammenhang mit der konventionellen Einteilung unserer europäischen Geschichte die, daß Renaissance und Reformation die Ausgangspunkte der sog. Neuzeit seien. Mittelalter und Neuzeit sind aber, wie oft hervorgehoben, fatale Namen, die aus einem sehr engen Horizont heraus gegeben worden sind. Ranke hat in seiner „Weltgeschichte" das Wort „Mittelalter" überhaupt vermieden. Mit Recht. Denn zwischen was sollte es die Mitte sein? Doch nur zwischen zwei sehr zufällig als Anfang und Ende bezeichneten Punkten, zu denen es sich innerlich und geistig durchaus nicht als das bloße Mittlere verhält. Das sog. Mittelalter ist in Wahrheit die Periode der kirchlichen Kultur.[36]

Die Rolle der Renaissance hat Troeltsch gleich auch noch stark relativiert:

> Die Renaissance, die vielfach überschätzt wird und deren Bedeutung für die Menschheit auch Jacob Burckhardt übertrieben hat, ist ein schöpferisches Prinzip des neuen Lebens und Denkens nur in beschränktem Umfang gewesen.[37]

Obwohl die ebenso protestantische wie traditionsorientierte Fachöffentlichkeit diese Thesen ablehnte, musste sie sich diese 1906 beim Stuttgarter Historikertag noch einmal anhören. Der „Verband deutscher Historiker" hatte zwar Max Weber gebeten, einen Vortrag über „Die Bedeutung des Protestantismus für die Entstehung der modernen Welt" zu halten – Weber hatte 1904 seine inzwischen weltbekannte These über die protestantischen Ursprünge des modernen Kapitalismus veröffentlicht –, aber Weber hatte wegen Arbeitsüberlastung abgesagt und seinen Freund Troeltsch vorgeschlagen. Der Verband musste wohl oder übel auf jenen zurückgreifen, so dass Troeltsch in Stuttgart den Schlussvortrag unter dieser Überschrift, in der immerhin von „der modernen Welt" die Rede war, hielt. „Dem Vortrag folgte minutenlang außerordentlich herzlicher Beifall", hieß es am 23. April 1906 im Stuttgarter *Neuen Tagblatt*[38], aber das war eher Troeltschs Rednergabe geschuldet. Denn, wie zu erwarten, bediente er nicht die Selbstverliebtheit der mehrheitlich protestantischen Ordinarien, sondern schlug vor allem den Lutherschen Protestantismus in vielem der alten, katholisch geprägten Welt zu. Er trennte nämlich – das war das damals unerhört Neue sowohl in Theologie als auch in Geschichtswissenschaft – zwischen *Alt*- und *Neu*protestantismus und erhob letzteren zu einem, allerdings schwer zu konkretisierenden Mit-Urheber der *„modernen Welt"*, wie Troeltsch nun immer häufiger zu formulieren pflegte. Wichtigstes Merkmal dieser „modernen Welt" sei die „moderne Kultur", die sich von der älteren dadurch kategorial unterscheide, dass sie ihrem eigenen Muster folge, nämlich autonom sei[39] und deshalb im Gegensatz zur kirchlich, auch protestantisch, bestimmten Kultur der älteren Zeit stehe. Heute würde man von einer zweiten normativen Ordnung sprechen, die in Konkurrenz zur ersten Weltbilder, Lebensführung, Ordnungsmuster und alle von diesen hervorgebrachten Prozesse prägt und steuert. Damit war – nicht zum ersten Mal, nun aber mit erheblicher Wirkung – der Gedanke eines historischen Nullpunkts, eines Uranfangs, nichts weniger als der Beginn der *Moderne* formuliert – abstrakt und ohne Jahreszahl zwar, aber die Idee eines historischen ‚Bruchs war nun von einem seriösen Kulturhistoriker in die Welt gesetzt. Der Vorteil, die Überlegenheit dieses Gedankens war, dass Troeltschs *Moderne* im Gegensatz etwa zu den französischen Revolutionären, zu Marx, aber auch zu Darwins Jüngern kein Ergebnis politischer Ereignisse bzw. materialistischer, technischer oder biologistischer Gesetzmäßigkeiten und Zwänge war, sondern kontingenter Prozess, eine ‚Kultur', d.h. eine Haltung gegenüber der Welt, die diese Zug um Zug verändert. Und gegenüber der üblichen Fortschrittstheorie zeichnete sie sich durch ihre Distanz zu Werturteilen aus. Die *Moderne* im Sinne von Troeltsch ist weder gut noch schlecht. Das hinderte ihn nicht daran, seinen Vortrag kulturkritisch zu beenden: Dass der „fruchtbare Boden des Freiheitsgedankens dauernd sich behaupten wird", werde „schwerlich der Fall" sein[40], sagte er abschließend. Es komme deshalb darauf an, „das religiös-metaphysische Prinzip der Freiheit" zu bewahren, was nach protestantischer Vorstellung den Glauben an den freiheitsverbürgenden Gott bedeute.[41] 1913 sollte der eigenem Zeugnis zufolge „religiös absolut unmusikalische" Max Weber[42], dem solche Zuversicht nicht zur Verfügung stand, hierzu in anderer Weise Bahnbrechendes formulieren.

Noch sind wir aber im Jahre 1906, als Troeltsch seinen Vortrag gerade erst hält und dann sofort in der *Historischen Zeitschrift* sowie als Broschüre drucken lässt. Der kurze Text verkauft sich so gut, dass der Oldenbourg-Verlag laufend Nachdrucke veranstaltet und Troeltsch überredet, eine überarbeitete und erweiterte Neuauflage zu verfassen, die endlich 1911 erscheint. Troeltsch hatte offensichtlich einen Nerv getroffen, eine Debatte angestoßen und zahlreiche Gegenschriften provoziert. Historiker beteiligten sich kaum daran, denn die Frage, wie die *Moderne* in die Welt kam, gehörte damals noch weniger als heute zu ihrem Anliegen. Vor allem Theologen fühlten sich aufgerufen, Luthers Erbe ungeschmälert zu erhalten und einen unbedingten Kausalzusammenhang zwischen Protestantismus und Neuzeit zu verteidigen – und Katholiken nicht minder, weil sie mehr denn je daran festhielten, dass mit Luther das Schlechte in die Welt gekommen sei, war doch der Papst im Begriff, das kleine Häuflein Progressiver, nicht zufällig „Modernisten" genannt, zum Widerruf zu zwingen; 1910 sollte Pius X. den sog. Antimodernisteneid einführen, den fortan (bis 1967, d.h. nach dem 2. Vatikanischen Konzil) jeder Kleriker zu schwören hatte.[43]

In seinem Auftritt bei den Historikern blieb Troeltsch einigermaßen unbestimmt, was die zeitliche Verortung des Beginns der *Moderne* betrifft. Das verwundert, denn ein paar Jahre früher hatte er dazu eine sehr präzise Aussage getroffen. Für die 1897 erschienene *Realencyklopädie für protestantische Theologie und Kirche* leitete er den Artikel „Aufklärung" mit der ebenso apodiktischen wie provokanten Aussage ein: „Die Aufklärung ist Beginn und Grundlage der eigentlich modernen Periode der europäischen Kultur und Geschichte im Gegensatz zu der bis dahin herrschenden kirchlich und theologisch bestimmten Kultur".[44] Das war eine außerordentlich folgenreiche Einordnung, jedenfalls auf lange Sicht, denn der Theoretiker des Historismus stellte sich mit ihr der Historisierung der Aufklärung in den Weg, indem er den normativ aufgeladenen Begriff *modern* zu ihrer Kennzeichnung heranzog und damit eine direkte Verbindung zwischen seiner eigenen Zeit, die sich als erste überhaupt die neue Qualifikation *modern* zugesprochen hatte, und der Aufklärung schuf.[45] Aufklärung war also nicht länger lediglich eine abgeschlossene Epoche, sondern wurde zugleich zum Ausgangspunkt der *Moderne* und insofern unwillkürlich auch zur normativen Idee. Gerade in den letzten dreißig Jahren erfuhr diese Doppelbedeutung vielerorts erneut große Zustimmung. Habermas' „Projekt der Moderne" ist lediglich ihre bekannteste Ausprägung.

Troeltschs umfangreiche Begründung können wir hier übergehen, zumal er sich kaum dafür interessierte, ob die Aufklärung sich denn selbst irgendwie als etwas präzedenzlos Neues, also *Modernes* empfunden hatte. Diese historistische Gretchenfrage, wenn es um Epochen geht, ließ er beiseite, weil ihm offensichtlich die Frage nach dem Beginn der *Moderne* so wichtig war, dass er es riskierte, sie rundheraus retrospektiv zu beantworten. Das war bis dahin übrigens immer so: Epochen wurden regelmäßig von Nachgeborenen, also im Rückblick benannt; anders ist beispielsweise ein Begriff wie *Mittelalter* ja auch gar nicht denkbar.[46] Um so bemerkenswerter war, dass Troeltsch gleich auch seiner Zeit ein epochales Etikett verlieh: *„moderne Welt"*. Es ist weltgeschichtlich das erste Mal, dass eine Epoche sich selbst benennt und darum eines der wichtigsten Merkmale der *Moderne* überhaupt. Die Aufklärung ist ohne Zweifel die entscheidende Kulturschwelle zur modernen Welt und insofern von den nachfolgenden unterschieden. Seit einigen Jahren hat man noch genauer hinzusehen gelernt und ist sich aus ideengeschichtlicher Perspektive einig, dass eine zweite_Kulturschwelle zwischen 1880 und 1930 stattgefunden hat und dass Zeitgenossen wie Troeltsch und Weber zu den besten Seismographen zählen, die die damaligen geistigen Erschütterungen aufgezeichnet haben. Die Kulturschwelle um 1900 führt nun tatsächlich – aber eben erst sie – in die Epoche namens *Moderne*, was schon daran abzulesen ist, dass erst damals dieser Begriff entstanden ist, um das präzedenzlos Neue zu bezeichnen, in das diese neuerliche Schwelle führte. Ihre hellwache Zeitgenossenschaft hat Troeltsch und Weber auch motiviert, nach den Ursprüngen und Ursachen der *Moderne* zu forschen. Troeltschs Ergebnisse haben wir nun schon gehört: Vieles spreche dafür, dass die *Moderne* kausal teilweise auf den Protestantismus zurückgehe und dass man dafür zeitlich vor allem in der Aufklärung fündig werde. Dass die „moderne Welt" nicht das Paradies sei, sondern die individuelle Freiheit massiv bedrohen könne, ist ein Gedanke, den er, wie berichtet, von seinem Freund Weber übernommen hat.

Es ist darum höchste Zeit, dass wir nun von Max Weber selber sprechen. Er hat damals mit Troeltsch im selben Haus in Heidelberg gelebt[47] und sich mit ihm regelmäßig ausgetauscht, vor allem in Fragen der Religion. Religion war ihm so wichtig, weil er davon ausging, dass, modern gesprochen, die Welt von Ordnungsmustern gesteuert wird und unter diesen der Religion die größte denkbare „Kulturbedeutung" zukommt. Die letzten zwanzig Jahre seines Lebens (er starb im Juni 1920 unvermittelt an der damals grassierenden Grippeepidemie) ging Weber einer Frage nach, die wir heute, im Zeitalter politischer Korrektheit, schon gar nicht mehr zu stellen, geschweige denn zu beantworten wagen, obwohl sie nicht nur legitim, sondern im Blick auf die *Moderne* geradezu zwingend ist. In Webers eigenen Worten aus dem Jahre 1920 lautet sie:

> Universalgeschichtliche Probleme wird der Sohn der modernen europäischen Kulturwelt unvermeidlicher- und berechtigterweise unter der Fragestellung behandeln: welche Verkettung von Umständen hat dazu geführt, daß gerade auf dem Boden des Okzidents, und nur hier, Kulturerscheinungen auftraten, welche doch – wie wenigstens wir uns gerne vorstellen – in einer Entwicklungsrichtung von universeller Bedeutung und Gültigkeit lagen?[48]

So wurde Weber zu dem Gesellschaftstheoretiker der aufkommenden *Moderne*, auch wenn er selbst dieses Substantiv nie verwendet hat. Die drei wichtigsten Etappen auf dem Weg zu einer (notwendig unvollständig gebliebenen) Antwort seien kurz vorgestellt: 1904/05 veröffentlichte er die sog. Weber-These zum ursächlichen Zusammenhang von Protestantismus und modernem Kapitalismus. Um 1910 machte er die „Entdeckung“[49], dass die Eigenart der europäischen Kulturentwicklung der Rationalität des europäischen Menschen und der dadurch bedingten Rationalisierung aller Lebensbereiche geschuldet sei. Daraus folgte, man kann fast sagen logischerweise, 1913 die kulturkritisch getönte Einsicht, dass der Preis für unser modernes Leben in Entzauberung bestehe. Die Etappen seien nun in zeitlicher Reihenfolge kurz vorgestellt.

Als Zeitdiagnostiker war Weber davon überzeugt, dass der Kapitalismus die schicksalhafteste Macht des modernen Lebens sei. Wer wollte dem heute ernsthaft widersprechen? Weber machte sich also auf die Suche nach seinen Ursprüngen und tat dies getreu seiner Annahme, dass Religion namentlich in früheren Zeiten das wichtigste Ordnungsmuster sei und es deswegen auf der Hand liege, dass sie auch das Wirtschaftsverhalten der Menschen bestimmt (hat). So gelangte er zu seiner bis heute bekanntesten These vom kausalen Zusammenhang von Protestantismus und Kapitalismus. In dieser Kürze verfälscht sie Webers Anliegen, ist aber auch in der korrekten Auslegung, dass nämlich das moderne Berufsmenschentum seine Ursprünge ganz wesentlich in den asketischen Richtungen des Protestantismus habe[50], nach heutiger Ansicht falsch.[51] Weber leistete freilich der Popularisierung selber Vorschub – durch seine plakative Überschrift („Die protestantische Ethik und der ‚Geist‘ des Kapitalismus“) und durch seine Vorliebe, an entscheidender Stelle Metaphern statt wissenschaftliche Begriffe zu verwenden (auch *Entzauberung* ist eine Metapher, die bis dahin ausschließlich von Dichtern und Schriftstellern verwendet worden war[52]). Sinnvoll ist heute eigentlich nur noch eine historisierende Lesart, die besagt, dass Webers Schrift von 1904/05 auch im Rahmen des zeitgenössischen Streits um die Rückständigkeit katholisch geprägter Territorien zu sehen ist.[53] Für die Selbstdeutung der *Moderne* wird sie deshalb natürlich nicht weniger wichtig.

Anders verhält es sich mit seiner wenige Jahre später gemachten ‚Entdeckung‘ der Rationalität bzw. des, wie er scheinbar unbescheiden sagte, „okzidentalen Rationalismus“. Um gleich einem möglichen Missverständnis vorzubeugen: Weber hat nirgends bestritten, dass auch nicht-okzidentale Kulturen rational gesteuert sind. Aber es handelt sich um andere Spielarten des Rationalismus und dem okzidentalen letztlich unterlegene. Die Aufklärer dachten hierüber noch anders, sie haben bekanntlich die Vernunft in der Natur vorzufinden geglaubt; folglich war sie allen Menschen zugänglich und so hielt man damals China für das mit Abstand am vernünftigsten eingerichtete Reich der Erde. Diese Vorstellung war nach der technisch-wissenschaftlichen Revolution und dem dadurch eingeleiteten Aufstieg Europas und Nordamerikas vielen Menschen Anfang des 20. Jahrhunderts undenkbar geworden. Weber entwickelte seine Vernunftlehre trotz seines Respekts vor China[54] deshalb von diesen Gegebenheiten aus und schloss aus den Unterschieden zwischen Euro-Amerika und dem Rest der Welt, dass man trennen müsse zwischen der Rationalität von Handlungen – sie sei jedermann zugänglich – und derjenigen der Lebensführung und Weltbilder. Die beiden letzteren seien ursprünglich nur im Okzident zu beobachten, wo die Religiosität einem spezifischen, vom Griechentum geprägten Rationalisierungsprozess ausgesetzt war, der seinerseits in der Reformation eine an bestimmten Zwecken orientierte methodische Lebensführung hervorgebracht hat. „Diese Vereinigung von theoretischem und praktischem Rationalismus scheidet die moderne Kultur von der antiken, und die Eigenart beider scheidet die moderne abendländische von der asiatischen Kultur".[55] Webers Frau Marianne berichtet im Rückblick über die Folgen dieser ‚Entdeckung':

> Für Weber bedeutet diese Erkenntnis der Besonderheit des okzidentalen Rationalismus und der ihm zugefallenen Rolle für die abendländische Kultur eine seiner wichtigsten Entdeckungen. Infolge davon erweitert sich seine ursprüngliche Fragestellung nach dem Verhältnis von Religion und Wirtschaft nun zu der noch umfassenderen, nach der Eigenart der ganzen abendländischen Kultur: Warum gibt es nur im Okzident rationale Wissenschaft, die beweisbare Wahrheiten produziert? Warum nur hier rationale harmonische Musik, eine sich rationaler Konstruktionen bedienende Bau- und Bildkunst? Warum nur hier den Ständestaat, die fachgeschulte Beamtenorganisation, das Fachmenschentum, das Parlament, das politische Parteiwesen, überhaupt den Staat als politische Anstalt mit rational gesatzter Verfassung und ebensolchem Recht? Warum nur hier die schicksalsvollste Macht des modernen Lebens, den modernen Kapitalismus? Warum dies alles nur im Abendland?[56]

Weber hatte keine Zeit mehr, auf alle diese Fragen eine Antwort zu finden. Aber so viel ist klar: Der Letztgrund blieb für ihn die Kultur; der okzidentale Kapitalismus war ihm mehr als lediglich eine bestimmte Form der Wirtschaftsverfassung, sondern die schicksalhafteste Macht des modernen Lebens.

Von 1904 bis 1910 führte Weber also der Weg von der wirtschaftsgeschichtlichen Engführung zum kulturgeschichtlich inspirierten Grundsätzlichen. Nicht nur der Kapitalismus folgte im modernen Europa und Nordamerika spezifischen Rationalisierungspraktiken, sondern alles, selbst Malerei und Musik. Diese Einsicht war so bedeutsam, um nicht zu sagen, schockierend, dass sie auf Webers Zeitdiagnostik – ihr galt ja, wie erinnerlich, sein Hauptinteresse – durchschlug. Die Folge war seine dritte Entdeckung, dass nämlich die moderne Welt entzaubert sei, im Jahre 1913.[57]

Entzauberung ist eine metaphorische und deshalb besonders eingängige Umschreibung des okzidentalen Prozesses der Rationalisierung und namentlich ihrer Wirkungen. Darum ging sie in den Alltagssprachgebrauch ein und zählt zu seinen „nachhaltigsten Hinterlassenschaften“[58], obwohl das Wort im ganzen Werk nur zehnmal vorkommt. Wir erinnern uns, dass Florian Illies *Entzauberung* „für eines der wichtigsten Schlagworte des 20. Jahrhunderts“ hält.[59]

„Entzauberung der Welt“ kommt, wie Karl Löwith 1940 prägnant formuliert hat, durch „Wissenschaft“ zustande. Löwith hatte nämlich den Vortrag „Wissenschaft als Beruf“, in dem Weber erstmals ausführlich dieses Interpretament vorgestellt hat, als junger Student 1917 in München gehört und berichtete, das Gesagte sei „erschütternd“ gewesen. „Der Schärfe der Fragestellung entsprach der Verzicht auf jede billige Lösung. Er zerriß alle Schleier der Wünschbarkeiten, und doch mußte jeder empfinden, daß das Herz dieses klaren Verstandes eine tiefernste Humanität war“.[60] Zunächst beschrieb Weber den Grund aller Entzauberung:

> Die zunehmende Intellektualisierung und Rationalisierung bedeutet [...] nicht eine zunehmende allgemeine Kenntnis der Lebensbedingungen, unter denen man steht. Sondern sie bedeutet etwas anderes: das Wissen davon oder den Glauben daran: daß man, wenn man nur wollte, es jederzeit erfahren könnte, daß es also prinzipiell keine geheimnisvollen unberechenbaren Mächte gebe, die da hineinspielen, daß man vielmehr alle Dinge – im Prinzip – durch Berechnen beherrschen könne. Das aber bedeutet: die Entzauberung der Welt. Nicht mehr, wie der Wilde, für den es solche Mächte gab, muß man zu magischen Mitteln

greifen, um die Geister zu beherrschen oder zu erbitten. Sondern technische Mittel und Berechnung leisten das.[61]

Welche Wirkung hat dieser Prozess auf die Menschen? Weber kam es sehr darauf an, dass das Verhalten des Menschen zur Welt in der *Moderne* grundsätzlich anders ist als vordem. Deshalb brachte er hier und an anderen Stellen seines Vortrags den Vergleich mit dem ‚Wilden‘ oder die Beobachtung unseres Verhaltens als Nutzer der Straßenbahn. Diese benutzen wir, ohne zu wissen, wie sie funktioniert, während „der Wilde [...] das von seinen Werkzeugen ungleich besser" weiß.[62] Wir vertrauen auf die Rationalität der Technik und der Techniker, und wenn man das verallgemeinert, so kann man sagen, dass die *Moderne* eine neue, nämlich rationale Form des Vertrauens in die Welt hervorgebracht hat. Wir vertrauen auf die Möglichkeit, dass die Welt beherrschbar ist – durch die Berechnungen der modernen Wissenschaft, durch die Folgen der Rationalisierungs- und Bürokratisierungsprozesse u. v. a. m. – „nachdem die Magie ihren Zauber als Erklärungsmodell verloren hat".[63] Die *Moderne* hat die Welt in einen nackten, kalten, kausalen Mechanismus verwandelt, und das kann keine Esoterik rückgängig machen (denn sie ist selber modern), so dass allenfalls geoffenbarte Religionen beanspruchen können, sich nicht vollständig „dem Diktat der Moderne unterworfen [zu] haben"[64], falls sie nämlich produktiv auf die so „halbierte Moderne"[65] zu reagieren vermögen.

Max Weber war Pessimist, vor allem aber ein entschiedener Gegner von Illusionen, wie sie damals von vielen Ingenieuren, Naturwissenschaftlern, Medizinern, Psychologen, aber auch von „ahnungslosen Literaten"[66] mit ihrem banalen Fortschrittsglauben vertreten wurden. Er bekämpfte sie schonungsloser als die meisten seiner Zeitgenossen. Deswegen scheute er sich auch nicht, die Letzt-, nämlich die Sinnfrage zu stellen. Kann es in der *Moderne* überhaupt noch mit Sinn gefüllte Spielräume geben? Weber, der religiös Unmusikalische, war da sehr skeptisch, denn die von ihm aufgeführten Verfahren der Sinnstiftung blieben letzten Endes doch unterhalb der Zumutbarkeitsgrenze für Intellektuelle wie ihn: „Es ist das Schicksal unserer Zeit, mit der ihr eigenen Rationalisierung und Intellektualisierung, vor allem: *Entzauberung* der Welt, daß gerade die letzten und sublimsten Werte zurückgetreten sind aus der Öffentlichkeit, entweder in das hinterweltliche Reich mystischen Lebens oder in die Brüderlichkeit unmittelbarer Beziehungen der Einzelnen zueinander".[67] Zwar haben die Menschen erst in der *Moderne* die Chance, ein „innengeleitetes", wie er zu sagen pflegte – wir würden sagen: selbstbestimmtes – Leben zu führen, aber in ihrer materiellen Schwäche und ideellen Anspruchslosigkeit traute Weber ihnen nicht zu, diese Chance zu nutzen. Die Mehrheit zöge wohl „das Gehäuse jener Hörigkeit" vor, in das „vielleicht dereinst die Menschen sich, wie die Fellachen im altägyptischen Staat, ohnmächtig zu fügen gezwungen sein werden, wenn ihnen eine rein technisch gute und das heißt: eine rationale Beamtenverwaltung und -versorgung der letzte und einzige Wert ist, der über die Art der Leitung ihrer Angelegenheiten entscheiden soll. Denn das leistet die Bürokratie ganz unvergleichlich viel besser als jegliche andere Struktur der Herrschaft".[68] Dieser düsteren Aussicht, der man noch die unerfreuliche politische Alternative zwischen charismatischer Führerdemokratie und Berufspolitikern ohne Beruf[69] hinzufügen muss, stehen freilich die unzweifelhaften Gewinne an materiellen Lebensumständen, formaler Rationalität, Individualisierung und moralischer Autonomie gegenüber, die ebenfalls zur *Moderne* gehören.

Damit wir uns nicht falsch verstehen: Weber sah nicht den ‚Untergang des Abendlandes' auf sich zukommen, den sich damals in München der Studienrat a. D. Oswald Spengler zusammenreimte. Schon gar nicht teilte er die Ansicht des Philosophen Ludwig Klages, der 1913 auf dem Hohen Meißner seinen jugendlichen Hörern zurief: „Wo aber der Fortschrittsmensch die Herrschaft antrat, deren er sich rühmt, hat er ringsum Mord gesät und Grauen des Todes".[70] Beide nutzten, anders als Weber und Troeltsch, offenkundig nicht die Möglichkeiten der seit 1900 gesteigerten wissenschaftlichen Selbstbeobachtung, die im Zusammenhang mit dem frappanten kulturellen Wandel stand, sondern bevorzugten die hergebrachte Rolle des Propheten. Das hat ihrer Popularität bekanntlich nur genützt. Die präzisen Zeitdiagnostiker dagegen erforschten das Werden der modernen Kultur und bemerkten dabei, dass Entwicklungsbrüche und daraus hervorgehende Kulturkämpfe entscheidende Indikatoren für *Moderne*-Erfahrung sind.

Fassen wir kurz zusammen. *Moderne* war ein Wort, das 1886 von einem Literaturhistoriker geschaffen wurde, um einem neuen Stil zum Durchbruch zu verhelfen. Im Literatur- und Kunstbetrieb setzte es sich zwar rasch durch, verlor aber ebenso rasch an Wert, weil immer neue ‚Modernen' ausgerufen wurden. Der Neologismus war offenkundig eingebettet in die vom allgemeinen Fortschrittsoptimismus geprägte Zeitstimmung, der vom rapiden Aufschwung von Technik und Wissenschaft getragen war. Was letztere betrifft, so kamen um 1900 neue Disziplinen auf, von denen einige, wie Genetik, Biologie, Psychologie und Soziologie, die Selbstbeobachtung auf neue Weise verwissenschaftlichten und zugleich die im 19. Jahrhundert weithin vorherrschende

Geschichtswissenschaft an die Seite drängten. Diese war auch deshalb geschwächt, weil sie zum verbreiteten Gefühl, einen Kontinuitätsbruch zu erleben, d.h. in eine neue Epoche zu treten, nichts beizusteuern hatte.[71] Der Wandel bei den Massenmedien[72], die ihre Botschaften zunehmend auf Bilder stützten, verlieh den Kulturkämpfen zwischen Traditionalisten und Progressiven zusätzliche Schärfe.

Das alles motivierte neben vielen anderen auch Troeltsch und Weber zur wissenschaftlich kontrollierten Zeitdiagnose, deren Ergebnisse von der Geschichtswissenschaft unserer Tage aufgegriffen worden sind. Ihre beiden Hauptfragen lauteten: Was kennzeichnet die Gegenwart? Und woher kommt sie? Die Suche nach der Antwort auf die zweite Frage führte sie zum Protestantismus – Weber mit weniger Vorbehalt als der Theologe Troeltsch –, denn im Unterschied zu den Materialisten betrachteten beide Wertsphären und Lebensführung als ausschlaggebend für das Weltverhalten. Das war zumindest für Protestanten eine positive Botschaft. Weniger hochgestimmt fiel die Antwort auf die erste Frage aus, denn die Rationalisierung mache, einmal in Gang gesetzt, vor nichts Halt, so dass Weber 1913 zur Einsicht gelangte, das okzidentale Dasein sei restlos entzaubert.

Die letzte Frage lautet, welchen Namen diese neue, entzauberte Epoche der okzidentalen Geschichte bekam. Max Weber hat das, wie erinnerlich, nicht interessiert, Ernst Troeltsch sprach vorwiegend von *moderner Welt* oder *moderner Kultur* und vom *modernen Menschen. Moderne* war ja noch immer eine Stilrichtung in Kunst und Architektur. Die deutsche Geschichtswissenschaft debattierte jahrzehntelang über die Epochengrenze zwischen Antike und Mittelalter und mehr noch zwischen Mittelalter und Neuzeit und wie Renaissance und Reformation einzuordnen seien. Nach 1918 öffnete sie sich dann aus politischen Gründen der Zeitgeschichte, nicht aber zur Gegenwartsdiagnostik im Sinne Webers und Troeltschs. Dass wir tatsächlich in einer radikal veränderten Welt leben, hat lange Zeit nur sehr wenige deutsche Historiker zum Nachdenken, ob ihre Disziplin darauf reagieren müsse, veranlasst. Nach 1945 änderte sich das. Theodor Schieder sprach als erster 1950 scheinbar beiläufig von *Moderne*, und es verwundert nicht, dass dies im Zusammenhang mit disziplinären und autobiographischen Krisen geschah, weil Krisen stets die Bereitschaft zu Zeitdiagnose und Umdenken fördern.[73] Inzwischen erleben wir eine weitere, in die *Postmoderne* führende Kulturschwelle und seither findet *Moderne* auch Eingang in die Geschichtswissenschaft – oft nur als modisches Schlagwort, zum Glück aber auch als reflektierter Epochenbegriff, wie er hier knapp skizziert worden ist.[74]

Anmerkungen

1 | Illies, Florian: 1913. Der Sommer des Jahrhunderts, Frankfurt/M. 2012, S. 125.

2 | Dies sei ein „entscheidende[r] Aspekt der kulturellen und wissenschaftlichen Selbsterfassung der Moderne". Hübinger, Gangolf: Das Jahr 1913 in Geschichte und Gegenwart, in: Internationales Archiv für Sozialgeschichte der Literatur 36 (2013), S. 172–190, hier S. 179. Hübinger nennt mehr als ein halbes Dutzend Sammel- und Nachschlagewerke, Handbücher und Kompendien, für die sich „die führenden Gelehrten, Experten und Intellektuellen [haben] einspannen [lassen]. Schon ein rascher Blick auf die zentralen Kulturfelder bestätigt für 1913 eine auffällige Bündelung"; ebd., S. 180.

3 | „Im ganzen sind wir also in einer Übergangsperiode begriffen", schrieb der Historiker Karl Lamprecht 1913 in einem der von Hübinger behandelten Kompendien. Lamprecht, Karl: Neue Kulturgeschichte, in: Sarason, D. (Hg.): Das Jahr 1913. Ein Gesamtbild der Kulturentwicklung, Leipzig/Berlin 1914, S. 449–464, hier S. 450. Lamprecht gehörte allerdings zu jenen, die keinerlei Orientierungskrise empfanden.

4 | Ausführlich dazu Nitschke, August/Ritter, Gerhard A./Peukert, Detlev J. K./vom Bruch, Rüdiger (Hgg.): Jahrhundertwende. Der Aufbruch in die Moderne 1880–1930, 2 Bde., Reinbek 1990.

5 | Musil, Robert: Der Mann ohne Eigenschaften, hg. von Adolf Frisé, Reinbek 1972, S. 358, 359.

6 | Ebd., S. 374.

7 | Ebd., S. 321.

8 | Ebd., S. 372.

9 | Ebd., S. 321f.

10 | Ebd., S. 379.

11 | Brockhaus' Konversations-Lexikon. 14. vollst. neubearb. Aufl., Bd. 11, Leipzig 1898, S. 957 (Art. Modern). Ein Jahr zuvor hatte das Konkurrenzwerk auf „das neuerdings [...] gebildete Wort: die Moderne" verwiesen, mit dem die neueste Kunst und Literatur sich in bewussten Gegensatz zu ihren unmittelbaren Vorgängern stelle. Meyers Konversations-Lexikon. Fünfte, gänzl. neubearb. Aufl., Bd. 12, Leipzig, Wien 1897, S. 411 (Art. Modern). Zur Begriffsgeschichte jetzt umfassend Klinger, Cornelia: Modern/Moderne/Modernismus, in: Barck, Karlheinz u.a. (Hgg.): Ästhetische Grundbegriffe. Historisches Wörterbuch in 7 Bänden, Bd. 4, Stuttgart/ Weimar 2002, S. 121–167.

12 | Bell, Daniel: Die nachindustrielle Gesellschaft, Frankfurt 1975 (engl. Original 1973); Habermas, Jürgen: Die neue Unübersichtlichkeit. Die Krise des Wohlfahrtsstaates und die Erschöpfung utopischer Energien, Frankfurt/M. 1985; Taylor, Charles: Das Unbehagen an der Moderne, Frankfurt/M. 1995 (engl. Original 1991).

13 | Hübinger, Das Jahr 1913, S. 173.

14 | Näheres bei Jauss, Hans R.: Antiqui/moderni (Querelle des Anciens et des Modernes), in: Ritter, Joachim (Hg.): Historisches Wörterbuch der Philosophie, Bd. 1, Basel/Stuttgart 1971, Sp. 410–414.

15 | „La modernité c'est le transitoire, le fugitif, le contingent, la moitié de l'art dont l'autre moitié est l'éternel et l'immuable". Baudelaire, Charles : Le peintre de la vie moderne [1863], Abschn. IV, in: Ders.: Œuvres complètes, Paris 1954, S. 892 f. (= Eds. de la Pléiade).

16 | Rimbaud, Arthur: Une saison en enfer, in: Ders.: Œuvres complètes, Paris 1972, S. 116 (= Eds. de la Pléiade). Der Gedichtband wurde allerdings erst 1901 dem Publikum bekannt, weil der Verlag, nachdem Rimbaud den Druck nicht bezahlen konnte, das Buch zurückhielt. Bis dahin hatten nur Freunde, denen er ein Exemplar geschenkt hatte, davon nähere Kenntnis.

17 | Wolff, Eugen: Die Moderne. Zur „Revolution" und „Reform" der Litteratur, in: Deutsche academische Zeitschrift, Jg. 3, Nr. 33 (26.9.1866), 2. Beiblatt.

18 | Welsch, Wolfgang: Unsere postmoderne Moderne, Berlin [6]2002, S. 13. Das Adjektiv ist älter.

19 | Lublinski, Samuel: Die Bilanz der Moderne, Berlin 1904.

20 | Klinger: Modern/Moderne/Modernismus, S. 139.

21 | Köhler, Michael: ‚Postmodernismus'. Ein begriffsgeschichtlicher Überblick, in: Amerikastudien 22 (1977), S. 8–18, hier S. 13.

22 | Illies, 1913, S. 148. Ausführlich dazu auch Eksteins, Modris: Tanz über Gräben. Die Geburt der Moderne und der Erste Weltkrieg, Reinbek 1990, Kap I.

23 | Beyme, Klaus von: Das Zeitalter der Avantgarden. Kunst und Gesellschaft 1905–1955, München 2005, S. 11.

24 | Ausführlich dazu Koselleck, Reinhart: Fortschritt, in: Brunner, Otto/Conze, Werner/Koselleck, Reinhart (Hgg.), Geschichtliche Grundbegriffe. Historisches Lexikon zur politisch-sozialen Sprache in Deutschland, Bd. 2, Stuttgart 1975, Abschn. IV.

25 | Dazu jetzt mit neuen Dokumenten Scaff, Lawrence A.: Max Weber in Amerika, Berlin 2013. Scaff macht deutlich, dass Weber die ihn faszinierende Neue Welt ungleich neugieriger und aufmerksamer bereiste als alle anderen deutschen Gäste beim Weltkongress. Sein auf Deutsch gehaltener Vortrag über die kapitalistische Zerstörung der überkommenen Landwirtschaft war allerdings nur schwach besucht.

26 | Dazu Thode-Arora, Hilke: Für fünfzig Pfennig um die Welt. Die Hagenbeckschen Völkerschauen, Frankfurt/New York 1989. Ferner Dreesbach, Anne: Gezähmte Wilde. Die Zurschaustellung „exotischer" Menschen in Deutschland 1870–1940, Frankfurt/New York 2005. Auch für Darmstadt sind zwischen 1880 und 1900 mehrere Völkerschauen nachgewiesen. Stadtlexikon Darmstadt, Stuttgart 2006, S. 945f.

27 | Troeltsch, Ernst: Religionswissenschaft und Theologie des 18. Jahrhunderts, in: Ders.: Aufsätze zur Geistesgeschichte und Religionssoziologie, hg. v. Hans Baron, Tübingen 1925, S. 835 (= Gesammelte Schriften, Bd. 4).

28 | Näheres bei Brendecke, Arndt: Die Jahrhundertwenden. Eine Geschichte ihrer Wahrnehmung und Wirkung, Frankfurt am Main/New York 1999, Kap. 11.

29 | Weber, Max: Zur Lage der bürgerlichen Demokratie in Russland [1906], in: Max Weber Gesamtausgabe, Abt. 1, Bd. 10, hg. v. Wolfgang J. Mommsen u. Dittmar Dahlmann, Tübingen 1989, S. 71–279, hier S. 269. Schon in der Schlussbetrachtung zur „Protestantischen Ethik" hatte er vom „stahlharten Gehäuse" als Schicksal der Existenz in der modernen Welt gesprochen. Weber, Max: Die protestantische Ethik und der „Geist" des Kapitalismus [1904/05], hg. von Klaus Lichtblau u. Johannes Weiß, Bodenheim 1993, S. 153 (= Neue wissenschaftliche Bibliothek).

30 | Hübinger, Gangolf: Störer, Wühler, Weichensteller. Intellektuelle Mobilmachung im 20. Jahrhundert, in: Zeitschrift für Ideengeschichte 3, H. 4 (2009), S. 47–57, hier S. 50.

31 | Eine Entlehnung von Ringer, Fritz K.: Die Gelehrten. Der Niedergang der deutschen Mandarine 1890–1933, Stuttgart 1983 (engl. Original 1969).

32 | Ausführlich dazu Dipper, Christof: Moderne, Version: 1.0, in: Docupedia-Zeitgeschichte, 25.8.2010, URL: http://docupedia.de/zg/Moderne?oldid=84639 [Zugriff am 10.1.2014].

33 | Braudel, Fernand: Histoire et sciences sociales: La longue durée [1958], in: Ders.: Écrits sur l'histoire, Paris 1969, S. 41–83, deutsch in: Wehler, Hans-Ulrich (Hg.): Geschichte und Soziologie, Köln 1972 (= Neue Wissenschaftliche Bibliothek. Geschichte 53), S. 189–215.

34 | Die wichtigsten Arbeiten Otto Brunners hierzu finden sich in seinem Aufsatzband: Neue Wege der Verfassungs- und Sozialgeschichte, Göttingen [3]1980.

35 | Polanyi, Karl: Origins of Our Time. The Great Transformation, London 1946 (deutsch 1977).

36 | Troeltsch, Religionswissenschaft und Theologie, S. 834.

37 | Ebd., S. 835.

38 | Zit. Troeltsch, Ernst: Die Bedeutung des Protestantismus für die Entstehung der modernen Welt [1906/11], in: Troeltsch Kritische Gesamtausgabe, Bd. 8, hg. v. Trutz Rendtorff, Berlin/New York 2001, S. 187, Anm. 23.

39 | Ebd., S. 211.

40 | Ebd., S. 315.

41 | Ebd., S. 316. Etwas ganz anderes ist die Religion in ihrer kirchlichen Verfasstheit und deren aktuelles Weltverhalten. Über diese machte sich Troeltsch 1913 keinerlei Illusionen. „Bei den Beharrungsmächten, den alten Kirchen, hat sich nichts wesentlich Neues ereignet. Es ist die alte Geschichte: Kämpfe gegen Modernismus, Liberalismus, Anstrengungen, um den Schutz der Staatsmächte zu gewinnen, Versuche der Staaten, sich dem zu entziehen. [...] Die fortschreitenden Entwicklungen ihrerseits bringen nichts Großes, Praktisch-Bedeutsames, hervor. Kritik, Hohn, Agitation, Aufklärung, Sehnsucht, literarische Reformreligionen, kühnste Umsturzpläne, wissenschaftlich-historische Erkenntnis, Beschaulichkeit des Begreifens oder Phantastik kommender Zukunftsreligionen: all das geht hier durcheinander. Daneben lebt die große Masse in Arbeit und Genuß und hat aus beiden Gründen keine Zeit, mit diesen Dingen sich zu beschäftigen. Die Intensität des modernen Lebenskampfes läßt es zu der Ruhe und Stille nicht kommen, die die Voraussetzung für religiöses Leben ist, und die erschöpften Sinne suchen andere Erholungsmittel. [...] Es ist die alte Geschichte, die wir alle kennen, die man eine Zeitlang den Fortschritt genannt hat und dann die Dekadenz, und in der man heute gern die Vorbereitung eines neuen Idealismus sieht". Troeltsch, Ernst: Religion, in: Sarason (Hg.), Das Jahr 1913, S. 533–549, hier S. 536.

42 | Brief an Ferdinand Tönnies vom 19.2.1909. Max Weber Gesamtausgabe, Abt. 2, Bd. 6, Briefe 1909–1910, hg. v. M. Rainer Lepsius, Tübingen 1994, S. 63–66, hier S. 65.

43 | Dazu Wolf, Hubert/Schepers, Judith (Hgg.): „In wilder zügelloser Jagd nach Neuem". 100 Jahre Modernismus und Antimodernismus in der katholischen Kirche, Paderborn 2009 (= Römische Inquisition und Indexkongregation 12).

44 | Troeltsch, Ernst: Aufklärung, in: Realencyklopädie für protestantische Theologie und Kirche. 3. Aufl. hg. von Albert Hauck, Bd. 2, Leipzig 1897, S. 225–241, hier S. 225.

45 | Näheres dazu bei Dipper, Christof: Aufklärung und Moderne, in: Asbach, Olaf (Hg.): Aufklärung und Moderne. Europa und die Moderne im langen 18. Jahrhundert, Hannover 2014, S. 33–62 (= Europa und Moderne 2).

46 | Mehr dazu bei Oexle, Otto Gerhard: Die Moderne und ihr Mittelalter, in: Segl, Peter (Hg.): Mittelalter und Moderne. Entdeckung und Rekonstruktion der mittelalterlichen Welt, Sigmaringen 1997, S. 307–364.

47 | Radkau, Joachim: Max Weber. Die Leidenschaft des Denkens, München 2005, S. 95.

48 | Weber, Max: Vorbemerkung zu: Ders.: Gesammelte Aufsätze zur Religionssoziologie, Tübingen [7]1978, S. 1, Hervorhebung im Original.

49 | Weber, Marianne: Lebensbild, Tübingen 1926, S. 349. Hübinger datiert die „Entdeckung" auf 1911.

50 | Am bündigsten bei Weber, Max: Wirtschaft und Gesellschaft. Grundriß der verstehenden Soziologie, hg. von Johannes Winckelmann, Tübingen 1956, S. 378f.

51 | Die Argumente gegen die „zwar hübsche, aber falsche" Weber-These bündelt Steinert, Heinz: Max Webers unwiderlegbare Fehlkonstruktionen. Die protestantische Ethik und der Geist des Kapitalismus, Frankfurt/New York 2010. Weber, Steinert und manches andere Thema werden jetzt ausführlich diskutiert in: Österreichische Zeitschrift für Geschichtswissenschaften 23 (2012), Heft 3: Max Webers Kapitalismus.

52 | Die Wortgeschichte beginnt darum mindestens hundertfünfzig Jahre früher, das Grimmsche Wörterbuch nennt Wieland als frühesten Beleg. Grimm, Jacob und Wilhelm: Deutsches Wörterbuch, Bd. 3, Leipzig 1862, Sp. 664 (Art. Entzauberung).

53 | Zu dieser damals, ja seit der Spätaufklärung für selbstverständlich und unumstößlich

gehaltenen Tatsache gibt es eine kaum noch zu überblickende Literatur. Knapp und dabei auch die Weber-These streifend ist Nipperdey, Thomas: Deutsche Geschichte 1866–1918, Bd. 1, München 1990, S. 527f. Mehr dazu bei seinem Schüler Baumeister, Martin: Parität und katholische Inferiorität. Untersuchungen zur Stellung des Katholizismus im Deutschen Kaiserreich, Paderborn 1987. Weber selbst hat dazu Material durch einen Schüler sammeln lassen: Offenbacher, Martin: Konfession und soziale Schichtung, Tübingen 1900.

54 | „Für Max Weber etwa war China das hochkulturell Andere schlechthin, ‚ein radikal entgegengesetztes System der Lebensreglementierung, ja eine andere Welt'". Osterhammel, Jürgen: China und die Weltgesellschaft vom 18. Jahrhundert bis in unsere Zeit, München 1989, S. 3 (unter Berufung auf W. Schluchter).

55 | Weber, Lebensbild, S. 348 [Die neue Phase der Produktion].

56 | Ebd., S. 349. Hervorhebung im Original.

57 | Ebenso beiläufig wie bestimmt spricht Weber von „zunehmender Entzauberung der Welt". Weber, Max: Über einige Kategorien der verstehenden Soziologie [1913], in: Ders.: Gesammelte Aufsätze zur Wissenschaftslehre, Tübingen 1922, S. 403–450, hier S. 409.

58 | Weischenberg, Siegfried: Max Weber und die Entzauberung der Medienwelt, Wiesbaden 2012, S. 16. In Kapitel 1 setzt sich der Verfasser kenntnisreich mit Webers „Protestantischer Ethik" auseinander.

59 | Anm. 1.

60 | Löwith, Karl: Mein Leben in Deutschland vor und nach 1933. Ein Bericht, Stuttgart 1986, S. 16f.

61 | Weber, Max: Wissenschaft als Beruf [1917/19], in: Max Weber Gesamtausgabe, Abt. 1, Bd. 17, hg. von Wolfgang J. Mommsen und Wolfgang Schluchter, Tübingen 1992, S. 71–111, hier S. 86f. Hervorhebungen im Original.

62 | Ebd., S. 86.

63 | Weischenberg, Max Weber, S. 18.

64 | Kaufmann, Franz Xaver: Religion und Modernität. Sozialwissenschaftliche Perspektiven, Tübingen 1989, S. 307 (dort ist allerdings nur vom Christentum die Rede).

65 | Wagner, Falk: Christentum und Moderne, in: Zeitschrift für Theologie und Kirche 87 (1990), S. 124–144, hier S. 137, 143, in Anlehnung an seinen Lehrer Adorno.

66 | Weber, Max: Parlament und Regierung im neugeordneten Deutschland, II [1917/18], in: Max Weber Gesamtausgabe, Abt. 1, Bd. 15, hg. von Wolfgang J. Mommsen und Gangolf Hübinger, Tübingen 1984, S. 440–486, hier S. 464. Nahezu wortgleich später in: Wirtschaft u. Gesellschaft [1921/22], Tübingen [5]1980, S. 835.

67 | Weber, Wissenschaft als Beruf, S. 109f.

68 | Weber, Parlament und Regierung, S. 464, und wortgleich in: Wirtschaft und Gesellschaft, S. 835.

69 | Weber, Max: Politik als Beruf [1919], in: Max Weber Gesamtausgabe, Abt. 1, Bd. 17, hg. von Wolfgang J. Mommsen und Wolfgang Schluchter, Tübingen 1992, S. 157–252, hier S. 224.

70 | Klages, Ludwig: Mensch und Erde; zit. Kerbs, Diethard/Reulecke, Jürgen (Hgg.): Handbuch der deutschen Reformbewegungen, Wuppertal 1998, S. 10. Vgl. auch den Beitrag Reuleckes in diesem Band.

71 | Zu den wenigen Ausnahmen zählt Karl Lamprecht, der mit seinen Antworten auf diese Frage jedoch weder damals noch heute überzeugend wirkte; vgl. Anm. 3.

72 | Für die Presse s. den Beitrag von Kohlrausch, Martin: Die Politik der Medien. Der Aufstieg der Massenmedien und das politische System in Deutschland und Großbritannien um 1900, in: Daniel, Ute/Schildt, Axel (Hgg.): Massenmedien im Europa des 20. Jahrhunderts, Köln 2010, S. 305–330.

73 | Schieder, Theodor: Die historischen Krisen im Geschichtsdenken Jacob Burckhardts [1950], in: Ders.: Begegnungen mit der Geschichte, Göttingen 1962, S. 129–162, hier S. 132.

74 | Die Unterschiede zum damaligen und die Weiterentwicklungen zum heutigen Modernebegriff bei Dipper, Christof: Die deutsche Geschichtswissenschaft und die Moderne, in: Internationales Archiv für die Sozialgeschichte der Literatur 37 (2012), S. 37–62.

II. Nation und Identität

Das antike Griechenland

Traditionelles Bildungsideal, Bezugspunkt des deutschen Nationalgefühls und Forschungsgegenstand

Elke Hartmann

Im Jahr 1913 erschien im Teubner-Verlag ein Buch mit dem Titel *Das Jahr 1913 – Ein Gesamtbild der Kulturentwicklung*.[1] Herausgeber war der sozialpolitisch engagierte Arzt Dr. David Sarason, der sich mit diesem Buch das Ziel gesetzt hatte, „die großen, bewegenden Gedanken der Zeit" herauszuarbeiten, um diese für die „Gestaltung der Gesamtkultur" nutzbar machen zu können. Als Motto, das die Einheit des Gesamten heraufbeschwor, war dem Projekt ein Zitat aus Goethes *Faust* vorangestellt: „Wie alles sich zum Ganzen webt, Eins in dem andern wirkt und lebt!"[2]

Sarason hatte namhafte Wissenschaftler und Politiker als Autoren gewonnen, die in rund zehnseitigen Essays einem breiteren Publikum neueste Entwicklungen aus ihren Spezialgebieten vorstellen sollten. Adressaten des Buches sind nach Worten des Herausgebers „die mit Berufsarbeit überlasteten Höherstrebenden", konkret hat Sarason wohl die Angestellten in Industrie und Verwaltung im Blick, vielleicht auch bildungshungrige Arbeiter und sogar Arbeiterinnen. Das Buch hat einen volksbildenden Impetus, es wollte wohl auch der damals oft artikulierten Besorgnis entgegensteuern, dass die Spezialisierung einzelner Fachgebiete universale Bildung unmöglich mache.[3]

Die insgesamt achtzehn Kapitel des Buches stellen zunächst aktuelle Themen der Politik vor (Kapitel I-VI), danach diverse wissenschaftliche Disziplinen (Volkswirtschaftslehre, Ingenieurstechnik, Chemie etc.). Dabei fällt auf, dass das Kapitel „Technik" das umfangreichste ist: In zahlreichen Unterkapiteln werden einzelne Sektoren der deutschen Wirtschaftsentwicklung mit Fokus auf die Innovationen der Ingenieursleistung beleuchtet. Die Geschichtswissenschaft ist hingegen nur in geringem Umfang berücksichtigt, so findet sich kein Beitrag zur Geschichte der großen Männer und Staatsaktionen, kein Beitrag zur Kriegskunst, stattdessen ist aus dem Bereich der Geschichtswissenschaft allein die Kulturgeschichte vertreten: mit einem Beitrag Karl Lamprechts, der seit den 1890er Jahren im Zusammenhang mit seiner *Deutschen Geschichte* einen Methodenstreit ausgelöst hatte, weil er meinte, dass die bis dahin betriebene Politik- und Personengeschichte von sekundärer Bedeutung gegenüber einer Kultur- und Wirtschaftsgeschichte sei.[4] Ob der Herausgeber des Jahrbuches mit dieser Wahl eine Positionierung verband, sei dahingestellt – der Schwerpunkt auf der Kulturgeschichte erscheint auch insofern gerechtfertigt, als es dem Herausgeber ja auf ein Bild der Gesamtkultur ankommt. Die antike Kultur wird – neben dem alten Orient – in einem eigenen Kapitel behandelt.[5] Eben dieser Beitrag soll im folgenden als Zeitdokument des Jahres 1913 zum Ausgangspunkt einiger Überlegungen genommen werden, die um die Frage kreisen, welchen Stellenwert die Antike innerhalb des Diskurses der Gebildeten vor dem Ersten Weltkrieg hatte, inwiefern und auf welche Weise sie als elementarer Bestandteil eines „Gesamtbildes der Kulturentwicklung" angesehen wurde.

Der Autor Richard Laqueur, im Jahr 1913 Professor für Alte Geschichte in Gießen[6], beginnt seinen Beitrag über die neuen Ergebnisse der Altertumsforschung mit einigen grundlegenden Bemerkungen über die Relevanz der antiken Kulturen für die Gegenwart: Die Darstellung der griechisch-römischen Kultur gehöre unbedingt in ein solches Handbuch, habe doch die Antike das Verständnis von „Kultur" überhaupt sehr stark beeinflusst. Allerdings habe die ausländische Altertumsforschung dies weniger berücksichtigt als die deutsche: „Nur zum Teil hat die gelehrte Forschung über das Altertum diese [sic!] Kultur zu ihrer überragenden Bedeutung bei fremden Völkern verholfen." Hingegen sei die deutsche Kultur gänzlich vom Geist der Antike geprägt, ja habe sich aus einer Renaissance des Griechischen ergeben, was Laqueur mit einem Zitat des Philologen Friedrich Leo untermauert: „Der Aufschwung der nationalen Kultur ist in der Tat aus der Renaissance des Griechischen erwachsen".[7]

Laqueur spricht also der griechischen Antike eine zentrale Rolle für das Nationalgefühl der Deutschen zu, während Frankreich in den

Jahrhunderten nach der Unterwerfung durch Caesar „durch intensive Romanisierung ein unmittelbarer Träger antik römischer Kultur geworden“ sei.[8] Deutschland hingegen sei zwar zunächst nur indirekt von der antiken Kultur beeinflusst worden (was bis in die frühe Neuzeit zu einer französischen „Geringschätzung“ gegenüber den Deutschen geführt habe), habe aber „diese starke Abhängigkeit überwunden“, indem es „über das Romanentum hinweg der Quelle der römischen Kultur, d. h. dem Griechentum zustrebte.“[9]

Fassbar ist hier zunächst ein klares Bekenntnis zur Idealisierung des „Griechentums“, also der antiken griechischen Kultur, wie sie in Deutschland seit dem 18. Jahrhundert zunehmend betrieben wurde. Weiterhin wird den Franzosen eine besondere Verbindung mit den Römern attestiert, wodurch subtil ein doppelter Antagonismus eingeführt wird: zwischen Griechen und Römern ebenso wie zwischen Deutschen und Franzosen. Man kann anhand dieser Position eines einzelnen altertumswissenschaftlichen Gelehrten aus dem Jahr 1913 bereits erahnen, dass Bezüge auf die Antike im Bildungsbürgertum zur Profilierung der Nationalkulturen genutzt werden konnten. Im Folgenden geht es mir um die Frage, in welchem Kontext sich dieses auf das antike Griechenland bezogene deutsche Nationalgefühl entwickelte. Weiterhin wird gezeigt, dass es sich bei dem im Text ausgemachten Bekenntnis Laqueurs zum Griechenideal gewissermaßen bereits um einen Nachhall handelt, da die Antike als idealisiertes Bildungsgut im ausgehenden 19. und frühen 20. Jahrhundert längst nicht mehr so hoch im Kurs stand, wobei auch die Gründe für die Schwächung dieses Ideals zu eruieren sind. Abschließend erfolgt ein kurzer Ausblick darauf, wie sich das Selbstverständnis der Deutschen als Kulturnation nach 1913 weiterentwickelte.

‚Der Aufschwung der nationalen Kultur aus der Renaissance des Griechischen‘ – Richard Laqueurs Sicht auf die Antike im Jahr 1913

Eingangs legt Laqueur – wie bereits ausgeführt – dar, dass Deutschland seine nationale Kultur der Wiederbelebung der griechischen Antike verdanke, wie sie seit dem 18. Jahrhundert erfolgt sei. Die Franzosen hätten auf die Deutschen herabgesehen, aber durch die Hinwendung zu den Griechen hätten diese das Manko fehlender Berührung mit einer antiken Kultur kompensiert:

> Es ist mit vollem Recht darauf hingewiesen worden, daß der hohe Einfluß, welchen Frankreich auf Deutschland ausübte, und dementsprechend die Geringschätzung, die der Franzose des Mittelalters und der beginnenden Neuzeit für die deutsche Kultur empfand, im Grunde darauf beruhten, daß Frankreich durch intensive Romanisierung ein unmittelbarer Träger antik römischer Kultur geworden war. Und wenn man von sehr wenigen früheren Ausnahmen absehen darf, so hat Deutschland diese starke Abhängigkeit überwunden nur dadurch, daß es über das Romanentum hinweg der Quelle der römischen Kultur, d.h. dem Griechentum zustrebte.[10]

Die antike griechische Kultur sei das Ideal der Deutschen gewesen; allerdings stellt Laqueur fest, dass „die fortschreitende historische Betrachtungsweise das konstruierte Idealbild des Griechentums zu erschüttern vermocht(e)". Man habe gelernt, „auch bei den Griechen ‚neben den Höhen die Niederungen zu sehen'." Und obwohl auch dies eine Berechtigung habe, äußert er sich erfreut darüber, dass sich auch noch „Strömungen" fänden, „welche wieder stärker den Ideengehalt des klassischen Griechentums zu erfassen suchen".[11] In diesem Sinne geht er ausführlich auf damals aktuelle Studien des Philologen Ulrich von Wilamowitz-Moellendorf (1848–1931) – wohl einer der prominentesten Altertumswissenschaftler seiner Zeit – zur antiken Dichterin Sappho ein.[12] Auf den übrigen Seiten findet sich ein kaum für Laien geeigneter Forschungsbericht, der sich auf unterschiedliche Themengebiete bezieht und hier ausgeblendet bleiben kann, da es im Folgenden vorwiegend um die Relevanz der griechischen Antike für das Nationalbewusstsein der Deutschen geht.

Richard Laqueur, der Autor des vorliegenden Kapitels über die antike Kultur, war zum Zeitpunkt des Erscheinens zweiundreißig Jahre alt und gerade als ordentlicher Professor an die Universität Gießen gekommen.[13] Die längste Zeit seines Lebens hatte der Sohn eines jüdischen Augenarztes bis dahin in seiner Heimatstadt Straßburg verbracht, die im Anschluss an den deutsch-französischen Krieg vom Deutschen Reich zur Hauptstadt des Reichslandes Elsaß-Lothringen erklärt worden war. Obwohl die Mehrheit der elsässischen Bevölkerung der Eingliederung in das neu gegründete deutsche Reich ablehnend gegenüber stand, was an den Reichstagswahlergebnissen ablesbar ist, nahm die Stadt einen rasanten wirtschaftlichen Aufschwung; 1872 wurde die nach Wilhelm I. benannte Kaiser Wilhelm-Universität gegründet, die sich in den folgenden Jahren zu einer der bedeutendsten Hochschulen im Deutschen Reich entwickelte. Richard Laqueur hatte dort studiert, wurde Assistent, später auch Professor. Freilich war gerade Straßburg in jener Zeit ein Ort, in dem wechselseitige Ressentiments zwischen Deutschen und Franzosen blühten, was sicher auch die anfangs angesprochene Polarität Laqueurs nachvollziehbar macht.

Wenn Laqueur betont, die Deutschen hätten das Manko ihrer fehlenden Romanisierung kompensiert durch ihre „Renaissance" der griechischen Antike, so ist hier das letzte Aufblitzen eines Mythos fassbar, der im 18. Jahrhundert entstanden war und im 19. Jahrhundert seine größte Wirkmacht entfaltete – dem Mythos von der besonderen Nähe zwischen antiken Griechen und Deutschen.[14] Die Genese dieses Mythos möchte ich im Folgenden in aller Kürze nachzeichnen.

Der Mythos von der besonderen Nähe zwischen antiken Griechen und Deutschen

Den Nährboden für diesen Mythos hatte der deutsche Archäologe und spätere römische Museumsdirektor Johann Joachim Winckelmann (1717–1768) bereitet.[15] Für den Schustersohn aus Stendal, der selbst niemals nach Griechenland reiste, war die griechische Kunst der Ausdruck des „vollkommenen Schönen". Aus seiner Bewunderung der antiken Kunst leitete er in seiner kunsttheoretischen Abhandlung *Gedancken über die Nachahmung der griechischen Wercke in der Mahlerey und Bildhauer-Kunst* von 1755 die Forderung ab, die Kunst müsse die Griechen nachahmen: „Der einzige Weg für uns, groß, ja, wenn es möglich ist, unnachahmlich zu werden, ist die Nachahmung der Alten [...] sonderlich der Griechen."[16] Diese Forderung bedeutete eine Absage an die zeitgenössischen künstlerischen Formen des Barock und des Rokoko, welche sich insbesondere im Kontext der als Despotie wahrgenommenen absolutistischen Herrschaft der Beliebtheit erfreuten.

Doch Winckelmann war nicht auf die Kunst fixiert, sondern er hatte ein allgemeines Lebensbild vor Augen: Er betrachtete die griechische Kunst nicht als isoliertes Phänomen, sondern verstand die „schöne Kunst" ganzheitlich als Ausdruck eines humanen Menschenbildes. Er suchte nach den gesellschaftlichen Voraussetzungen dieser kulturellen Blüte und glaubte sie zu erkennen in der politischen Freiheit, den anregenden intellektuellen Verhältnissen, in der Erziehung und dem angenehmen Klima des antiken Griechenland. Das waren für ihn die Grundbedingungen des menschenwürdigen Lebens! Anders als in seiner eigenen Lebensrealität hätten sich in der Antike Natur und Kultur im Einklang befunden, daher verkörpert für ihn das Altertum das Ideal. Mit der Formel der „edlen Einfalt und stillen Größe" erhob er die klassisch-antike Kunst zum Leitbild, wobei er sich paradoxer Weise dabei oft gar nicht auf jene Epoche bezog, die heute noch in den Altertumswissenschaften – in Anlehnung an Winckelmann – als die ‚klassische' bezeichnet wird, nämlich die Hochzeit der Polis Athen, also das 5. Jahrhundert v. Chr., sondern vielmehr auf die hellenistische Epoche.[17]

Mit seinen „Betrachtungen" begründete Winckelmann die Hinwendung zu einer utopisch-idealisierten griechischen Antike, indem er sich der Hoffnung verschrieb, durch Schulung und Veredelung des Geschmacks anhand der Betrachtung der antiken Kunst die gegenwärtigen Verhältnisse zu überwinden. Er stieß vielfältige Diskussionen über das Schöne in der Kunst an und trug maßgeblich dazu bei, dass sich der Klassizismus im ausgehenden 18. Jahrhundert in weiten Bereichen und an vielen Orten etablierte. Die Begeisterung für die griechische Kultur erfasste die bürgerlichen Bildungsschichten der europäischen Länder[18], sie wurde allerdings auch mit Spott bedacht und mit einer Krankheit, einem Wahnsinn gleichgesetzt – man sprach von ‚Gräkomanie', ‚Hellenomanie' oder dem ‚Griechenfieber'.[19] Auch gab es – jenseits der Belustigung – Stimmen, die eine nationalkulturelle Gegenbewegung einzuleiten suchten: So forderte etwa der Schriftsteller Gottfried August Bürger (1747–1794), Autor der Abenteuer des Baron Münchhausen: „Deutsche sind wir! Deutsche, die nicht griechische, nicht römische, nicht Allerweltsgedichte in deutscher Zunge, sondern in deutscher Zunge deutsche Gedichte verdaulich und nährend fürs ganze Volk, machen sollen [...]".[20]

In Deutschland wurde die Idealisierung der griechischen Antike von den Weimarer Klassikern Goethe und Schiller fortgeschrieben.[21] Die Antike prägte nicht nur Goethes literarisches Schaffen, sondern gerade aus seiner Auseinandersetzung mit der griechischen Kunst, mit der er sich in Weimar anhand von Originalen, Abgüssen und Zeichnungen beschäftigte, leitete er in Anlehnung an Winckelmann eine grundsätzliche Vorbildhaftigkeit des antiken Lebens ab. Zwar verfassten Goethe und Schiller kein klassizistisches Programm, das ihre Überzeugungen geschlossen wiedergibt, doch verfolgten sie gemeinsam ein ästhetisches Konzept, in dem das idealisierte Griechenland eine zentrale Rolle spielte. Beiden Dichtern gemein war die entschiedene Überzeugung, dass der Mensch durch die Kunst zu erziehen sei. Sie entwickelten ein Bildungsideal, das wesentlich auf die Humanität des Zöglings ausgerichtet war. In diesem Sinne verwendet der mit Goethe und Schiller bekannte Philosoph Friedrich Immanuel Niethammer im Jahr 1808 zum ersten Mal das Abstraktum „Humanismus“ – bis dahin sprach man nur von Humanisten und Humanität – und wurde somit zum Namensgeber jener Geistesbewegung und Form der höheren Schulbildung, die im 19. Jahrhundert den Bildungsdiskurs dominierte.[22] Erst im Laufe des 19. Jahrhunderts wurde dieser ‚neue‘ Humanismus vom älteren, nämlich dem des späten Mittelalters und der Renaissance, terminologisch als „Neuhumanismus“ abgesetzt.[23]

In Deutschland bekam die Griechenverehrung – gerade in der Auseinandersetzung mit den außergewöhnlichen politischen und militärischen Erfolgen der französischen Nation – eine nationale Färbung[24], die ihn zu einem wichtigen Element der Identitätssicherung gegenüber dem mächtigen und erfolgreichen Nachbarn werden ließ: der Mythos von der Wahlverwandtschaft[25] der Deutschen mit den Griechen in Sprache, Geist und Charakter.

Der zentrale Inhalt dieses Mythos war, dass Deutschland aufgrund der ‚Verwandtschaft‘ mit den Griechen eine überlegene Kulturnation sei. Maßgeblich prägte diese Idee Wilhelm von Humboldt, der sich verschiedentlich in Briefen in den Jahren um 1800 einschlägig äußerte, zum Beispiel in einem Schreiben an seinen Freund Goethe vom 30. Mai 1800: „Wir Deutschen erkennen nicht genau, wieviel wir einzig dadurch gewinnen, daß Homer und Sophokles uns nah und gleichsam verwandt geworden sind.“[26]

Diese Verwandtschaft zu den antiken Dichtern, von der hier die Rede ist, ist keine *natürlich* gegebene; sie ist eine künstlich *geschaffene*, eine auf dem Weg der Aneignung *erworbene*. Humboldt, der selbst im Geiste der Aufklärung erzogen worden war, bekannte sich zu den klassizistischen Glaubenssätzen, auf denen dann das Bildungswesen des 19. Jahrhunderts beruhen sollte: Er ging davon aus, dass das Studium der Griechen und ihres idealen griechischen Charakters eine Höherentwicklung der Menschheit einleiten könne.[27] Der junge Friedrich Schlegel verband die Vorstellung von der Griechennähe der Deutschen mit der Annahme vom kulturellen Vorrang der Deutschen gegenüber anderen Nationen, besonders gegenüber Frankreich:

> In Deutschland, und nur in Deutschland hat die Ästhetik und das Studium der Griechen eine Höhe erreicht, welche eine gänzliche Umbildung der Dichtkunst und des Geschmacks notwendig zur Folge haben muß [...].

> Welchen weiten Weg haben unsre einzigen bedeutenden Nebenbuhler, die Franzosen noch zurückzulegen, ehe sie es nur ahnden können, wie sehr sich Goethe den Griechen nähere!"[28]

Es ist auch in diesem Zitat gut ablesbar, dass als Voraussetzung der geistigen Nähe der Deutschen und antiken Griechen das Studium der griechischen Sprache und Kultur angesehen wurde. Die griechische Sprache galt nicht nur als Zentrum des Menschseins, so dass dem Menschen mit der Sprachbildung gleichsam Selbstbildung zu Teil wurde, sondern die Sprache war darüber hinaus der Schlüssel zu der idealisierten Kultur.

In den ersten Jahrzehnten des 19. Jahrhunderts wurde die kulturelle Programmatik der Weimarer Klassiker zum Fundament des deutschen Bildungsbürgertums.[29] Ein entscheidender Punkt dieser Programmatik war, dass allein die kulturelle Betätigung zum höchsten Ziel erklärt wurde, während das wirtschaftliche wie auch politische Leben als nachgeordnete Formen menschlicher Betätigung angesehen wurden. So konnte sich das Bildungsbürgertum zum einen von anderen sozialen Schichten abgrenzen, zum zweiten aber auch gegenüber anderen Nationen, etwa den Engländern, denen man einen „Händlergeist" nachsagte, oder der französischen „Zivilisation", die durch äußere Form geprägt sei und immer mehr zu einem Gegenbegriff zur deutschen Kultur avancierte.[30]

Die Antike wurde nun in einen geschichtsphilosophisch untermauerten Entwurf deutscher Größe einbezogen. In deutlicher Absetzungen zu der in Frankreich angestoßenen Debatte über den ‚Nationalgeist', in der Montesquieu und Voltaire die Bedeutung der politischen Geschichte und der Verfassungen betont hatten, vertraten die deutschen Klassiker die Auffassung, dass die Zyklen der Politik bedeutungslos seien gegenüber der Kultur und der Bildung.[31]

Und einen weiteren Vorteil hatte der Rückgriff auf die griechische Antike: Griechenland hatte aus einer Vielzahl freier, allein durch gemeinsame Sprache, Religion und Feste verbundene Gemeinwesen bestanden – ganz ähnlich wie Deutschland, das in zahllose Klein- und Kleinststaaten gespalten war. Der Rückgriff bot somit die Möglichkeit, die politische Misere Deutschlands in einen Vorteil umzudeuten und als Ausgangspunkt kultureller Überlegenheit zu begreifen.[32]

Dieser Mythos von der Wahlverwandtschaft der Deutschen mit den Griechen, der eine kulturelle Überlegenheit implizierte, wurde maßgeblich vom Bildungsbürgertum getragen und in den Institutionen Gymnasium und Universität genährt.[33] Voraussetzung dafür war das Schul- und Universitätskonzept Wilhelm von Humboldts, das er in seiner Funktion als Leiter des preußischen Kultur- und Unterrichtswesens zu Beginn des 19. Jahrhunderts als zentralen Bestandteil der höheren Bildung etablieren konnte.[34] Die Schulgeld kostenden Gymnasien verliehen den alten Sprachen Latein und – vor allem – Griechisch besonderes Gewicht. Nur über die intensive Beschäftigung mit der griechischen Kultur könne der Mensch zur Selbständigkeit, zur Selbsttätigkeit und Selbstentfaltung erzogen werden. Diese neue, humanistische Bildung sollte die Erziehungspraxis der Aufklärung ablösen, die auf die Brauchbarkeit des Menschen im absolutistischen Staat gezielt hatte.

Die Humboldt'schen Reformen führten während der nächsten Jahrzehnte nicht nur in Preußen, sondern auch in den anderen deutschen Ländern zu einer Veränderung der Gymnasien. Wenn auch das Lateinische in den Lehrplänen dominierte, wurde das Griechische zum Maßstab wahrer Bildung.[35] In einem bayrischen Lehrplan für Gymnasien aus dem Jahr 1830 wird als Hauptziel des altsprachlichen Lektüreunterrichts bestimmt, „zu vertrauter Bekanntschaft mit den Classikern zu führen, und dadurch den Sinn für das Wahre, Gute und Schöne zu bilden, und zu stärken."[36]

Allein diese Art der Bildung eröffnete den Weg zum Abitur, zum Universitätsstudium, zu den akademischen Berufen. Manfred Fuhrmann spricht daher vom 19. Jahrhundert als der „Epoche der Alleinherrschaft des humanistischen Gymnasiums", das erfüllt gewesen sei vom Denken der Klassik. Mit dem „Denken der Klassik" ist zunächst der Griechen-Mythos gemeint, aber dieser profitierte darüber hinaus von der Symbiose mit den Weimarer Klassikern[37]: Denn Goethes und Schillers Werke galten ihrerseits in den Gymnasien als „Klassiker", ja als Ziel der Entwicklung der gesamten deutschen Literatur, und so wirkte diese Wertschätzung in einer Art Rückkopplungseffekt auch wieder auf die Wertschätzung der Antike zurück. „Wir lesen die Klassiker", schrieb 1879 der Pädagoge Wilhelm Schrader in einer Schrift zur Verteidigung der humanistischen Gymnasien gegenüber zeitgenössischen Vorwürfen,[38] „weil sie in Form und Empfindungsweise ideale Vorbilder sind; wir preisen das Altertum, weil es uns klare und wahrhafte Typen des Menschentums hinterlassen hat; wir bewundern die alte Kunst, weil sie den höchsten Ideen körperlichen Ausdruck und schöne Gestalt zu verleihen verstand."[39]

Einen starken Impuls erhielt der Griechenmythos in den 1820er Jahren durch den Freiheitskampf der Griechen gegen die Herrschaft der Osmanen. Die Rebellion der Griechen entfachte in allen europäischen

Ländern den Philhellenismus, aber in Deutschland war die Sympathie mit den Freiheitskämpfern besonders groß, weil man hier schon bisher „das Land der Griechen mit der Seele" gesucht hatte.[40] Die intellektuellen Unterstützer des griechischen Befreiungskampfes gegen das ‚osmanische Joch' knüpften an die klassisch-griechische Antike an, weil sie die Griechen jener Zeit als frei und nationalstaatlich geeint wahrnahmen. Gelder zur finanziellen Unterstützung der Aufständischen wurden gesammelt und aus verschiedenen Staaten begaben sich Freiwillige nach Griechenland.[41]

Der Griechenmythos gedieh also innerhalb des Gymnasiums, das zwar aktuelle Bewegungen zu integrieren vermochte, dabei aber dennoch insgesamt tendenziell apolitisch blieb.[42] Deutlich wird dies auch aus den Äußerungen des Gymnasiallehrer und späteren Didaktikers Oskar Jäger (1830–1910) über den Unterricht, den er am humanistischen Gymnasium in Schöntal (Württemberg) genossen hatte:

> In meiner Jugendzeit war von einer Beziehung des Gymnasiums zum Staate überhaupt kaum jemals die Rede. Wir Schüler hatten vor der großen Krisis des Jahrhunderts, 1848, das Gefühl, dass Politisieren ungefähr ebenso sündhaft sei, wie ins Wirtshaus gehen. Man hörte wohl von Vaterlandsliebe im allgemeinen und vernahm und sprach wohl selbst dann und wann echauffierte Phrasen darüber: dass man aber dereinst in einem solchen wirklichen Vaterlande Wahlrechte und Wahlpflichten im Tumulte aufgeregten Parteilebens werde auszuüben haben, politische Reden hören oder gar selbst werde halten müssen – davon war keine Ahnung.[43]

Aus diesem Zeugnis wird deutlich, dass das Gymnasium nicht dazu ausbildete, sich politisch zu engagieren. Allein aus konservativer Perspektive wurden die Gymnasien verdächtigt, ein Treibhaus für heranwachsende Rebellen zu sein. Oft zitiert wird in diesem Zusammenhang Otto von Bismarck, der später behauptete, im Berliner humanistischen Gymnasium („Zum Grauen Kloster") zum Republikaner erzogen worden zu sein.[44] Das revolutionäre Potential der humanistischen Gymnasien ist jedoch für die zweite Hälfte des 19. Jahrhunderts eher gering einzuschätzen; es vermittelte den Schülern eine gediegene Allgemeinbildung und bereitete sie auf die Universität vor; die eigentümliche Mischung aus Griechenland-Bewunderung und Nationalstolz blieb unhinterfragt.[45] Der Kulturhistoriker Wilhelm Heinrich Riehl (1823–1897) bemerkte über die grundlegenden Lernerfolge seiner Gymnasialzeit:

> Wir sahen Griechenland als unsere zweite Heimat [...] – es war die Heimat des harmonischen Menschentums. Ja wir glaubten sogar, dass das alte Griechenland zu Deutschland gehöre, weil die Deutschen unter allen neueren Völkern das tiefste Verständnis für den hellenischen Geist, für hellenische Kunst und Lebensharmonie gewonnen hätten. Wir glaubten dies nicht im Gefühl nationaler Schwäche, sondern im Überschäumen eines nationalen Übermutes, kraft dessen wir die Deutschen überall für das erste Kulturvolk der modernen Welt [...] erklärten... Wir begeisterten uns für unser Vaterland, indem wir uns für Griechenland begeisterten.[46]

Auch wenn gerade dieses Zitat sehr stark danach klingt, dass man aus der Antike sehr gut eine Nationalkultur generieren konnte, so mehrten sich die Stimmen, welche die Nationalkultur aus anderen Quellen speisen wollten.

Die Schwächung des Griechenmythos: Kritik am Humanismus und alternative Bezugspunkte des Nationalgefühls

Damit komme ich zum dritten Punkt meiner Ausführungen, zum Verblassen des Griechenmythos Ende des 19. Jahrhunderts, welcher einherging mit der schwindenden gesellschaftlichen Akzeptanz des Humanismus als Wertesystem. Dieser Prozess war komplex, er ging keineswegs schleichend und leise von statten, sondern wurde massiv forciert von Akteuren, welche sich dezidiert für alternative Bildungskonzepte einsetzten. Die Kontrahenten in dieser Auseinandersetzung, die von Zeitgenossen wie auch verschiedentlich in der Forschung gar als „Kulturkampf" bewertet wird, waren die Humanisten auf der einen Seite (auf zweckfreie, aus der Beschäftigung mit der Antike hervorgehende Bildung orientiert) und die das Ideal praktischer Bildung vertretenden Realisten auf der anderen Seite.[47] Letzteres wurde in den im 19. Jahrhundert in Preußen (und ähnlich auch in den anderen deutschen Ländern) entstandenen neuen, höheren Schultypen geprägt, in dem Realgymnasium und der mathematisch-naturwissenschaftlich orientierten Oberrealschule, die allerdings bis zum Ende des 19. Jahrhunderts von deutlich weniger Schülern besucht wurden als die traditionellen humanistischen Gymnasien.[48] Der Bildungsstreit bahnte sich bereits um die Mitte des 19. Jahrhunderts an. Als Indikator für den Beginn der

Auseinandersetzung kann die bereits um die Jahrhundertmitte begonnene Diskussion um den Hochschulzugang für Absolventen der Realschulen gelten, denen in der Zeit das Studium der Medizin, der Rechte, der Theologie sowie weiterer Fächer der philosophischen Fakultäten versagt war.[49] Die Aufwertung des Schulabschlusses wurde zunächst vor allem von Lehrern der Realschulen gefordert, die sich alsbald vereinsmäßig organisierten (im Allgemeinen Deutschen Realschulmännerverein), später wurde sie auch von Vereinen gefordert, in denen sich gerade Absolventen der Realschulen fanden, insbesondere dem „Verein Deutscher Ingenieure". Diese Vereine beteiligten sich maßgeblich an der von über 22.000 Personen – darunter vornehmlich Mitgliedern der städtischen Handelskammern, Ingenieuren, Bankiers, Fabrikbesitzern und Ärzten – unterzeichneten Massenpetition, welche letztlich den Anstoß gab für die Schulkonferenz, die im preußischen Kultusministerium im Dezember 1890 abgehalten wurde.[50] Als bemerkenswert ist festzuhalten, dass diese Schulkonferenz nicht vom Kultusminister einberufen wurde, sondern von Kaiser Wilhelm II. persönlich, der die Konferenz auch dominierte, indem er sich bereits bei der Eröffnung in gewohnt temperamentvoller Weise markant äußerte und sich klar auf die Seite der Realisten stellte: Er hatte bereits früher den in Deutschland bestehenden Mangel an naturwissenschaftlicher und technischer Bildung beklagt, wo doch nahezu alle Erfinder seiner Epoche aus Realschulen hervorgegangen seien. Hinzu kam eine diffuse Furcht vor der zersetzenden Wirkung des humanistischen Unterrichts: Die Beschäftigung mit der Antike berge die Gefahr, „daß die Gymnasien schließlich lauter junge Republikaner erziehen [...]. Die Klassizität fördert Sozialdemokraten".[51] Auf der Konferenz machte er sich dezidiert für die Reduktion der alten Sprachen im Lehrplan zu Gunsten einer deutsch-nationalen Erziehung stark:

> Wer selber auf dem Gymnasium gewesen ist und hinter die Coulissen gesehen hat, der weiß, wo es fehlt. Und da fehlt es vor allem an der nationalen Basis. Wir müssen als Grundlage für das Gymnasium das Deutsche nehmen; wir sollen nationale junge Deutsche erziehen und nicht junge Griechen und Römer.[52]

Damit stieß der Kaiser nicht nur seine engeren Berater vor den Kopf, sondern auch die konservativen Teilnehmer, welche größtenteils eben nicht aus dem Lager der Realisten stammten, sondern dem Humanismus anhingen.[53] Dass der Kaiser selbst sich verschiedentlich für die klassische Archäologie interessiert und um diese bemüht hat, steht seiner klar realistisch orientierten Schulpolitik nicht entgegen: Martin Stather hat gezeigt, dass insbesondere die Beförderung der Rekonstruktion des Römerkastells Saalburg wie auch seine eigenen Grabungstätigkeiten auf Korfu sich keineswegs an den wissenschaftlichen Standards seiner Zeit orientierten, sondern dass sich sein Interesse vielmehr auf den „Aspekt einer hegemonialen Ausprägung von Kultur, wie er sie für das deutsche Reich erhoffte", bezog.[54] Gerade der Gedanke, dass die humanistischen Gymnasien nichts für die „nationale Seite der Bildung" täten, wie es Karl Lamprecht in seiner Rückschau auf den Bildungskampf des ausgehenden 19. Jahrhunderts formulierte, war ein bereits unmittelbar nach der Reichsgründung zunächst seitens der Nationalliberalen artikulierter Vorwurf, der in der Folgezeit zunehmend in der Vordergrund rückte.[55]

Im Ergebnis brachte die Konferenz zahlreiche Veränderungen, aber keinen grundlegenden Wandel: Zufrieden war allein der Kaiser, weil er der Kommission „den Weg gezeigt" habe, jedoch ansonsten weder die Realisten noch die Humanisten.[56] Oskar Jäger zum Beispiel, ein Mitglied der Konferenz und ein Vertreter des humanistischen Gymnasiums, empfand das Ergebnis als Niederlage, die er – bezeichnender Weise – mit den Worten des römischen Historikers Livius artikulierte: magna pugna victi sumus.[57] Die fünf Jahre später gezogene Bilanz des Pädagogen und Humanisten Wilhelm Schrader auf der Sitzung des Gymnasialvereins über die Auswirkungen der Schulreform konkretisierte diese empfundene Niederlage: Die Leistungen der Schüler in den alten Sprachen und in der Alten Geschichte seien zurückgegangen, der „lebendige Fleiß" der Schüler habe abgenommen, die „nationale Erziehung" biete keinen Ersatz für die antiken Bildungsinhalte und in die höheren Klassen rückten nun mittelmäßige Schüler vor.[58]

Der Altphilologe Ulrich von Wilamowitz-Moellendorf (1848–1931) allerdings nannte diese Schulkonferenz eine „Revolution": Das Latein sei aus seiner beherrschenden Stellung verdrängt, das Griechische noch weiter beschränkt worden. Als Philologe nahm er dies gelassen: Ohnehin hätten die Sprachkenntnisse der Gymnasiasten nicht mehr hingereicht, um auf der Universität vernünftig mit ihnen arbeiten zu können; er plädierte daher für eine spezialisierte Ausbildung zu Beginn des Studiums. Dieses Infrage-Stellen der ‚Studierfähigkeit' der klassisch ausgebildeten Abiturienten schlug sofort Wellen in der öffentlichen Diskussion: Für die Anhänger der realistischen Bildung galt die Feststellung als Beweis dafür, dass die humanistische Bildung im Grunde jeglichen Nutzens entbehre, wenn sie nicht einmal genügend auf die sogenannten ‚gelehrten Berufe' wie Theologie, Altphilologie und Jura vorbereite.[59] Während Wilamowitz-Moellendorf mit der Reduktion des Sprachunterrichts umgehen konnte, war er durchaus in Sorge um den damit einhergehenden Wertverlust: „Der Glaube an die Macht und den Wert der Antike ist allerdings bedroht, und wir, die ihn hochhalten, sehen darin eine schwere Gefahr für die geistige und sittliche Gesundheit unseres Volkes [...]".[60]

Mit der Schulkonferenz von 1900 (auch diese wurde auf Druck der organisierten Bewegung des Realismus veranlasst) verlor das Gymnasium schließlich seine Monopolstellung, da auch der Abschluss des Realgymnasiums und der Oberrealschule zum Studium aller Fächer an den Universitäten berechtigte. Da der Spracherwerb auf diesen Schulen nicht vorgesehen war, konnte man somit – ohne Latein- und Griechischkenntnisse – studieren. Das traditionelle Gymnasium geriet in die Defensive – und mit ihm das traditionelle Bildungsbürgertum.[61] Dass dies den Vertretern des Humanismus nicht gefiel, ist nachvollziehbar; historisch entscheidender sind der damit verbundene soziale Wandel der Bildungselite, welche sich nun zunehmend auch aus der vorwiegend technisch/naturwissenschaftlich gebildeten Intelligenz speiste, und der Verlust eines weitgehend akzeptierten Musters der Sinngebung: „Die Aufgabe stellvertretender Weltdeutung wird zunehmend spezialisierten Disziplinen übertragen, die zwar für wissenschaftliche Wahrheit, aber nicht mehr für das gesellschaftliche Ganze stehen."[62]

Die Verwissenschaftlichung der Antike

Der deutsche Griechenmythos war nämlich zu Beginn des 20 Jahrhunderts auch von anderer Seite in Frage gestellt worden – ausgerechnet von der Wissenschaft! Eben jene Altertumswissenschaft, entstanden aus dem Bedürfnis, die Besonderheit der griechischen Antike mit den Mitteln der Wissenschaft zu rekonstruieren, hatte „die Alltäglichkeit" der Antike entdeckt. Während zum Beispiel die Archäologie noch zu Beginn des 19. Jahrhunderts weitgehend auf die ästhetisierende Beschäftigung mit der griechischen Kultur ausgerichtet gewesen war, erweiterte sich ihr Aufgabenbereich geradezu zwangsläufig, als die großangelegten, vom preußischen Kultusministerium und den Königlichen Museen zu Berlin finanzierten Ausgrabungen in Olympia, Mykene, Troja und Pergamon gänzlich „un-winckelmannische" – also nicht zur idealisierenden Aneignung einladende – Objekte zu Tage förderten:

Große Mengen von schlichten Scherben, Säulentrommeln und fragmentierten Alltagsgegenständen waren schwerlich mit den klassizistischen Erwartungen in Einklang zu bringen.[63] Auch in der Disziplin der Alten Geschichte rückten stärker die Realien des antiken Lebens in den Vordergrund, die mit enormer wissenschaftlicher Akribie erschlossen wurden. Zu nennen sind hier insbesondere Robert von Pöhlmann (1852–1914) und Karl Julius Beloch (1854–1929), der für sich selbst in Anspruch nahm, „das konventionelle Bild der griechischen Geschichte in Stücke" zu schlagen.[64] Beloch reduzierte die Rolle der großen Einzelpersönlichkeiten und stellte die Idealisierung der großen griechischen Staatsmänner, Feldherrn und Philosophen in Frage.

Robert von Pöhlmann, der von der Jahrhundertwende bis zu seinem Tod im ersten Kriegsjahr den Lehrstuhl für Alte Geschichte in München innehatte, war ein kritischer Kenner sozialistischer wie marxistischer Theorien und setzte sich bereits zu Beginn des Jahrhunderts mit Grundfragen der modernen Gesellschaft auseinander, die noch während des ganzen 20. Jahrhunderts bestimmende Themen blieben, etwa der Frage nach dem Großstadtelend, welche Pöhlmann auf die antiken Metropolen übertrug, der Frage des „Massengeists der Demokratie", aber auch der Frage nach Denk- und Gewissensfreiheit, die Pöhlmann anhand des Prozesses gegen den athenischen Philosophen Sokrates verhandelte.[65] Pöhlmann nahm auch zu tagespolitischen Fragen Stellung, etwa zur Bildungspolitik Kaiser Wilhelms II.[66] Nicht zuletzt führten auch die großen, altertumswissenschaftlichen Verbundprojekte jener Zeit zu einem enormen Zugewinn an Detailwissen über das reale Leben der Antike. Zu nennen sind hier vor allem wissenschaftliche Sammlungen und Editionen von Inschriften wie das *Corpus Inscriptionum Latinarum* und der Beginn von Pauly-Wissowas *Realencyclopädie der classischen Altertumswissenschaft*. Karl Christ betont daher mit Recht, dass die „Verwissenschaftlichung" die Vorbildlichkeit der Antike zerstört habe[67] und damit dem Griechenmythos den Boden entzog. Suzanne Marchand spricht von einem „Graben, der die [nunmehr] historisch orientierten Wissenschaften von ihrer mehr ästhetischen Form der öffentlichen Bildung trennte".[68] Der Althistoriker Christian Bachhiesl fasst das Resultat dieser „Verwissenschaftlichung" der Antike in ein recht drastisches, aber anschauliches Bild: Der Altertumswissenschaft sei es ergangen wie einem Tierliebhaber, der sein geliebtes Haustier seziert, um genau zu wissen, wie es in ihm aussieht, um danach traurig festzustellen, dass er es nicht wieder zum Leben erwecken kann.[69]

Genau diese Auswirkungen der wissenschaftlichen Beschäftigung beobachtet auch Richard Laqueur in seinem Forschungsbericht aus dem Jahr 1913:

> Die fortschreitende historische Betrachtungsweise [hat] das konstruierte Idealbild des Griechentums zu erschüttern vermocht, und das vor allem politisch gerichtete Interesse des 19. Jahrhunderts hat sich mit besonderer Vorliebe den Fragen politischen und wirtschaftlichen Geschehens zugewandt; so hat man gelernt, auch bei den Griechen ‚neben den Höhen die Niederungen zu sehen', einmal durch Darlegung der wirtschaftlichen Nöte und des vollkommenen Mißerfolges [...] So hoch nun auch der Gewinn dieser Arbeiten für die ganze Erfassung griechischen Lebens war und ist, das darf man doch nicht übersehen, daß sie aus einer notwendigen, aber doch immerhin einseitigen Perspektive heraus gerade diejenigen Momente zurücktreten ließ, um derentwillen uns die griechische Kultur mehr bedeutet als die irgendeines andern Volks.[70]

Laqueur bekennt sich damit klar zum Griechen-Mythos, er betont noch einmal die enorme Bedeutung des Bildungsideals für „uns" – gemeint sind die Deutschen – trotz der Einsicht, dass die Antike im Spiegel des wissenschaftlichen Kenntnisstandes im Grunde keine Orientierung mehr zu bieten vermag.

Fazit und Ausblick: Die Kulturnation in der Defensive

Der Beitrag hat gezeigt, wie sich in einem exemplarisch ausgewerteten Zeugnis aus dem Jahr 1913 die Relevanz der Antike für die Gegenwart aus der Perspektive eines Professors der Alten Geschichte darstellte. Er hing an dem Idealbild der Griechen und erkannte gleichzeitig, dass dieses Idealbild in Frage gestellt worden war. Es wurde gezeigt, in welchem Kontext das Idealbild von der Antike im 18. Jahrhundert entstand, wie es in Deutschland eine nationale Aufladung erfuhr und wodurch die griechische Antike als Ideal wie auch als Bezugspunkt des Nationalgefühls geschwächt wurde: durch die an den Bedürfnissen der neuen Zeit ausgelegten Schulreformen und die Verwissenschaftlichung der Altertumswissenschaft selbst. Der Mythos der Seelenverwandtschaft von Deutschen und Griechen war also verblasst, aber die Konkurrenz anderer sinnstiftender Programme war groß: Die Reflexionen über die Besonderheit der deutschen Kultur, und zunehmend des deutschen

Volkes, wurden fortgeführt und speisten sich aus unterschiedlichen geistesgeschichtlichen Traditionen (Romantik, Idealismus, Darwinismus).[71] Den gewaltigen Aufschwung, den das Deutsche Reich nach 1871 genommen hatte, versuchte man nun durch eine „deutsche Wesensart" zu erklären, die endlich zur Entfaltung gekommen sei. Das lag vielen Zeitgenossen näher als ökonomische oder technikgeschichtliche Erklärungen.[72] Der Gedanke des Humanismus war freilich nicht gänzlich ausgelöscht, die Diskussion um die humanistische Bildung wurde nach dem Weltkrieg wieder aufgenommen: Zu verweisen ist hier auf Werner Jaegers Versuch, seit den 1920er Jahren den idealistischen Humanismus neu als sogenannten Dritten Humanismus zu begründen.[73]

Nach dem Kriegsbeginn 1914 wurde von den deutschen Akademikern ein ganzes Arsenal von historischen und philosophischen Argumenten bemüht, um die deutsche Kriegführung als Kampf um die Behauptung der besonderen Eigenart der deutschen Kultur gegenüber den Alliierten zu legitimieren.[74] Dabei spielte der postulierte Unterschied zwischen der „deutschen Kultur" und der westeuropäischen „Zivilisation" eine wichtige Rolle.[75] Während man für die deutsche Nation Innerlichkeit, echten Individualismus bei gleichzeitiger Unterordnung in die Gemeinschaft reklamierte, wurden den anderen aufs Äußere bedachte Lebensformen und krasser Egoismus und die selbstsüchtige Verfolgung materialistischer Interessen zugeschrieben.[76] Diese Kluft der Kulturideale hatte sich bereits in der Vorkriegszeit abgezeichnet, sie verschärfte sich unmittelbar nach Kriegsbeginn angesichts der Methoden der deutschen Kriegsführung in Belgien und Nordfrankreich. Massive Kritik wurde seitens französischer und britischer Wissenschaftler gegen die Gewaltakte deutscher Truppen in der belgischen Universitätsstadt Löwen artikuliert, wo deutsche Truppen als Maßnahme gegen angebliche Sabotageakte die Universitätsbibliothek zerstört hatte. Dabei waren unter anderem mittelalterliche Bücher und Handschriften verbrannt.

Die Deutschen wurden daher vor allem im angelsächsischen Raum als kulturzerstörende Barbaren und „Hunnen" porträtiert. Das Barbarenstigma lastete schwer auf den Deutschen, die sich doch selbst als Kulturnation definierten.[77] Als Reaktion auf diese alliierten Vorwürfe beschlossen führende deutsche Publizisten und Intellektuelle, ein Manifest abzufassen, in dem die Vorwürfe als ungerechtfertigt und die deutschen Maßnahmen als Selbstverteidigung in Notwehr dargestellt wurden. In diesem sog. Manifest der Dreiundneunzig vom Oktober 1914 sprachen sich 93 Wissenschaftler, Künstler und Schriftsteller für die deutsche Kriegspolitik aus. Richard Laqueur, der Autor des Artikels, der hier zum Ausgangspunkt genommen wurde, zählte zwar nicht zu den Unterzeichnenden, möglicherweise hätte er unterzeichnet, wenn er darum gebeten worden wäre. Er beteiligte sich zunächst als Offizier am Ersten Weltkrieg, stieg im Militär auf und wurde mit dem Eisernen Kreuz II. und I. Klasse, der Hessischen Tapferkeitsmedaille, dem Mecklenburgischen Militärverdienstkreuz und dem Hanseatenkreuz ausgezeichnet. Anfang des Jahres 1919 kehrte er auf seine Professur nach Gießen zurück.

Anmerkungen

1 | Sarason, David: Das Jahr 1913. Ein Gesamtbild der Kulturentwicklung, Leipzig 1913.

2 | Ebd., vgl. die Einführung S. V–VII.

3 | Fries, Helmut: Die große Katharsis. Die Kriegsbegeisterung von 1914: Ursprünge – Denkweisen – Auflösung, Konstanz 1994, S. 31f.

4 | Lamprecht wandte sich gegen die bislang vorherrschende Überzeugung, dass „große Männer" Geschichte machen, indem er die Bedeutung der wirtschaftlichen Rahmenbedingungen unterstrich. Der ihm zugeschriebene Satz, es komme nicht darauf an, zu zeigen, wie es eigentlich gewesen (Ranke), sondern wie es geworden sei, fasst sein Anliegen prägnant zusammen. Zur Würdigung Lamprechts vgl. Chickering, Roger: Karl Lamprecht. A German Academic Life (1865–1915), Leiden 1993; Schorn-Schütte, Louise: Karl Lamprecht. Kulturgeschichtsschreibung zwischen Wissenschaft und Politik, Göttingen 1997 (= Schriftenreihe der Historischen Kommission bei der Bayerischen Akademie der Wissenschaften 22).

5 | Laqueur, Richard: Die antike Kultur, in: Sarason, 1913, S. 442–448.

6 | Zu Richard Laqueur vgl. Gundel, Hans Georg: „Laqueur, Richard", in: Neue Deutsche Biographie 13 (1982), S. 634f. , Onlinefassung: http://www.deutsche-biographie.de/pnd119071304.html, abgerufen am 10.03.2014.

7 | Zitate bei Laqueur, Kultur, S. 442. Zu Friedrich Leo (1851–1914) vgl. Schindel, Ulrich: „Leo, Friedrich", in: Neue Deutsche Biographie 14 (1985), S. 241–242, Onlinefassung: http://www.deutsche-biographie.de/pnd116918365.html, abgerufen am 10.03.2014.

8 | Laqueur, Kultur, S. 442.

9 | Laqueur, Kultur, S. 442f.

10 | Laqueur, Kultur, S. 242f.

11 | Ebd.

12 | Zur Vita und zum wissenschaftlichen Ouevre Wilamowitz-Moellendorfs vgl. Nippel, Wilfried: Über das Studium der Alten Geschichte, München 1993, S. 211–212; Flöter, Jonas: Eliten-Bildung in Sachsen und Preussen: Die Fürsten- und Landesschulen Grimma, Meissen, Joachimsthal und Pforta (1868–1933), Köln 2009 (= Beiträge zur Historischen Bildungsforschung), S. 500–505.

13 | Zur Biographie Laqueurs vgl. Gundel, Laqueur.

14 | Ich verwende hier das Wort Mythos im Sinne von ‚Deutungsmuster mit großer öffentlicher Ausstrahlung'; ich folge darin Landfester, Manfred: Griechen und Deutsche: Der Mythos einer ‚Wahlverwandtschaft', in: Berding, Helmut (Hg.): Mythos und Nation, Frankfurt am Main 1996 (= Studien zur Entwicklung des kollektiven Bewußtseins in der Neuzeit), S. 198–219.

15 | Zum Folgenden grundlegend Landfester, Griechen, S. 198. Vgl. auch Sünderhauf, Esther Sophia: Griechensehnsucht und Kulturkritik: Die deutsche Rezeption von Winckelmanns Antikenideal 1840–1945, Berlin 2004; Uhlig, Ludwig: Griechenland als Ideal: Winckelmann und seine Rezeption in Deutschland, Tübingen 1988. Zu Winckelmann auch Schloemann, Johan: Johann Joachim Winckelmann – „edle Einfalt, stille Größe", in: Stein-Hölkeskamp, Elke/Hölkeskamp, Karl-Joachim (Hgg.): Erinnerungsorte der Antike: Die griechische Welt, München 2006, S. 524–537, hier: S. 524.

16 | Zitat bei Landfester, Griechen, S. 199.

17 | Schloemann, Winckelmann, S. 525.

18 | Dazu Miller, Norbert: Europäischer Philhellenismus zwischen Winckelmann und Byron, in: Wischer, Erika (Hg.): Propyläen-Geschichte der Literatur, Bd. 4, Frankfurt am Main 1988, S. 317–320.

19 | Bereits in der 2. Hälfte des 18. Jahrhunderts hatte der Schriftsteller Christoph Otto von Schönaich als aufmerksamer Beobachter des aktuellen Trends in seinem neologischen Wörterbuch prognostiziert, dass der Einfluss der Griechen alles, auch die deutsche Sprache, vereinnahmen würde: „[...] gehet das so weiter fort: so griechenzen wir ärger als die griechenzendesten Griechen gegriechenzent haben." Christoph Otto von Schonaich, Die ganze Aesthetik in einer Nuß, oder neologisches Wörterbuch, Sorau 1762, S. 288, zitiert nach: Landfester, Griechen, S. 207.

20 | Vgl. etwa Gottfried August Bürgers 1776 formulierten „Herzenausguß" über Volks-Poesie, zitiert bei: Landfester, Griechen S. 206.

21 | Vgl. auch Schloemann, Winckelmann, S. 530ff.

22 | Zu Niethammers entsprechender Schrift vgl. Fuhrmann, Manfred: Latein und Europa: Geschichte des gelehrten Unterrichts in Deutschland von Karl dem Grossen bis Wilhelm II, Köln 2001, hier: S. 114. Niethammer positionierte sich mit dieser Schrift gegen die sog. Philanthropinisten, die bezugnehmend auf das Weltbild der Aufklärung die Schulpädagogik im Sinne von Nützlichkeit und Gegenwartsorientierung prägen wollten.

23 | Vgl. ebd., S. 114.

24 | In Frankreich trat mit der Französischen Revolution von 1789 ein anderer Antiken-Mythos in den Vordergrund: Die führenden Revolutionäre bezogen sich in ihrer Rhetorik zur Sicherung der neuen Republik auf das antike Rom und dessen republikanische Verfassung. Dazu Landfester, Manfred: Auf der Suche nach den klassischen Republikanern, in: Berding, Helmut/Oesterle, Günter (Hgg.): Die Französische Revolution, Bd. 1, Gießen 1989, S. 65–86. Doch dieser Mythos verblasste mit dem Ende der Schreckensherrschaft der Jakobiner, die sich besonders intensiv auf Rom bezogen hatten, allenfalls in der Kunst und in der Mode erwiesen sich klassizistische Tendenzen als beständig.

25 | Zum Begriff der Wahlverwandtschaft als Kunst-und Modewort des ausgehenden 18. Jahrhunderts Landfester, Griechen, S. 198, Anm. 1.

26 | Zitiert nach Ludwig Geiger: Goethes Briefwechsel mit Wilhelm und Alexander von Humboldt, Berlin 1909, 124. So bei Landfester, Griechen, S. 208, Anm. 28.

27 | Fuhrmann, Latein, S. 141.

28 | Friedrich Schlegel, Über das Studium der Griechischen Poesie (entstanden Herbst 1795, gedruckt 1797), in: Kritische Friedrich-Schlegel-Ausgabe, Bd. 1, hg. von Ernst Behler, Paderborn u. a. 1979, S. 364 u. 366.

29 | Vgl. Münkler, Herfried: Die Deutschen und ihre Mythen, Berlin 2009, S. 329.

30 | Ebd., S. 330. Die Antithetik von „Kultur" und „Zivilisation" dominierte vor allem die Anfangsphase des Ersten Weltkrieges. Vgl. dazu Fries, Katharsis, S. 203.

31 | Münkler, Die Deutschen, S. 337.

32 | Ebd., S. 338, allerdings bereits auf Winckelmann bezogen.

33 | Das Folgende bezieht sich unmittelbar auf Landfester, Griechen, S. 211–213.

34 | Vgl. zur Charakteristik des Bildungsprinzips Humboldts: Marchand, Suzanne: Klassizismus und Wissenschaft, in: Heilmeyer, Wolf-Dieter/Staatliche Museen zu Berlin Antikensammlung (Hgg.): Die Griechische Klassik – Idee oder Wirklichkeit, Mainz 2002, S. 54–60, hier: S. 57.

35 | Zu der Pflichtlektüre griechischer Texte anhand der Lehrpläne der Staaten des deutschen Bundes vgl. summarisch Löbker, Friedger: Antike Topoi in der deutschen Philhellenenliteratur: Untersuchungen zur Antikerezeption in der Zeit des griechischen Unabhängigkeitskrieges (1821–1829), München 2000, hier: S. 28.

36 | Zitiert nach Löbker, Topoi, S. 29.

37 | Indem die deutschen ‚Griechen' Goethe und Schiller mit ihren als klassisch wahrgenommenen Werken als Ziel der Entwicklung der gesamten deutschen Literatur angesehen wurden, wirkte diese Wertschätzung auch wieder auf die Wertschätzung der Antike zurück. Dies betont Landfester, Griechen, S. 213.

38 | Die gängigen Vorwürfe waren gegen Ende des 19. Jahrhunderts die sog. „Überbürdung", d. h. die Überfrachtung der Jugend mit altsprachlichen Stilübungen etc., der Mangel an Idealität bei der Jugend und die Vernachlässigung der Gesundheitspflege. Das Gymnasium produziere nur „kränkliche Bücherleser" – so der erhobene Vorwurf, vgl. dazu Lamprecht, Karl: Deutsche Geschichte (Zweiter Band, zweite Hälfte), Berlin u. a. ^{4}1921, S. 417.

39 | Schrader, Wilhelm: Die Verfassung der höheren Schulen. Pädagogische Bedenken, Berlin 1879, S. 70.

40 | Nach Goethe, Iphigenie auf Tauris, 1, 1, Vers 12.

41 | Bachhiesl, Christian: Das Alte Griechenland als Projektionsfläche. Zum Bild der Griechen bei Ernst Curtius, in: Strobel, Karl (Hg.): Die Geschichte der Antike aktuell: Methoden, Ergebnisse und Rezeption Klagenfurt u. a. 2005 (= Altertumswissenschaftliche Studien Klagenfurt, 2), S. 63–86. 70. Zum deutschen Philhellenismus in der Forschung zusammenfassend Löbker, Topoi, S. 15ff. Zur finanziellen Unterstützung des Unabhängigkeitskrieges ebd., S. 23.

42 | Einen tendenziell freiheitlich-republikanischen Geist der Gymnasien postuliert Löbker, Topoi, S. 35.

43 | Jäger, Oskar: Pro domo – Reden und Aufsätze, Berlin 1894, S. 405, zitiert nach Landfester, Manfred: Humanismus und Gesellschaft im 19. Jahrhundert: Untersuchungen zur politischen und gesellschaftlichen Bedeutung der Humanistischen Bildung in Deutschland, Darmstadt 1988, S. 110.

44 | Vgl. Marchand, Klassizismus, S. 58.

45 | Ebd.

46 | Riehl, Wilhelm Heinrich: Kulturgeschichtliche Charakterköpfe, Stuttgart ^{3}1899, S. 42f.

47 | Vgl. König, Wolfgang: Wilhelm II. und die Moderne. Der Kaiser und die technisch-industrielle Welt, Paderborn 2007, S. 110. Zur Terminologie des Kampfes in diesem Kontext bereits Lamprecht, Geschichte, S. 413: Er spricht vom „Kampf zweier Weltanschauungen, der humanistischen und der modern-naturwissenschaftlichen".

48 | Zu den Zahlen vgl. König, Wilhelm II., S. 110, mit weiterer Literatur.

49 | Vgl. Baumgart, Peter: Bildungspolitik in Preussen zur Zeit des Kaiserreichs, Stuttgart 1980 (= Preussen in der Geschichte), S. 192.

50 | Vgl. auch Apel, Hans Jürgen/Bittner, Stefan: Humanistische Schulbildung 1890–1945. Anspruch und Wirklichkeit der altertumskundlichen Unterrichtsfächer, Köln u. a. 1994 (= Studien und Dokumentationen zur Deutschen Bildungsgeschichte), S. 35–40. Die Humanisten auf der anderen Seite waren weniger und später organisiert: Im Jahr 1888 wurde

die sog. Heidelberger Erklärung zur Erhaltung der Gymnasien in ihrer herkömmlichen Form verfasst; im Jahr 1890 wurde der Gymnasialverein mit seiner Zeitschrift *Das humanistische Gymnasium* begründet, vgl. Lamprecht, Geschichte, S. 419.

51 | Entsprechende Belege bei König, Wilhelm II., S. 111 bzw. S. 286.

52 | Zitat nach Landfester, Griechen, S. 215.

53 | Zu den Teilnehmern der Konferenz ausführlich Baumgart, Bildungspolitik, S. 199. König, Wilhelm II., S. 111–112. Zur Kritik am Kaiser vgl. z.B. den Bericht des badischen Gesandten an den badischen Ministerpräsidenten: „[...] S.M. [Seine Majestät] findet damit in offiziellen, bedächtigen Kreisen der Residenz mehr Critik und Kopfschütteln als Anerkennung, dafür aber Jubel und Begeisterung in den breiten Massen des Volkes." Zitiert nach Brunkhorst, Heinz Ernst: Die Einbeziehung der preußischen Schule in die Politik des Staates (1808–1918), Köln 1956, S. 103f.

54 | Vgl. Stather, Martin: Die Kunstpolitik Wilhelms II., Heidelberg 1994, S. 85. Zu den Ende des 19. Jahrhunderts erhobenen Vorwürfen, „der Kaiser hege gegen die Antike an sich eine starke Antipathie, und diese Gesinnung sei ein Ergebnis seiner Kasseler Gymnasialstudien", bereits kritisch Lamprecht, Geschichte, S. 422.

55 | Lamprecht, Geschichte, S. 415.

56 | Zu den Ergebnissen der Konferenz zusammenfassend König, Wilhelm II., S. 112f. Zur Unzufriedenheit aller schulpolitischen Richtungen Baumgart, Bildungspolitik, S. 206.

57 | Lamprecht, Geschichte, S. 424.

58 | Zusammenfassung der Position Schraders nach Apel/Bittner, Schulbildung, S. 49.

59 | Ebd., S. 45.

60 | Wilamowitz-Moellendorf, Ulrich von: Philologie und Schulreform, Prorektoratsrede, gehalten zur akademischen Preisverleihung am 1. Juni 1892, zitiert nach dem auszugsweisen Abdruck bei Nippel, Studium, S. 212–227, hier: S. 226.

61 | Zu der Schulkonferenz 1900: Baumgart, Bildungspolitik, S. 207; Apel/Bittner, Schulbildung S. 53ff. Zu den Ergebnissen König, Wilhelm II., S. 114.

62 | Griesen, Berhard/Junge, Kay/Kritschgau, Christian: Vom Patriotismus zum völkischen Denken: Intellektuelle als Konstrukteure der deutschen Identität, in: Berding, Helmut (Hg.): Nationales Bewußtsein, Frankfurt a. M. 1994, S. 345–393, hier: S. 371f. Zum Verlust des Bildungsbürgertum und Adel vereinenden Bildungsideal des Klassizismus auch Marchand, Klassizismus, S. 60.

63 | Marchand, Klassizismus, S. 59.

64 | Zitiert nach Christ, Karl: Klios Wandlungen. Die deutsche Althistorie vom Neuhumanismus bis zur Gegenwart, München 2006, S. 33.

65 | Dazu Christ, Wandlungen, S. 30.

66 | Vgl. ebd., S. 31.

67 | Landfester, Griechen, S. 216.

68 | Marchand, Klassizismus, S. 59.

69 | Bachhiesl, Griechenland, S. 83.

70 | Laqueur, Kultur, S. 442f.

71 | So Mommsen, Wolfgang J.: Kultur und Krieg. Die Rolle der Intellektuellen, Künstler und Schriftsteller im Ersten Weltkrieg, München 2006 (= Schriften des Historischen Kollegs: Kolloquien), S. 2.

72 | Fries, Katharsis, S. 19.

73 | Vgl. Jaeger, Werner: Antike und Humanismus [1925], in: Oppermann, Hans (Hg.): Humanismus, Darmstadt [2]1977, S. 18–32.

74 | Vgl. zum „Krieg der Geister" Böhme, Klaus: Aufrufe und Reden deutscher Professoren im Ersten Weltkrieg, Stuttgart 1975.

75 | Vgl. auch Besslich, Barbara: Wege in den „Kulturkrieg“: Zivilisationskritik in Deutschland 1890–1914, Darmstadt 2000, hier: S. 25: „Was die deutschen Kulturkrieger positiv auf sich bezogen, subsumierten sie unter ‚Kultur‘, wovon sie sich abgrenzten, nannten sie ‚Zivilisation‘.“ Die Begriffe wurden erst seit den 1890er Jahren kontrastierend verwendet, allerdings wird in der neueren Forschung vor einem zu starken Schematismus gewarnt.

76 | Fries, Katharsis.

77 | Zu den auf britischer Seite vorgebrachten Forderungen nach einer „Zivilisierung“ der Barbaren vgl. Fries, Katharsis, S. 189, mit Belegen.

Die Jahrhundertfeiern der ‚Völkerschlacht'

Erinnerungskulturen und Kriegslegitimation im Jahr 1913

Birte Förster

1913 war ein Feierjahr. Waren nach dem Amtsantritt Wilhelms II. mehrere neue nationale Gedenktage eingeführt worden und wurde Jubiläen wie des 100. Geburtstags von Wilhelm I. 1897 ausführlich mit mehrtätigen Feiern gedacht[1], so erreichte die nationale – man kann fast sagen – ‚Feierwut'[2] 1913 einen neuen Höhepunkt. Einen hervorgehobenen Termin stellte das Gedenken an die ‚Völkerschlacht' des Jahres 1813 dar. Damit wurde allerdings weniger an die Schlacht selbst als an deren Mythos erinnert. Zwar handelte es sich um die bis dato größte Schlacht der Geschichte – es waren 91.000 Tote zu beklagen –, ihre militärische Bedeutung war jedoch eher gering, den Ausschlag zum Sieg über Napoleon gab sie nicht. Bereits von den Zeitgenossen wurde sie zum Kampf um die nationale Emanzipation umgedeutet und sollte schon 1814 als „Fest aller Teutschen"[3] erinnert werden.

Eben dieser umgedeuteten Version, welche die Völkerschlacht als Ursprung nationaler Einheit feierte, wurde im Jahr 1913 mehrheitlich gedacht. Die Feierlichkeiten zogen sich über das ganze Jahr hin. Zum Gedenken an die Schlacht kam das 25-jährige Dienstjubiläum Kaiser Wilhelms II. hinzu, das im Juli gleich an mehreren Tagen gefeiert wurde. Den Erinnerungsreigen eröffnete allerdings bereits der pompös zelebrierte Kaisergeburtstag am 27. Januar 1913. Auch die Hundertjahrfeier der Berliner Universität am 9. Februar wurde miteinbezogen, im März wurden der Geburtstag Königin Luises sowie der

Jahrestag des *Aufrufs an mein Volk* des preußischen Königs Friedrich Wilhelm III. gefeiert. Dazu kamen Turnerfeste und die Eröffnung des Deutschen Stadions in Berlin.[4] Scharnhorsts Tod jährte sich wie der von Theodor Körner nach einhundert Jahren, diverse Frauenvereine, wie etwa der Frankfurter, waren 1813 gegründet worden. Zudem galt es, an all die (aus preußischer Sicht) siegreichen Schlachten zu erinnern und so reihte sich ein Erinnerungsdatum an das andere. Dies eröffnete 1913 immer wieder die Möglichkeit, Deutschlands sogenannte ‚große Zeit' ins Gedächtnis zu rufen.[5]

Höhepunkt waren die Feiern der ‚Völkerschlacht', anlässlich derer am 18. Oktober 1913 das Völkerschlachtdenkmal eingeweiht wurde.[6] Dazu konnte sich die interessierte Öffentlichkeit in einem breiten Medienangebot informieren, in dem stets auch visuelle Bezüge zur Zeit der ‚Befreiungskriege' hergestellt wurden. Neben Postkarten der preußischen Heroen Scharnhorst, Gneisenau und Blücher sowie Tageszeitungen waren dies Sondernummern von Zeitschriften, Groschenromane, Erinnerungsschriften, aufwändige Bildbände, Schulfestspiele, Filme wie „Theodor Körner" und „Der Film von der Königin Luise" sowie Musikstücke.[7] Außerdem konnte man sich am Jahrhundert-Schaumwein gütlich tun[8], trinken konnte man ihn aus dem entsprechenden Glas, der Souvenirhandel mit Taschentüchern, Einblattdrucken und Münzen blühte.[9] Selbst bei der Körperhygiene kam die Erinnerung nicht zu kurz. Seifenverpackungen der Firmen Naumann und Böhm aus Offenbach etwa bildeten das Konterfei Scharnhorsts oder den „Heldentod Theodor Körners" ab.[10] Der sozialdemokratische Historiker Franz Mehring fragte ironisch, ob es auch Unterröcke und Unterhosen mit dem Aufdruck des Denkmals gebe.[11] Da sogar kleinere Orte wie Groß-Umstadt oder Erbach in Hessen eigene Feiern begingen[12], kann man die Erinnerung an das Jahr 1813 sicherlich als omnipräsent bezeichnen.

In diesem Beitrag geht es damit um Formen der Erinnerung an die ‚Befreiungskriege'. Zu behandeln sind die Bezüge, die zwischen 1913 und 1813 hergestellt wurden, deren Bedeutung für die damalige Gegenwart sowie die daraus resultierenden Zukunftsvisionen. Im Zentrum steht die Frage, *welche* gesellschaftlichen Gruppen sich *wie* auf die Völkerschlacht und das Jahr 1813 insgesamt bezogen. Und damit hängt eng die Frage nach der – in den Worten Wolfram Siemanns – „Schwellenfunktion" des Jahres 1913 für „Kriegserwartung und Kriegsmentalität"[13] zusammen. Denn Krieg wurde keineswegs nur als ‚Götterdämmerung', sondern sehr wohl auch als ‚Morgenröte einer neuen Zeit'[14] gedeutet. Um die oben angedeutete regionale Dimension des Gedenkens zu verdeutlichen, wird exemplarisch auf die Feiern in Darmstadt eingegangen.

Abb. 1: „Boehms Jubiläumsmarke. Gerhard v. Scharnhorst"

Erinnerungskulturen, nationale Mythen und Erinnerungskonkurrenzen

Die Nationalismusforschung ist sich inzwischen einig, dass Nationen und Nationalstaaten wie das 1871 gegründete Deutsche Reich keine ‚natürlichen Gemeinschaften' sind, sondern *imagined communities*. Damit meint der Urheber dieses Konzepts, Benedict Anderson, dass nationalstaatliche Identität über Kommunikation hergestellt werden muss.[15] In einer beginnenden Mediengesellschaft, wie das Deutsche Kaiserreich es war, geschah dies über mediale Verbreitung gemeinsamer Mythen und Symbole, über Rituale wie Feiertage und Feste sowie über staatliche Institutionen – vor allem sind hier natürlich Schulen zu nennen – sowie über Vereine, wie Gesangs-, Turner- oder Kriegervereine. Immer wieder musste während der Nationalstaatsgründung – aber auch danach – ausgehandelt werden, was es denn bedeuten sollte, *deutsch* zu sein – für Bayern oder Hessen, für Protestanten, Katholiken und Juden, für Frauen und Männer.[16]

In Bezug auf regionale und lokale Identität hat Alon Confino für Württemberg die interessante (allerdings nicht ganz unumstrittene) Beobachtung gemacht, dass die nationale Identität häufig zur lokalen und regionalen Identität hinzutrat und Konflikte zwischen den Ebenen integriert wurden.[17] Dies war 1913 auch in Darmstadt der Fall, wo die Erinnerung an die Völkerschlacht trotz Niederlage und damaliger Positionierung Hessen-Darmstadts auf der ‚falschen Seite' gefeiert wurde (s. u.). Die Integration der Bevölkerung der mehrheitlich katholischen, aber preußischen Rheinprovinz hingegen gelang 1897 bei den Säkularfeiern für Wilhelm I. beispielsweise über das Symbol der Kornblume. Sie war nach eigenen Aussagen seine Lieblingsblume, weil sie ihn an seine geliebte, bereits 1810 verstorbene Mutter Königin Luise von Preußen erinnerte. Diese wiederum repräsentierte die ‚sanfte Seite' der preußischen Hegemonie und darum war die Kornblume vermutlich auch für die katholische Bevölkerung ein akzeptables Symbol.[18]

Erinnerungskulturen weisen zudem geschlechtsspezifische Unterschiede auf, die erst seit kurzem in der Forschung mehr Berücksichtigung finden.[19] Während Männer als waffentragende Staatsbürger ohnehin in die nationale Gemeinschaft integriert waren[20], gestaltete sich die Situation für Frauen schwieriger. Sie sollten zwar Bürgerinnen des Deutschen Reiches sein, jedoch keine *Staats*bürgerinnen. Die „Wege nationaler Partizipation" waren, so die Historikerin Ute Frevert, für Frauen zwar sehr viel weniger eindeutig als für Männer, dennoch hätten auch Frauen ‚die Nation' dazu genutzt, ihre Handlungsspielräume und damit auch das Geschlechterverhältnis neu zu verhandeln.[21] Dies gelang zum einen durch die Umdeutung nationaler Mythen und Symbole, wie beispielweise der Neuinterpretation Königin Luises als aktiver und oftmals einziger Gegnerin Napoleons, oder auch, indem man öffentliche Aktivitäten wie die Pflege der Verwundeten sowie deren Finanzierung mit dem Hinweis auf den ‚patriotischen Liebesdienst' rechtfertigte.[22]

Bei der kommunikativen Einigung darüber, was die Nation zu sein habe, was denn *deutsch* sei, waren zwei Momente zentral: *Erstens* die Abgrenzung gegenüber anderen und die Definition, wer zur ‚deutschen Nation' dazugehörte und wer eben nicht. Dabei ging es nicht nur um andere Länder, allen voran ist natürlich hier Frankreich zu nennen, sondern auch um die Abgrenzung nach innen – gegen die als ‚Vaterlandsfeinde' verschrienen Sozialdemokraten ebenso wie in der seit den 1890er Jahren stärker werdenden völkischen Bewegung gegen jüdische Deutsche. Auch die Frauenbewegung blieb vor diesem Vorwurf nicht gefeit – brachte sie doch aus der Sicht mancher die Familie und damit die Keimzelle des Staates in Gefahr.[23]

Zweitens diente der Blick in die Vergangenheit wesentlich der Sinnstiftung der Gegenwart. Für die Gründung der modernen europäischen Nationalstaaten ist zu beobachten, dass sich alle auf ein wie auch immer geartetes ‚goldenes Zeitalter' nationalen Ursprungs bezogen. Der britische Historiker Eric J. Hobsbawm hat dies mit dem Begriff *invention of tradition* beschrieben.[24] Damit beschrieb er die Behauptung, es gebe eine Kontinuität von diesem nationalen Ursprung hin zur jeweiligen Gegenwart. Diese Verbindung von Gegenwart und Vergangenheit gehe in der Regel mit einer Interpretation des Vergangenen einher, die in der Gegenwart nützlich sei. Ein solcher Blick in die Vergangenheit geschah bei der Feier von Jubiläen, bei Denkmalserrichtungen oder in patriotischen Vereinen.[25]

Der Gründungsmythos des Deutschen Reiches waren die ‚Befreiungskriege' gegen Napoleon 1813 bis 1815[26], deren wichtigstes mythisches Ereignis wiederum war die ‚Völkerschlacht' bei Leipzig. Bei der Mythisierung einer historischen Person oder auch eines Ereignisses wird das historische Geschehen auf jene Elemente reduziert, die sich zur Idealisierung eignen.[27] So war beim ‚Heldentod' Theodor Körners kaum je die Rede von Qual und Schmerz, das Töten an sich spielte bei den Neuerzählungen der Völkerschlacht nur eine untergeordnete Rolle.[28]

Abb. 2: „Theodor Körners Heldentod bei Gadebusch"

Opfer waren häufig allein die deutschen, auf Seiten der Gegner Napoleons kämpfenden Soldaten.[29] Erzählt wurde eine nationale Heilsgeschichte: Die deutsche Nation entstand gewissermaßen wie Phönix aus der Asche auf dem Schlachtfeld; „*Freiheit* und *Einheit, Vaterland, Treue, Ehre*"[30] waren die Schlagworte der Verklärung des Kampfes.

Zwar war die Deutung der Schlacht keineswegs immer gleich – dies zeigte beispielsweise schon die unterschiedliche Interpretation von liberalem Freiheitskrieg und monarchischem Befreiungskrieg[31] –, doch beliebig war die Deutung der Schlacht nicht. Dennoch kam es zu liberalen, monarchischen, völkischen und sogar (wenngleich kritischen) sozialdemokratischen Aneignungen des Völkerschlacht-Mythos.

So stellte etwa Julius von Pflugk-Hartung in seiner prachtvollen *Illustrierten Geschichte der Befreiungskriege* klar, wem der Sieg in Leipzig zu verdanken gewesen sei:

> Die Freiheitskriege sind eine Tat Preußens, nicht aber Deutschlands gewesen. [...] Preußen trug die ganze Verantwortung; hätte Napoleon gesiegt, so wäre es von der Landkarte verschwunden und der Hohenzoller zum landlosen Flüchtling geworden. [...] Erst kurz vor der Völkerschlacht bei Leipzig hatte Bayern sich vom Rheinbunde losgesagt [...], ja Württemberg, Hessen-Darmstadt, Baden und die noch übrigen Glieder des Rheinbundes haben Napoleon erst nach seiner Niederlage verlassen.[32]

Wilhelm II. wiederum verknüpfte mit der Völkerschlacht vor allem den Einsatz „für König und Vaterland, Freiheit und Ehre" und verband in seinem Dankerlass vom 30. Januar 1913 Vergangenheit und Gegenwart, indem er *„die gleiche Treue, Opferfreudigkeit und Einmütigkeit"* einforderte *„wie [...] vor 100 Jahren von unseren Vätern"*.[33]

In der *Erinnerungsschrift zur Hundertjahrfeier 1813-1913. Als Festgabe für Hessens Jugend* wurde hingegen die Auflösung gesellschaftlicher Unterschiede gefeiert: Schüler und Lehrer, Edelmann und Bauer, Patrizier und Handwerker – alle seien sie in der Uniform gleich geworden. „Ein Geist belebt alle, eine Liebe erfüllt alle, eine Hoffnung beflügelt alle."[34] Ein Vorbild sei die Volkserhebung auch in der Gegenwart, „weil alle Stände der Gedanke ergriffen hatte, daß im Kampfe für die Freiheit und gegen die Fremdherrschaft das Wohl der Allgemeinheit höher zu stellen sei als der Vorteil [...] des einzelnen".[35]

Anlässlich der ‚Jahrhundertfeier' wurde 1913 allerdings nicht nur der Helden, sondern auch der „Held*innen* der Befreiungskriege" gedacht.[36] Ein Beispiel ist Otto Karstädts Sammlung *Heldenmädchen und -Frauen aus großer Zeit*[37], die in der Zeitschrift *Jugendschriften-Warte* als „kurze, schlichte, ergreifende Predigt von Pflicht, Treue und Vaterlandsliebe für unsere Mädchen"[38] empfohlen wurde. Mit ‚Heldinnen' waren indes nicht nur die aktiv kämpfenden Frauen, die so genannten ‚Schwertjungfrauen', gemeint, sondern auch Frauen, deren Verhalten Vorstellungen der idealen deutschen Frau entsprach, darunter auch Königin Luise von Preußen.[39] Ihr wurde eine Katalysatorfunktion für die ‚nationale Erweckung' der deutschen Frauen zugeschrieben. Seitenlang ergeht sich der Autor darüber, auf welche Weise Königin Luise gegen die herrschenden, als französisch charakterisierten *„Unsitten"*[40] durch ihr Beispiel vorgegangen und den Frauen ihr Nationalbewusstsein wieder gegeben habe.[41] Dennoch habe sie keine politischen Rechte gefordert, die Beeinflussung ihres Mannes sei ihre Form der Machtausübung gewesen.[42] „[D]urch die Tat hat sie zur Tat angespornt, zur heiligen Tat der Aufopferung des persönlichen Wohles im Dienst des Vaterlandes."[43] Forderungen der Frauenbewegung nach einer Verbesserung der privatrechtlichen Stellung und der Möglichkeiten der Erwerbstätigkeit sowie nach dem Selbstbestimmungsrecht der Frau[44] erteilte er eine Absage, indem er Frauen auf die patriotischen Ortsvereine verwies, wo sie „tätig oder Gaben spendend mitwirken [könnten] an der Arbeit der Allgemeinheit".[45]

Ganz anders wird dies in Maria Schades Festspiel *Königin Luise* beurteilt. Schade reiht die Königin in den Kreis männlicher Heroen, wie Körner und Blücher, Stein und Gneisenau, ein. Ihre Königin ist zu jedem Opfer für Preußen bereit ist und wünscht sich, selbst kämpfen zu können. Für diese Haltung wird sie von ihrem Umfeld, allen voran ihrem Ehemann, bewundert.[46] Sie beansprucht Napoleon gegenüber sogar, die Repräsentantin aller deutschen Frauen zu sein und rechtfertigt ihre Verhandlungen mit Bonaparte folgendermaßen:

> Ists in Frankreich Sitte,
> Daß nur dem Mann das ernste Wort man gönnt,
> Den Fraun bloß ein Redespiel und bunten Tand?
> Nein, nein, so tief könnt ihr die deutschen Frauen
> Verachten nicht. Und ich, ich stehe hier
> Für Deutschlands Frauen, Sire, für Deutschlands Mütter.[47]

Eine weitere Variante einer politisch aktiven Königin ist 1913 in einem Festspiel des deutschkonservativen *Deutschen Bundes abstinenter Frauen* zu finden. Um Spenden für das anlässlich der Jahrhundertfeiern in der Nähe des Völkerschlachtdenkmals errichtete *Königin-Luise-Haus* zu sammeln, verkaufte der Bund ein nach der Königin benanntes Festspiel, in dem diese die Leistungen der Frauen für ihr „Vaterland“ betont.[48] Als Napoleon ihre politische Tätigkeit kritisiert und sie auffordert, sich „nicht mehr in *unsere* Angelegenheiten“ zu mischen, entgegnet sie:

> Die Angelegenheiten [...] sind auch Angelegenheiten der Frauen, der Mütter – nicht bloß die der Männer. Majestät haben noch keine deutschen Frauen kennen gelernt. Wir leben, arbeiten und leiden mit unsern Männern; wie lieben unser Vaterland und dafür ist uns kein Opfer zu groß.[49]

1913, das ist an den beiden letzten Beispielen deutlich zu sehen, stehen Frauen zwar nicht im Mittelpunkt der Festlichkeiten, an der kollektiven Erinnerung an die Völkerschlacht sind sie allerdings sehr wohl beteiligt und damit auch an der Aushandlung von nationaler Identität.[50]

Bei der Erinnerung an 1813 wurden jedoch auch kritische Stimmen laut. Die liberale Zeitschrift *Die Hilfe* schrieb, „die preußischen Wähler“ sollten „das Gedächtnis von 1813 [...] 1913 durch eine neue Volkserhebung feiern, die endlich aus dem Wähler dritter Klasse einen Bürger macht.“[51] Der Liberale Friedrich Naumann schlug in dieser Zeitschrift gar vor, künftig am 17. März den Aufruf „An die drei Klassen meines Volkes“[52] zu feiern. Gertrud Bäumer, die Vorsitzende des *Bundes Deutscher Frauenvereine*, veranstaltete nicht nur eine „Jahrhundertfeier der Frauen" unter dem Motto „Dem deutschen Reiche werb' ich Bürgerinnen". Sie stellte auch den emanzipatorischen Charakter der Völkerschlacht heraus und übertrug ihn auf die Gegenwart: „1813 ist dadurch glorreich geworden, daß ein Volk eine Macht, die es gesetzlich noch nicht besaß, aber für die es reif war, einfach sich nahm."[53] 1913 waren es aus Bäumers Sicht wohl die Frauen, die reif für eine Macht waren, die sie gesetzlich noch nicht besaßen.

Die Sozialdemokraten wiederum deuteten die Schlacht als Emanzipationskampf der rechtlich Entmachteten. Sie kritisierten in diesem Zusammenhang im Reichstag, dass die Ausweitung des Militäretats mittels der Völkerschlacht legitimiert wurde[54] und bezeichneten die Einweihungsfeiern auf eigenen Versammlungen namens „Völkerschlacht und Völkertrug" als „militärisches Schaustück zu Ehren der anwesenden Fürsten", eine „Kundgebung des deutschen Volkes" seien sie nicht gewesen.[55] Die Jugendbewegung organisierte gar am 11./12. Oktober 1913 auf dem Hohen Meißner nahe Kassel ein Gegenfest, an dem 2000 Personen teilnahmen, darunter auch viele jüngere Frauen. Bei diesem Treffen, das u. a. auch Bäumer und Naumann unterstützten, wurde die berühmte ‚Meißnerformel' verabschiedet.[56] Scharf kritisierte die Jugendbewegung den ‚Hurrapatriotismus' des Jahres 1913, Gustav Wyneken warnte in seiner Festrede vor einer „Mechanisierung der Begeisterung" und dem „Schwertgerassel"[57] im Vorfeld der Feiern.

Schon dieser knappe Überblick zeigt, dass die Erinnerungsgemeinschaften schicht-, geschlechts- und generationsspezifisch zu unterscheiden sind; dazu kommen noch Differenzierungen durch die unterschiedlichen sozialen Milieus. Wenngleich das Gros der Medien und Feiern der Völkerschlacht als Geburtsstunde des deutschen Nationalismus und als glorreiche Überwindung Napoleons gedachte, war die Erinnerungskultur 1913 keinesfalls monolithisch, sondern hatte sehr unterschiedliche Facetten. Die beteiligten Gruppen verknüpften im Sinne der *invention of tradition* eigene Ziele und Vergangenheitsversionen mit dem Ereignis ‚Völkerschlacht'. Diese unterschiedlichen Versionen werden nun am Beispiel der Denkmalserrichtung und der Feiern in Leipzig sowie der hessischen Stadt Darmstadt näher untersucht.

Nationaldenkmal und Nationalfest: Bau und Weihe des Völkerschlachtdenkmals

Ein wesentliches Merkmal eines Nationaldenkmals ist der „Versuch“, so Thomas Nipperdey, „der nationalen Identität in einem anschaulich bleibenden Symbol gewiss zu werden“[58]. Dies galt auch für das Völkerschlachtdenkmal, dessen erklärte Absicht es war, an die Gefallenen der ‚Völkerschacht‘ zu erinnern und deren Opfern für die künftigen Generationen ein Denkmal zu setzen. Derlei Denkmäler und ihre Einweihungszeremonien dienen vor allem dazu, mit Blick auf die Vergangenheit zeitgenössische Forderungen zu stellen oder Zukunftsvisionen zu artikulieren. Sie machen das abstrakte Konzept der Nation sichtbar und erfahrbar und haben deshalb eine emotionale Bindekraft.[59]

Bereits 1814 hatte es erste, aber vergebliche Initiativen für eine Denkmalserrichtung gegeben, die zur Feier des 50-jährigen Jubiläums 1863 wieder aufgegriffen wurden. Am 19. Oktober 1863 wurde sogar der Grundstein für ein Denkmal gelegt, doch die Einigungskriege der folgenden Jahre und die Nationalstaatsgründung ließen die Erinnerung an die Völkerschlacht in den Hintergrund treten: Erinnert wurde nun etwa mit dem Niederwalddenkmal an die Reichsgründung oder an den Reichsgründer Wilhelm I. Dass der 1894 in Leipzig gegründete *Deutsche Patriotenbund* schlussendlich doch erfolgreich war und 1913 zur Weihe des Denkmals einladen konnte, sieht Stefan-Ludwig Hoffmann in einer Verschiebung im „Macht- und Statusgefüge der deutschen Gesellschaft“[60] begründet. Diese sei von bürgerlichen Werten durchdrungen, demzufolge hätten bürgerliche Initiativen vor allem in der Phase der Hochmoderne gute Durchsetzungschancen gehabt. Der *Deutsche Patriotenbund* wurde allein zum Zweck des Denkmalsbaus gegründet und band Vertreter von Turn-, Sänger-, Schützen- und Kriegervereinen in den Vorstand ein. Diese Vernetzungsstrategie war erfolgreich, bereits 1895 hatte der Verein 42.000 Mitglieder, die er weitgehend aus der bürgerlichen Mittelschicht rekrutierte. Die Mitglieder der angeschlossenen Vereine sammelten fleißig Geld und veranstalteten ihrerseits Feste, um Spenden zu erwirken. Dennoch gelang die Finanzierung der insgesamt 6 Millionen Reichsmark hohen Baukosten lange nicht. Dies mag auch an den Deutungskonflikten liegen, die sich um das Denkmal entspannen. Der Verein erklärte auf seiner Gründungsfeier die ‚Völkerschlacht‘ zur „Geburtsstunde des Deutschen Volkes“, er vertrat einen völkisch verbrämten nationaldemokratischen Volksbegriff, der Kaiser sollte „zum Repräsentanten des deutschen Volkstums“

werden.[61] Dies widersprach den traditionellen Vorstellungen Wilhelms II. vom Kaisertum nahezu diametral. Er verweigerte es vermutlich nicht zuletzt deshalb, das Protektorat für die Denkmalsinitiative zu übernehmen, und auch König Friedrich August von Sachsen tat es ihm gleich. Dies und auch seine Weigerung, an der Grundsteinlegung teilzunehmen, trug wohl zumindest dazu bei, dass die Spenden um 1900 stagnierten und die idealistischen Pläne des Vereins, das Denkmal aus Opfergaben des gesamten deutschen Volkes finanzieren zu wollen, scheiterten. Man entschied sich für eine Lotterie, die allerdings Preußen nicht zuließ und Sachsen auch erst, als der Bau 1903 so weit fortgeschritten war, dass man die Stadt Leipzig wohl nicht mit einer riesigen Bauruine belasten wollte. Die Lotterie war so erfolgreich, dass die Finanzierung gemeinsam mit den Erlösen aus Eintrittskarten für einen Besuch des Baugeländes gelang – insgesamt 600.000 Menschen besichtigten das noch unfertige Denkmal.[62]

Was war nun die Motivation der Mitglieder des *Patriotenbundes*? Diese erklärt sich vor allem aus deren Gegenwartsdiagnose: „Patriotismus und Vaterlandsliebe" waren aus Sicht der Mitglieder „in weiten Teilen des Volkes geächtete und entweihte Begriffe".[63] Erklärtes Ziel des *Patriotenbundes* war die „Wiedergeburt des deutschen Volkstums", das durch die Erscheinungen der modernen Massengesellschaft gefährdet schien, durch „dumpfen Materialismus", Arbeiterbewegung und Internationale sowie durch die beschleunigte Industrialisierung.[64] Zu dieser Bedrohung von innen durch mangelnden Patriotismus kam aus Sicht des Bundes auch die Bedrohung von außen. An dieser Stelle passten sich nun die 100 Jahre alten Topoi französischer Fremdherrschaft ein, gegen die sich der ‚Furor des geknechteten Volkes' 1813 gewandt habe. Hier wird deutlich, dass es beim Erinnern auch immer um das Vergessen oder um das Ausblenden geht: Man bezog sich vor allem auf das nationale Pathos der sogenannten Freiheitsdichter – auf Arndt, Schenckendorf und Körner –, nicht auf die preußischen Reformen und deren Folgen. „Die Vorstellung, daß der Sieg im ‚Befreiungskampf' gegen die napoleonische Fremdherrschaft letztlich der Entfesselung des deutschen Volkstums entsprang", führte laut Hoffmann zudem zu einem verklärten Kriegsbild. Dies wurde verstärkt durch die Idealisierung eines ‚Befreiungskrieges' als per se gerechtem Krieg gegen einen tyrannischen Usurpator.[65] „Das Volk in Waffen überwand angeblich die inneren gesellschaftlichen Grundsätze und besiegte die äußeren Feinde der Nation."[66]

Derlei Vorstellungen schlugen sich auch im ästhetischen Konzept des Denkmals nieder. Aus mehreren Entwürfen hatte sich 1897 das Denkmalsprojekt des jungen Berliner Architekten Wilhelm Kreis durchgesetzt, beauftragt wurde allerdings der viertplatzierte Bruno Schmitz, der auch das Kyffhäuserdenkmal, das Denkmal am Deutschen Eck und das Kaiser-Wilhelm-Denkmal an der Porta Westfalica entworfen hatte und der seinen Entwurf noch mehrfach überarbeitete.[67] Das Denkmal war durch seinen monumentalen Stil gekennzeichnet, der durch die Anordnung des Denkmals im Raum noch unterstrichen wurde. Die allegorischen Figuren, die das kollektive Opfer darstellen sollen, und die tempelhafte Anlage des Denkmals verleihen ihm zudem eine sakrale Anmutung. Dieser Eindruck wurde durch die als Denkmals*weihe* angekündigte Eröffnung noch verstärkt.[68]

Abb. 3: Luftaufnahme vom Völkerschlachtdenkmal in Leipzig (1957)

Der anlässlich des Erinnerungsjahres 2013 renovierte Bau[69] besteht aus drei Teilen: Im Denkmalssockel befindet sich eine Krypta, in der an der Seite von acht Totenmasken je zwei steinerne Soldaten die Totenwacht halten. Die Augen der Masken sind gesenkt, halb oder ganz geschlossen und symbolisieren den Todeskampf. Das Denkmal ist also ein Ehrenmal für die Gefallenen, allerdings geht es hier nur um die deutschen Opfer. Die nach oben offene Krypta führt dann zur Ruhmeshalle des deutschen Volkes, in der vier allegorische Figurengruppen spezifisch deutsche Tugenden verkörpern: ‚Opferfreudigkeit', ‚Tapferkeit', ‚Glaubensstärke' und ‚Volkskraft'. Die wuchtigen Figuren – sie sind neuneinhalb Meter hoch – ähneln ägyptischen Grabskulpturen, wie überhaupt das ganze Denkmal Züge einer Pyramide aufweist.[70] Die Allegorie der ‚Volkskraft' ist das einzige weibliche Wesen des Denkmals, sie unterscheidet sich aber von den anderen allegorischen Figuren kaum. Laut *Deutschem Patriotenbund* war diese säkulare Form der *Maria Lactans* Sinnbild der sich „stolz verjüngenden deutschen Kraft"[71] – im Bildprogramm war damit das Ziel des Denkmals also schon vorweggenommen. Auch die Figur der ‚Opferbereitschaft' setzt die Ziele der Denkmalsinitiatoren ins Bild: Der kolossale männliche Körper lässt das Opfer umso größer erscheinen, sein gesenkter Blick symbolisiert, dass es nicht um das Individuum, sondern um die Gemeinschaft geht.[72] Der dritte Teil des Denkmals ist schließlich der Kuppelbau, in dem 324 Reiterfiguren in konzentrischen Kreisen den „Siegeszug der heimkehrenden Krieger" darstellen. Er mahnt die künftigen Generationen zu weiteren Opfern, da sie von den vergangenen noch in der Gegenwart profitieren.

Während das Innere des Denkmals also Opfer- und Todespathos thematisiert, zeigt das Äußere die Wehrhaftigkeit der Nation. An der Stirnseite des Denkmals gebietet der heilige Michael, eigentlich der Anführer der himmlischen Heerscharen, den Kriegsfurien Einhalt. Außen ist der Kuppelbau mit zwölf Kriegergestalten geschmückt, die – zwölf Meter hoch – weithin sichtbar sind. Sie symbolisieren die Wehrhaftigkeit des Deutschen Reiches und die dauerhafte Tradierung der Sinnstiftung des Opfers.[73] Das in sich geschlossene ästhetische Konzept des Denkmals entsprach damit der Mythisierung der Völkerschlacht als Geburtsstunde der deutschen Nation als Einheit.

Bei den Feiern zur Denkmalsweihe wurden hingegen die eingangs skizzierten Erinnerungskonkurrenzen sichtbar, sie waren eine „Mischung aus bürgerlichem Nationalfest und feierlichem Herrscherempfang".[74] Die unterschiedlichen Festgemeinschaften – bürgerliche Festumzüge und der mit militärischen Ehren empfangene Kaiser mitsamt

Entourage – trafen erst am Denkmal aufeinander. Wilhelm II., der mit der wilhelminischen Führungselite anreiste, darunter auch alle Bundesfürsten, war am Bahnhof mit militärischen Ehren empfangen worden. Seine *Via triumphalis* führte durch die geschmückte Innenstadt Leipzigs vom Hauptbahnhof über die Augustusstraße zum Denkmal, 28.000 Schulkinder standen für den Kaiser Spalier. Der Festzug aus Vereinen und Korporationen bewegte sich in verschiedenen Zügen zum Denkmal, jeweils angeführt von Professoren verschiedener Universitäten des ganzen Reiches, gefolgt von Studenten, Turn-, Schützen-, Gesangs- und Kriegervereinen. Sie nahmen auf den beiden Tribünen links und rechts des Denkmals Platz. Insgesamt geht man von mehr als 100.000 Zuschauern bei der Denkmalsweihe aus, damit war es wohl eine der größten Einweihungsfeiern des Wilhelminischen Kaiserreichs.[75] Bei den Feiern wurde der Konflikt zwischen dem völkisch gewendeten nationaldemokratischen Volksbegriff des Vereins und den Vorstellungen des Kaisers nur allzu deutlich. Dieser hatte noch im Februar bei der Feier der Berliner Universität deutlich gemacht, dass die Opfer nicht einer wie auch immer gearteten Freiheit oder dem Volk gebracht wurden, sondern glücklich sei,

> wer König und Vaterland sein Gut darbringen konnte, glücklich, wer unter den Fahnen sich selbst ihnen weihen durfte. Die Erinnerung an solche Treue und Hingebung heute nach 100 Jahren [...] wieder wachzurufen, empfinde ich als heilige Pflicht. Nicht siegen oder sterben, sondern siegen schlechtweg ist die Losung indem heiligen Kampfe. Gott hat seine Waffen gesegnet.[76]

Auch das ästhetische Konzept des Denkmals lehnte Wilhelm II. ab, da es das Volk und nicht die Monarchie symbolisierte. In Leipzig hielt der Kaiser denn auch keine Ansprache – ein Affront gegenüber der Festgemeinde. Lediglich König Friedrich August von Sachsen sprach ein kurzes Grußwort. Die üblichen Ordensverleihungen fanden zwar statt, allerdings verlieh man dem Initiator des Denkmals, Clemens Thieme, und dem Leipziger Oberbürgermeister die jeweils niedrigste Klasse – aus Sicht der sächsischen Presse ein Skandal.[77] In seiner Festrede brüskierte wiederum Thieme den Kaiser und die anwesenden Adeligen. Ersteren sprach er gegen das Protokoll nur als „Ew. Königliche Majestät“ an, alle anderen titulierte er gar nur als „deutsche Brüder, deutsche Schwestern“. Auch die Deutung Thiemes mochte den Kaiser kaum überzeugt haben, denn in seiner Festrede beschwor Thieme das Heldentum des Volkes:

> Der Kampfplatz rings um Leipzig ist eine geweihte Stätte, ein Heiligtum des gesamten deutschen Volkes geworden, geheiligt durch die dargebrachten Opfer an Gut und Leben für die Freiheit des Vaterlandes, geheiligt, weil hier unsere Heldenväter [...] die so lang ersehnte Freiheit im harten Kampf des Leibes und der Seele wiedergewannen, um wieder ein Volk von Brüdern [!] zu werden.[78]

Die Einweihungsfeierlichkeiten waren – wie die nationale Erinnerung insgesamt – also von Konkurrenzen geprägt. Diese bezogen sich allerdings nicht auf die Legitimation des Krieges an sich, sondern auf die Rolle, die ‚das Volk' beziehungsweise Monarchen bei der Schlacht gespielt hatten. Nichtsdestotrotz war es dem *Deutschen Patriotenbund* aufgrund der aufwändigen und prominent besetzten Feier gelungen, *seine* Version der ‚Völkerschlacht' einem Millionenpublikum an Zeitungsleserinnen und -lesern sowie vielen Besuchern darzubringen.

Lokale und nationale Erinnerungskulturen: Das Beispiel Darmstadt

Auch in den Darmstädter Zeitungen wurde über die Weihe des Völkerschlachtdenkmals ausführlich berichtet, auch hier fanden zahlreiche Gedenkfeiern statt. Doch lokale, regionale und nationale Erinnerung und Identität gingen 1913 in Darmstadt, der Hauptstadt des Großherzogtums Hessen-Darmstadt, nicht einfach überein. Hessen-Darmstadt war 1806 dem Rheinbund beigetreten und dabei zum Großherzogtum erhoben worden. Das bereits teilweise mitregierte Hessen-Homburg wurde zu diesem Zeitpunkt endgültig mediatisiert. Hessen-Darmstadt nahm auf Seiten der Franzosen an der ‚Völkerschlacht' teil und damit aus Sicht des Jahres 1913 auf der ‚falschen Seite'. Hessen-Homburg hingegen hatte mit einigen wenigen Regimentern auf der Seite der Napoleon-Gegner gekämpft. Damit gehörten die Gefallenen aus Hessen-Darmstadt zu jenen Toten, an die das Völkerschlachtdenkmal ausdrücklich nicht erinnern sollte. Dennoch fanden in der Residenzstadt zahlreiche Feierlichkeiten statt, an denen die Dynamik von Erinnerungskulturen[79] und deren unterschiedliche Formen sichtbar werden.

Das Erinnern in Darmstadt war *erstens* dadurch gekennzeichnet, dass die Darmstädter eigene Akzente setzten. Eine Ausstellung im Gewerbemuseum, die im Juni 1913 eröffnet wurde, behandelte nicht von ungefähr recht unbestimmt „Die Zeit vor 100 Jahren". Sie war den einst in Darmstadt ansässigen Königinnen Luise von Preußen und Friederike von Hannover gewidmet und wurde als „Königin Luise-Ausstellung“ bezeichnet.[80] Unter der Schirmherrschaft der Fürstin Marie zu Erbach-Schönberg zeigte die Ausstellung Gebrauchsgegenstände und Kunsthandwerk, die Ausstellungsstücke waren mehrheitlich von Darmstädter Familien zur Verfügung gestellt worden, welche die Ausstellung auch initiiert hatten.[81] Privatgegenstände der früheren Prinzessin von Mecklenburg-Strelitz und späteren Königin von Preußen standen im Mittelpunkt, flankiert von eisernen Schmuckstücken, die an die Opfergaben der Bevölkerung zur Finanzierung der ‚Befreiungskriege‘ erinnerten: „Gold gab man für Eisen und wahrlich, die Opfer, die Deutschlands Frauen am Altar des Vaterlandes niederlegten, wurden durch Geschmeide eingetauscht, dessen schlichter materieller Wert tausendfach geadelt wurde.“[82] Ein weiterer Raum zeigte Autographen der Heroen der ‚Befreiungskriege‘ Körner, Scharnhorst, Gneisenau und Blücher ebenso wie von Stein und Kleist.[83] In der Presse wurde besonders der kunstgewerbliche Wert der Ausstellung betont, die einen Einblick in das „bürgerliche Milieu“ biete, „das am reinsten die Kultur einer Zeit widerzuspiegeln imstande ist.“[84] Noch eine weitere Erinnerungsfigur aus dem Umfeld der preußischen Königin Luise rief das *Darmstädter Tagblatt* seinen Leserinnen und Lesern in Erinnerung: Marianne von Preußen, die eine geborene Prinzessin von Hessen gewesen war. Die Frau des preußischen Prinzen Wilhelm habe nach deren Tod das „ideale Erbe“ Königin Luises angetreten und „den Gedanken der Befreiung des Vaterlandes immerdar aufrecht“ gehalten.[85] Sie war zudem Mitbegründerin des preußischen Frauen-Vereins, hatte sich um Kriegsfinanzierung und Versorgung der Verwundeten bemüht und am 23. März 1813 zu diesem Zweck gemeinsam mit den preußischen Prinzessinnen einen *Aufruf an die Frauen im preußischen Staate* veröffentlicht, in dem sie um die Unterstützung des Krieges warben.[86] Ein Bezug zu den ‚Befreiungskriegen‘ wurde in beiden Fällen nur verhalten hergestellt,[87] doch über beide einst in Hessen ansässige Frauenfiguren konnte positiv daran angeknüpft werden, ohne dabei die politische Position Hessen-Darmstadts thematisieren zu müssen.

Zweitens reihte sich Darmstadt in die nationalen Festlichkeiten und Aktivitäten ein. So wurde das 25-jährige Dienstjubiläum des Kaisers auch in Darmstadt an mehreren Tagen begangen, hauptsächlich handelte es sich um militärische und Schul- und Vereinsfeiern. Zudem fanden in den Gemeinden Festgottesdienste statt, im jüdischen Festgottesdienst etwa würdigte der Oberrabbiner Dr. Marx Wilhelm II. als

‚Friedefürsten'.[88] Die Technische Hochschule verlieh dem Kaiser die Ehrendoktorwürde eines Doktor-Ingenieurs ehrenhalber, die Urkunde wurde dem Kaiser vom Rektor der Universität, Georg Wickop, überbracht.[89] Am 10. März 1913 berichtete das *Darmstädter Tagblatt* über die Stiftung der Eisernen Kreuzes 1813, welche von Friedrich Wilhelm III. auf den Geburtstag seiner Frau Luise zurückdatiert worden war, „aus deren ‚Tränen die Saaten des Völkerfrühlings so herrlich aufsproßten'"[90]. Auch bei den „Eilbotenläufen zum Völkerschlachtdenkmal", bei denen Urkunden in neun reichsweiten Staffelläufen nach Leipzig gebracht wurden[91], machte die Darmstädter Turnerschaft wie selbstverständlich mit.[92]

Höhepunkt waren auch in Darmstadt die Feiern im Oktober; hier kam noch eine *dritte* Form des Erinnerns zum Tragen, die darin bestand, die lokale und regionale Erinnerung in die nationale zu integrieren und zugleich Teile der eigenen Geschichte auszublenden. So erschien am 17. Oktober 1913 in der *Darmstädter Zeitung* ein Artikel namens „Hessen-Homburgische Prinzen in den Befreiungskriegen", der die Heldentaten der sechs für Preußen oder Österreich kämpfenden Prinzen schilderte. Die Prinzen, Söhne übrigens der Landgräfin Karoline von Hessen-Darmstadt, hätten „in den Reihen derer gestanden, denen Deutschland seine Befreiung verdankt", ihr Vater habe sich als mediatisierter Fürst nie bei Napoleon ‚eingeschmeichelt'.[93] Bei den Feiern in Darmstadt wurden denn auch an den Gräbern der sechs hessisch-homburgschen Prinzen Kränze niedergelegt, ebenso am Veteranengrab im Herrngarten und am Grab von Prinz Emil. Der Schwerpunkt der Erinnerung lag also auf Gegnern Napoleons und Opfern der Kriege. An anderer Stelle wies man zudem darauf hin, dass Napoleon die beklagenswerten Rheinbundstaaten in einen ‚Bruderkrieg' gezwungen hatte. Hier passt es auch gut, an die schwere Verwundung Prinz Emils in Russland zu erinnern.[94] Der Festzug, der sich am 19. Oktober 1913 in Darmstadt vor dem Museum formierte, hatte den Bismarck-Turm auf dem Dommersberg zum Ziel. Er bestand neben Turn- und Kriegervereinen aus Berufsvereinen, mehreren Jugendvereinen und regionalen Vereinen sowie zu einem Drittel aus Männergesangsvereinen, insgesamt elf an der Zahl. Auch auf dieser Feier wurden die Rheinbundstaaten als Opfer dargestellt, deren „Landeskinder" zum „Heeresdienst [...] gegen die Brüder" gezwungen worden waren.[95]

Auf den meisten Feiern wurde die ‚Völkerschlacht' als Geburtsstunde des deutschen Nationalismus gefeiert. Die in den Tageszeitungen beschriebenen Publikumsreaktionen weisen darauf hin, dass sich die Festgemeinschaft in dieser Interpretation wiederfand.[96] Auf der Feier der Stadt Darmstadt pries der Festredner Prof. Bergner die Völkerschlacht als „Höhe- und Wendepunkt“ in „dem gewaltigen Drama zwischen Napoleon und der Welt“[97]. Er betonte die Leistungen der preußischen Reformer: „Sie alle hatten ganz Deutschland im Sinn, wenn Sie die Erhebung gegen den Unterdrücker vorbereiteten. Ihr Ziel war die Erfüllung des Volkes mit Gemeingeist und Staatsgesinnung.“[98]

Eine *vierte* Form ist schließlich bei vielen Vereinen zu beobachten, die den Jahrestag nutzten, um ihre eignen Interessen zu formulieren. Hierbei handelt es sich allerdings um ein grundsätzliches Phänomen von Feiern mit Vergangenheitsbezug. Diese dienen in der Regel dazu, die jeweilige Gegenwartsposition und zugleich Erwartungen an die Zukunft zu formulieren.[99] So kombinierte etwa der *Deutschnationale Handlungsgehilfen-Verband* die Feier seines 20-jährigen Bestehens mit dem Jahrestag der Völkerschlacht. Der *Katholische Frauenbund* hatte zum Vortrag über „Heldenfrauen“ geladen, dann sprach Fräulein Ida Eckardt über die „Mutter als Erzieherin und Beraterin ihrer Kinder“. Die Feier schloss mit vaterländischen Gesängen und Gedichten und dem Tableau „Huldigung der deutschen Frauen an Germania“ ab.[100] Die Schulen nutzen die Schulfeiern als Appell an die Schüler, so verkündete der Rektor des Realgymnasiums, von den „Helden von 1813“ sollten die Schüler „Pflichterfüllung gegen das Vaterland“ lernen.[101]

Die Erinnerungsfeiern in Darmstadt waren also eine Mischung aus eigenen Erinnerungsinteressen und lokalen Akzentsetzungen. Die Teilhabe an den Feierlichkeiten konnte gelingen, weil man sich auf all jenes vergangene Geschehen bezog, mit dem man sich auch 1913 positiv identifizieren konnte: die sich für das Vaterland opfernde Königin Luise, die ihre Kindheit und Jugend in Darmstadt verbracht hatte, das Engagement Prinzessin Marianne von Preußens und der hessisch-homburgischen Prinzen, die preußischen Reformen.

Fazit: Erinnerungsfeiern und Kriegslegitimation

Trotz der Erinnerungskonkurrenzen und unterschiedlichen Formen der Erinnerungen wurde die ‚Völkerschlacht‘ im Jahr 1913 mehrheitlich positiv gedeutet. Dies hatte zwei Folgen: In der Regel verherrlichten die Erinnerungsfeiern ein Kriegsbild, das nicht mehr zeitgemäß war. Sie stellten den Krieg als positive Gemeinschaftsleistung dar, bei dem der einzelne sich auszeichnen und den Heldentod sterben konnte. So wurden auch Erwartungen an eine Form des Krieges geweckt, dessen technisierte und industrialisierte Realität keineswegs dem Mythos des Heldentodes entsprach. Selbstzeugnisse von Soldaten des Ersten Weltkriegs belegen eindringlich den Gegensatz von Kriegsrealität und Erwartungshaltung.[102] Hoffmann sieht im präsentierten Kriegsbild eine Voraussetzung dafür, dass „die Übernahme des Kriegsrisikos im Juli 1914 für die wilhelminische Führungselite ohne innenpolitische Auseinandersetzung möglich war."[103] Die Feiern dienten zweitens der Überhöhung Deutschlands. Dies zeigte sich sowohl beim Singen des Deutschlandliedes als auch in der Ausblendung der Mehrheit der Gefallenen der ‚Völkerschlacht' – sowohl der Gegner als auch der Verbündeten. Das partielle Ausblenden der eigenen Vergangenheit, um sich in diese Erinnerungsgemeinschaft einreihen zu können, verstärkte diesen Effekt vermutlich. Wie dies in nationale Überlegenheit umgedeutet wurde, zeigt das Ende der *Erinnerungsschrift für Hessens Jugend*: „Schaut euch mit offenen Augen vorurteilsfrei um, und ihr werdet, wenn ihr wieder deutsche Erde betretet, mit mir aus voller Seele rufen: *Deutschland, Deutschland über alles, Über alles in der Welt.*"[104] Siemann ist daher zuzustimmen, wenn er *diesen* Feiern des Jahres eine „Schwellenfunktion" bei Kriegserwartung und Mentalität attestiert.[105]

Allerdings geraten so nur jene Erinnerungsgemeinschaften in den Blick, welche die ‚Völkerschlacht' auf die beschriebene Weise deuteten. Doch es gab andere, die progressive Ziele mit dem Jubiläum verbanden: Die bürgerliche Frauenbewegung forderte Rechte für Frauen, die Liberalen kritisierten das preußische Dreiklassenwahlrecht, die Sozialdemokraten grenzten sich ebenso bewusst wie die Jugendbewegung von den Feierlichkeiten ab und formulierten ihre Zukunftsvorstellungen auf eigenen Veranstaltungen auf gänzlich andere Weise. Für all diese Erinnerungsgemeinschaften hatte das Jahr 1913 wohl nicht die genannte „Schwellenfunktion". Zu fragen bleibt, was dazu führte, dass Teile der 1913 noch kritischen Gruppierungen kaum ein Jahr später ihre Haltung zu Krieg und Kriegserwartung mehrheitlich geändert hatten.

Anmerkungen

1 | S. Schneider, Ute: Politische Festkultur im 19. Jahrhundert. Die Rheinprovinz von der französischen Zeit bis zum Ende des Ersten Weltkrieges (1806–1918), Essen 1997 (= Düsseldorfer Schriften zur neueren Landesgeschichte und zur Geschichte Nordrhein-Westfalens 41), S. 208–214.

2 | Diesen Begriff verwende ich hier in Anlehnung an den Begriff „Denkmalswuth", s. Schasler, Max: Ueber moderne Denkmalswuth, Berlin 1878, zitiert nach Brandt, Bettina: Von der Kundgebungsmacht zum Denkanstoß. Das Denkmal als Medium politischer Kommunikation in der Moderne, in: Frevert, Ute/Braungart, Wolfgang (Hgg.): Sprachen des Politischen. Medien und Medialität in der Geschichte, Göttingen 2004, S. 168–216, hier S. 194.

3 | Hoffmann, Stefan-Ludwig: Mythos und Geschichte. Leipziger Gedenkfeiern der Völkerschlacht im 19. und 20. Jahrhundert, in: François, Etienne/Siegrist, Hannes/Vogel, Jakob (Hgg.): Nation und Emotion. Deutschland und Frankreich im Vergleich, Göttingen 1995 (= Kritische Studien zur Geschichtswissenschaft 110), S. 111–132, hier S. 112.

4 | Zur Einweihung des Deutschen Stadions vgl. den Beitrag von Noyan Dinçkal in diesem Band.

5 | Zu den neuen Feiertagen s. Schroeder, Ulrich: Funktion und Gestalt des patriotischen Schulfestspiels in der Wilhelminischen Kaiserzeit. 1871–1914, Aachen 1990, S. 27ff.; zu den Feiern 1913 s. Siemann, Wolfram: Krieg und Frieden in historischen Gedenkfeiern des Jahres 1913, in: Düding, Dieter/Friedemann, Dieter/ Münch, Paul (Hgg.): Öffentliche Festkultur. Politische Feste in Deutschland von der Aufklärung bis zum Ersten Weltkrieg, Reinbek b. Hamburg 1988, S. 298–320.

6 | Zu den Festlichkeiten in Leipzig s. im Einzelnen: Poser, Steffen: Die Jahrhundertfeier und die Einweihung des Völkerschlachtdenkmals zu Leipzig 1913, in: Keller, Katrin (Hg.): Feste und Feiern, Leipzig 1994, S. 196–213, bes. S. 201–212.

7 | Vgl. in Auswahl Erinnerungsnummer 1813, Sonderausgabe der Leipziger Illustrirten Zeitung, 6. März 1913, Nr. 3636, HStA Darmstadt/Bibliothek C 705/20 fol; die Reihe „1813. Eine Sammlung von Lebens- und Schlachtbildern a. d. Jahren der Erhebung des deutschen Volkes", die im Hamburger Verlag des Rauhen Hauses erschien; Polack, Friedrich: 1813. Das große Jahr der Deutschen, seine Helden und seine Sänger. Hundertjährige Gedenkfeier für Schule und Haus, Wittenberg 1913; zu den Filmen s. Braun, Brigitte: Patriotisches Kino im Krieg. Beobachtungen in der Garnisonsstadt Trier, in: KINtop 11 (2002), Kinematographenprogramme, S. 100–121.

8 | S. Schäfer, Kirstin Anne: Die Völkerschlacht, in: François, Etienne/Schulze, Hagen (Hgg.): Deutsche Erinnerungsorte, Bd. 2, München 2001, S. 187–201, hier S. 196.

9 | S. ebd., S. 196. Schäfer bezieht sich an vielen Stellen unausgesprochen auf den Beitrag Siemanns.

10 | S. HStA Darmstadt, R 4, Nr. 19011 und Nr. 19078/1.

11 | S. Mehring, Franz: Der erste Aasgeier, in: Ders.: Gesammelte Schriften, hg. von Thomas Höhle u. a., Bd. 8: Zur Kriegsgeschichte und Militärfragen, Berlin (Ost) 1967, S. 280–283, hier S. 281, paraphrasiert nach Schäfer, Völkerschlacht, S. 196.

12 | S. Odenwälder Bote, 25. Oktober 1913, Nr. 86; Centralanzeiger für den Odenwald. Erbacher Kreisblatt, 21. Oktober 1913, Nr. 123. Zum Repertoire der Feiern gehörten in der Regel Festakt, Umzug, Gottesdienst und Schulfeier, getragen wurden sie von Vereinen, Kirchen und Kommunalverwaltungen.

13 | Siemann, Krieg, S. 316.

14 | So der Untertitel der Vorlesungsreihe zum Jahr 1913, die im Sommersemester 2013 an der TU Darmstadt stattfand.

15 | S. Anderson, Benedict: Imagined Communities. Reflections of the Origin and Spread of Nationalism, bearb. Aufl. London 1991, S. 6.

16 | S. Langewiesche, Dieter: Was heißt ‚Erfindung der Nation'? Nationalgeschichte als Artefakt – oder Geschichtsdeutung als Machtkampf, in: Historische Zeitschrift 277 (2003), S. 593–617, bes. S. 616; Förster, Birte: Der Königin Luise-Mythos. Mediengeschichte des „Idealbilds deutscher Weiblichkeit", 1860–1960, Göttingen 2011 (= Formen der Erinnerung 46), S. 402ff.

17 | S. Confino, Alon: The Nation as a Local Metaphor. Württemberg, Imperial Germany, and National Memory, 1871–1918, Chapel Hill 1997.

18 | Zur Rheinprovinz s. Schneider: Festkultur; zur Kornblume s. Förster: Königin Luise-Mythos, S. 106f.

19 | S. die Beiträge in: Paletschek, Sylvia/Schraut, Sylvia (Hgg.): The Gender of Memory. Cultures of Remembrance in Nineteenth and Twentieth-Century Europe, Frankfurt am Main/New York 2008.

20 | S. Hagemann, Karen: „Mannlicher Muth und Teutsche Ehre". Nation, Militär und Geschlecht zur Zeit der Antinapoleonischen Kriege Preußens, Paderborn u. a. 2002 (= Krieg in der Geschichte 8).

21 | S. Frevert, Ute: Nation, Krieg und Geschlecht im 19. Jahrhundert, in: Hettling, Manfred/Nolte, Paul (Hgg.): Nation und Gesellschaft in Deutschland. Historische Essays, München 1996, S. 151–170, hier S. 161, S. 167f.

22 | S. Förster, Königin Luise-Mythos, S. 79ff., S. 187–190.

23 | Zur Frauenbewegung vgl. den Beitrag von Angelika Schaser in diesem Band.

24 | S. Hobsbawm, Eric J.: Introduction. Inventing Traditions, in: Ders./Terence Ranger (Hgg.): The Invention of Tradition, Cambridge 1983, S. 1–14.

25 | S. Hoffmann, Stefan-Ludwig: Sakraler Monumentalismus um 1900. Das Völkerschlachtdenkmal, in: Koselleck, Reinhart/Jeismann, Michael (Hgg.): Der politische Totenkult. Kriegerdenkmäler in der Moderne, München 1994, S. 249–281, hier S. 249.

26 | S. Potthast, Barbara: Die Ganzheit der Geschichte. Historische Romane im 19. Jahrhundert, Göttingen 2007, S. 339.

27 | S. Wülfing, Wulf/Bruns, Karin/Parr, Rolf: Historische Mythologie der Deutschen 1798–1918, München 1991, S. 3–10.

28 | Zur Darstellung Körners 1913 s. Schilling, René: „Kriegshelden". Deutungsmuster heroischer Männlichkeit in Deutschland 1813–1945, Paderborn 2002 (= Krieg in der Geschichte 15), S. 229ff.

29 | S. Hoffmann, Mythos, S. 124.

30 | S. Schäfer, Völkerschlacht, S. 188, Hervorhebungen im Original.

31 | S. Hoffmann, Sakraler Monumentalismus, S. 262.

32 | Pflugk-Hartung, Julius von: Illustrierte Geschichte der Befreiungskriege. Ein Jubiläum zur Erinnerung an die große Zeit vor 100 Jahren, Stuttgart u. a [1913], Vorwort o. P.

33 | Kaiser-Wilhelm Dank Verein der Soldatenfreunde (Hg.): Aus Deutschlands Werdegang. 1813–1815. Der Befreiungskrieg, Berlin 1913, S. III, Hervorhebung im Original, HStA Darmstadt/Bibliothek, C 711/10.

34 | Erinnerungsschrift zur Hundertjahrfeier 1813–1913. Als Festgabe für Hessens Jugend. Herausgegeben vom Hessischen Volksschriftenverein, Darmstadt 1913, S. 10, HStA Darmstadt/Bibliothek, W 505/75.

35 | Ebd., S. 5.

36 | Schade, Maria : Königin Luise. Sechs Bilder aus Preußens großer Zeit, Berlin 1913, Vorw. [o. P.] [Hervorhebung BF]; s. a. Förster, Birte: Vom Nutzen der Historie. Die Nationalisierung der Biographie für junge Leserinnen, in: Wilkending, Gisela (Hg.): Mädchenliteratur der Kaiserzeit. Zwischen weiblicher Identifizierung und Grenzüberschreitung, Stuttgart 2003, S. 219–257, hier S. 236–247.

37 | Karstädt, Otto: Heldenmädchen und Frauen aus großer Zeit (1813), erw. Aufl. Hamburg 1913. Der Text wurde 1912 erstmals veröffentlicht. Karl Goebels Schauspiel *Aus großer Zeit*, das in Darmstadt am 18. Oktober 1913 aufgeführt wurde, erinnerte ebenfalls an die „Heldenjungfrauen" der Befreiungskriege, s. Darmstädter Tagblatt, 18. Oktober 1913. Nr. 248.

38 | Anonyme Rezension in der Jugendschriften-Warte 20 (1912), S. 22.

39 | S. Karstädt, Heldenmädchen, S. 11–15; s. a. Noël, [Louis]: Die deutschen Heldinnen in den Kriegsjahren 1807–1815, Berlin 1912, S. XIII ff.

40 | Karstädt, Heldenmädchen, S. 21, Hervorhebung im Original.

41 | S. ebd., S. 19–22.

42 | S. ebd., S. 22f; s. a. Schade, Königin Luise, S. 59ff, S. 67.

43 | Karstädt, Heldenmädchen, S. 25.

44 | S. Greven-Aschoff, Barbara: Die bürgerliche Frauenbewegung in Deutschland 1894–1933, Göttingen 1981 (= Kritische Studien zur Geschichtswissenschaft 46), S. 73ff, S. 87, S. 103ff.; s. a. Schaser, Angelika: Die Frauenbewegung in Deutschland. 1848–1933, Darmstadt 2006, sowie Angelika Schasers Beitrag in diesem Band.

45 | Karstädt, Heldennädchen, S. 147.

46 | S. Schade, Königin Luise, S. 13–19.

47 | Ebd., S. 43.

48 | Dabei handelte es sich um ein „alkoholfreies Kaffee- und Speisehaus", das aus Spenden und Anteilsanleihen finanziert worden war. Zielpublikum waren vornehmlich die Besuchergruppen des nahe gelegenen Denkmals, s. Blücher, Gustel v.: Das Königin-Luise-Haus in Leipzig und der deutsche Bund abstinenter Frauen, Leipzig [1914], S. [3]. Der Deutsche Bund abstinenter Frauen war um 1900 von Ottilie Hoffmann aus Bremen gegründet worden, Bruns ordnet ihn den deutschnationalen und völkischen Frauenvereine zu, s. Bruns, Karin: Völkische und deutschnationale Frauenvereine im ‚zweiten Reich', in: Puschner, Uwe/Schmitz, Walter/Ulbricht, Justus H. (Hgg.): Handbuch zur „Völkischen Bewegung" 1871–1918, München 1996, S. 376–394, hier 384f. Zur Antialkoholbewegung s. Baumgartner, Judith: Antialkoholbewegung, in: Kerbs, Diethart/Reulecke, Jürgen (Hgg.): Handbuch der deutschen Reformbewegungen, Wuppertal 1998, S.141–154.

49 | Voigt, Rosa/Stegmann, Margarete: Königin Luise. Festspiel in fünf Bildern mit einem Vorspiel. Der Ertrag ist für das Königin-Luise-Haus in Leipzig bestimmt, Stuttgart 1913, S. 21, S. 31f., Hervorhebung im Original.

50 | S. Paletschek, Sylvia/Schraut, Sylvia: Remembrance and Gender. Making Gender Visible and Inscribing Women into Memory Culture, in: Dies. (Hgg.): Gender, S. 267–287, hier S. 269ff.

51 | Die Hilfe 19 (1913), S. 78, zitiert nach Hoffmann: Mythos, S. 125.

52 | Die Hilfe 19 (1913), S. 275, zitiert nach ebd.

53 | Treuge, Margarete: Die Jahrhundertfeier der Frauen. 1813–1913, in: Die Lehrerin 29 (1913/1914), S. 411.

54 | S. Siemann, Krieg, S. 314.

55 | Starkenburger Provinzial-Zeitung. Kreisblatt für den Kreis Dieburg, 23. Oktober 1913, Nr. 125. Die Zeitung kommentierte die sozialdemokratischen Versammlungen so: „Und da wundern sie sich noch, wenn sie ‚vaterlandslose Gesellen' genannt werden."

56 | Zum Fest auf dem Hohen Meißner vgl. den Beitrag von Jürgen Reulecke in diesem Band sowie Mogge, Winfried/Reulecke, Jürgen: Hoher Meißner 1913. Der Erste Freideutsche Jugendtag in Dokumenten, Deutungen und Bildern, Köln 1988.

57 | Wynekes Rede vom 12.10.1913 ist veröffentlicht in Kindt, Werner (Hg.): Die Wandervogelzeit. Quellenschriften zur Deutschen Jugendbewegung 1896–1919, Düsseldorf/Köln 1968, S. 501–505, zitiert nach Siemann, Krieg, S. 315.

58 | Nipperdey, Thomas: Nationalidee und Nationaldenkmal in Deutschland im 19. Jahrhundert, in: Historische Zeitschrift 206 (1968), S. 529–585, hier S. 533.

59 | S. Brandt: Kundgebungsmacht, S. 172ff., S. 194f., S. 215; s. a. Alings, Reinhard: Monument und Nation. Das Bild vom Nationalstaat im Medium Denkmal – zum Verhältnis von Nation und Staat im deutschen Kaiserreich 1871–1918, Berlin 1996 (= Beiträge zur Kommunikationsgeschichte 4), S. 596–600; Rausch, Helke: Kultfigur und Nation. Öffentliche Denkmäler in Paris, Berlin und London 1848–1914. München 2006 (= Pariser Historische Studien 70), S. 21ff.

60 | Hoffmann, Sakraler Monumentalismus, S. 252.

61 | Hoffmann, Mythos S. 122f.

62 | S. Hoffmann: Sakraler Monumentalismus, S. 253–259; s. Siemann, Krieg, S. 309; Hutter, Peter: „Die feinste Barbarei". Das Völkerschlachtdenkmal bei Leipzig, Mainz 1990, S. 110ff.

63 | Hoffmann, Sakraler Monumentalismus, S. 263.

64 | Ebd.

65 | S. Carl, Horst: Der Mythos der Befreiungskriege. Die „martialische Nation" im Zeitalter der Revolutions- und Befreiungskriege 1792–1815, in: Langewiesche, Dieter (Hg.): Föderative Nation. Deutschlandkonzepte von der Reformation bis zum Ersten Weltkrieg.,München 2000, S. 63–82, hier S. 77.

66 | S. Hoffmann, Sakraler Monumentalismus, S. 264f.

67 | Zum Entwurf von Kreis s. Centralblatt der Bauverwaltung 17 (1897), S. 18; der Entwurf von Schmitz ist abgebildet ebd., S. 33. Das Centralblatt der Bauverwaltung ist über den DFG-Viewer verfügbar, Jahrgang 1897 unter: http://dfg-viewer.de [Zugriff 15. März 2014]. Zu den Entwürfen s. a. Hutter, „Die feinste Barbarei", S. 92–110, mit zahlreichen Abbildungen.

68 | S. Hoffmann, Mythos, S. 124.

69 | S. http://www.stadtgeschichtliches-museum-leipzig.de/site_deutsch/voelkerschlachtdenkmal/sanierung.php [Zugriff 15. März 2014].

70 | Dies wiederum nahm eine Forderung Ernst Moritz Arndts einer Absage an das klassische Erbe auf, das Bildprogramm entstammt allerdings eigentlich der französischen Revolution. Zu den Figuren der Ruhmeshalle s. Hutter, „Die feinste Barbarei", S. 270–275.

71 | Spitzner, Alfred: Deutschlands Denkmal der Völkerschlacht, das Ehrenmal seiner nationalen Befreiung und Wiedergeburt. Weiheschrift des Deutschen Patriotenbundes, Leipzig 1913, S. 30, zitiert nach Hutter, „Die feinste Barbarei", S. 166.

72 | S. Hutter, „Die feinste Barbarei", S. 143–148, S. 168–172.

73 | S. ebd., S. 175–178; Hoffmann, Sakraler Monumentalismus, S. 274.

74 | Hoffmann, Mythos, S. 123.

75 | S. Poser, Jahrhundertfeier, S. 202–212; Hoffmann, Sakraler Monumentalismus, S. 275–279.

76 | Wilhelm II., Tübinger Chronik vom 11.3.1913, zitiert nach Siemann, Krieg, S. 302.

77 | S. Hutter, „Die feinste Barbarei", S. 185.

78 | Die Weihe des Völkerschlachtdenkmals in Leipzig am 18. Oktober 1913, Sonderabdruck aus dem Leipziger Tageblatt, 18. Oktober 1913, S. 37, zitiert nach Hoffmann, Sakraler Monumentalismus, S. 277.

79 | S. dazu Lenger, Friedrich: Geschichte und Erinnerung im Zeichen der Nation. Einige Beobachtungen zur jüngsten Entwicklung, in: Oesterle, Günter (Hg.): Erinnerung, Gedächtnis, Wissen. Studien zur kulturwissenschaftlichen Gedächtnisforschung, Göttingen 2005 (= Formen der Erinnerung 26), S. 521–535.

80 | S. HStA Darmstadt, Best. O 3, Nr. 51, Darmstädter Tagblatt, 9. Juni 1913, Nr. 132.

81 | S. ebd.

82 | Darmstädter Tagblatt, 19. Juni 1913, Nr. 141.

83 | S. Darmstädter Tagblatt, 2. Juli 1913, Nr. 152.

84 | HStA Darmstadt, Best. O 3, Nr. 51., Zeitungsartikel vom 20.6.1913.

85 | S. Darmstädter Tagblatt, 18. Juni 1913. Nr. 140.

86 | S. Förster, Königin Luise-Mythos, S. 77; Reder, Dirk Alexander: Frauenbewegung und Nation. Patriotische Frauenvereine in Deutschland im frühen 19. Jahrhundert (1813–1830), Köln 1998 (= Kölner Beiträge zur Nationsforschung 4), S. 54f.

87 | Ähnliches gilt auch für die Erinnerung an den 100. Geburtstag Georg Büchners. Obwohl dessen Vater ein glühender Anhänger Napoleons gewesen war, nahm die Darmstädter Zeitung auch die Gelegenheit war, an die Geburt des Lokalheroen zu erinnern. Einziger Anknüpfungspunkt war tatsächlich das Geburtsdatum, dennoch stand der Text im Zentrum der Wochenbeilage der Darmstädter Zeitung 18. Oktober 1813, Nr. 42.

88 | S. Darmstädter Tagblatt, 16. Juni 1913, Nr. 138.

89 | S. Darmstädter Tagblatt, 17. Juni 1913, Nr. 139; s. a. Universitätsarchiv der TU Darmstadt (Hg.): Georg Wickop. Architekt und Professor der Technischen Hochschule Darmstadt 1861–1914. Begleitheft zur Ausstellung vom 12. März bis zum 10. April 2013 im Maschinenhaus der Technischen Universität Darmstadt, Darmstadt 2013.

90 | Darmstädter Tagblatt, 10. März 1913, Nr. 58. Der von Schinkel entworfene Orden wird in diesem Artikel als Ausdruck eines neuen Anerkennungssystems im Heer gemäß den Scharnhorstschen und Gneisenauschen Reformen interpretiert. Den Hinweis auf die Rückdatierung verdanke ich Ralph Winkle, Stuttgart.

91 | S. Siemann, Krieg, S. 304–307.

92 | In Darmstadt ging es von der Rennbahn an der Heidelberger über die Neckar- und Rheinstraße bis zum Schloss, von dort über den Paradeplatz, die Alexander- und Dieburger Straße über die Neuere Ringstraße und die Erbacher Straße nach Roßdorf. Zur Unterstützung der Läufer stellte der Hessische Automobilclub zwei Autos zur Verfügung, S. Darmstädter Tagblatt, 16. Oktober 1913. Nr. 246.

93 | Herrmann, D. Fr.: Hessen-Homburgische Prinzen in den Befreiungskriegen. Ein Gedenkblatt zum 18. Oktober, in: Darmstädter Zeitung, 17. Oktober 1913, Nr. 244.

94 | Zur Umdeutung des Russlandfeldzugs von 1812 s. Murken, Julia: Von „Thränen und Wehmut" zur Geburt des „deutschen Nationalbewußtseins". Die Niederlage des Russlandfeldzugs von 1812 und ihre Umdeutung in einen nationalen Sieg, in: Carl, Horst u. a. (Hgg.): Kriegsniederlagen. Erfahrungen und Erinnerungen, Berlin 2004, S. 107–122.

95 | Darmstädter Tagblatt, 20. Oktober 1913, Nr. 250. Die Vereine im einzelnen waren: Jung-Darmstadt; Vereinigte Kriegervereine; Turner; Schumacher; Bäcker; Landesbaugewerkschule; Lokomotivbeamtenverein; Gesangverein Germania; MG Lyra; Jugendvereinigung der Petrusgemeinde; CVJM Wartburg und Jugendverein der Stadtgemeinde; Gesangverein Einigkeit; GV Liederzweig; Freiwillige Feuerwehr; Kavallerieverein; Hessischer Odenwaldverein; GV Melomanen; Bürgerverein Bessungen; Doppelquartett Rheingold; Gesangverein Männerquartett Darmstadt-Bessungen; Kath-Männer-Gesangverein; Bayern-Verein; Jugendvereinigung der Paulusgemeinde; Da MGV; GV Frohsinn; Militär-Anwärter-Verein; Verein städtischer Arbeiter und Bediensteter; Athletenverein; Ort'sches Männerquartett; Oberhessen-Verein.

96 | Laut Darmstädter Tagblatt vom 19. Oktober 1913, Nr. 249 spendete das Publikum der Rede „[r]auschende[n] Beifall".

97 | Rede Bergners zitiert nach: Darmstädter Zeitung, 20. Oktober 1913, Nr. 246.

98 | Ebd.

99 | S. Matt, Peter von : Die ästhetische Identität des Festspiels, in: Engler, Balz/Kreis, Georg (Hgg.): Das Festspiel: Formen, Funktionen, Perspektiven, Willisau 1988 (= Schweizer Theaterjahrbuch 49), S. 12–28, bes. S. 12–18.

100 | Darmstädter Tagblatt, 18. Oktober 1913, Nr. 248.

101 | Ebd.

102 | S. z.B. Ziemann, Benjamin: Soldaten, in: Hirschfeld, Gerhard/Krumeich, Gerd/Renz, Irina (Hgg.): Enzyklopädie Erster Weltkrieg, Paderborn u.a. 2009, S. 155–168.

103 | Hoffmann, Sakraler Monumentalismus, S. 279; s. a. Siemann, Krieg, S. 316.

104 | Erinnerungsschrift zur Hundertjahrfeier 1813–1913, S. 35.

105 | S. Siemann, Krieg, S. 316.

„Völker, hört die Signale“?

Internationalismus und Nationalismus der SPD am Vorabend des Ersten Weltkrieges

Walter Mühlhausen

„Die Arbeiter aller Länder, die sich sonst als Feinde gegeneinander hetzen ließen, reichen sich als Brüder die Hände.“[1] Mit diesen Worten umriss SPD-Vorstandsmitglied Hermann Molkenbuhr am 23. Mai 1913 auf der Hamburger Festveranstaltung zum 50. Jahrestag der Gründung einer sozialdemokratischen Partei die internationale Verbundenheit der deutschen Arbeiterbewegung. Auf dieser Feier zur Erinnerung an die Geburt des Allgemeinen Deutschen Arbeitervereins 1863 in Leipzig zitierte der SPD-Parteiveteran auch Berechnungen des britischen Sozialisten Bruce Glasier, wonach es in 22 Staaten 11 Millionen sozialistische Wähler gebe. Deutschland, so Molkenbuhr, marschiere mit seinen 4,25 Millionen an der Spitze dieser 11-Millionen-Armee. Unausgesprochen untermauerte er damit auch den Führungsanspruch der SPD innerhalb der sozialistischen Internationale.

Szenen- und Ortswechsel: Keine drei Monate später, am 13. August, starb im schweizerischen Passugg der SPD-Vorsitzende August Bebel. Mit dem 73-jährigen Gründervater verlor die deutsche Arbeiterbewegung nicht nur ihre Galionsfigur. Kurz nach seinem Tod fand auch ein Generationenwechsel in der Schaltzentrale der Partei seinen Abschluss. Zum Nachfolger des zur Gründergeneration zählenden Bebel wählte der Parteitag in Jena mit dem Vorstandsmitglied Friedrich Ebert einen Mann der zweiten Generation zum Co-Vorsitzenden neben Hugo Haase, seit 1911 im Amt.

Ein Jahr später, am 4. August 1914, stimmte die SPD-Reichstagsfraktion für die Bewilligung der Kriegskredite. Die Partei, die von den gesellschaftlichen Trägergruppen des Kaiserreiches als „vaterlandsverräterische Lohndirne ausländischer Kriegshetzer" außerhalb der Gesellschaft gestellt wurde, deren Mitglieder als Reichsfeinde und als „finstere Volksverderber"[2] gebrandmarkt wurden, votierte nach Ausbruch des Krieges samt und sonders mit Ja. Mehr noch: Mit dieser Zustimmung zu den Kriegskrediten schlossen die Sozialdemokraten zugleich den Burgfrieden. Man verzichtete auf Opposition gegen den Staat.

Die Entscheidung galt als Niederlage der Internationale, als Zusammenbruch der internationalen Solidarität. Die mitunter als Sündenfall der deutschen Sozialdemokratie kritisierte Entscheidung vom 4. August, die Einreihung in die nationale Abwehrfront und das Stillhalteabkommen, wurden, nicht nur von den linken Kräften zeitgenössisch und in der historischen Forschung, als Verrat an der internationalen Idee, an der Zweiten Internationale von 1889, dem grenzüberschreitenden Zusammenschluss der sozialistischen Arbeiterbewegung, bewertet. Ein Mann wie William Stephen Sanders, von 1913 bis 1915 Mitglied im Vorstand der britischen Labour Party, ein großer Bewunderer der deutschen Vorkriegssozialdemokratie, fühlte sich getäuscht, wie er in einer Broschüre 1918 feststellte: „The party which formerly prided itself upon its intense international spirit is now equally proud of its intense national spirit."[3] Eugen Prager (USPD) schrieb 1921, dass die SPD sich mit dem 4. August als „wahrhaft ‚nationale' Partei dem Heerbann der Bourgeoisie" angeschlossen habe.[4]

Der Internationalismus sei über Bord geworfen worden, das Nationale habe Einzug gehalten, wie eine Begebenheit aus den kriegsschwangeren Tagen 1914 verdeutlicht, überliefert von Aleksandra Kollontaj. Am 1. August, als Deutschland Russland den Krieg erklärte, traf die russische Emigrantin im Frauenbüro der SPD in Berlin mit Luise Zietz zusammen. Die Menschewikin war erstaunt über deren Verhalten. Denn Luise Zietz, eine der führenden Frauen der SPD, erläuterte, dass man protestiert habe und somit seiner internationalen Pflicht nachgekommen sei; sie sprach aber auch von vaterländischer Pflicht. Und Kollontaj fühlte, dass „ich für Luise Zietz schon nicht mehr Genossin, sondern Russin bin".[5] Ob sich dies tatsächlich so abgespielt hat, lässt sich nicht überprüfen, aber die Schilderung steht für die Enttäuschung außerhalb der deutschen Reihen über die vermeintlich mit dem Krieg ausgebrochene nationale Stimmung in der SPD.

Die insgesamt doch überraschende Zustimmung zu den Kriegskrediten im August 1914, ein Jahr nach dem Tod Bebels, hat zu der Frage geführt, wie die Entscheidung in der SPD-Fraktion ausgefallen wäre, wenn Bebel noch gelebt hätte. Wilhelm Dittmann, sozialdemokratischer Reichstagsabgeordneter, erhielt nach der Entscheidung der Fraktion für die Kreditbewilligung am 3. August vom Parteiverleger J. H. W. Dietz, einem engen Freund Bebels, auf die Nachfrage, welchen Verlauf „die Sache“ genommen hätte, „wenn Bebel noch dabei gewesen wäre“, die unzweideutige Antwort: „Genauso, nur wäre es viel schneller gegangen.“[6] Und Willy Brandt hat noch bei der Eröffnung einer Bebel-Ausstellung 1988 die Frage nach dem möglichen Verhalten der SPD im August 1914 unter einer Führung Bebels mit wohlbegründeter Vermutung einfach beantwortet: „nicht viel anders“.[7] Bebel-Biograph Werner Jung sieht das ein wenig anders und resümiert zur gleichen Zeit, dass Bebel sich zwar zur Landesverteidigung bekannt, dies aber nicht zwangsläufig eine Zustimmung zu den Kriegskrediten bedeutet hätte. Die vom rechten Parteiflügel durchgesetzte Burgfriedenspolitik hätte er abgelehnt.[8] Abgesehen davon, dass nicht die Parteirechten die Burgfriedenspolitik durchsetzten, gar gegen eine Mehrheit in der Fraktion, sondern die Zustimmung bis weit im marxistischen Zentrum der Partei auf Akzeptanz stieß, soll diesen Spekulationen keine weitere hinzugefügt werden. Es bleibt jedoch zu prüfen, ob die Politik des 4. August, für die in erster Linie die Männer der zweiten Generation der sozialistischen Arbeiterbewegung verantwortlich zeichneten, sich in der Linie der bisherigen Politik, dominiert von der ersten Generation mit Bebel als Leitfigur, befand oder ob es sich um einen radikalen Bruch im Vergleich zu den grundlegenden Prämissen der Sozialdemokratie seit dem Fall des Sozialistengesetzes handelte. War also der 4. August der Wendepunkt oder ein Markstein der bisherigen SPD-Politik?[9] Dies führt im Kern zur Frage, welchen Stellenwert der Gedanke der Internationale innerhalb der Sozialdemokratie besaß und wie diese mit einer Politik in Einklang zu bringen war, die zunehmend auf nationale Integration setzte. Und welche Rolle spielte – damit sind wir wieder beim Jahr 1913 – der im letzten Friedensjahr sich manifestierende Generationenwechsel innerhalb der Führung?

Gehen wir einige Jahre zurück und betreten zunächst das internationale sozialistische Parkett. Die 1889 in Paris begründete Zweite Internationale als lockerer Dachverband der selbstständigen nationalen Organisationen stellte den Versuch dar, über die Grenzen hinweg die zentralen Forderungen der sozialistischen Arbeiterbewegung zu realisieren. Unmittelbare Konsequenz des Ersten Kongresses war die Proklamation eines weltweiten Arbeiterfeiertages, des 1. Mai, auf dem im nachfolgenden Jahr erstmalig und dann jährlich wiederkehrend weltweit für die Rechte des Proletariats demonstriert wurde. Es ging zunächst um den Achtstundentag, aber auch Ausbeutung und Kriegstreiberei wurden thematisiert. Das alles konnten alle unterschreiben.

Die Internationale war, so der aus Wien stammende *Vorwärts*-Redakteur Rudolf Hilferding 1915, „Resultat und Ausdruck der gleichen Interessen, des gleichen Zieles der Arbeiter aller Länder".[10] Diesem praktischen Internationalismus ging es um Aktion, um gegenseitige Unterstützung – über die profanen Solidaritäts- und Grußadressen bei den Parteitagen hinaus. Das politisch und wirtschaftlich unterdrückte Proletariat verband über die Nationalstaatsgrenzen hinweg ein gemeinsamer Erfahrungshintergrund, verband die gemeinschaftliche Aktion. Solidarität war die einigende Kraft, die nicht nur in Geldsammlungen für die streikenden Genossen des Nachbarlandes Ausdruck fand. Es ist bemerkenswert, dass der führende Revisionist Eduard Bernstein mitten im Krieg, im Oktober 1915, eine buchhalterische Rechnung aufmachte und dabei feststellte, dass bei den Kämpfen der internationalen Arbeiterbewegung die deutsche „in ganz unverhältnismäßigem Grade Geberin gewesen" und „für die deutsche Arbeiterbewegung die Internationale immer nur mit Unterbilanz gearbeitet" habe. Mit anderen Worten: Die deutschen Arbeiterorganisationen hätten mehr gegeben als erhalten.[11]

Doch viel wichtiger als das Abwiegen von Geben und Nehmen war, dass mit der Internationale ein Gemeinsamkeitsgefühl hergestellt wurde. Dieses Bewusstsein der Internationalität der Bewegung war der Kitt über die Grenzen hinweg. Auf diesen Fundamenten ruhte die Internationale – ideologisch-ideell. „Die Arbeiter haben kein Vaterland", hatten Marx und Engels im „Kommunistischen Manifest" geschrieben.[12] Der Hauptwert der Internationale, so meinte Bernstein – seiner eigenen Bilanzierung widersprechend – noch im Oktober 1915, lag eben nicht auf dem „Gebiet unmittelbar praktischer Leistungen, sondern bestand in ihrer großen moralischen Wirkung".[13]

Dieses moralische Fundament wurde bald organisatorisch unterfüttert. Auf dem 5. Kongress 1900 der Internationale in Paris wurde beschlossen, ein aus zwei Vertretern eines jeden Landes bestehendes Internationales Sozialistisches Büro (ISB) einzurichten. Seinen Sitz nahm es in Brüssel; die Funktion des Exekutivkomitees lag bei Emile Vandervelde und seinen Belgiern. Wenngleich damit der Zweiten Internationale ein organisatorisches Gerüst gegeben war, blieben die

Mitgliederparteien doch im Wesentlichen selbstständig. Die Exekutive hatte nichts zu exekutieren, sondern nur zu koordinieren. In diesem lockeren Bündnis spielte die deutsche Sozialdemokratie die führende Rolle, denn schließlich war sie die stärkste, zugleich am besten durchorganisierte Partei, auf die die Sozialisten der anderen Länder ob deren „Größe und Gewalt“ mit Bewunderung blickten.[14]

Wie nahm nun die größte Sektion der Internationale, die deutsche, die Internationale wahr? Die internationale Solidarität gehörte zum festen Kanon programmatischer Äußerungen der SPD, in Rückgriff auf die bekannte Losung aus dem „Kommunistischen Manifest“ von 1848 „Proletarier aller Länder, vereinigt euch!“ – ein Wort, so Bernstein 1915, das sich wie kein zweites tief in die Herzen der sozialistischen Arbeiter eingegraben habe.[15] Im grundlegenden Erfurter Programm von 1891 hieß es, dass die SPD sich „eins mit den klassenbewussten Arbeitern aller übrigen Länder“ erklärte, weil die Interessen der Arbeiterklasse in allen kapitalistischen Ländern die gleichen seien.[16] Aber von einer direkten Verpflichtung gegenüber den anderen Bruder- oder Schwesterparteien stand dort nichts, nichts von der Verpflichtung zu gemeinschaftlicher Aktion entsprechend den internationalen Resolutionen.

Insgesamt wurde durch die verbalen Bekundungen der SPD das Bild eines vermeintlich hohen Stellenwertes der Internationalität gemalt, einer radikalen Internationale, denn die internationalen Kongresse waren von Beginn an Exerzierfeld der Linken, die dort ihre Ideen einem breiten Publikum präsentieren konnten und Einfluss auf die scharf klingenden Resolutionen nahmen. Das war mitverantwortlich dafür, dass die Öffentlichkeit glaubte, es mit einer revolutionär-entschlossenen internationalen Klassenkampfgemeinschaft zu tun zu haben. Zu dieser öffentlichen Einschätzung dürfte auch die antisozialistische Propaganda erheblich beigetragen haben. Von Beginn an wurde die SPD von ihren Gegnern im Reich, angefangen mit Bismarck, als Partei der Supranationalität begriffen, ihre Mitglieder als „Agenten der Internationale“ stigmatisiert und ihr ernstlich gar ausländische Finanzierung unterstellt.[17] Es gehört zu den Eigentümlichkeiten, dass Politik und Gesellschaft im Wilhelminismus, bis hinauf in die Zentralen der Macht, die Bedeutung der Internationale in der SPD und den wechselseitigen Einfluss zwischen Internationale und deutscher Arbeiterbewegung gehörig überbewerteten, während die Spitzen von SPD und Gewerkschaften „die Bedeutung der Internationale immer geringer einschätzten, ja gar als Ballast ansahen“.[18]

Typisch für die Wertigkeit der Internationale innerhalb der SPD-Führung um die Jahrhundertwende mögen die Sätze von Ignaz Auer sein, gerichtet Ende 1901 an Karl Kautsky. Darin charakterisierte Auer, einer der populärsten Parteiführer, die Internationale als „Ulk". Nachdem man sich einmal darauf eingelassen habe, müsse man sich mit Anstand aus der Affäre ziehen, denn: „Das internationale Sekretariat soll sich begraben lassen. Das wäre das Gescheiteste, was es tun könnte. [...] Schließlich ist die Arbeiterbewegung doch etwas zu Ernstes geworden, als daß wir uns damit aufhalten sollten, Internationale zu spielen."[19] Solche Kritik galt wohl mehr der Organisation der Internationale als deren Idee.

Abgesehen von solch distanzierenden Worten mit Bezug auf Organisation und Einflussnahme der Internationale bekannte sich die deutsche Sozialdemokratie konsequent zum Internationalismus – auch symbolpolitisch: Nach der Jahrhundertwende war die „Internationale", das Lied der Pariser Commune, immer mehr in das Liedgut der deutschen Sozialdemokratie aufgenommen worden. 1901 entstand eine deutsche Fassung von Franz Diederich, die erstmals auf dem Parteitag 1904 in Bremen intoniert wurde.[20] Die zentrale Zeile lautete schlicht: „Die Internationale wird die Menschheit sein." In der Übersetzung von Emil Luckhardt 1910 wurde die Internationale/das Internationale noch stärker betont:

> Völker, hört die Signale!
> Auf zum letzten Gefecht!
> Die Internationale
> erkämpft das Menschenrecht.

Das wurde kräftig gesungen, aber das war nicht Handlungsmaxime. Denn die deutsche Sozialdemokratie sah das wohl eher nicht so: Nicht die Internationale, sondern die SPD würde (zumindest im deutschen Raum) das Menschenrecht erkämpfen. Nach der Jahrhundertwende setzte die SPD mehr und mehr auf die innenpolitische Karte, wurde immer stärker, wenngleich noch nicht programmatisch, de facto zu einer auf die Erfolge in den Wahlen vertrauenden Reformpartei. Das schloss Propagierung der revolutionären Theorie nicht aus. Unter diesen Auspizien wuchs die SPD zu einer modernen, feingliedrig organisierten Massenpartei, die im Rahmen der bestehenden Staatsordnung ihre Ziele verwirklichen wollte. Dabei glaubte man sich hinreichend gewappnet, die eigene Strategie auch den sich verändernden Konstellationen und Situationen anpassen zu können.

Im Gefühl der stetig zunehmenden Stärke musste jedwede Einflussnahme von außen zurückgewiesen werden; man befürchtete gar programmatische Übergriffe der Internationale auf die innere Strategie der SPD. Gewiss: In der Internationale als Organisation sollten grundlegende Prinzipien beraten und beschlossen werden. Solange die zumeist scharfen und klassenkämpferischen Resolutionen unbestimmt blieben, konnte die SPD diese voll unterschreiben. Doch immer mehr drängten die Franzosen, direkte Handlungsanweisungen über die Internationale zu verabschieden. Und dies betraf vor allem die Außenpolitik, genauer die Frage des Krieges, die nach der Jahrhundertwende angesichts der wachsenden internationalen Spannungen stetig an Brisanz gewann und die Diskussionen auf den Konferenzen der Internationale dominierte.

Schauen wir genauer hin. Auf dem Internationalen Sozialistenkongress 1907 in Stuttgart ging es wesentlich um die Frage, wie der Krieg zu verhindern sei und wie man sich zu verhalten hatte, wenn die Strategie der Kriegsverhütung fehlgeschlagen wäre.[21] Zentral drehte sich die Diskussion darum, ob der Massenstreik taugliches Mittel sei, dem drohenden Krieg zu begegnen. In der vorbereitenden Kommission für „Militarismus und internationale Konflikte“ war man zwar einig, dass jede Nation das Recht habe, sich gegen Angriffe von außen zu verteidigen, man war sich aber uneins darüber, wie der Krieg zu verhindern sei. Bebel hatte sich nicht festlegen wollen, zwar die energische Anwendung aller Mittel gefordert, sich aber entzogen, diese auch konkret zu benennen. Der Franzose Edouard Vaillant ging weiter, listete „Intervention, die öffentliche Aktion, den Generalstreik und sogar die Insurrektion“, also den bewaffneten Aufstand, als geeignete Maßnahmen auf.[22] Hier zeigte sich ganz deutlich, dass die französische Arbeiterbewegung sich über die Aktion definierte, eben „streikgeprägt“ war, während die deutsche Sozialdemokratie „organisationsgeprägt“ war.[23] So erklärt es sich, dass die SPD sorgsam darauf bedacht war, alles zu vermeiden, was ihre Organisation gefährden konnte, also auch internationale Beschlüsse, die zu innenpolitischen Verfolgungen und Sanktionen führen konnten. Von Generalstreik wollten die Deutschen nichts wissen; schließlich hatte man endgültig auf dem Mannheimer Parteitag 1906 den Massenstreik als defensives Mittel bestätigt, als offensives aber strikt verworfen. Dieses wollte man nicht durch die internationale Hintertür oktroyiert bekommen. Was blieb? Für Bebel lag das auf der Hand: „Wir können also nichts tun, als aufklären und Licht in die Köpfe bringen, agitieren und organisieren.“[24] Es sprang schließlich eine vom Plenum „debattierlos angenommene“ Erklärung heraus, dass die Organisationen der sozialistischen Bewegung alles aufbieten sollten, um „durch Anwendung der ihnen am wirksamsten erscheinenden Mittel den Ausbruch des Krieges zu verhindern". Falls der Krieg dann doch zum Faktum werde, sei man verpflichtet „für dessen rasche Beendigung einzutreten".[25]

Auch hier zeigte sich wieder, wie sehr die Linke Einfluss nahm. Sie wollte den einmal ausgebrochenen Krieg in aller Entschlossenheit zum Schlag gegen die Klassengesellschaft und für die Befreiung des Proletariats nutzen, kurzum: War der Krieg da, musste man alles auf die Karte Revolution setzen. So sorgte Rosa Luxemburg dafür, dass solches zumindest rudimentär in die Stuttgarter Resolution einfloss: In einem Krieg sollten die Massen aufgerüttelt und dadurch die Überwindung des Kapitalismus beschleunigt werden. Das war Utopie.

Wichtiger war, dass die Proklamation von Stuttgart Freiraum ließ, dass jede Sektion selbst festlegen könne, was im Falle eines Krieges zu tun sei. Der Bayer Georg von Vollmar kleidete die deutsche Position in die Worte, man solle die SPD „nicht an bestimmte Mittel binden" und ihr dadurch „die Freiheit der Selbstbestimmung", gar „die Lebensbedingungen" nehmen.[26] Die Internationalität schimmerte in der eingeschobenen, an Unverbindlichkeit kaum zu übertreffenden Floskel durch, wonach die einzelnen Sektionen bei ihren Maßnahmen „durch die zusammenfassende Tätigkeit des Internationalen Sozialistischen Bureaus" unterstützt werden sollten.[27] Das hieß eigentlich nichts anderes als: Jeder nach seiner Façon. Sehr richtig kommentierten die der SPD keineswegs freundlich gesinnten Preußischen Jahrbücher, dass der internationale Kongress zwar nicht gescheitert, doch am „Haken der Nationalität" hängen geblieben sei.[28] Die hier nur grob skizzierten Gegensätze vor allem zwischen deutscher und französischer Arbeiterbewegung beschäftigten die folgenden Konferenzen in Kopenhagen 1910 und Basel 1912, der als außerordentlicher Kongress „Gegen den Krieg" bis hinein in die jüngsten Publikationen zum 150. Geburtstag der SPD gemeinhin als „eine der eindrucksvollsten Friedenskundgebungen vor dem Beginn des Ersten Weltkriegs" bezeichnet wird.[29] Das war er gewiss – mehr aber auch nicht: nur eine Kundgebung.

Mit ihrer zögerlichen Haltung des Nicht-Agierens in der Frage von Maßnahmen gegen den Krieg verlor die SPD im letzten Jahrzehnt vor dem Krieg innerhalb der Internationale immer mehr Terrain an die französische Seite. Das schien nicht weiter zu beunruhigen. Hermann Molkenbuhr, Mitglied des Parteivorstandes und erfahrener Reisender in Sachen Internationale, hält in seinem Tagebuch 1908 nach seiner ersten ISB-Sitzung fest: „Das Int.[ernationale] Büro weiß seinen

Zweck schlecht auszufüllen. Die großen Fragen der äußeren Politik reizen zu bombastischen Erklärungen. Aber sind all die Erklärungen Arbeiterpolitik?“[30] Hier sprach der Mann, für den Sozialpolitik und Arbeiterrechte im Zentrum des Handelns standen, getragen von der Hoffnung, diese national durch eine starke Arbeiterpartei zu erkämpfen.

Immer wieder lobte man die Internationale „als Träger und Verkörperung der Friedensidee“ (Hugo Haase)[31], immer wieder versicherte man sich gegenseitig, durch konsequente Anwendung der notwendigen Mittel den Kriegsausbruch zu verhindern und im Falle eines Krieges alles einzusetzen, um ihn zum Ende zu bringen. Solange sich die Krisen regionalisieren ließen, wie die um Marokko und auf dem Balkan, mobilisierte die SPD die Massen gegen die Kriegsgefahr, so im September 1911, als 200.000 Teilnehmer zu einer Protestversammlung in den Treptower Park kamen – wohl die bis dahin größte Massenversammlung rund um den Erdball. Im Balkankrieg war es der Parteivorstand, der im Oktober 1912 zu „wuchtigen“ Kundgebungen aufrief und darüber hinaus das ISB-Sekretariat im Bemühen um einen außerordentlichen Kongress unterstützte.[32]

Es entwickelte sich auch innerhalb der SPD immer mehr der (Irr-) Glaube, dass die kriegsbereiten Regierungen es angesichts der wachsenden Stärke der friedensliebenden, international anscheinend bestens vernetzten nationalen Arbeiterorganisationen nicht wagen würden, einen Waffengang gegen den Willen des Proletariats vom Zaun zu brechen. Innerhalb der politischen Führung herrsche zudem Angst vor einer mit einem Krieg aufflackernden Revolution; diese Furcht vor dem Umsturz im oder nach dem Kriege wurde innerhalb der SPD als der vielleicht „stärkste Beweggrund für die herrschenden Klassen, Frieden zu halten und nach Abrüstung zu verlangen“, angesehen (Karl Kautsky).[33] „Nur die Furcht vor der Sozialdemokratie hat ihn [den europäischen Krieg] bisher verhindert“, drückte es Bebel in Stuttgart aus.[34] Und weil dies so sei, müsse man sich nicht über die Mittel zur Kriegsverhütung streiten. Solche Einschätzung ist mithin ein Erklärungsmoment dafür, dass es für den Kriegsfall keinen einheitlich verbindlichen Verhaltenskodex gab, außer eben dem allgemeinen Postulat, dass alle alles aufbieten müssten, um den Krieg zu verhindern.

Als auf dem Balkan der Kriege drohte und man in der „unheilschwangeren Situation“ gar „mit der Möglichkeit eines Weltkriegs“ rechnete, machte es Kautsky zur Pflicht der Internationale, ihr (Schwer-)Gewicht für den Frieden in die Waagschale zu werfen, und zwar „durch einen außerordentlichen internationalen Kongreß“. Mit der ihm eigenen Fähigkeit zur präzisen Analyse prophezeite er 1912, dass eine zum Krieg bereite Regierung den Kampf nicht wagen würde, ohne eine Kriegsbegeisterung in der Bevölkerung zu erzeugen. Ein einmal kriegsbegeistertes Volk durch Massenaktionen, gar einen Massenstreik gegen die Regierung aufzubringen, um diese letztlich an der Kriegführung zu hindern, erschien ihm aussichtslos. Blieben also nur propagandistische Maßnahmen.[35]

Ganz im Sinne von Kautskys Analyse forderte der SPD-Vorsitzende Hugo Haase in der Krisensitzung des ISB am 29. Juli 1914 die Einberufung eines internationalen Kongresses binnen Wochenfrist, gelte es doch zu beweisen, dass „die Internationale keine belanglose Größe sei", sondern dass „sie lebt".[36] Die Proletarier aller Länder sollten zudem ihre Demonstrationen gegen den Krieg intensivieren. Was generell angesichts drohender Kriegsgefahr zu tun war, war klar und wurde im Juli 1914 praktiziert. Wie aber sollte man sich verhalten, wenn der Kriegsfall eingetreten und damit die Prävention erfolglos war?

Da konnte es an der Haltung der SPD eigentlich keine Zweifel geben. Bereits 1880, im zweiten Jahr des Sozialistengesetzes, bekundete August Bebel, dass, sollte „irgend eine fremde Macht" (er nannte explizit Frankreich oder Russland) deutsches Gebiet erobern wollen, die Sozialdemokratie „gerade so gut Front machen würde wie jede andere Partei".[37] Und 1904 wurde er im Reichstag noch deutlicher, wenn er mit Bestimmtheit erklärte, dass im Falle eines Angriffskrieges die SPD bis zum „letzten Mann" bereit sei, „die Flinte auf die Schulter zu nehmen und unseren deutschen Boden zu verteidigen", aber – so machte er unzweideutig gegenüber der Regierung klar – nicht „Ihnen", also dem Staat und seinen Trägern, sondern „uns zu Liebe".[38] Und gegen wen er und die Sozialdemokraten die Waffen in die Hand nehmen würden, gab er auf dem Parteitag 1907 kund: gegen das zaristische Russland, gestempelt „als Feind aller Kultur und aller Unterdrückten im eigenen Lande". Dann sei er als „alter Knabe noch bereit, die Flinte auf den Buckel zu nehmen und in den Krieg gegen Russland zu ziehen".[39] Zur gleichen Zeit bekräftigte die Sozialdemokratie im bayerischen Landtag, als das Münchner Kriegsministerium das Szenario eines russischen Überfalls gemalt hatte, bei einem „Abwehrkrieg" jederzeit das Vaterland zu verteidigen.[40] Der deutsche Sozialdemokrat hatte also doch mehr zu verlieren als seine Ketten. Das „Vaterland", die Nation war ungeachtet der unvollendeten demokratischen Ausgestaltung ein Wert an sich geworden. Im Kampf für eine gerechte Sache, gegen die ganz Europa bedrohende russische Krake[41], würde man nicht abseits stehen.[42] Schließlich würde ein Sieg des Zaren über Deutschland auch die SPD zertrümmern.

In Deutschland hatte sich nicht zuletzt aufgrund der verspäteten Reichsgründung und der anhaltenden Repression unter dem Bismarckschen Sozialistengesetz ein Typus von Arbeiterbewegung herausgebildet, der auf eine zentralistische reichsweite Organisation ausgerichtet war.[43] Gradmesser des Erfolges dieser Organisation waren ständig steigende Mitglieder- und Wählerzahlen. Seit ihrer Gründung war die SPD von einem Wahlsieg zum nächsten geeilt. „Für uns wurde jeder Wahltag ein Zähltag", umriss Molkenbuhr zur 50-Jahr-Feier die unbedingte Orientierung auf den Stimmzettel.[44] Bei den sogenannten „Hottentottenwahlen" 1907 hatten die Sozialdemokraten jedoch einen herben Rückschlag erhalten, nach dem die SPD dafür gesorgt hatte, dass der Nachtragshaushalt zur weiteren Finanzierung des Krieges in Deutsch-Südwestafrika im Dezember 1906 knapp abgelehnt wurde. Die aufgehetzte Kampagne in den anschließenden Neuwahlen gegen eine augenscheinlich national unzuverlässige Sozialdemokratie traf die Partei bis ins Mark. 1907 geriet ihr Glaubenssatz an einen kontinuierlichen Zuwachs gehörig ins Wanken. Man blieb zwar stimmenstärkste Partei, aber die Reichstagsfraktion wurde nahezu halbiert (von 81 auf 43), was die Furcht in der Parteiführung vor einem dauerhaften Rückschlag, zumindest einer Stagnation schürte. Nun galt es, die nationale Zuverlässigkeit zu demonstrieren. Es folgte ein „zwar zuerst nur feiner, dann sich aber ständig verbreitender Riss innerhalb der SPD, was ihre Stellung zu Nation und Vaterland anging".[45] Es kristallisierte sich immer mehr eine Linie heraus, die ihre positive Haltung in der Frage der Nation und der nationalen Interessen auch öffentlich bekunden wollte.

Das scheinbar unaufhaltsame Wachstum war der Erfahrungshintergrund der zweiten Generation von Arbeiterführern, die den Geburtsjahrgängen 1861 bis 1884 entstammten[46], im letzten Friedensjahrzehnt in die Schaltzentrale der SPD einzogen und den größten Teil der Abgeordneten stellten. Im 1913 gewählten dreizehnköpfigen Parteivorstand waren nur vier Mitglieder der ersten Generation zuzuordnen, wobei Alwin Gerisch, Wilhelm Pfannkuch und Robert Wengels deutlich im Schatten der Jüngeren Friedrich Ebert, Hugo Haase, Philipp Scheidemann und Hermann Müller – was den eigentlichen Parteibetrieb betraf – standen. Lediglich Molkenbuhr, Jahrgang 1851, war Aktivposten in der Parteizentrale. Dagegen dominierten in der 1912 gewählten (radikaleren) neunköpfigen Kontrollkommission sechs der ersten Generation.

Was zeichnete nun diese zweite Generation aus? Diese Altersklasse besaß eine weit größere „Integrationsfähigkeit und Integrationswilligkeit in das politische System des Kaiserreichs“[47] als die Vorgängergeneration der Parteigründer. Sie war daher nicht nur technokratischer, pragmatischer und realpolitischer, sondern glaubte an eine evolutionäre Umformung und letztlich Überwindung der bürgerlichen Gesellschaft. In gewisser Weise hatte bei dieser Kohorte eine sukzessive Einbindung in Nation und Gesellschaft stattgefunden durch die Wahrnehmung von besoldeten oder ehrenamtlichen Funktionen in den sozialrechtlichen Selbstverwaltungsorganen, in den städtischen Arbeitsnachweisen, bei Gewerbegerichten oder den Allgemeinen Ortskrankenkassen als den „Unteroffiziersschulen der Sozialdemokratie“. Und der Arbeitersekretär kam im Einsatz für die Rechte der ratsuchenden Arbeiter immer intensiver in Kontakt mit den staatlichen und städtischen Behörden. Die Erfolge der tagtäglichen Arbeit formten die reformistische Einstellung und ebneten den Weg der Integration in die Nation.[48] Die zweite Generation war in den Frieden hineingewachsen und erlebte die „bis dahin längste Friedensperiode der deutschen Geschichte“.[49]

Abb. 1: Die zweite Generation noch im Hintergrund – der SPD-Parteivorstand 1909

Es war zudem die Zeit des rasanten wirtschaftlichen und technischen Fortschritts. Das löste nicht nur eine ungemeine Technikbegeisterung aus, sondern beeinflusste auch das politische Denken: Die Erfahrung von Fortschritt wurde als Parameter auf die politische Ebene transferiert und nährte die Erwartung an einen allmählichen demokratischen Wandel innerhalb des Systems. Mit den Wahlen 1912 wurde die SPD zur stärksten Partei; 4,25 Millionen Männer gaben ihr die Stimme; diese 34,8 Prozent der Wähler bescherten ihr 110 der insgesamt 397 Reichstagsabgeordneten.

Abb. 2: Die SPD-Fraktion nach den Wahlen vom Januar 1912

Sie war damit die stärkste Fraktion. Ihre Mitgliederzahl hatte sich auf über eine Million hinaufkatapultiert. Irgendwann, so glaubte der Funktionär der zweiten Generation, musste sich die Größe der Bewegung auch politisch auszahlen, wenngleich sich im semiparlamentarischen System des Kaiserreiches die hohe Mandatszahl eben nicht direkt in Machtzuwachs ausdrückte. Jedoch war man in dem festen Glauben, dass das wilhelminische Reich sich den Forderungen einer an Mitgliedern und Wählern steil wachsenden Arbeiterbewegung nicht dauerhaft entziehen könnte. Das war das Pfand auf die Zukunft.

Das Weltbild dieser Alterskohorte hatte sich nach dem Sozialistengesetz in einer intakten und rasch wachsenden Organisation geformt und verfestigt. In der Tat entsprang aus der durch gesellschaftliche Ausgrenzung, Legalität und Wachstum bedingten Binnenorientierung auf die Partei ein ausgeprägter Organisationspatriotismus, ja geradezu ein Organisationsfetischismus.[50] Überspitzt: Nicht die Bewegung war alles, sondern die Parteiorganisation. Das war prägend. Gestärkt wurde ein Praktizismus, die Hinwendung zum Machbaren, was die Bereitschaft zur politischen Anpassung beförderte.[51]

Ein Mann wie Friedrich Ebert, seit 1905 im Parteivorstand und 1913 einer der beiden Parteivorsitzenden, steht stellvertretend für diese zweite Generation.[52] Seine Tätigkeitsfelder brachten ihn auch in Kontakt zu den Organisationen der sozialistischen Internationale. Er hatte 1904 als Vertreter der Bremer SPD am internationalen Kongress in Amsterdam teilgenommen, gehörte 1910 zu den Delegierten der SPD in Kopenhagen[53] und nahm Ende 1913 an einer Sitzung des ISB in London teil. Bei diesen Zusammenkünften trat er kaum in Erscheinung. Hier waren sozialistische Theorie und Außenpolitik vorherrschende Themen – eben Bereiche, in denen sich reformorientierte Praktiker vom Schlage Eberts nicht zu Hause fühlten. Die Internationale war nicht ihr Forum. Die Autonomie der in ihr zusammengeschlossenen nationalen Verbände wollte man nicht eingeschränkt sehen, denn, so Ebert bereits 1904 in Bremen, der internationale Kongress könne für die Taktik der einzelnen Nationen keine Leitlinien geben; die Taktik richte sich nach den Verhältnissen in den jeweiligen Ländern. Ebert und seine Altersgenossen waren in der überwiegenden Mehrheit keine glühenden Internationalisten, sie beherrschten zwar das Vokabular der Internationale, verneigten sich vor ihr und ihren hehren Zielen, waren aber im tiefen Herzen nationale Sozialdemokraten.

Es erklärt sich aus der innenpolitischen Rücksichtnahme, dass die Deutschen auf dem Kongress in Kopenhagen 1910 alles daran setzten, eine Resolution zu verhindern, die Zuhause als Zeugnis einer antinationalen Grundhaltung interpretiert werden konnte. Das sollte gelingen. Die Kopenhagener Beschlüsse bewegten sich im Rahmen derer von Stuttgart, stärkten das Internationale Büro, wenn diesem bei Kriegsgefahr die Koordination und die Einleitung der notwendigen Schritte zugewiesen wurden. Auch auf der wegen der Kriegsgefahr einberufenen Sonderkonferenz in Basel Ende November 1912 konterte Bebel illusionäre Hoffnungen auf grenzüberschreitende Aktionen der Sozialisten, indem er schlicht eingestand, dass im Kriegsfall die deutsche SPD nichts unternehmen könne.[54]

Dieser Haltung schien es zu widersprechen, dass Parteivorstand und Reichstagsfraktion im November 1913 die Einrichtung eines internationalen Kriegsrates diskutierten, der „entsprechend den Verhältnissen der einzelnen Nationen eine Grundlage zum Handeln im Entscheidungsfall" zu geben berechtigt war. Molkenbuhr bekräftigte gar, im Falle eines Krieges jedes Opfer zu bringen, um den Beschlüssen der Internationale nachzukommen. Das klang wie Aufgabe der bisherigen Politik, aber der Parteiveteran war sogleich darum bemüht, das Ganze wieder zu relativieren, indem er freie Entscheidung bei der Wahl der Mittel und der einzuschlagenden Taktik bei Kriegsausbruch einforderte: Die SPD könne eben keine Verpflichtungen übernehmen, die durchzuführen man nicht in der Lage sei. Zwei Stoßrichtungen lagen solcher Sicht zugrunde: gegenüber der Internationale Entschlossenheit im Kampf gegen einen ausgebrochenen Krieg zu demonstrieren, aber auch der deutschen Regierung zu signalisieren, dass man seine nationale Pflicht erfüllen werde.[55]

Das Jahr 1913 stand im Zeichen erhöhter Kriegsgefahr: „Am Rande des Weltkriegs", lautete ein Artikel in der Maifestzeitung 1913, in dem aufgerufen wurde, bei den Demonstrationen am Ersten Mai ein „millionenfaches Echo des Basler Kongresses wie des deutsch-französischen Manifestes" abzugeben.[56] Im März 1913 hatten die französische Section Française de l'Internationale Ouvrière (SFIO) und die deutsche SPD einen Aufruf „gegen das Wettrüsten" verabschiedet: „Unter der Fahne der Internationale, die die Freiheit und Unabhängigkeit jeder Nation zur Voraussetzung hat, werden die deutschen und französischen Sozialisten mit steigender Kraft den Kampf fortführen gegen den unersättlichen Militarismus, gegen den länderverwüstenden Krieg, für die gegenseitige Verständigung, für den dauernden Frieden."[57] Das Eisen der binationalen Kooperation wurde weiter geschmiedet. Mitte 1913 folgte eine Konferenz deutsch-französischer Parlamentarier – auch nicht-sozialdemokratischer – in Bern, deren Initiatoren neben dem Schweizer Robert Grimm der Franzose Jean Jaurès und der deutsche Ludwig Frank waren. Dem Berner Treffen folgte im Mai 1914 die Zusammenkunft in Basel. Philipp Scheidemann kommentierte später in seinen Erinnerungen die Konferenzen von Bern und Basel: „Das Band zwischen allen Friedensfreunden diesseits und jenseits der Vogesen schien fester geknüpft, denn je zuvor."[58] Er schreibt nicht „war fester geknüpft", sondern „schien fester geknüpft". Denn wenige Monate später war alles anders. Bereits zum Berner Treffen war Molkenbuhr mit Skepsis gereist: „Sollte es je zum Krieg kommen, sind alle schönen Gedanken dieser Konferenzen spurlos verschwunden."[59] Er sollte Recht behalten; das Schicksal der Organisatoren war symbolhaft: Jean Jaurès wurde am 31. Juli 1914 von einem Nationalisten ermordet, und der sich freiwillig zum Kriegsdienst meldende Ludwig Frank fiel fünf Wochen später bei seinem ersten Gefecht.

Die internationale Solidarität hatte immer auch den Kampf gegen die Kriegsgefahr im Blick. Was aber war zu tun, wenn die europäischen Staaten letztlich ihre Armeen ins Feld schickten? Darauf gaben die auf den internationalen Konferenzen gebetsmühlenartig postulierten Anti-Kriegsresolutionen eben keine hinreichende Antwort. Die Anti-Kriegs-Rhetorik war Pflicht, aber auch nicht mehr. Programmatisch gab es nichts an der SPD auszusetzen; da gehörten antimilitaristische Werthaltung und internationalistische Grundüberzeugung symbiotisch zusammen. Doch auch die nationale Karte wurde immer stärker gespielt. Es war das reformistische Urgestein aus Bayern, Georg von Vollmar, der auf dem Stuttgarter Treffen 1907 das nationale Werteempfinden zum Ausdruck brachte: „[...] die Liebe zur Menschheit kann mich in keinem Augenblick hindern, ein Deutscher zu sein.“[60] Internationale Loyalität schloss nationale Loyalität nicht aus, nationale Loyalität schloss internationale Loyalität nicht aus. Die Parole „Krieg dem Kriege“ mit der internationalen Blickrichtung und die Losung „Kampf gegen den Zarismus“[61] mit dem nationalen Impetus – das waren beides der Sozialdemokratie inhärente Werte. Aber unter den besonderen Bedingungen eines Weltenbrandes musste sich zeigen, welcher höherwertig sein würde, zumal mit der Zeit die nationale Loyalität immer mehr auch den bestehenden nationalen Staat umfasste.[62]

Beides wurde in den Tagen des Juli/August 1914 praktiziert. Solange noch Hoffnung bestand, den Krieg abzuwenden, brachte die SPD Hunderttausende unter der Losung „Krieg dem Kriege“ auf die Straße. Die Völker hörten die Signale. Auf der Krisensitzung des ISB am 29. Juli hatte Haase im Kreise der Sozialisten der anderen Länder zu (internationalen) Protestversammlungen aufgefordert, damit man seine (internationale) Pflicht erfülle. Er aber war auch skeptisch ob der Wirkung: „Wir wissen nicht, ob wir Erfolg haben werden.“[63] Mit diesen massenhaften Protesten war man seiner internationalen Verpflichtung nachgekommen. In dem Moment, wo das Säbelrasseln in Kanonendonner überging, lautete die Parole „Kampf dem Zarismus“. Das deutsche Volk, besonders die eigene Gefolgschaft hörte nun dieses Signal.[64]

Die Idee der Internationalität war zerborsten, die Zweite Internationale, das weithin strahlende Symbol der Einheit der internationalen sozialistischen Bewegung, zerbrach an der Einreihung der einzelnen Arbeiterparteien in die nationalen Abwehrfronten. In den Ländern, wo die Sozialisten über eine Massenbasis und über festgefügte Organisationen verfügten, wo man sich zur konstruktiven parlamentarischen Mitarbeit entschlossen hatte, war es ein logischer Schritt, sich einzugliedern. Das galt für die Arbeiterorganisationen fast aller Länder, aber ganz besonders auch für die deutsche Sozialdemokratie. So fand der für den August 1914 in Wien geplante Kongress zum 25-jährigen Bestehen der Zweiten Internationale nicht mehr statt.

Als der Krieg Faktum war, kam ein ganz „banaler Nationalismus“[65] innerhalb der Sozialdemokratie zum Vorschein. Dieser aber war nicht das Produkt der Juli-Krise und keineswegs allein auf den rechten Flügel beschränkt. Der Arbeiterdichter Karl Bröger fasste solche Grundhaltung in lyrische Zeilen: „Immer schon haben wir eine Liebe zu Dir gekannt, bloß wir haben sie nie mit einem Namen genannt, als man uns rief, da zogen wir schweigend fort, auf den Lippen nicht, aber im Herzen das Wort: Deutschland.“[66]

Die Entscheidung vom 4. August befand sich für die Mehrzahl der Parteifunktionäre der zweiten Generation in der Linie der bisherigen Politik, die getragen war von der festen Überzeugung, dass dieser Staat reformiert werden konnte, wenn der Siegeszug weitergehen würde. In der 1912 gewählten 110-köpfigen Fraktion lag der Anteil dieser Generation gegenüber der ersten nahezu doppelt so hoch (72 zu 38[67]). Der überwiegenden Mehrzahl der zweiten Generation erschien der 4. August nicht als Wendepunkt, sondern als Markstein auf dem Weg zum Endziel.[68] Und in diesem Zusammenhang wurde besonders auf die oben zitierte „Flinten-Rede“ Bebels verwiesen, um die Politik des 4. August aus den bisherigen grundlegenden sozialdemokratischen Positionen abzuleiten.[69]

Wenn festgestellt wurde, dass sich die internationale Arbeiterbewegung mit dem Ersten Weltkrieg nationalisierte und differenzierte[70], so suggeriert dies eine vorangegangene Einheit, die es so nicht gegeben hat; zudem unterschätzt eine solche Wertung die stark ausgeprägte nationale Komponente in den einzelnen Mitgliedsverbänden. Man brauchte sich nicht zu „nationalisieren“, denn man war es bereits – auch und vor allem die SPD, so dass der „hehre Gedanke der Internationale an den Nationalismen der beteiligten Staaten unter Einschluss ihrer jeweiligen Arbeiterparteien zerschellte“[71], ohne dass der praktische Reformist an dieser Zerschlagung zu verzweifeln drohte. Gleichwohl ist er nicht mit fliegenden Fahnen (und gar in Uniform) zur Abstimmung geeilt, um sein Ja abzugeben. Leicht haben es sich die Sozialdemokraten mit dieser Entscheidung gewiss nicht gemacht.[72]

So behält Joseph Rovan wohl doch recht, wenn er resümiert: „Der Internationalismus der Doktrin war oft nur eine Oberflächenüberzeugung, die von den Gefühlserregungen der letzten Julitage und der ersten Augusttage mühelos hinweggefegt wurde.“[73]

Abb. 3: Postkarte mit dem Konterfei des 1913 verstorbenen SPD-Vorsitzenden August Bebel

Das in der Verwendung von Allgemeinplätzen internationalistischer Sprachregelungen zum Ausdruck kommende Gefühl überdeckte, dass die SPD im Jahre 1914 im Grunde eine nationale Partei war, die das

Schicksal der Nation – nicht der wilhelminischen Ordnung – mit dem eigenen verknüpfte. Der Internationalismus konnte so mühelos hinweggefegt werden, weil er für die nun dominierende neue Generation der Arbeiterführer einen noch weit geringeren Stellenwert besaß, als ihm die erste Generation beigemessen hatte. Jedoch: Die Entscheidung vom 4. August wäre mit Bebel nicht anders ausgefallen, zumal die Reichsführung das Bild einer vom blutrünstigen Zarismus angegriffenen Nation malte. Doch die Einschätzung vom hohen Stellenwert der Verteidigung gegen Russland als Motiv für die August-Entscheidung ist zu hinterfragen. Denn wie schrieb der *Vorwärts*-Redakteur Kurt Eisner, der spätere revolutionäre USPD-Mann, ein halbes Jahr nach Kriegsausbruch, vom „deutschen Expansionskrieg“(!) überzeugt: „Der Krieg war und ist für mich eine Katastrophe, in der niemand neutral sein kann; irgendwo müssen wir kämpfen, und da wir nun einmal dem deutschen Reiche angehören, ist hier unser Platz.“[74] War nicht die Vaterlandsverteidigung an sich das Entscheidende, nicht die Frage, wer Angreifer oder Verteidiger war?

Der im Kaiserreich groß gewordene reformorientierte sozialdemokratische Mandatsträger der zweiten Generation sprang auf die Ideologie des Abwehrkampfes ohne Widerstand an. So war die „Loyalität gegenüber der eigenen Nation“ für die meisten Sozialdemokraten das zentrale Handlungsmotiv.[75]

Um es deutlich zu machen: Aus der Zugehörigkeit zu einer Generation kann nicht auf die individuelle Entscheidung in bestimmten Problemlagen geschlossen werden. Das gilt auch für den August 1914. Es gab einige, wie Karl Liebknecht und Rosa Luxemburg, die den Gedanken der Internationale weiter verfolgten. Eben diese Opposition sammelte sich in der Gruppe Internationale, benannt nach der von ihnen aufgelegten Zeitschrift, die bewusst den Titel *Internationale* trug. Denn der Name war Programm. Und der erste Beitrag in der ersten Ausgabe vom 15. April 1915 stammte von der Initiatorin Rosa Luxemburg und befasste sich nachgerade zwangsläufig mit dem „Wiederaufbau der Internationale“.[76]

Es war Rosa Luxemburg gewesen, die im September 1913 in Frankfurt in einer Rede einen Satz geprägt hatte, der ihr ein Jahr Gefängnis einbringen sollte: „Wenn uns zugemutet wird, die Mordwaffen gegen unsre französischen oder andern Brüder zu erheben, dann rufen wir: Das tun wir nicht!“[77] Kaum ein Jahr nach der Versammlung, bei Ausbruch des Ersten Weltkrieges, sagte aber die Mehrheit der Sozialdemokraten: Ja. Mit dem Bekenntnis zur Landesverteidigung stellte die Sozialdemokratie ihre Integrationsfähigkeit und Integrationswilligkeit in das Kaiserreich unter Beweis.

Kein geringerer als der große Mann der marxistischen Theorie, Karl Kautsky, sah Ende November 1914 in der sozialdemokratischen Wochenschrift *Die Neue Zeit* die Haltung der SPD vom August 1914 als Gefahr für die Internationale, aber auch in Einklang mit den Prinzipien der Internationale: „In der Parteinahme nach nationalen Gesichtspunkten liegt zweifelsohne eine bedeutende Gefahr für die Internationale. Wohl ist Parteinahme im Krieg zur Abwehr feindlicher Invasion sehr wohl vereinbar mit unseren Grundsätzen."[78] Sein einstiger theoretischer Antipode, Eduard Bernstein, der Begründer des Revisionismus, mittlerweile mit ihm vereint auf der Seite der Burgfriedensgegner, schrieb knapp ein Jahr später, dass der Weltkrieg dem „Organismus" der Internationale „einen lähmenden Schlag versetzt" habe, was bis zu einem gewissen Grade unvermeidlich gewesen sei.[79] Während er von einer unbestimmten Zukunft der Internationale redete, zeigte sich Kautsky ein Jahr zuvor doch optimistischer: „Der Krieg wird die Internationale nicht töten."[80] Er irrte. Sie war eigentlich tot. Reanimierungsversuche 1917 blieben erfolglos.[81] Eine neue musste entstehen. Die neue Internationale erblickte nach dem Krieg unter schweren Geburtswehen das Licht der Welt. Die Wunden, die der Krieg und die Haltung der einzelnen Parteien geschlagen hatten, sollten nur ganz allmählich vernarben.[82] Gerade die Kriegsschuldfrage sollte in den Nachkriegszeit zum Kernpunkt im Verhältnis der SPD zu den sozialistischen Parteien des Auslandes werden. Es war der Franzose Albert Thomas, der auf der ersten internationalen Konferenz nach dem Krieg in Bern (Januar/Februar 1919) den Ausschluss der SPD aus der Internationale forderte, da sie mitschuldig an Kriegsverbrechen sei. Mit solchem Vorwurf schoss er zweifellos über das Ziel hinaus; aber in der Frage der Anerkennung einer deutschen Kriegsschuld tat sich die SPD auch nach dem Krieg schwer; interne Kontroversen waren die Folge.[83] Hinzu kam, dass die am 4. August 1914 begründete Politik letztlich zu einer irreversiblen Spaltung der Partei geführt hatte. Zwar schloss sich ein Teil der 1917 in Gotha von den Burgfriedensgegnern gegründeten USPD 1922 wieder mit der SPD zusammen, aber der linke Flügel hatte bereits 1920 mit der KPD fusioniert, so dass in der Folge zwei Arbeiterparteien weitgehend unversöhnlich gegenüberstanden.

Im Jahre 1913 war das alles so nicht vorauszusehen gewesen. An Götterdämmerung dachte der Sozialdemokrat im letzten Friedensjahr nicht, auch wenn es innerparteiliche Mahner gab. Die SPD hatte im Bewusstsein des grandiosen Wahlerfolges von 1912 und mit der großen Mitgliederzahl im Rücken siegessicher auf das Morgenrot gehofft.[84] Das sollte sich als Irrtum erweisen.[85]

Anmerkungen

1 | Ausführlicher Bericht im sozialdemokratischen *Hamburger Echo* Nr. 120 vom 25. Mai 1913.

2 | Vgl. Mühlhausen, Walter: Strategien gegen den Systemfeind – Zur Politik von Staat und Gesellschaft gegenüber der Sozialdemokratie im Deutschen Kaiserreich 1871–1914, in: Lademacher, Horst/Mühlhausen, Walter (Hgg.): Freiheitsstreben – Demokratie – Emanzipation. Aufsätze zur politischen Kultur in Deutschland und den Niederlanden, Münster 1993, S. 283–329, Zitate S. 287 und S. 288.

3 | Zitiert bei Berger, Stefan: Ungleiche Schwestern? Die britische Labour Party und die deutsche Sozialdemokratie im Vergleich. 1900–1931, Bonn 1997, S. 263.

4 | Prager, Eugen: Das Gebot der Stunde. Geschichte der USPD, Bonn [4]1980 ([1]1921), S. 15.

5 | Kollontajs Erinnerungen bei Nishikawa, Masao: Der Erste Weltkrieg und die Sozialisten, Bremen 1999, S. 14 f.

6 | Dittmann, Wilhelm: Erinnerungen. Bearb. und eingel. von Jürgen Rojahn, Bd. 2, Frankfurt a. M./New York 1995, S. 243.

7 | Brandt, Willy: Im Zweifel für die Freiheit. Reden zur sozialdemokratischen und deutschen Geschichte. Hg. und eingel. von Klaus Schönhoven, Bonn 2012, S. 147–167, hier S. 163 f.

8 | Jung, Werner: August Bebel. Deutscher Patriot und internationaler Sozialist. Seine Stellung zu Patriotismus und Internationalismus, Pfaffenweiler [2]1988, S. 374.

9 | Bloch, Max: Albert Südekum (1871–1944). Ein deutscher Sozialdemokrat zwischen Kaiserreich und Diktatur. Eine politische Biographie, Düsseldorf 2009, S. 133.

10 | Artikel vom August 1915, zitiert bei: Blänsdorf, Agnes: Die Zweite Internationale und der Krieg. Die Diskussion über die internationale Zusammenarbeit der sozialistischen Parteien 1914–1917, Stuttgart 1979, S. 21, die für den Themenkomplex „Krieg und Internationale" nach wie vor wegweisend ist.

11 | Bernstein, Eduard: Der Wert der Internationale, in: Die Neue Zeit, 34. Jg., 1. Bd., Nr. 1 vom 1. Oktober 1915, S. 1–6, Zitat S. 2.

12 | Dowe, Dieter/Klotzbach, Kurt (Hgg.): Programmatische Dokumente der deutschen Sozialdemokratie. Mit den aktuellen Programmentwürfen im Anhang, Bonn [4]2004, S. 72.

13 | Bernstein, Wert, S. 3.

14 | So stellvertretend für die Wertschätzung Vandervelde auf dem Kongress 1907; Internationaler Sozialisten-Kongreß zu Stuttgart. 18. bis 24. August 1907, Berlin 1907, S. 5; Nachdruck in: Kongreß-Protokolle der Zweiten Internationale, Bd. 2: Stuttgart 1907 – Basel 1912, Glashütten/Ts. 1976 (im Folgenden wird der Band abgekürzt als: Kongreß-Protokolle; dann Nennung des Kongresses). Für die Zweite Internationale grundlegend nach wie vor: Braunthal, Julius: Geschichte der Internationale, 3 Bde., Berlin/Bern [3]1978, für unser Thema Bd. 2, S. 327 ff.

15 | Bernstein, Wert, S. 3.

16 | Abgedruckt in: Dowe/Klotzbach, Programmatische Dokumente S. 173.

17 | Im Überblick vgl. Mühlhausen, Strategien.

18 | Groh, Dieter/Brandt, Peter: Vaterlandslose Gesellen. Sozialdemokratie und Nation 1860–1990, München 1992, S. 83.

19 | Zitiert ebd., S. 83.

20 | Text in Mühlhausen, Walter: Friedrich Ebert – Sein Leben, sein Werk, seine Zeit. Begleitband zur Ausstellung, Heidelberg 1999, S. 92.

21 | Zum Folgenden Blänsdorf, Internationale; Groh/Brandt, Gesellen, S. 89 ff. und S. 121 ff.; Haupt, Georges: Der Kongreß fand nicht statt. Die Sozialistische Internationale 1914, Wien 1967, S. 25 ff.

22 | Kongreß-Protokolle 2; Stuttgart 1907, S. 67 und S. 81 ff.; vgl. Nishikawa, Sozialisten, S. 26 ff.

23 | Boll, Friedhelm: Im Schatten des Krieges. Die deutsche Sozialdemokratie von der Jahrhundertwende bis zur Revolution, in: Dowe, Dieter/Klotzbach, Kurt (Hgg.): Kämpfe – Krisen – Kompromisse. Kritische Beiträge zum 125jährigen Jubiläum der SPD, Bonn 1989, S. 33–54, hier S. 44.

24 | Kongreß-Protokolle 2; Stuttgart 1907, S. 100.

25 | Ebd., S. 64–66.

26 | Ebd., S. 93.

27 | Ebd., S. 66.

28 | Feucht, Paul: Der Internationale Sozialistische Kongreß zu Stuttgart. Fazit und Defizit, Lehre und Leere, in: Preußische Jahrbücher 130 (1907), S. 97–110, Zitat S. 102; Hinweis bei Groh/Brandt, Gesellen, S. 115.

29 | Fischer, Ilse: August Bebel – Parteiführer und „Kaiser der kleinen Leute", in: Faulenbach, Bernd/Helle, Andreas (Hgg.): Menschen, Ideen, Wegmarken. Aus 150 Jahren deutscher Sozialdemokratie, Berlin 2013, S. 33–42, hier S. 42.

30 | Braun, Bernd/Eichler, Joachim (Hgg.): Arbeiterführer – Parlamentarier – Parteiveteran. Die Tagebücher des Sozialdemokraten Hermann Molkenbuhr 1905 bis 1927. Mit einer Einleitung von Bernd Braun, München 2000, S. 99 f. (14. Oktober 1908); vgl. Braun, Bernd: Hermann Molkenbuhr (1851–1927). Eine politische Biographie, Düsseldorf 1999, S. 235 f.

31 | In Basel 1912; Kongreß-Protokolle 2: Außerordentlicher Internationaler Sozialisten-Kongreß zu Basel am 24. und 25. November 1912, Berlin 1912, S. 12.

32 | Groh/Brandt, Gesellen, S. 147.

33 | Mit dem Zitat von Kautsky dieses Argument bei Boll, Schatten, S. 45.

34 | Kongreß-Protokolle 2; Stuttgart 1907, S. 100.

35 | Kautsky, K.: Der Krieg und die Internationale, in: Die Neue Zeit 31. Jg., 1. Bd., Nr. 6 vom 8. November 1912, S. 185–193, Zitate S. 185 und S. 191.

36 | Protokoll bei Haupt, Kongreß, S. 181; vgl. Miller, Susanne: Burgfrieden und Klassenkampf. Die deutsche Sozialdemokratie im Ersten Weltkrieg, Düsseldorf 1974, S. 45.

37 | Am 2. März 1880; Stenographische Berichte über die Verhandlungen des Reichstags. 4. Legislaturperiode. III. Session 1880. Erster Bd., Berlin 1880, S. 211; zum Folgenden jüngst: Schmidt, Jürgen: August Bebel – Kaiser der Arbeiter. Eine Biografie, Zürich 2013, S. 203 ff.

38 | Am 7. März 1904; Stenographische Berichte über die Verhandlungen des Reichstags. XI. Legislaturperiode. I. Session 1903/1904. Zweiter Bd., Berlin 1904, S. 1588.

39 | Protokoll über die Verhandlungen des Parteitages der Sozialdemokratischen Partei Deutschlands. Abgehalten zu Essen vom 15. bis 21. September 1907, Berlin 1907 (Nd. Berlin/Bonn 1982), S. 255. Es überrascht nun nicht gerade, dass Volker Ullrich in seiner altbackenen Eloge auf den Arbeiterkaiser Bebels Bekenntnis zur Vaterlandsverteidigung ebenso wie seine Haltung zur Kriegsfrage im Diskurs der Internationale geflissentlich verschweigt; Die Zeit Nr. 32 vom 1. August 2013, S. 17.

40 | Ende Oktober 1907; vgl. Groh/Brandt, Gesellen, S. 148.

41 | Versinnbildlicht in der Karikatur „Der Polyp Europas" in der Beilage des Satire-Blattes Der Wahre Jacob Nr. 723 vom 4. April 1914.

42 | S. a. die anregende Darstellung von Rojahn, Jürgen: Arbeiterbewegung und Kriegsbegeisterung: Die deutsche Sozialdemokratie 1870–1914, in: Kriegsbegeisterung und mentale Kriegsvorbereitung. Interdisziplinäre Studien, hg. von Marcel van der Linden und Gottfried Mergner unter Mitarbeit von Herman de Lange, Berlin 1991, S. 57–71.

43 | Boll, Schatten, S. 43.

44 | Hamburger Echo Nr. 120 vom 25. Mai 1913.

45 | Groh/Brandt, Gesellen, S. 115 ff. Siehe auch die Analyse der Folgen der Wahlen für die SPD bei Groh, Dieter: Emanzipation und Integration. Beiträge zur Sozial- und Politikgeschichte der deutschen Arbeiterbewegung und des 2. Reiches, Konstanz 1999, S. 456 ff.

46 | Zur Abgrenzung der Generationen: Braun, Bernd: Die Generation Ebert, in: Schönhoven, Klaus/Braun, Bernd (Hgg.): Generationen in der Arbeiterbewegung, München 2005, S. 69–86; s. a. Mühlhausen, Walter: Der Typus Ebert – Anmerkungen zur Biografie des Parteiführers im Staatsamt der Weimarer Republik, in: Mitteilungsblatt des Instituts für soziale Bewegungen 45 (2011), S. 85–104.

47 | Braun, Generation, S. 84.

48 | Überblick bei Tenfelde, Klaus: Arbeitersekretäre. Karrieren in der deutschen Arbeiterbewegung vor 1914, Heidelberg ^{2}1996, Zitat S. 22.

49 | Ebd., S. 80.

50 | Ausdruck bei Steinberg, Hans-Josef: Sozialismus und deutsche Sozialdemokratie. Zur Ideologie der Partei vor dem 1. Weltkrieg, Berlin/Bonn ^{5}1979, S. 61.

51 | Kruse, Wolfgang: Krieg und nationale Integration. Eine Neuinterpretation des sozialdemokratischen Burgfriedensschlusses 1914/15, Essen 1993, S. 20.

52 | Vgl. Mühlhausen, Walter: Friedrich Ebert 1871–1925. Reichspräsident der Weimarer Republik, Bonn ^{2}2007, S. 63 ff., mit den weiteren Verweisen.

53 | Hier trat Ebert kaum in Erscheinung. So vermisste der Österreicher Victor Adler wegen der Abwesenheit Bebels in Kopenhagen auch den „Glanz“, wenngleich die beiden deutschen Vertreter Molkenbuhr und Ebert – „beide sehr kluge Leute“ – seiner Ansicht nach nichts „verdorben“ hatten, wie er beruhigend (und schmeichelnd) am 14. September 1910 an Bebel schrieb; Adler, Victor: Briefwechsel mit August Bebel und Karl Kautsky [...]. Gesammelt und erläutert von Friedrich Adler, Wien 1954, S. 514. Dass die deutschen Vertreter in Kopenhagen keine führende Rolle spielten, lag nicht am Fehlen Bebels, sondern an dem seit dem letzten Kongress 1907 in Stuttgart deutlich gewordenen Verlust der Führungsposition der SPD innerhalb der Internationale.

54 | Groh/Brandt, Gesellen, S. 143 f. und S. 151.

55 | Ebd., S. 155 ff.

56 | Zitiert in: Zum Lichte empor. Mai-Festzeitungen der Sozialdemokratie 1891–1914. Hg. und eingel. von Udo Achten, Berlin/Bonn 1980, S. 201f.

57 | Zitiert bei Nishikawa, Sozialisten, S. 71. Zum Folgenden ebd.

58 | Scheidemann, Philipp: Memoiren eines Sozialdemokraten, Dresden 1928, Bd. 1, S. 231.

59 | Braun/Eichler (Hgg.), Molkenbuhr, S. 191 (Eintrag 8. Mai 1913); vgl. Braun, Molkenbuhr, S. 237.

60 | Kongreß-Protokolle 2, Stuttgart 1907, S. 92.

61 | Dieses „Parolen“-Paar entlehnt bei Bloch, Südekum, S. 133.

62 | Kruse, Krieg, S. 25.

63 | Nach dem Protokoll in: Haupt, Kongreß, S. 181.

64 | Kruse, Krieg, S. 54 ff. und S. 65 ff.

65 | Berger, Stefan: Die Parteispaltung während des ersten Weltkrieges in: Faulenbach/Helle (Hgg.), Menschen, S. 52–61, hier S. 53.

66 | Rüden, Peter von: Anmerkungen zur Kulturgeschichte der deutschen Arbeiterbewegung vor dem Ersten Weltkrieg, in: Beiträge zur Kulturgeschichte der deutschen Arbeiterbewegung 1848–1918, hg. von Peter von Rüden unter Mitwirkung von Gerhard Beier u. a., Frankfurt a. M./Wien/Zürich 1979, S. 9–42, hier S. 40.

67 | Ausgezählt nach Schröder, Wilhelm Heinz: Sozialdemokratische Parlamentarier in den deutschen Reichs- und Landtagen 1867–1933. Biographien – Chronik – Wahldokumentation. Ein Handbuch, Düsseldorf 1995. Nimmt man die reine Teilnahme an Kongressen der Internationale als Gradmesser für internationale Erfahrung, so ergibt sich zwischen beiden Generationen kein signifikanter Unterschied.

68 | Mit Bezug auf Bloch, Südekum.

69 | So etwa der württembergische Reichstagsabgeordnete Keil; vgl. Mittag, Jürgen: Wilhelm Keil (1870–1968). Sozialdemokratischer Parlamentarier zwischen Kaiserreich und

Bundesrepublik. Eine politische Biographie, Düsseldorf 2011, S. 129. Die *Volksstimme* (Frankfurt) Nr. 181 vom 6. August 1914 druckte im Anschluss an die Erklärung der SPD-Reichstagsfraktion vom 4. August die entsprechenden Passagen aus Bebels Flinten-Rede vom Parteitag 1907 wörtlich ab.

70 | Marszolek, Inge: „Jedem Ehre, Jedem Preis ...". Maifeiern im Kaiserreich, in: Biefang, Andreas/Epkenhans, Michael/Tenfelde, Klaus (Hgg.): Das politische Zeremoniell im Deutschen Kaiserreich 1871–1918, Düsseldorf 2008, S. 411–429, hier S. 428.

71 | Braun, Molkenbuhr, S. 238.

72 | Es überzeichnet und suggeriert nachgerade einen konspirativen Pakt zwischen SPD und Reichsleitung, wenn Berger, Parteispaltung, S. 53, meint, die deutschen Sozialdemokraten hätten im August 1914 „mit den Kriegstreibern in Berlin gemeinsame Sache" gemacht. Siehe dagegen für die Stimmungs- und Motivlage der Fraktion, neben der ausführlichen Analyse von Miller, Burgfrieden, S. 33 ff., und Kruse, Krieg, S. 52ff., zusammenfassend auch meinen älteren, in Gänze immer noch gültigen Überblick: Mühlhausen, Walter: Die Sozialdemokratie am Scheideweg – Burgfrieden, Parteikrise und Spaltung im Ersten Weltkrieg, in: Der Erste Weltkrieg. Wirkung, Wahrnehmung, Analyse. Im Auftrag des Militärgeschichtlichen Forschungsamtes hg. von Wolfgang Michalka, München 1994, S. 649–671.

73 | Rovan, Joseph: Geschichte der deutschen Sozialdemokratie, Frankfurt a. M. 1980, S. 108.

74 | An Wolfang Heine am 11. Februar 1915; zitiert bei Mühlhausen, Scheideweg, S. 652.

75 | Brandt, Peter/Lehnert, Detlev: „Mehr Demokratie wagen". Geschichte der Sozialdemokratie 1830–2010, Berlin 2013, S. 207.

76 | Luxemburg, Rosa: Der Wiederaufbau der Internationale, in: Die Internationale. Eine Monatsschrift für Praxis und Theorie des Marxismus, Heft 1 vom 15. April 1915, S. 4–14.

77 | Zitiert bei Nettl, Peter: Rosa Luxemburg, Köln/Berlin 1967, S. 462.

78 | Kautsky, Karl: Die Internationalität und der Krieg, in: Die Neue Zeit 33. Jg., 1. Bd., Nr. 8 vom 27. November 1914, S. 225–250, Zitat S. 246.

79 | Bernstein, Wert, S. 1. Es ist darauf hinzuweisen, dass Bernstein im Brief an Kautsky (20. September 1915) seinen Unmut zum Ausdruck brachte, angesichts der Zensur nicht frei schreiben zu können, so dass er sich auch in diesem Artikel „immer wieder um das Konkrete herumdrücken" musste; in: Eduard Bernsteins Briefwechsel mit Karl Kautsky (1912–1932). Eingel. und hg. von Eva Bettina Görtz [...], Frankfurt a. M. 2012, S. 42.

80 | Kautsky, Internationalität, S. 248.

81 | Zu den erfolglosen Versuchen, eine internationale Konferenz für 1917 zu organisieren, vgl. Blänsdorf, Internationale, S. 273 ff.

82 | Für die Versuche zur Revitalisierung der Internationale in der Nachkriegszeit vgl. neben Braunthal, Geschichte 2, S. 165 ff., vor allem Sigel, Robert: Die Geschichte der Zweiten Internationale 1918–1923, Frankfurt a. M./New York 1986, S. 16 ff.

83 | Mit weiteren Verweisen: Heinrich August Winkler: Von der Revolution zu Stabilisierung. Arbeiter und Arbeiterbewegung in der Weimarer Republik 1918 bis 1924, Berlin/Bonn 1984, S. 209 ff.

84 | So zeigt eine Lithografie von 1913 Bebel am Steuerrad des Schiffes „Vorwärts", das in Richtung der aufgehenden Sonne mit der Inschrift „Freiheit" segelt; Abbildung in: Seebacher-Brandt, Brigitte: Bebel. Künder und Kärrner im Kaiserreich, Bonn 1988, S. 391.

85 | Nachbemerkung: Es will scheinen, dass in der Bewertung des „Internationalismus" in der Vorkriegssozialdemokratie mittlerweile eine Abkehr von der einstigen glorifizierten Überschätzung stattgefunden hat, wie ein Blick in die zahlreichen, hier nicht aufzulistenden Publikationen zum 150. Geburtstag der Sozialdemokratie nahelegt, die das Thema nahezu ignorieren.

III. Aufbrüche der Vorkriegszeit

Kaiserhuldigung und Eigensinn

Die Einweihung des Deutschen Stadions in Berlin und der Aufbruch des Sports

Noyan Dinçkal

Das im Juni 1913 eingeweihte Deutsche Stadion in Berlin gilt als die erste Großsportanlage Deutschlands. In der Geschichte des Sports nimmt dieser Bau eine Sonderstellung ein: Zum einen hat er als „Mutter" deutscher Sportanlagen in entscheidender Weise den Sportstättenbau der Weimarer Zeit geprägt, zum anderen zeigte sich das Deutsche Stadion von Beginn an auch als Projektionsfläche außerhalb des rein sportlichen Verwendungszweckes.[1] Die Idee, ein solches Stadion zu errichten, hatte zwei eng ineinander verschlungene Wurzelstränge. Der erste Strang des Stadiongedankens waren die um die Jahrhundertwende aus der Taufe gehobenen modernen Olympischen Spiele. Nach jahrelangem Drängen deutscher Vertreter der olympischen Bewegung vergab das Internationale Olympische Komitee 1912 die Spiele für 1916 an Berlin; sie wurden dann allerdings wegen des Ersten Weltkriegs abgesagt. Im zweiten Strang war die Errichtung eines solchen Stadions von vornherein an die Idee eines nationalen Repräsentationsbaus gekoppelt, der den Sport als Bestandteil einer deutschen Nationalkultur symbolisieren sollte.[2]

Der Sport war mehr als eine besondere Geselligkeitsform oder ein beliebtes, aber bedeutungsloses Vergnügen. Er war eine körperliche Praxis, die moderne gesellschaftliche Werte wie Leistung, Wettbewerb und Fairness vermittelte und sie darüber hinaus in öffentlichen Aufführungen in Szene zu setzen vermochte. Am Beispiel der Einweihung des Deutschen Stadions werden meine Ausführungen die Frage behandeln, wie dieses größte Sportfest der Vorkriegszeit mit Sinn und Bedeutung versehen wurde. Feste wie die Einweihungsfeier waren ein zentrales Element der kulturellen und politischen Repräsentation. Sie erlauben aus diesem Grund die Analyse sowohl von Selbstdeutungen des Sports als auch von politischen Ordnungskonzepten am Vorabend des Ersten Weltkrieges. Insbesondere die Öffentlichkeit dieser Veranstaltungen und die breite Partizipation banden diese in weiten Teilen an verbreitete Einstellungen und an eine bereits existente symbolische Formsprache. Daher bietet die Stadioneinweihung die Möglichkeit, der mit erheblichem Aufwand betriebenen Verknüpfung der Repräsentation von Sport, Nation und Herrschaft nachzugehen und zu Aussagen über ihre Akzeptanz zu kommen. Dem Beitrag liegt damit die Ausgangshypothese zugrunde, dass die Bedeutung des Einweihungsfestes weit über den Sport hinausragte. An diesem Beispiel zeigen sich neue Formen der Herstellung einer repräsentativen Massenöffentlichkeit genauso wie das Bemühen, den in Deutschland noch jungen Sport in die Liste der anerkannten und nützlichen Formen der ‚Volkserziehung' und in die nationale politische Festkultur einzureihen. Nicht zuletzt aber manifestiert sich – wie ich zeigen werde – in der Einweihung auch ein subversiv anmutender Eigensinn des Sports, der eindeutige Sinnzuschreibungen erschwerte.

Sport, Stadion und Respektabilität

Die Verbreitung des Sports in Deutschland war das Ergebnis eines englisch-deutschen Kulturtransfers. Eine wichtige Voraussetzung waren die städtischen Kommunikations- und Verkehrswege nach England, dem „Mutterland des Sports". Bereits im letzten Jahrzehnt des 19. Jahrhunderts setzte in Deutschland eine Welle von Vereinsgründungen ein.[3] Um diese Zeit spielte sich der Sport weitgehend auf städtischen Freiflächen ab, auf Exerzierplätzen, Bauterrain und ungenutzten Wiesen. Doch trotz zunehmender Beliebtheit und Verbands- wie Vereinsgründungen war die Stellung des Sports nicht gefestigt. Der Anblick von Sportlern, die halbnackt und in völlig indiskutablen bunten Kostümen vor den Augen der Öffentlichkeit ohne einen klar ersichtlichen Nutzen auf sorgfältig angelegten Rasen Bälle traten oder so schnell liefen, dass sie unschicklich schwitzten oder gar außer Atem gerieten, löste lange Zeit ungläubiges Kopfschütteln aus.[4] Insbesondere der Fußball, der offensichtlich – so eine um 1900 geäußerte These

– aus den niederen Vergnügen gemeiner Fußsoldaten entstanden sein musste, rief bei Pädagogen heftige Kritik hervor. Hier war beispielsweise die Rede von „Fußlümmelei" oder englischem „Aftersport".[5]

Es waren speziell die Strukturmerkmale des Sports wie Konkurrenz, Wettbewerb, Fairness und Rekord[6], die auf Unverständnis stießen und in einem Widerspruch zum in Deutschland dominierenden Turnen mit seiner militärisch-männlichen Prägung und seinen Prinzipien wie Mehrkampf, Gruppenleistung und Gemeinschaft standen.[7] Ein Beispiel hierfür ist der Eintrag „Sport" in Meyers Großem Konversations-Lexikon 1909, in dem zu lesen war: „Als ideale Seite des Sports wird oft angegeben, es solle dem Vaterland ein starkes Geschlecht erzogen werden, in der Praxis aber tritt oft genug die Gewinnsucht in den Vordergrund."[8]

Vor diesem Hintergrund werden die Versuche der Sportverbände, den Sport endlich in die angesehenen Formen der „Volkserziehung" einzureihen und den Sport mit Insignien bürgerlicher Respektabilität auszustatten, verständlich. Beispiele hierfür sind etwa die an dem studentischen Verbindungswesen orientierte Kostümierung samt Schärpe und Mütze oder die Einführung des Sportabzeichens, das nach Meinung führender Sportfunktionäre wie ein militärischer Orden stolz am Frack getragen werden sollte.[9] Man kann diese Versuche in Anlehnung an Christiane Eisenberg als den Versuch eines „Emporkömmlings" interpretieren, sein soziales Kapital zu mehren, seinen Status aufzuwerten und den Kontakt zu bürgerlichen Kreisen zu institutionalisieren: „Dieser Versuch [der Selbstdarstellung] äußerte sich darin, daß ein Sport, der zunächst wenig mehr war als ein Geschicklichkeits- und Wettspiel, zum Anlaß genommen wurde, um ein Verkleidungs- bzw. Schauspiel aufzuführen. Das Stück, das gegeben wurde, hieß ‚bürgerliche Gesellschaft'."[10]

In diesem „Stück" spielte das Deutsche Stadion eine tragende Rolle. Da das Stadion der Abhaltung der Olympischen Spiele 1916 dienen sollte, ging die Initiative – auch wegen der relativen Gleichgültigkeit staatlicher und kommunaler Stellen – von der Olympischen Bewegung in Deutschland aus. Der Träger war weder eine staatliche Stelle noch die Stadt Berlin, sondern der Deutsche Reichsausschuss für Olympische Spiele (DRAfOS), der 1904 als ständiger Ausschuss für die Durchführung der Olympischen Spiele gegründet worden war und sich zum einflussreichsten deutschen Sportverband entwickeln sollte. Zum Zeitpunkt seiner Einweihung war dieses Stadion eine der größten Sportanlagen weltweit.[11] In der Gesamtschau entstand hier eine Anlage, die, wie manche Beobachter urteilten, den Charakter eines „Festraumes" trug, geeignet vor allem für Massenaufführungen.[12] Die Massenwirkung und damit einhergehend das Überwältigende eines solchen Baus lagen gerade darin, dass „in diesem gewaltigen Freilichttheater jeder Zuschauer ohne Gage“ mitspielte und die „Bewegungsvorgänge als ein einziges ungeheures Ganzes in sich aufnehmen“ konnte. Es böte dem Volk die Gelegenheit, sich „beim Anblick seiner selbst, durch das Gefühl der eigenen Stärke zu berauschen“ – so das Berliner Tageblatt in einer beeindruckend hellsichtigen Beschreibung des Stadions am Vortag der Einweihung.[13]

Zudem kann die Ausführung des Deutschen Stadions als der Versuch einer Historisierung und Nationalisierung des Sports interpretiert werden. Insgesamt wohnt diesem Bau eine gewisse Ambivalenz inne: Er war Ausdruck des international kommunizierten, universalistischen Sportmodells, aber auch ein Ort, der die nationalen Eigenheiten des ausrichtenden Landes spiegeln sollte. Im Sinne eines reactionary modernism[14] verbanden sich funktionale Momente moderner Technik mit dem Symbolismus des deutschen Nationalismus und hierbei den Repräsentationsansprüchen einer eklektizistischen, im ausgehenden 19. Jahrhundert verwurzelten Inszenierungsarchitektur. Die entsprechenden Diskurse waren einerseits durch das klassische Ideal geprägt, andererseits durch das Bemühen, den englischen „Import“ Sport und das Stadion rhetorisch und symbolisch zu nationalisieren. Die hellenophile Facette des „arischen Mythos“[15] kommt in der Denkschrift zum Deutschen Stadion deutlich zum Vorschein, wenn in schwülstig völkischem Ton das Stadion in eine vermeintlich griechische Tradition gestellt wird: Der Bau erfasse den „wahren Geist griechischer Kultur“ und verbinde diesen, „arischen Geblüts wie er ist, mit dem deutschen Geiste“.[16]

So zeichnete sich das Deutsche Stadion durch klassizistische Elemente aus, etwa eine in der Mitte der Tribüne auf einer Säule angebrachte Figur der Siegesgöttin Nike und weiteren klassizistischen Figurenschmuck. Doch war das semantische und materielle Anknüpfen an klassische Vorbilder auch weniger eindeutig, als es die Vehemenz, mit der die Synthese von Griechentum und Völkischem postuliert wurde, vermuten lässt. Für Vertreter der Turnerschaft beispielsweise zeigte sich schon in der Namensgebung „Stadion“ ein Mangel an „völkischer Eigenart“.[17] So kann das Stadion insgesamt als eine aus dieser Spannung hervorgegangene Synthese betrachtet werden, in der das klassische Ideal bestimmend blieb, die aber auch Symbole und Elemente einschloss, die als genuin deutsch galten, etwa eine einzelne, bedeutungsschwangere Eiche als Zeichen deutscher Treue, Stärke und Naturverbundenheit an der Ostflanke des Stadions.[18]

In Übereinstimmung mit der nationalen Rhetorik des Jahres 1913 wurden in Analogie zu den Befreiungs- und Einigungskriegen sowie im Vorgriff auf den 100. Jahrestag des Sieges über Napoleon im Oktober 1913 die „nervigen Fäuste, die die Franzosen von deutschem Boden jagten" und die „auf blutigen Feldern die deutsche Einigkeit schmiedeten", beschworen und aus der Reichsgründung von 1871 die Vollendung eines bereits 1813 angelegten Werkes konstruiert. Die hier konstruierte Gemeinschaft war in erster Linie eine Schicksals-, Kampf- und Opfergemeinschaft. Das Stadion wurde in ebendiese Traditionslinie gestellt; die „nervigen Fäuste" waren eben auch „beteiligt beim Entstehen des Stadions. Die rauhen Tage von 1813, die glorreichen von 1870 hatten den Grund geschaffen [...], und in den heißen Sonnenstrahlen des echt deutschen Idealismus [...] ist die Frucht gereift."[19] Diese Frucht sollte das Deutsche Stadion darstellen.

Feste feiern 1913

Bevor die semantischen und performativen Facetten der Einweihung des Deutschen Stadions im Einzelnen untersucht werden, möchte ich einige Erläuterungen einschieben, die die Einweihungsfeier in einen größeren Rahmen einordnen. Schon früh, nämlich im September 1912, war davon die Rede, die Einweihung des Stadions zum Regierungsjubiläum des Kaisers stattfinden zu lassen und zu diesem Zweck die Eröffnung durch ein „Huldigungs-Sportfest" zu begehen.[20] Mit dem Begriff der „Huldigung" wurden auch der Rahmen der Einweihung und das Arsenal von Zeremonien und symbolischen Praktiken markiert. Das Huldigungs-Sportfest war einerseits als Manifestation des Obrigkeitsstaates und einer vertikal strukturierten Herrschaft angelegt, indem sich der Kaiser seinen Untertanen präsentierte und ihre Treue einforderte. Andererseits aber – und dieser Aspekt ist im reziproken Charakter der Huldigung selbst angelegt – würde sich Kaiser Wilhelm II. durch die Annahme der Loyalitätsbekundung des Sports verpflichten, sich dieser Loyalität würdig zu erweisen, also die Erwartungen und Wünsche der Sportbewegung gerecht und angemessen zu behandeln.[21]

Die Regierungszeit Wilhelms II. war geprägt durch eine deutliche Zunahme öffentlicher Feste, die nicht selten in Anwesenheit des Kaisers begangen wurden. Es handelte sich dabei häufig um Vereinsgründungen, Ausstellungseröffnungen oder lokale Jubiläen. Im Jahre 1913 häuften sich die nationalen Feste, also jene Feste, die entweder vom Nationalstaat oder seinen Monarchen initiiert und organisiert oder vom Anlass her an diese gebunden waren. Zu den herausragenden Festen gehörten die in der Reichshauptstadt begangenen pompösen kaiserlichen Geburtstagsfeiern im März, das 25-jährige Regierungsjubiläum Wilhelms II. im Juni und die Feiern zum Jahrestag der Leipziger Schlacht im Oktober.[22] Ute Schneider hat nachgewiesen, dass die Feste zum Regierungsjubiläum des Kaisers verglichen mit denen seiner Vorgänger sowohl in ihrer Anzahl als auch in ihren Ausmaßen einzigartig waren. Ohne all die großen und kleinen Festivitäten aufzulisten: Auffällig ist, dass Sportveranstaltungen, Turnfeste („vaterländische Volks- und Festspiele") und die Einweihungen von Sportplätzen dazugehörten.[23]

Eine weitere Tendenz dieser Jubiläums-Feierlichkeiten war ihre ausgesprochen militärische Konnotation. Die Feierlichkeiten bereiteten nicht konkret auf einen kommenden Krieg vor, aber ohne Zweifel trugen sie erheblich zur Bildung und Kräftigung einer Mentalität in Deutschland bei, die militärische Auseinandersetzungen als einen gewöhnlichen, unausweichlichen Zustand wahrnahm und sogar begrüßte.[24] Diese Entwicklung fand vor dem Hintergrund statt, dass der Krieg allmählich zu einem bedeutenden Thema in öffentlichen Debatten wurde. Das bayerische Kriegsministerium verabschiedete einen Erlass, in dem angesichts der bedrohlichen Weltlage dazu geraten wurde, den „vaterländischen Geist der Bevölkerung zu stärken".[25] Bedeutsamer war, dass die Jubiläumsfeiern und auch die Stadioneinweihung parallel zur Militärvorlage der Regierung stattfanden. Das mit dieser Vorlage verbundene Ziel, das Heer in einer bislang nicht gekannten Dimension aufzustocken und den Wehretat zu erhöhen, war seit Beginn des Jahres 1913 bekannt und Gegenstand heftiger Debatten. Im Juni, also dem Monat des Huldigungs-Sportfestes, nahm der Reichstag die Militärvorlage an.[26] Die beinahe gleichzeitig durchgeführten Feste zielten auch darauf ab – insbesondere Sozialdemokraten und Deutsche Fortschrittspartei betonten in kritischer Absicht diesen Zusammenhang –, die Aufrüstung und ihre Finanzierung als unumgänglich erscheinen zu lassen.[27]

Ein Huldigungs-Sportfest[28]

Dem Deutschen Reichsausschuss war es also gelungen, die Einweihungsfeier des Stadions in den außergewöhnlichen Festzyklus des Jahres 1913 einzureihen. Die Feier wurde die bis dahin größte Manifestation des deutschen Sports. Schon Stunden vor dem Beginn begaben sich etliche Zuschauer ins Stadion. Insgesamt waren etwa 30.000 Zuschauer und ebenso viele Mitwirkende beteiligt. Die Umgebung des Stadions gleiche einem großen „Heerlager“, so die Rheinisch-Westfälische Sportzeitung: „Soldaten hatte Zelte errichtet, wo sich die teilnehmenden Vereine und Mannschaften für den Umzug umkleiden konnten.“[29]

Insgesamt dauerte die Festvorführung etwa zwei Stunden und war in drei Akte unterteilt.[30] Im ersten Akt begaben sich hunderte Bannerträger in das Innere des mit hunderten Wimpeln geschmückten Stadions. Zuerst kamen die Turner mit Bundesbanner und Vereinsfahnen. In breiter Front nahmen sie das Zentrum direkt gegenüber der Kaiserloge ein. Auf dem rechten Seitenflügel marschierten die Vertreter des Deutschen Akademischen Bundes für Leibesübungen sowie die Verbände für Eislauf, Leichtathletik, Radfahren und Tennis auf. Links von den Turnern formierten sich die Fußballer, Schwerathleten und Schwimmer, alle mit unzähligen Bannern und Fahnen. Im Hintergrund standen 600 Vertreter des erst zwei Jahre zuvor zur Wehrertüchtigung der Jugend gegründeten Jungdeutschlandbundes.[31]

Nachdem sich all diese Gruppen aufgestellt hatten, fuhr der Kaiser mit Gattin in einer Kutsche bis zur Hofloge vor. Dort hatte sich bereits ein illustrer Kreis eingefunden, neben dem DRAfOS-Vorstand etwa Prinz Eitel Friedrich von Preußen, der Reichskanzler Theobald von Bethmann-Hollweg, diverse Minister (z. B. Clemens Delbrück, August von Trott zu Solz, Josias von Heeringen), mehrere Staatssekretäre, mehrere Gesandte deutscher Bundesstaaten und Oberbürgermeister, der Präsident des Reichstages Johannes Kaempf sowie die Botschafter der USA, Großbritanniens, Japans, Russlands, Schwedens, Dänemarks, Belgiens und Rumäniens.[32]

In dem Moment, da der Kaiser an die Balustrade trat, senkten sich die Fahnen zum Gruß. Die Musik setzte zum Fanfarengruß ein, das Orchester der Gardekürassiere spielte den Hohenfriedberger Marsch und über dem Stadion zog ein Doppeldecker seine Runden.[33] Auf einer kleinen, gegenüber der Hofloge gelegenen Rednertribüne hielt Viktor von Podbielski, Präsident des DRAfOS, Generalleutnant a. D. sowie preußischer Landwirtschaftsminister, auf seinen Säbel gestützt und in eine rote Husarenuniform gekleidet, eine Ansprache:

> Eure Majestät! Ein Tag des Jubels für Deutschlands Jugend. Ein Tag der Freude für unser gesamtes Vaterland. Das Deutsche Stadion ist aufgebaut. Geschaffen ist eine Stätte für friedliche Wettkämpfe, berufen zu Förderung der Körperkraft, zur Stählung der Willenskraft, zur Pflege patriotischen Geistes! Unser Wahlspruch sei: Allezeit bereit für

> des Reiches Herrlichkeit. 2½ Millionen Deutsche, geeint im Deutschen Reichsausschuß huldigen heute hier Euer Majestät dankerfüllten Herzens. Und jubelnd rufen wir: Der hohe gnädige Protektor des deutschen Sports Seine Majestät der Deutsche Kaiser Hurra![34]

Die Menge erhob sich von ihren Plätzen und stimmte in das Kaiserhoch ein. Die Musik intonierte Heil Dir im Siegerkranz[35], im gleichen Augenblick flatterten unter Jubel des Publikums an der Westseite des Stadions etwa 10.000 Brieftauben in die Höhe.[36]

Dann begann der Festzug, der den zweiten Akt der Veranstaltung bildete. Unter Fanfarenklängen zogen knapp 20.000 Sportler und 10.000 Turner an der Kaiserloge vorbei, angeführt von den Bannerträgern, um abschließend durch einen Tunnel unter dem Kaiserpavillon das Stadion wieder zu verlassen.[37] Den dritten und letzten Akt der Einweihungsfeier, die sportlichen Vorführungen, leitete das Militär ein. Im Laufschritt liefen zwei Kompanien eines Garde-Grenadierregiments in das Stadion ein und, in feldgrauer Uniform, das Gewehr über dem Rücken hängend, eine Runde auf der Aschebahn. Anschließend stand ein militärisches Hindernisrennen auf dem Programm. Das Regiment zeigte Tiefsprünge von 2,50 Meter und kletterte über zwei sowie vier Meter hohe Holzwände: Vor der Wand warfen Soldaten ihre Kameraden in die Höhe, die sich dann über die oberste Brüstung hinweg schwangen.[38]

Die Vorführungen verhandelten auch Geschlechterordnungen. So wurde das Stadion als ein Ort der „Manneskraft", von „Männern der Tat" oder „edlen Mannesruhms" beschrieben.[39] Doch die Betonung von Manneskraft und vor allem Wehrhaftigkeit schloss die Teilnahme von Frauen keineswegs aus. Nur ließ sich die Demonstration von Mut, Kraft und Ausdauer kaum mit den herrschenden Frauenidealen in Einklang bringen. Wenn bei der Einweihungsfeier aber nach den Vorführungen des Militärs 800 Frauen und Mädchen sowohl dem Kaiser als auch dem Sport zu huldigten, so wurde die Geschlechterdifferenz vor allem über den Faktor Ästhetik verhandelt. Die Frauen und Mädchen zeigten Übungen im Keulenschwingen, Geräteturnen und turnerischen Spiel, also Bewegungsabläufe, die in der Hauptsache Geschick und Anmut bekundeten.[40] Dennoch prägten die männliche Jugend der Turn- und Sportvereine und ihre Demonstration von Mut, Entschlossenheit und Kraft den Charakter dieser Vorführungen. Knapp 2.000 von ihnen marschierten in Formation in das Innere der Anlage und umrundeten das Stadion im Laufschritt. Die Radrennbahn wurde durch ein Vereinsmannschaftsrennen über vier Kilometer eingeweiht, woraufhin

Schwerathleten auf dem Kernplatz diverse Übungen und einen kurzen griechisch-römischen Ringkampf vorführten. Daran anschließend fand ein Stafettenlauf der Landesverbände und ein 1.500-Meterlauf statt. Ein Springwettkampf des Deutschen Schwimmverbands beendete die Sportvorführungen.[41]

Zwei Tage später war in den Zeitungen bereits der Dank des Kaisers zu lesen:

> Die Huldigung des deutschen Sports, die ich bei der Einweihung des Stadions im Grunewald [...] entgegennehmen durfte, bildete eine großartige Einleitung zu den festlichen Tagen meines Regierungsjubiläums. Die überwältigenden Eindrücke werden wie wohl jedem Zeugen dieser imposanten Kundgebung stets unvergesslich bleiben. Wessen Herz schlüge nicht höher angesichts der schmucken Turner, Schwimmer, Läufer, Ringer, Ruderer und Radfahrer, wie der frischen Knaben und Mädchen des Jungdeutschlandbundes und der Pfadfindertrupps? Eine solche sportliebende, kräftige und wohldisziplinierte Jugend berechtigt zu den schönsten Hoffnungen für die Zukunft des deutschen Vaterlandes. Meine wärmste Anerkennung, mein herzlichster Dank gebührt allen, die zu dem gestrigen Ehrentage des deutschen Sports beigetragen.[42]

Festkritik und Eigensinn

Die Einweihungsfeier diente durch den Einzug all der Verbände und Organisationen, die sich im weitesten Sinne den Leibesübungen verschrieben hatten, selbstverständlich der öffentlichkeitswirksamen Selbstdarstellung des deutschen Sports. Aber das Huldigungs-Sportfest reihte den Sport auch in die Reihe politischer Feste ein, die der Inszenierung der gesellschaftlichen Ordnung des Wilhelminischen Kaiserreichs dienten. Dabei kam mit dem Stadion eine Architektur zum Einsatz, die die Ästhetisierung der Politik, die sich in feierlichen Zeremonien manifestierte, mit der Herstellung einer repräsentativen Massenöffentlichkeit verband.[43] Eben aus diesem Grund bezeichneten Vertreter des DRAfOS wie von Podbielski das Deutsche Stadion ausdrücklich als „nationalen Festort".[44]

Aus zwei Gründen war das Stadion hierfür besonders geeignet: Erstens bot das Stadion einen großen Spielraum bei der Verteilung der Körper, die in ihrer gegliederten Einheit den gesunden „Volkskörper" und die Disziplin, Ordnung, Integrität, Leistungsbereitschaft und Wehrhaftigkeit der Nation repräsentierten. Diese Werte wurden auf körperliche Weise vermittelt und in theatralischen Spektakeln vor aller Augen in Szene gesetzt. Ulrich Rauscher, ein bekannter Journalist, der u. a. für die Frankfurter Zeitung und die Weltbühne schrieb und als persönlicher Referent Philipp Scheidemanns und Pressechef der Reichsregierung tätig war, sprach von einer zu „bildende[n], zusammenzuhaltende[n], zu disziplinierende[n]“ Masse und bemerkte: „All diese Bewegungen zwang die Form des Stadions zu einem Rhythmus der Größe, zu einem Sinn, der ihnen auf dem regellosen Paradefeld fehlt oder dort durch rechtwinkligen Drill ersetzt wird.“[45] Zweitens wurde die Rolle der Zuschauer aufgewertet. Das Stadion übernahm dabei die Funktion eines panoptischen Spiegels, in dem die Zuschauer sich als Teil einer Masse sahen. Wolfgang Hardtwig vertritt in seiner Studie *Bürgertum und Staatssymbolik* die These von der Verformung des bürgerlichen Staatsbewusstseins, der zufolge in der politischen Ikonographie der offiziellen Feierlichkeiten im wilhelminischen Deutschland das Volk weitgehend ausgeblendet worden sei.[46] Doch während der Einweihung war das Volk in Form der Zuschauer weit mehr als nur ein passiver Teil der politischen Ikonographie, es war sowohl Akteur als auch Teil der Inszenierung.

Wie ist die Wirkung dieser Inszenierung einzuschätzen? In vielen Studien zur politischen Festkultur des Kaiserreichs herrscht die Meinung vor, dass die politische Sozialisation von Individuen in kollektiven Zeremonien erfolgte, die den einzelnen an die Nation banden. In diesem Zusammenhang werden der manipulative Charakter solcher Feste hervorgehoben und ebenso wirkungsmächtige wie eindeutige symbolische Handlungen diagnostiziert.[47] Doch Aussagen über die Zielsetzung und Wirksamkeit lassen sich nicht nur über den Handlungsvollzug treffen, sondern auch über ihre Rezeption. Dann nämlich zeigt sich, dass die symbolischen Handlungen der Einweihungsfeier mehrere Interpretationsmöglichkeiten zuließen. Mitnichten waren es nur die sozialistischen Zeitungen, die beißende Kritik an dieser Veranstaltung übten – im Vorwärts etwa konnte man lesen, die Einweihung sei nichts als eine einzige „Hurrabrüllerei“ und „Hocherei“ gewesen.[48] Auch die ausländische Presse berichtete in einer Mixtur aus Schaudern und Bewunderung über das Stadion und die Feierlichkeiten – die Daily Mail etwa betitelte ihren Artikel mit „Das Überstadion für die Überdeutschen“.[49]

Versucht man die Kritik am Huldigungs-Sportfest zu systematisieren, so stechen zwei Aspekte heraus. Zum einen registrierten Beobachter aufmerksam den militärischen Charakter der Veranstaltung. Das Marschieren in den Innenraum, das Strammstehen vor der Kaiserloge, der Drill des Jungdeutschlandbundes, all das wurde beanstandet. Diese Kritik zeigt, dass am Vorabend des Ersten Weltkriegs auch andere Repräsentationsformen des Sports denkbar waren. Ulrich Rauscher konstatierte in der Frankfurter Zeitung sogar einen Widerspruch zwischen olympischer Idee und dem militärischen Charakter der Einweihungsfeier:

> Der Miniatur-Militarismus all dieser Knaben-Organisationen mag für die Kaiserhuldigung am Platze gewesen sein, weil er eben seiner Natur oder Unnatur nach nicht ohne einen kleinen ‚obersten Kriegsherren' zu denken ist. Aber, so seltsam das im wilhelminischen Berlin klingen mag, auf dem Rasen Olympischer Spiele wirkt er peinlich, schematisch, kommissig.[50]

Und die Breslauer Zeitung erblickte in der Einweihungsfeier eine Demonstration alldessen, was an „Kraftprotzigem, Täppischem, Brutalem in der kleinbürgerlichen Auslegung des Sports oft eingeschlossen ist", und bemerkte, dass genau diese Form der Inszenierung des Sports in der Zeit der Wehrvorlage vielleicht gar nicht so absichtslos war.[51]

Zahlreiche bürgerliche Blätter gaben die Einweihungsfeier der Lächerlichkeit preis. Diese Diskreditierung, die der Veranstaltung auch immer die von den Sportakteuren so herbeigesehnte Respektabilität absprach, funktionierte in der Hauptsache über die Ästhetik. In Presseberichten verwandelte sich die Kaiserloge zu einem „Tempelchen", die Husarenuniform von Podbielkis zu einem „grellen Farbenfleck im grauen Felde", seine erhabene Ansprache zu einem stotternden Schreien, da zogen „Neu-Griechen mit ‚solchen' Beinen" an einem vorbei, die Skulptur der Siegesgöttin Nike wurde zur unterernährten Siegessäule erklärt, und die Jugend, die zwar marschieren, aber nicht gehen könne, die sei möglicherweise „hie und da gesund, in einzelnen Exemplaren" aber alles andere als schön. „Summa: Das Ganze ist so überwältigend wie die schöpferische Kraft seines Materials, des Eisenbetons."[52]

Hier vermischte sich die Kritik am militärischen Auftreten mit dem Unbehagen gegenüber einem Parvenü, der sich zwar den Machteliten anbiedere, dem es aber trotz Riesenstadion und Kaiserhuldigung nicht gelinge, sich mit den anerkannten Insignien bürgerlicher Respektabilität auszustatten. Besonders deutlich wird das an vermeintlichen Kleinigkeiten wie der Kleidung. An diesem Beispiel lässt sich zeigen, dass die Einweihungsfeier nicht einfach als Blaupause existierte, die eine gehorsame Masse dumpf ausführte, und dass sie sich nicht blind an bekannten Inszenierungsformen politischer Massenrituale, wie beispielsweise

Turnfesten oder königlichen Geburtstagsfesten, orientierte.[53] Es ist bezeichnend, dass die DRAfOS ausgerechnet die Kleidungsfrage für den Festzug ausdrücklich den einzelnen an der Huldigung beteiligten Verbänden selbst überließ.[54] Und eben hier, frei von Anweisungen, zeigte sich der Sport in einer eigensinnigen, karnevalesken Inszenierung seiner selbst. Junge Männer, in grellen Phantasieuniformen und mit Zylindern ausgestattet, taten sich zusammen, um vor zehntausenden Zuschauern, Diplomaten und Vertretern des Hofes die Fahne des Fußballs hochzuhalten. Athleten mit weißer Oberkleidung und schwarzer Krawatte, mit dunklen Stoffjackett, einem schmalrandigen Strohhut und weißen Stulpenhandschuhen, Turnerinnen in Matrosenblusen und bauschigen, schwarzen Bloomers (diese ersten Frauenhosen stießen bei Frauenrechtlerinnen und später im Sport auf reges Interesse, riefen aber in der breiten Öffentlichkeit in der Regel Spott hervor), Läufer mit roten Hosenträgern über weißen Leinenhemden oder terrakottafarbenen Kutten, in hellblauen, mit weißen Schnüren besetzter Bekleidung, die einige Besucher an Pyjamas erinnerte, bevölkerten das Stadion.[55] Selbst Vertreter der so disziplinierten Arbeitersportbewegung kamen nicht umhin, pikiert auf das seltsam bunte Treiben hinzuweisen.[56] Bei den mitwirkenden Sportlern und Verbänden ist der Drang, endlich in der bürgerlichen Gesellschaft anzukommen, deutlich erkennbar, gleichzeitig vollzog sich dieser Versuch, wie die Kleidungsfrage zeigt, zum Teil durch eine recht lockere Aneignung von Symbolen der Respektabilität, die nicht zuletzt angesichts der in zeitgenössischen Karikaturen oft parodierten Phantasieuniformen Wilhelms II. zahlreiche Beobachter verärgerte.[57]

Offensichtlich fiel die Berichterstattung über die Einweihungsfeier anders aus als erwartet. Sichtlich enttäuscht über das Presseecho schrieb der Sportfunktionär Martin Berner unter seinem Pseudonym Serenissimus einen übelgelaunten, *Afterkritik* betitelten Artikel, der auf die Überparteilichkeit des Sports abhob.[58] Doch genauer betrachtet war die anlässlich der Einweihung unterstrichene Überparteilichkeit des Sports im Grunde ein Einschwören auf die Volksgemeinschaft, in der es, wie es knapp ein Jahr später hieß, keine Parteien, sondern nur noch Deutsche gab. Dass sich der Vorwärts dem „Mitfeiern in der Volksgemeinschaft" entziehe, so Berner, sei zu erwarten gewesen. Überhaupt sei der Sport eine vaterländische Sache, weswegen das zur „heiligen Kampfstätte der Nation" erklärte Stadion der Sozialdemokratie verschlossen sei. Nach wütenden Angriffen gegen „Feuilletonisten mit ihrer besonderen Weisheit" bezeichnet Berner die Kritiker, denen das Wesen des Sports und die Bedeutung des Deutschen Stadions verschlossen geblieben seien, sogar als „Volksfremde“ im Dienste anderer Nationen: „Vielleicht wird es einmal besser um sie [die Presse] bestellt sein, wenn sie mehr aus deutschem, als wie jetzt, aus fremdländischem Geist für ihr Volk und für ihre Sache zeugen kann.“[59] Hier wird die Nation als solidarische Volksgemeinschaft verstanden, und mehr als das: Das Stadion galt Berner auch als eine Stein gewordene Kampfansage gegen innere und äußere Feinde Deutschlands.[60]

Alles in allem lief das während der Stadioneinweihung aufgeführte Argument darauf hinaus, die große Rolle des Sports für das Wohl der Nation zu demonstrieren, gesellschaftliche Anerkennung zu erlangen und das Wohlwollen und die Unterstützung der Obrigkeit zu gewinnen.[61] Zehn Jahre nach der Einweihung äußerte Gerhard Krause die Ansicht, dass das Deutsche Stadion dem Sport das lang ersehnte „würdige Gewand“ anlegte und ihn dadurch endlich zum „anerkannten Staatsbürger“ emporhob.[62] Dabei sind die Nationalisierung des Sports, die sich sowohl in seiner Anlage als auch in der Stadioneinweihung manifestierte, und die Betonung des Militärischen in Zeiten des Kriegsgerassels und der Wehrvorlage nicht vom Kampf um Respektabilität und Anerkennung des Sports zu trennen. Dass dieses Argument nicht unbedingt erkannt, geschweige denn geteilt wurde, spricht für die Deutungsoffenheit des Sports.

Sport, Fest und Stadion in der Weimarer Republik

Als der einflussreiche Sportfunktionär Carl Diem (1913 war er Generalsekretär des DRAfOS) unter den neuen politischen Bedingungen des „Dritten Reichs“ im August 1933 die Bedeutung des Deutschen Stadions zusammenfasste, zählte er namentlich ausschließlich Festveranstaltungen auf: „Wallensteins Lager“, das das Stadion in eine riesige Freiluftbühne verwandelte, die Musikfeste der Reichswehr oder die Feiern der Katholischen Kirche. In der Hauptsache aber betonte Diem die politischen Feste. Beginnend mit der Einweihung des Stadions 1913 im „Glanze des Kaiserhauses“ und den Armeemeisterschaften sieben Wochen vor Kriegsbeginn schlug er den Bogen zur ersten Tannenbergfeier in den Anfangsjahren der Republik (1920). „Von da ab wurden zahlreiche patriotische Feste in seinen Mauern gehalten, die Hindenburg-Huldigung zum 80. Geburtstage 1927, die Kundgebung gegen Versailles 1929, die Feier der Rheinlandräumung 1930 mit dem Festspiel Deutschlands Strom, die Feiern des Kyffhäuserbundes,

des Stahlhelms usw." Die Verfassungsfeier 1929 verschwieg er. An die Adresse der neuen Machthaber gerichtet, vergaß er aber nicht zu erwähnen, dass am 27. Juli 1932 die NSDAP in diesem Stadion eine Kundgebung abgehalten hatte.[63]

Das Stadion war der spezifische Festort der Weimarer Zeit. Dies gilt nicht nur für die mittlerweile gut erforschte Festkultur der Arbeiterbewegung.[64] In den 1920er Jahren hatte sich der Sport als fester Bestandteil der Massenkultur etabliert, und zwar sowohl was das aktive Betreiben als auch das Konsumieren von Sportveranstaltungen angeht.[65] Die Entwicklung des Sports und vor allem des Sportkonsums zum Massenphänomen führte zu einem nun auch von den Kommunen unterstützten Boom des Stadionbaus. So waren um 1920/21 etwa zehn Stadien in Betrieb. Bis 1925 stieg ihre Anzahl auf etwa 30. Nicht zuletzt weil Stadien zu städtischen Repräsentationsobjekten avancierten, stieg innerhalb von nur zwei Jahren, also bis 1927, ihre Anzahl auf 80. 1930 standen in knapp über 100 Städten mehr als 125 Stadien zur Verfügung.[66]

Die Verflechtung von Sport, Fest und Raum ist reich an Implikationen. Als allgemeine Merkmale des Festes gelten: Heraushebung aus dem Alltag, Emotionalität, räumliche Abgrenzung, zeitliche Ordnung und das Außerkrafttreten konventioneller Verhaltensformen.[67] Vergemeinschaftung und Konfliktentlastung sind wichtige Funktionen und Wirkungen, da im Fest an einem bestimmten Ort und innerhalb einer bestimmten Zeitspanne „alltägliche Wirklichkeit durch auratische Wirklichkeit substituiert wird."[68] Lars Deile weist dem Fest gar die Eigenschaften einer rauschhaften Transzendenzerfahrung oder eines therapeutischen Exzesses zu.[69] Wendet man die oben genannten Fest-Merkmale auf Sportveranstaltungen an, so können diese als Versammlungen mit festlichen Elementen außerhalb der Zweckbestimmung einer religiösen oder politischen Überlieferung definiert werden.[70] Der Besuch von Sportveranstaltungen war eine außergewöhnliche, aber regelmäßig wiederkehrende Gelegenheit zur „Verausgabung von Affekten", befreit von gesellschaftlichen Verhaltenskonventionen und Rücksichtnahmen.[71] In diesem Sinne kann man Sportveranstaltungen im Allgemeinen einen festlichen Charakter zuschreiben, wobei wesentlich ist, dass sich affektive Handlungen nicht nur spontan äußern, sondern auch in ritualisierten Formen fixiert und verstärkt werden.

Am Festgeschehen, an seinem Ablauf und Symbolreservoir lassen sich sowohl die Ordnung der Gesellschaft als auch Gegenentwürfe ablesen. In dieser Hinsicht lassen sich am Sportfest auch die Schwachstellen der anfangs dargelegten Festdefinitionen aufzeigen, die sich – wie

Kasper Maase argumentiert – in der Neigung zu „romantischen und überhöhten Lesarten" des Festes zeigen. Wir haben es hier nicht mit Gegenwelten zu einem als „nüchtern-rational und konkurrenzindividualistisch entfremdet verstandenen Alltag" zu tun.[72] Die Figur eines durch karnevaleske Elemente bestimmten *leisure space* im Sinne Rob Shields oder einer „Anti-Struktur", wie sie Victor Turner geprägt hat, also eine spielerische Gegenwelt, die klar von den Normen, wie sie vor und nach dem Fest gelten, abgrenzbar ist, ist nur in eingeschränkter Weise auf den Sport anwendbar.[73] Die Ambivalenz des Sportes in Bezug zum Fest bestand gerade darin, dass er einerseits außeralltägliche Affekthandlungen ermöglichte. Andererseits reproduzierten Sportveranstaltungen mit ihrer Leistungsorientierung und ihrem Prinzip der rational organisierten Konkurrenz gesellschaftliche Strukturen, statt sie zeitweilig außer Kraft zu setzen. Karl Heinz Bette spricht deshalb für den symbolischen Kern von Sportdarbietungen treffend von „Feierstunden des Leistungsprinzips".[74]

Das Stadion selbst spielt in diesem Zusammenhang eine wesentliche Rolle. Alexander Dominicus, Oberbürgermeister von Berlin-Schöneberg (1911–1921), sprach gar von „Stadionvolksfesten".[75] Allein die schiere Größe der Stadien, der weitläufige Innenraum, die durch das Oval ermöglichte gute Sicht ins Zentrum der Anlage und die durch die innere Segmentierung ermöglichten Repräsentationsmöglichkeiten prädestinierten sie geradezu zu Festorten, oder, in den Worten des Architekten Otto Ernst Schweizer, zu „Großversammlungsräumen".[76]

Aber die anfangs erwähnte Aufzählung Diems zeigt, dass das, was als „Fest" bezeichnet wurde, häufig ein politisches Ereignis war. Seine Rückschau auf die Bedeutung des Deutschen Stadions offenbart zunächst natürlich seine Anbiederung an die neuen NS-Machthaber, denen es weniger auf den sportlichen Charakter des Baus ankam als auf die damit verknüpften Optionen politischer Repräsentation. In der Tat muss von dem Festcharakter, den jede Sportveranstaltung annehmen konnte, eine Form des Festes unterschieden werden, in die der Sport inkorporiert sein konnte. Zu denjenigen Festen, deren Handlungszentrum der Sport selbst war, kamen solche Feste hinzu, die zwar Sportwettkämpfe beinhalteten, im Kern jedoch einen Repräsentationsanlass hatten. In diesen Fällen war der Sport nicht Handlungszentrum, sondern eine von mehreren Handlungen, die sich um diesen Repräsentationsanlass herum bildeten. Die Anlässe der Feste galten etwa dem Geburtstag des Reichspräsidenten oder der Weimarer Verfassung. Sie feierten beispielsweise die Kontinuität des Regierungssystems oder inszenierten die Einheit der Nation. Ein besonders prägnantes Beispiel sind die ab 1920 veranstalteten Reichsjugendwettkämpfe, an denen 1928 350.000 Menschen teilnahmen. Sie wurden jedes Jahr am 11. August, dem Weimarer Verfassungstag, abgehalten, um die Verbundenheit des Sports mit der Republik zu demonstrieren.[77] Der Sport war hier Mittel und Medium, um zum einen die „Besten" zu zeigen, indem man sie durch den Wettkampf bezeugte, und zum anderen den Repräsentanten des Landes Ehre zu erweisen. Diese Beispiele zeigen die „Stadionvolksfeste" als politische Feste, den Sport als Teil einer politischen Festkultur und Bestandteil symbolischer Ausdrucksformen des Politischen.

In der Weimarer Republik wurden Stadien regelmäßig für derartige Massenfeste verwendet. Thomas Mergel hat in Auseinandersetzung mit der These von der an Symbol- und Bilderarmut leidenden Rationalität der Weimarer Republik, die dann der Bilder- und Zeichenflut des Nationalsozialismus erlegen sei, gezeigt, dass diese Zeit durchaus reich an spektakulären Massenereignissen war.[78] Im Zuge der Popularität des Sports und angesichts Tausender Menschen, die sich in den Stadien versammelten, bemühten sich einzelne Politiker verstärkt darum, an dieser Popularität teilzuhaben. Offensichtlich bedurften die offiziellen Repräsentationsanlässe des Sports und des Stadions als Folie ihrer Wirksamkeit und Bedeutung.[79] Dabei war es aber keineswegs nur so, dass ‚die Politik' aufgrund des Massencharakters des Sports Stadien als Orte der politischen oder nationalen Repräsentation zu nutzen begann, man also von einer politischen Indienstnahme von Sport und Stadien sprechen muss.[80] Im Gegenteil, es waren vor allem die Sportverbände und hierbei insbesondere der Deutsche Reichsausschuss, die sich darum bemühten, Sport und Sporträume als Teil der politischen Festkultur zu etablieren.

Anmerkungen

1 | Zitat Ostrop, Max: Deutschlands Kampfbahnen, Berlin 1928, S. 8.

2 | Ausführlicher in Dinçkal, Noyan: Sportlandschaften. Sport, Raum und (Massen-)Kultur in Deutschland 1889–1930, Göttingen 2013 (= Kritische Studien zur Geschichtswissenschaft 211), vor allem S. 82–122 und 175–194.

3 | Grundlegend Eisenberg, Christiane: „English Sports" und deutsche Bürger. Eine Gesellschaftsgeschichte 1800–1939, Paderborn 1999. Siehe auch Nielsen, Stefan: Sport und Großstadt 1870–1930. Komparative Studien zur Entstehung bürgerlicher Freizeitkultur, Frankfurt/Main 2002, und als kurzen Überblick Maurer, Michael: Vom Mutterland des Sports zum Kontinent: Der Transfer des englischen Sports im 19. Jahrhundert, in: Europäische Geschichte Online (EGO), Mainz 2011-02-15: http://www.ieg-ego.eu/maurerm-2011-de (abgerufen am 13.3.2014).

4 | Eisenberg, „English Sports", S. 160, 182f.

5 | Ein bekanntes Beispiel ist Planck, Karl: Fußlümmelei. Über Stauchballspiel und englische Krankheit, Münster 2004 (Reprint von 1898).

6 | Eisenberg, Christiane: Sportgeschichte als Kulturgeschichte, in: Geschichte und Gesellschaft 23 (1997), S. 295–311, hier S. 295f. Siehe auch Guttman, Allen: From Ritual to Record. The Nature of Modern Sports, New York 1978.

7 | Hierzu siehe Goltermann, Svenja: Körper der Nation. Habitusformierung und die Politik des Turnens 1860–1890, Göttingen 1998.

8 | Meyers Großes Konversations-Lexikon. Ein Nachschlagewerk des allgemeinen Wissens. Sechste, gänzlich neubearbeitete Auflage, Leipzig 1909, S. 777.

9 | Eisenberg, „English Sports", S. 185–188.

10 | Ebd., S. 185.

11 | Einen Überblick zur Geschichte dieser Anlage und seines Nachfolgers, des zur Olympiade im Nationalsozialismus 1936 errichteten Reichssportfeldes und Olympiastadions, geben Schäche, Wolfgang/Szymanski, Norbert: Das Reichssportfeld. Architektur im Spannungsfeld von Sport und Macht, Berlin 2001.

12 | Seiffert, Johannes: Spielplätze und Festspielplätze. Bemerkungen zu ihrer Raumgestaltung, Berlin 1924, S. 30.

13 | Berliner Tageblatt, 7. Juni 1913.

14 | Herf, Jeffrey: Reactionary Modernism. Technology, Culture, and Politics in Weimar and the Third Reich, Cambridge 1984. Allerdings hat Herf seine These von der „paradoxen" Zusammenführung von moderner Technik und völkischer Ideologie vor allem auf die Weimarer Republik und das „Dritte Reich" bezogen.

15 | Poliakov, Léon: Der arische Mythos. Zu den Quellen von Rassismus und Nationalismus, Hamburg 1993 (Org. 1971). Zur Frage des „Griechenideals" als wichtigem Bestandteil der deutsch-nationalen Selbstidentifikation schon in „vor-völkischer" Zeit siehe Mosse, George: Die Nationalisierung der Massen. Von den Befreiungskriegen bis zum Dritten Reich, Frankfurt/Main 1993, S. 43.

16 | Reher, August (Hg.): Das Deutsche Stadion. Sport und Turnen in Deutschland 1913. Eine Denkschrift für das deutsche Volk, Charlottenburg 1913, S. 7. Zum Griechenideal im deutschen Selbstverständnis vgl. den Beitrag von Elke Hartmann in diesem Band.

17 | Schröer, H.: Ein deutsches Stadion, in: Tägliche Rundschau, 12. Dezember 1912.

18 | Reher, Das Deutsche Stadion, S. 7.

19 | Zitate ebd., S. 5. Allgemein zur nationalen Rhetorik 1913 siehe Hoffmann, Stefan-Ludwig: Sakraler Monumentalismus um 1900. Das Leipziger Völkerschlachtdenkmal, in: Koselleck, Reinhart/Jeismann, Michael (Hgg.): Der politische Totenkult. Kriegerdenkmäler in der Moderne, München 1994, S. 249–280. Zur Konstruktion der Analogien zwischen 1870/71 und den Befreiungskriegen siehe auch Becker, Frank: Bilder von Krieg und Nation. Die Einigungskriege in der bürgerlichen Öffentlichkeit Deutschlands 1864–1913, München 2001, S. 306–321. Siehe auch den Beitrag von Birte Förster in diesem Band.

20 | Carl und Liselott Diem-Archiv, Köln (CuLDA), Sachakten, Mappe 1: DRAfOS. Sitzungsbericht über die Hauptversammlung vom 29. September 1912, Vorm. 10 Uhr, Berlin Palast Hotel, S. 1f., 4.

21 | Siehe Frevert, Ute: Neue Politikgeschichte. Konzepte und Herausforderungen, in: Dies./Haupt, Heinz-Gerhard (Hgg.): Neue Politikgeschichte. Perspektiven einer historischen Politikforschung, Frankfurt a. M. 2005, S. 7–26, hier vor allem S. 16f.; Holenstein, André: Die Huldigung der Untertanen. Rechtskultur und Herrschaftsordnung 800–1800, Stuttgart 1991.

22 | Zur Einweihung des Leipziger Völkerschlachtdenkmals vgl. den Beitrag von Birte Förster in diesem Band.

23 | Schneider, Ute: Politische Festkultur im 19. Jahrhundert. Die Rheinprovinz von der französischen Zeit bis zum Ende des Ersten Weltkrieges 1806–1918, Essen 1995, S. 319–336, vor allem S. 326–327. Zur Festkultur im Kaiserreich siehe Behrenbeck, Sabine/Nützenadel, Alexander (Hgg.): Inszenierungen des Nationalstaats. Politische Feiern in Italien und Deutschland seit 1860/71, Köln 2000; Hardtwig, Wolfgang: Nationsbildung und politische Mentalität. Denkmal und Fest im Kaiserreich, in: Ders.: Geschichtskultur und Wissenschaft, München 1990, S. 264–301.

24 | Dülffer, Jost/Holl, Karl (Hgg.): Bereit zum Krieg. Kriegsmentalität im wilhelminischen Deutschland 1890–1914, Göttingen 1986.

25 | Zitat n. Schneider, Politische Festkultur, S. 319.

26 | Förster, Stig: Der doppelte Militarismus, Stuttgart 1985, S. 274–294.

27 | Siemann, Wolfram: Krieg und Frieden in historischen Gedenkfeiern des Jahres 1913, in: Düding, Dieter u. a. (Hgg.): Öffentliche Festkultur. Politische Feste in Deutschland von der Aufklärung bis zum Ersten Weltkrieg, Reinbek bei Hamburg 1988, S. 298–320, hier S. 292, 300.

28 | Teile dieses Abschnitts sind in detaillierterer Form bereits veröffentlicht in Dinçkal, Sportlandschaften, S. 107–121.

29 | Die feierliche Einweihung des Deutschen Stadions durch den Kaiser, in: Rheinisch-Westfälische Sportzeitung, 14. Juni 1913, S. 1.

30 | Berliner Stadion. Eröffnungsfeier und diesjähriges Programm, in: Westdeutsche Sport-Zeitung 16 (1. März 1913).

31 | CuLDA, Sachakten, Mappe 657: Deutscher Reichsausschuss für Olympische Spiele, Generalsekretariat. Stadion-Weihe, 8. Juni 1913, mittags. Ausführungsbestimmungen, Skizze B.: Fahnenparade und zugewiesene Block-Stehplätze nach dem Festzuge.

32 | Die feierliche Einweihung des Deutschen Stadions durch den Kaiser, S. 1.

33 | Breslauer Zeitung, 10. Juni 1913: Vgl. ferner Die feierliche Einweihung des Deutschen Stadions durch den Kaiser, S. 1.

34 | Ebd.

35 | Das Kaiserreich hatte keine eigentliche Nationalhymne. Die Monarchenhymne „Heil Dir im Siegerkranz", die nach der Melodie von „God save the King/Queen" gesungen wurde, ersetzte diese in der Regel.

36 | Rauscher, Ulrich: Das Deutsche Stadion. Seine Einweihung am 8. Juni 1913, in: Frankfurter Zeitung, 10. Juni 1913.

37 | Stadion-Einweihung. Vorbereitungen der Sportverbände. Die Festfolge, in: B. Z. am Mittag, 8. Mai 1913.

38 | Die feierliche Einweihung des Deutschen Stadions durch den Kaiser, S. 4.

39 | Reher, August (Hg.): Das Deutsche Stadion. Sport und Turnen in Deutschland 1913. Eine Denkschrift für das deutsche Volk, Charlottenburg 1913, S. 7, Zitat S. 5.

40 | Einen informativen Überblick bietet Pfister, Gertrud: Neue Frauen und weibliche Schwäche. Geschlechterarrangements und Sportdiskurse in der Weimarer Republik, in: Krüger, Michael (Hg.): Der deutsche Sport auf dem Weg in die Moderne. Carl Diem und seine Zeit, Münster 2009, S. 285–310. Allgemein siehe Frevert, Ute: „Mann und Weib, und Weib und Mann". Geschlechterdifferenzen in der Moderne, München 1995.

41 | Diem, Carl: Die Weihe des Deutschen Stadions im Grunewald, in: Sport im Bild 19 (1913), S. 738–742.

42 | B. Z. am Mittag, 10. Juni 1913.

43 | Die Formulierung „Ästhetisierung der Politik" geht auf Walter Benjamin zurück. Auch wenn diese Charakterisierung mittlerweile auf verschiedene Epochen angewendet wird, muss darauf hingewiesen werden, dass Benjamin diese zum einen nicht primär auf po-

litische Feste und andererseits nur auf den Nationalsozialismus bezog. Siehe Benjamin, Walter: Das Kunstwerk im Zeitalter seiner Reproduzierbarkeit. Drei Studien zur Kunstsoziologie, Frankfurt/Main 1996, S. 42–44 (Original des Aufsatzes: 1936).

44 | Podbielski, Viktor von: Das Stadion in Grunewald, in: Athletik-Jahrbuch 1911, S. 23–26, hier S. 26.

45 | Rauscher, Das Deutsche Stadion. Tatsächlich drängen sich hier einige Parallelen zu den vierzehn Jahre später von Siegfried Kracauer publizierten Gedanken auf, insbesondere was die Organisation der „Masse" zum Ornament in dichten Darbietungen „gleicher geometrischer Genauigkeit" angeht. Allerdings fehlen hier die von Kracauer hergestellten Verbindungen zur modernen Unterhaltung, wie Kabarett, und zur Weimarer Rationalisierungskultur und der damit verknüpften Rationalisierung und Fragmentierung von Körpern und Bewegungsabläufen in Büro und Fabrik. Vgl. Kracauer, Siegfried: Das Ornament der Masse. Essays, Frankfurt/Main 1977 [1927], Zitat S. 51. Zu Sport und Rationalisierungskultur siehe auch Dinçkal, Noyan: „Sport ist die körperliche und seelische Selbsthygiene des arbeitenden Volkes". Über Arbeit, Leibesübungen und Rationalisierungskultur in der Weimarer Republik, in: Body Politics. Zeitschrift für Körpergeschichte 1 (2013), S. 71–97, URL: http://bodypolitics.de.

46 | Hardtwig, Wolfgang: Bürgertum, Staatssymbolik und Staatsbewusstsein im Deutschen Kaiserreich 1871–1914, in: Ders.: Nationalismus und Bürgertum in Deutschland, 1500–1914. Ausgewählte Aufsätze, Göttingen 1994, S. 191–218, hier S. 208.

47 | Zu den Autoren, die den manipulativen Charakter dieser politischen Feste betonen – nicht nur, aber vor allem im Hinblick auf Faschismus und Nationalsozialismus – siehe Moscovici, Serge: Das Zeitalter der Massen. Eine historische Abhandlung der Massenpsychologie, Frankfurt/Main 1986; Gebhardt, Winfried: Fest, Feier und Alltag. Über die gesellschaftliche Wirklichkeit des Menschen und ihre Deutung, Frankfurt/Main 1987.

48 | Nationaler Sport, 1913.

49 | Zitat n. Ausländische Pressestimmen zur deutschen Stadioneinweihung, in: Fußball und Leichtathletik 14 (1913), S. 425. Auf die britischen Pressereaktionen geht auch ein Eisenberg, „English Sports", S. 294f.

50 | Rauscher, Das deutsche Stadion.

51 | Breslauer Zeitung, 10. Juni 1913.

52 | Zitate n. Rauscher, Das deutsche Stadion, sowie Breslauer Zeitung, 10. Juni 1913.

53 | Krüger, Michael: Turnfeste als politische Massenrituale des 19. und frühen 20. Jahrhunderts, in: Ders. (Hg.): Der Deutsche Sport auf dem Weg in die Moderne. Carl Diem und seine Zeit, Münster 2009, S. 75–91; Hardtwig, Nationsbildung und politische Mentalität. Zu den „Apparaten der Festproduktion" siehe Rolf, Malte: Die Feste der Macht und die Macht der Feste. Fest und Diktatur – zur Einleitung, in: Journal of Modern European History 4 (2006), S. 39–59.

54 | „Im Übrigen nimmt der Deutsche Reichsausschuss davon Anstand, sich für eine bestimmte Anzugsart auszusprechen, sondern überlässt es den Verbänden, eine, den vorzugsweise von ihnen gepflegten Leibesübung, entsprechende Kleidung anzulegen." Siehe CuLDA, Sachakten, Mappe 657: Deutscher Reichsausschuss für Olympische Spiele, Generalsekretariat. Stadion-Weihe, 8. Juni 1913, mittags. Ausführungsbestimmungen, o. S.

55 | Rauscher, Das deutsche Stadion, und Breslauer Zeitung, 10. Juni 1913.

56 | Vgl. Nationaler Sport, 1913. Die karnevalesken Aspekte des Sports behandelt Lindner, Rolf: Die Sportbegeisterung, in: Jeggle, Utz (Hg.): Volkskultur in der Moderne. Probleme und Perspektiven empirischer Kulturforschung, Reinbek bei Hamburg 1986, S. 249–259. Allerdings wendet er diese Kategorie lediglich auf die Praxisformen der Zuschauer an und vernachlässigt dabei, dass sie auch auf die Repräsentationsformen der Sportler angewandt werden kann.

57 | Rebentisch, Jost: Die vielen Gesichter des Kaisers. Wilhelm II. in der deutschen und britischen Karikatur 1888–1918, Berlin 2000, S. 123f.

58 | Berner, Martin [Serenissimus]: Afterkritik, in: Fußball und Leichtathletik (19) 1913, S. 424–425.

59 | Ebd., S. 425.

60 | Mit Ausbruch des Ersten Weltkriegs veröffentlichte Martin Berner, der sich gleich in den ersten Tagen als Kriegsfreiwilliger gemeldet hatte, unter dem Pseudonym Serenissimus noch einige patriotische Artikel über „sportfreudige Regimenter". 1915 erlag er einer Schussverletzung am Kopf. Siehe Berner [Serenissimus], Erlebnisse eines Kriegsfreiwilligen, S. 581–582, sowie den Nachruf von Markus, Karl: Martin Berner †, in: Fußball und Leichtathletik. Illustrierte Sportzeitung, 4. November 1915, S. 361.

61 | So auch die zeitgenössische Interpretation von Hessen, Robert: Fortschritt und Sport, in: Neue Rundschau 3 (1913), S. 1308–1313.

62 | Krause, Gerhard: Das Deutsche Stadion und Sportforum, Berlin 1926, S. 8.

63 | Diem, Carl: Zwanzig Jahre Stadion, in: Sport, Spiel und Turnen, 22. August 1933. Zu Diems Rolle im „Dritten Reich" siehe vor allem Becker, Frank: Den Sport gestalten. Carl Diems Leben (1882–1962), Bd. 3: NS-Zeit, Duisburg 2009.

64 | Aus der Fülle der Literatur siehe Warstat, Matthias: Theatrale Gemeinschaften. Zur Festkultur der Arbeiterbewegung 1918–1933, Tübingen 2004.

65 | Eisenberg, Christiane: Massensport in der Weimarer Republik. Ein statistischer Überblick, in: Archiv für Sozialgeschichte 33 (1993), S. 137–177.

66 | Manthey, Arthur: Sportplatzbau als Problem der Stadtplanung, Kassel 1932 (Dissertation zur Erlangung der Würde eines Dr.-Ing. der Technischen Hochschule Berlin vorgelegt am 29. April 1932), S. 6–13. Genauer zum Sportstättenbau in der Weimarer Republik siehe Dinçkal, Sportlandschaften, S. 144–174.

67 | Maurer, Michael: Prolegomena zu einer Theorie des Festes, in: Ders. (Hg.): Das Fest. Beiträge zu seiner Theorie und Systematik, Köln 2004, S. 19–54.

68 | Kleiner, Stephanie: Der Kaiser als Ereignis: Die Wiesbadener Kaiserfestspiele 1896–1914, in: Schlögl, Rudolf u. a (Hgg.): Die Wirklichkeit der Symbole in historischen und gegenwärtigen Gesellschaften, Konstanz 2004, S. 339–367, hier S. 341.

69 | Deile, Lars: Feste. Eine Definition, in: Maurer, Michael (Hg.): Das Fest. Beiträge zu seiner Theorie und Systematik, S. 1–17, hier S. 6.

70 | Einen guten Überblick bietet noch immer Maurer, Michael: Feste und Feiern als historischer Gegenstand, in: Historische Zeitschrift 253 (1991), S. 101–130. Zu den wenigen Versuchen, Sportfeste aus einer historischen Perspektive in den Blick zu nehmen, siehe Teichler, Hans Joachim (Hg.): Sportliche Festkultur in geschichtlicher Perspektive. 13. Fachtagung des dvs – Sektion Sportgeschichte vom 14.–16 April 1989 in Koblenz, Osnabrück 1990, und Rossol, Nadine: Performing the Nation in Interwar Germany. Sport, Spectacle and Political Symbolism, 1926–36, Basingstoke 2010. Hervorzuheben ist in diesem Zusammenhang Saldern, Adelheid von: Sport und Öffentlichkeitskultur. Die Einweihungsfeier des hannoverschen Stadions im Jahre 1922, in: Schmid, Hans Dieter (Hg.): Feste und Feiern in Hannover, Bielefeld 1995, S. 169–211.

71 | Prosser, Michael: „Fußballverzückung" beim Stadionbesuch. Zum rituell-festiven Charakter von Fußballveranstaltungen in Deutschland, in: Herzog, Markwart (Hg.): Fußball als Kulturphänomen. Kunst-Kult-Kommerz, Stuttgart 2002, S. 269–292.

72 | Zitate Maase, Kaspar: Die Menge als Attraktion ihrer Selbst. Notizen zu ambulatorischen Vergnügungen, in: Szabo, Sacha (Hg.): Kultur des Vergnügens. Kirmes und Freizeitparks – Schausteller und Fahrgeschäfte. Facetten nicht-alltäglicher Orte, Bielefeld 2009, S. 13–27, hier S. 25.

73 | Shields, Rob: Places on the Margin: Alternative Geographies of Modernity, London 1991, S. 83–100; Turner, Victor: Das Ritual. Struktur und Anti-Struktur, Frankfurt/Main 1989.

74 | Bette, Karl-Heinrich/Schimank, Uwe: Sportevents. Eine Verschränkung von „erster“ und „zweiter Moderne“, in: Gebhardt, Winfried (Hg.): Events. Soziologie des Außergewöhnlichen, Opladen 2000, S. 307–323, hier S. 319.

75 | Dominicus, Alexander: Bedeutung der Stadionvolksfeste, in: Berliner Tageblatt, 18. Juni 1922.

76 | Zitat n. Tabor, Jan: Olé. Architektur der Erwartung. Traktat über das Stadion als Sondertypus politischer Geltungsbauten (Fragment), in: Marschik, Matthias u. a. (Hgg.): Stadion. Geschichte, Architektur, Politik, Ökonomie, Wien 2005, S. 49–88, hier S. 83.

77 | Beyer, Erich: Sport in der Weimarer Republik, in: Ueberhorst, Horst (Hg.): Geschichte der Leibesübungen Bd. 3/2: Leibesübungen und Sport in Deutschland vom Ersten Weltkrieg bis zur Gegenwart, Berlin 1981, S. 657–700, hier S. 658.

78 | Mergel, Thomas: Führer, Volksgemeinschaft und Maschine. Politische Erwartungsstrukturen in der Weimarer Republik und im Nationalsozialismus 1918–1936, in: Hardtwig, Wolfgang (Hg.): Politische Kulturgeschichte der Zwischenkriegszeit 1918–1939, Göttingen 2006, S. 91–127.

79 | Alkemeyer, Thomas: Verkörperungen. Über die Aufführung gesellschaftlicher Selbst- und Weltbilder im Sport, in: Wirkus, Bernd (Hg.): Fiktion und Imaginäres in Kultur und Gesellschaft, Konstanz 2003, S. 189–217, hier S. 203.

80 | So etwa Marschik, Matthias: Die Kathedralen der Moderne. Über die außersportliche Nutzung von Stadien, in: Informationen zur modernen Stadtgeschichte 1 (2006), S. 70–83, hier S. 77.

Das Jahrhundert der Frauen?

Frauenbewegung und Gesellschaft zu Beginn des 20. Jahrhunderts

Angelika Schaser

Ein europaweit bekannter Politiker teilte im März 2013 mit: „Mich frappiert die Erkenntnis, wie sehr die europäischen Verhältnisse im Jahr 2013 denen von vor 100 Jahren ähneln".[1] Bei dieser Äußerung hatte Jean-Claude Juncker eines sicher nicht im Blick: die Situation der Frauen in Europa. Das Leben von Männern und Frauen unterschied sich damals deutlich von der Situation 2013. 1913 war die Gesellschaft durch eine hierarchisierte Geschlechterordnung charakterisiert, in der Frauen gegenüber Männern weniger Bildungschancen, berufliche Möglichkeiten und Rechte hatten. Frauen waren juristisch ihren Vätern oder Ehemännern unterstellt und hatten in den meisten europäischen Ländern kein Wahlrecht. So war Männern aller Schichten bei der Gründung des Deutschen Reiches das direkte, geheime und gleiche Wahlrecht ab 25 Jahren für die Reichstagswahlen erteilt worden, sofern sie nicht auf öffentliche Armenunterstützung angewiesen waren. Frauen blieben von diesem „allgemeinen" Wahlrecht jedoch ausgeschlossen. 1906 hatte Finnland als erstes Land in Europa das Frauenwahlrecht eingeführt, 1913 sollte Norwegen folgen.

Die europäischen Frauenbewegungen hatten für Mädchen und Frauen in den meisten Ländern erst um die Wende vom 19. zum 20. Jahrhundert einen (oft noch beschränkten) Zugang zur höheren Bildung und zum Universitätsstudium erkämpft. Viele Berufe blieben Frauen weiterhin verschlossen. In einer Welt, die von polarisierten, sich ergänzenden Geschlechtervorstellungen geprägt war, wurden Frauen auf ihr Geschlecht festgelegt und reduziert. Während Arbeiterinnen und Dienstmädchen schlecht bezahlt und unter meist schwierigen Arbeitsverhältnissen einer kräftezehrenden Erwerbstätigkeit nachgingen, waren bürgerliche und adelige Frauen mit dem Familienmodell des männlichen Alleinernährers konfrontiert, das Frauen auf ihre Rolle als Ehefrau, Hausfrau und Mutter zu beschränken suchte. Wollten oder mussten Frauen aus diesen Schichten arbeiten, waren sie mit rigiden Vorstellungen von ‚weiblichen Berufen' konfrontiert, die ihnen nur wenige gesellschaftlich akzeptierte berufliche Optionen eröffneten.

Um die Bedeutung der ersten deutschen Frauenbewegung im „Jahrhundert der Frauen"[2] resümieren zu können, steht im Folgenden die Frauenbewegung im Deutschen Reich vor Ausbruch des Ersten Weltkrieges im Mittelpunkt. Nach einem kurzen Rückblick auf die Forderungen und Erfolge der Frauenbewegung bis 1912 im ersten Teil, werden im zweiten die gesellschaftlichen Reaktionen auf die ‚Frauenfrage' und die Frauenbewegung dargestellt. Im dritten Abschnitt wird die Aufbruchsstimmung der Frauenbewegung um 1913 untersucht, im vierten nach den Erwartungen, Hoffnungen und Befürchtungen der deutschen Gesellschaft bezüglich der Entwicklung der Geschlechterordnung gefragt. Am Ende des Artikels steht im fünften Teil ein Ausblick, in dem die wichtigsten Auswirkungen des Ersten Weltkriegs auf die Frauenbewegung und die deutsche Gesellschaft in geschlechtergeschichtlicher Perspektive skizziert werden.

Forderungen und Erfolge der Frauenbewegung bis 1912

Die Frauenbewegung, in der eine kleine Gruppe von Frauen aktiv war, konzentrierte sich in ihren Anfängen auf Forderungen nach mehr Bildungsmöglichkeiten und beruflichen Optionen für Mädchen und Frauen sowie auf eine wachsende gesellschaftliche Partizipation von Frauen.[3] Die seit den 1860er Jahren entstandenen Frauenvereine traten in erster Linie für eine verbesserte Mädchenbildung und die Erschließung von Erwerbsmöglichkeiten für Frauen ein.[4] Dieses allgemein zu beobachtende Phänomen spiegelt sich schon in dem oft gewählten Vereinsnamen „Frauenbildungsverein" wider, den sich z. B. viele lokale Ableger des 1865 in Leipzig gegründeten Allgemeinen Deutschen Frauenvereins (ADF) gaben.[5] Diese erste, überregional agierende Vereinigung der Frauenbewegung hatte in ihren Statuten festgelegt: „Der Allgemeine Deutsche

Frauenverein hat die Aufgabe, für die erhöhte Bildung des weiblichen Geschlechts und die Befreiung der Arbeit von allen ihrer Entfaltung entgegenstehenden Hindernissen mit vereinten Kräften zu wirken."[6]

Mit der Zunahme der Bevölkerung gingen im Kaiserreich der Ausbau der Höheren Schulen und das Anwachsen der Schüler- und Studentenzahlen einher. Die Lehrer- und die Beamtenschaft sowie die Gruppe der freien Akademiker wuchs überproportional an.[7] Das Volksschulwesen wurde seit 1872 differenziert und ausgebaut. Obwohl der Staat während des sogenannten Kulturkampfs den kirchlichen Einfluss im Bildungssystem zurückzudrängen suchte, blieben die Volksschulen in der Regel konfessionsgebunden. Sogenannte „Simultanschulen", in denen Kinder unterschiedlicher Bekenntnisse zusammen unterrichtet wurden, blieben bis zum Ersten Weltkrieg die Ausnahme. Die Schulpflicht setzte sich im Kaiserreich weitgehend durch. Jungen wie Mädchen besuchten in den Städten und auf dem Land in der Regel von ihrem sechsten Lebensjahr an für sechs bis acht Jahre eine Elementarschule. Auch wenn gerade die oberen Schichten gerne eine Geschlechtertrennung im niederen Bildungswesen durchgesetzt hätten, wurden aus Kosten- und Raumgründen in vielen Volksschulen Mädchen und Jungen gemeinsam unterrichtet. Nach der Volksschule beziehungsweise dem Besuch einer privaten Schule oder, in besser gestellten Familien, auch nach dem Privatunterricht zu Hause endete für die meisten Jungen und Mädchen die Schulbildung in der Regel spätestens mit dem 14. Lebensjahr.

Die höhere Bildung blieb einer kleinen Elite der männlichen Schüler vorbehalten. Von 100 Schülern gingen nach 1900 lediglich 6–7 % auf eine höhere Schule, ca. 90 % besuchten nur die Volksschule. Von den Gymnasiasten gingen auch nach 1900 noch 66 % auf das humanistische Gymnasium, denn obwohl seit 1900 auch das Abitur der Oberrealschulen und der Realgymnasien zum Universitätsstudium berechtigte, galten die alten Sprachen, die an den höheren Mädchenschulen in der Regel nicht gelehrt wurden, weiterhin als besonderer Ausweis von Bildung.[8] Eine weiterführende Bildung war für Mädchen nur in den „höheren Töchterschulen" möglich, die Mädchen aus wohlhabenden Familien vorbehalten blieben. Da es für diese höheren Mädchenschulen weder verbindliche Lehrpläne oder Lehrmittel noch Abschlüsse gab, sind pauschale Aussagen über diesen Schultypus nicht möglich. Erhaltene Unterrichtspläne machen jedoch deutlich, dass dort Religion, Deutsch, französische und englische Konversation, Musizieren, Zeichnen und Handarbeiten im Mittelpunkt standen, also Bildungsinhalte, die nicht für eine Berufsarbeit qualifizierten, sondern die ‚höhere Tochter' zur gebildeten, eine vielseitige Konversation führenden Dame des Hauses machen sollten. Mit dem Abschluss dieser höheren Mädchenbildung endete die schulische Laufbahn für Mädchen. Stand am Ende der höheren Mädchenschule, deren Abschluss zu nichts berechtigte, kein passabler Ehemann bereit, begann auch für intelligente und wissensdurstige junge Frauen ein ungewisser ‚Wartestand'.

Diese eingeschränkten Bildungsmöglichkeiten für Mädchen wurden vereinzelt schon immer bedauert oder angeprangert. In der zweiten Hälfte des 19. Jahrhunderts wuchs nun aber die Zahl derjenigen Männer und Frauen an, die eine Reform der Mädchenbildung forderten. Zahlreiche private Initiativen, insbesondere die erwähnten Frauenbildungsvereine, forderten eine verbesserte und eine qualifizierte höhere Mädchenbildung. In Preußen wurde die höhere Mädchenbildung noch bis 1908 bezeichnenderweise im Ressort Volksschulbildung verwaltet. Wie wenig sich der Staat um die höhere Bildung der Mädchen kümmerte, wird daraus deutlich, dass weit mehr private als öffentliche höhere Mädchenschulen Ende des 19. Jahrhunderts im Deutschen Reich existierten. 1901 gab es zum Beispiel in Preußen 213 öffentliche und 656 private höhere Mädchenschulen. Dabei wurden die öffentlichen höheren Mädchenschulen überwiegend von Männern geleitet. 1893 standen in Preußen 91–92 % der öffentlichen höheren Mädchenschulen unter männlicher Leitung, während die privaten zu 87–88 % unter weiblicher Leitung standen.[9]

Für Mädchen aus dem Bürgertum kam bis zum Ende des 19. Jahrhunderts als gesellschaftlich akzeptierte Erwerbstätigkeit lediglich Aufgaben als Erzieherin, Gouvernante oder Lehrerin ohne qualifizierte Ausbildung und ohne Anspruch auf bestimmte Tätigkeitsfelder oder eine festgelegte Vergütung in Frage.[10] Gerade die Lehrerinnen, die nicht nur für wenige Jahre berufstätig waren, hielten diese Situation für untragbar. Die Forderungen nach einer höheren Mädchenbildung wurden vehement vom 1890 gegründeten und von Helene Lange (1848–1930) geleiteten Allgemeinen Deutschen Lehrerinnenverein (ADLV) vertreten. Die 1887 von Lange veröffentlichte „Gelbe Broschüre" zur Reform der Mädchenbildung sowie die von ihr 1893 in Berlin eingerichteten Gymnasialkurse für Mädchen und das im selben Jahr von Hedwig Kettler in Kassel gegründete Mädchengymnasium stellten wichtige Meilensteine bei der Reform der Mädchenbildung dar. Lange forderte 1887 in einer Petition an das preußische Unterrichtsministerium und das preußische Abgeordnetenhaus eine wissenschaftliche Ausbildung für Lehrerinnen und mehr Einfluss für Lehrerinnen an den öffentlichen höheren Mädchenschulen. Sie argumentierte dabei mit der Geschlechterdifferenz, indem sie behauptete, nur Frauen wären in der Lage, heranwachsende Mädchen zur „echten Weiblichkeit" zu erziehen.[11] In Preußen legten ministerielle Bestimmungen vom 31. Mai 1894 im Zuge der Diskussion um die höhere Mädchenbildung erstmals den Lehrplan der höheren Mädchenschulen fest und führten eine wissenschaftliche Prüfung für Lehrerinnen ein. 1896 bestanden die ersten sechs Absolventinnen des Gymnasialkurses in Berlin, die noch per Einzelgenehmigung zugelassen worden waren, das Abitur. Den Durchbruch brachte die 1906 vom preußischen Kultusministerium einberufene Konferenz zur Reform des höheren Mädchenschulwesens, an der auch Lange und Bäumer teilnahmen. Diese legte die zehnjährige höhere Mädchenschule (Lyzeum) fest.

Die preußische Mädchenschulreform von 1908 markierte zusammen mit den Mädchenschulreformen in Sachsen (1910), Bayern (1911) und Hessen (1911) eine erste wichtige Etappe auf dem Weg der Mädchenbildungsreform im Kaiserreich, die schließlich in allen Ländern des Deutschen Reiches von 1899/1900 (Baden) bis 1909 (Mecklenburg-Schwerin) auch zu einer Öffnung der Universitäten für Frauen führen sollte. Das Frauenstudium entwickelte sich rasch: 1908/09 schrieben sich 1.132 Frauen an deutschen Universitäten ein, 1914 waren es bereits 4.128, die 6 % sämtlicher Studierenden stellten.[12] In der Regel war diese erste Generation von Studentinnen älter als die männlichen Studierenden, stammte meist aus Elternhäusern mit bildungsbürgerlichem Hintergrund und studierte zu 86,6 % an der Philosophischen Fakultät. Das erklärte sich zum Wesentlichen dadurch, dass seit 1909 in Preußen für Frauen ohne Abitur die Möglichkeit bestand, sich nach erfolgreichem Abschluss eines Lehrerinnenseminars und nach zwei Jahren praktischer Erfahrung an einer höheren Mädchenschule an der Philosophischen Fakultät zu immatrikulieren, um nach sechs Semestern das Examen für das Lehramt abzulegen.[13] Dieser sogenannte „vierte Weg" zur Universität bot jungen Frauen die Möglichkeit, ein Studium aufzunehmen, das auch im Falle einer nur kurzen Berufstätigkeit als sinnvolle Investition für das spätere Leben als Ehefrau und Mutter empfunden wurde. Da gerade in Familien mit knappen finanziellen Ressourcen bevorzugt die Ausbildung von Söhnen finanziert wurde, wurde der Studienwunsch von Töchtern gerne mit dem Argument abgewehrt, wegen der zu erwartenden Heirat könne sich das Studium einer jungen Frau als Fehlinvestition erweisen.

Einen Eindruck von der optimistischen Stimmung und der Erwartungshaltung in der Frauenbewegung geben die Kurznachrichten in der Zeitschrift *Die Frau*, in der z.B. im Augustheft 1908 über die Vorbildung der anwachsenden Zahl von Studentinnen an deutschen Universitäten berichtet wurde und dass Elisabeth Altmann-Gottheiner als Dozentin an der Handelshochschule in Mannheim zugelassen worden war. In Greifswald, wurden Oberlehrerinnenkurse eingerichtet und die städtische höhere Handelsschule in Hannover hatte die Zulassung von Frauen beschlossen. In Berlin wurde eine Assistenzärztin bei den städtischen Irrenanstalten beschäftigt, der Verband Deutscher Journalisten und Schriftsteller hatte zum ersten Mal eine Frau in sein Büro gewählt. Preußen hatte die fünfte Gewerbeinspektionsassistentin eingestellt, und die Zahl der Berliner Rechtsanwaltsgehilfinnen hatte sich seit 1895 nahezu verdoppelt.[14]

Der Teil der Frauenbewegung, der sich in erster Linie als Frauenbildungsbewegung verstand, konnte zu dieser Zeit bereits auf sichtbare Erfolge verweisen. Damit setzte er sich von der „proletarischen" Frauenbewegung und einem kurz vor der Jahrhundertwende stärker werdenden Flügel innerhalb der eigenen Reihen ab, die beide weniger auf die Bildungsoffensive, sondern auf die Herstellung einer klassenlosen Gesellschaft bzw. auf die politische Gleichberechtigung von Frauen fokussierten.[15] An diese Schwerpunktsetzung innerhalb der Frauenbewegung mag der Verfasser des Artikels „Frauenfrage" gedacht haben, als er für die 6. Auflage von Meyers Großem Konversationslexikon 1905 formulierte:

> In Deutschland hat es an einer politischen Frauenbewegung bisher fast gänzlich gefehlt, man beschränkte sich hier auf die Verfolgung unmittelbar praktischer Ziele [...] Daß die politische Gleichberechtigung des weiblichen Geschlechts ebenso allgemeine Anerkennung in Zukunft finden werde wie die privatrechtliche, unterliegt starkem Zweifel. Auch gehen die Forderungen der Frauen selbst in der Regel über die Gewährung des bloßen Stimmrechts nicht hinaus. [...] Die geistige Individualität der Frau sowie das bei ihr vorherrschende Gemütsleben lassen sie für eine tätige Teilnahme am öffentlichen Leben wenig geeignet erscheinen. [...] Dem Manne der Staat, der Frau die Familie.[16]

Diese Sichtweise dürften die Aktivistinnen der Frauenbewegung nicht geteilt haben. Was dieser Artikel darüber hinaus verschweigt: Die offene Einforderung von politischen Rechten für Frauen war vor der Einführung des neuen Reichsvereinsgesetzes 1908 schwierig. Bis 1908 war im Kaiserreich den Frauen – wie den Minderjährigen – der Eintritt in politische Vereine verboten. Die Frauenvereine konnten folglich in ihren Satzungen nicht eindeutig politische Ziele angeben, um nicht die Eintragung in das Vereinsregister zu gefährden. Zum anderen bekannten sich viele der Vereine zur Politik der kleinen Schritte, mit der den Frauen erst Bildung vermittelt werden sollte, bevor sie politische Rechte verliehen bekommen sollten. Trotz dieser schwierigen Situation forderten auch schon vor 1908 einzelne Personen und dann auch Frauenvereine unmissverständlich das Frauenwahlrecht.[17] So veröffentlichte z. B. Hedwig Dohm 1876 einen Text, in dem sie die Gleichberechtigung der Frauen ohne jede Einschränkung einforderte.[18] Helene Lange war wohl eine der ersten deutschen Frauen, die nicht nur auf dem Papier, sondern auch in öffentlichen Reden in Köln, Wiesbaden und Berlin 1894 das uneingeschränkte demokratische Frauenwahlrecht verlangte.[19] Und der Dachverband der deutschen Frauenbewegung, der Bund Deutscher Frauenvereine (BDF), forderte 1902 seine Mitglieder auf, sich für das Frauenwahlrecht einzusetzen, da nur das Frauenwahlrecht den langfristigen Erfolg des BDF sichern könne. Im selben Jahr wurde schließlich auch der Deutsche Verein für Frauenstimmrecht in Hamburg gegründet, der den Kampf um das Frauenstimmrecht als zentrale Aufgabe ansah.

Gesellschaftliche Reaktionen auf die ‚Frauenfrage' und die Frauenbewegung

Als die ‚Frauenfrage' in der zweiten Hälfte des 19. Jahrhunderts zunehmend Stoff für Diskussionen bot, war man sich weitgehend darüber einig, dass dieses Problem eine demographische Ursache habe. Das Gespenst des „Frauenüberschusses" und der „Jungfernnot" beschäftigte die Väter des Mittelstandes, die sich vor zunehmende Schwierigkeiten gestellt sahen, ihre Töchter standesgemäß zu versorgen.[20] Bevölkerungsdaten und Heiratsquoten liefern aus heutiger Sicht jedoch keine eindeutigen Belege für das in dieser Schicht bis in das 20. Jahrhundert weit verbreitete Empfinden, Heiraten werde immer schwieriger.[21] Die Statistik erweist sich in diesem Fall nicht als sehr hilfreich, da es sich hier nicht in erster Linie um ein demographisches Problem handelte: Es war klar, dass „die etwa überzähligen Töchter der Bourgeoisie nicht auf die vielleicht gleichfalls überzähligen Söhne des Proletariats als künftige Ehegatten rechnen" konnten.[22] Vielmehr muss die Betonung des „Frauenüberschusses" und der schwindenden Heiratschancen als „ein deutliches Indiz für die Krisenstimmung bürgerlicher Männer“[23] angesehen werden, die einer realen Grundlage nicht entbehrte. Besonders das Bildungsbürgertum, und hier vor allem die Beamten, hatten im Laufe des 19. Jahrhunderts mit einem Prestigeverlust und zum Teil auch mit einer Verschlechterung der Einkommens- und Lebensverhältnisse zu kämpfen. Sein und Schein des bürgerlichen Wohlstandes, zu dem auch der demonstrative Müßiggang der Frauen zählte, klafften in diesen Kreisen spätestens im Kaiserreich deutlich auseinander.[24]

Lösungen für das Problem des „Frauenüberschusses“ wurden im Rahmen der hierarchischen Geschlechterordnung gesucht. Weiterhin galt für Frauen ein Leben als Ehefrau, Hausfrau und Mutter als erstrebenswertes Ziel. Die Erwerbstätigkeit von Frauen stellte immer nur eine Notlösung dar, die nur für eine Übergangszeit bis zur Heirat ausgeübt werden sollte. Die Überzeugung, dass Frauen bestenfalls gleichwertig, niemals jedoch gleichberechtigt sein konnten, da sie den Staat nicht mit der Waffe in der Hand verteidigen konnten, war weit verbreitet. Ebenso stellte eine Mehrheit der Bevölkerung die vermeintlich „wissenschaftlich“ gesicherte Erkenntnis nicht in Frage, dass Frauen generell schwächer und weniger intelligent als Männer seien, daher weder für das Gymnasium noch für das Studium geeignet sein könnten und zu bestimmten Arbeiten nicht herangezogen werden sollten.[25]

Folglich galten Mädchen und Frauen schon als Außenseiterinnen, wenn sie sich mehr Bildung aneignen wollten, als ihnen von der Gesellschaft zugestanden wurde.[26] Wie beängstigend die Forderung nach einer höheren Mädchenbildung, mit der die Persönlichkeit der Schülerinnen um ihrer selbst willen entwickelt werden sollte, auf die Apologeten des Status quo wirkte, lässt sich aus einer Verlautbarung von deutschen Mädchenschullehrern aus dem Jahre 1872 ersehen:

> Es gilt dem Weibe eine der Geistesbildung des Mannes in der Allgemeinheit der Art und der Interessen ebenbürtige Bildung zu ermöglichen, damit der deutsche Mann nicht durch die geistige Kurzsichtigkeit und Engherzigkeit seiner Frau an dem häuslichen Herde gelangweilt und in seiner Hingabe an höhere Interessen gelähmt werde, daß ihm vielmehr das Weib mit Verständnis dieser Interessen und der Wärme des Gefühles für dieselben zur Seite stehe.[27]

Dieser Satz findet sich in einer Resolution, mit der die Mädchenschullehrer den deutschen Staatsregierungen Richtlinien für die staatlichen höheren Mädchenschulen unterbreiteten und gleichzeitig die Anstellung von Lehrerinnen in diesen Schulen abwehren wollten. Trotz starker Gegnerschaft gelang es der Frauenbewegung über liberale Kreise, einzelne Politiker, Personen im Bildungs- und Wissenschaftsbereich sowie mit Hilfe der Förderung durch die Kronprinzessin Viktoria und spätere „Kaiserin Friedrich", Unterstützer für ihre Forderungen nach einer verbesserten Mädchen- und Frauenbildung zu finden.

Die Anhängerschaft der Frauenbewegung wuchs in diesen Jahren ebenso an wie die Zahl der Gegner, die 1912 den *Deutschen Bund zur Bekämpfung der Frauenemanzipation* gründeten.[28] Diese Organisation ist in mancherlei Hinsicht als Reaktion auf die Erfolge der Frauenbewegung zu betrachten.[29] Dieser von Oberlehrern dominierte Verein vertrat die Meinung, der Frauenbewegung ginge es letztlich um die Gleichberechtigung von Männern und Frauen und damit um den Umsturz der bestehenden Ordnung. Der Bund führte eine Diffamierungskampagne gegen die Frauenbewegung, knüpfte darin an die Argumentation gegen die Sozialisten, den „inneren Feind", an, und stellte immer wieder die internationalen Traditionen und Verbindungen der Frauenbewegung heraus, um damit deren nationale Loyalität in Zweifel ziehen zu können.[30]

Was die Forderung nach Gleichberechtigung und politischer Partizipation betraf, hielten die Politiker an ihren Bedenken gegenüber dem Frauenwahlrecht fest. Als typisch für die an der politischen Reife der Frauen zweifelnde Meinungsmehrheit im Kaiserreich können die Überlegungen Walther Rathenaus zum Frauenwahlrecht gelten. Rathenau stammte aus dem liberalen Lager, auf das die Frauenbewegung große Hoffnungen setzte. Bei dem Verhältnis zwischen den Frauen, die sich in der Frauenbewegung und in den liberalen Parteien engagierten, und den liberalen männlichen Parteikollegen handelte es sich allerdings um eine sehr einseitige Beziehung. Die Frauen unterstützten die männlichen Liberalen bei ihrer täglichen Arbeit, die Männer nahmen diese Unterstützung zwar gerne an, blieben jedoch weiterhin skeptisch, was die Frage der Gleichberechtigung betraf. So schrieb Walther Rathenau am 12. Dezember 1912 in der Vossischen Zeitung:

> Den künftigen Ausbau der Frauenrechte könnte ich mir folgendermaßen denken: Aktives und passives Wahlrecht wird allen steuerzahlenden, volljährigen, im Besitz der bürgerlichen Ehrenrechte befindlichen Frauen gewährt, sofern sie nicht 1. in ehelicher Gütergemeinschaft, 2. in Wirtschaftsgemeinschaft mit Eltern oder Kindern, 3. in einem Dienstverhältnis, 4. in gewerblicher Prostitution leben. Die Ausnahmen halte ich für nötig, um unzulässigen politischen Beeinflussungen vorzubeugen.[31]

In dieser Stellungnahme zeigt sich das Beharrungsvermögen, das die Vorstellung von der ‚Inferiorität' der Frauen kennzeichnete, eine Vorstellung, die keineswegs nur in konservativen Kreisen verbreitet war. Trotz dieser Grundhaltung und der daraus erwachsenden Widerstände stellte die gut organisierte und international vernetzte Frauenbewegung in Deutschland mit Petitionen und Publikationen, in Vorträgen und auf Kongressen die Geschlechterhierarchie immer wieder öffentlich in Frage und erzielte vor Ausbruch des Ersten Weltkrieges beachtliche Erfolge. Zwei Entwicklungen kennzeichneten die Frauenbewegung in den Jahren zwischen der Jahrhundertwende und dem Ersten Weltkrieg: Wichtige Schritte auf dem Weg zur Emanzipation der Frauen wurden im Bereich des Bildungs- und Berufswesens erreicht, während sich die Bewegung immer weiter ausdifferenzierte in „allgemeine Frauenvereine", Frauenbildungsvereine, konfessionelle Vereine, Frauenstimmrechtsvereine und verschiedene Berufsorganisationen von Frauen, die ihre jeweils eigenen Ziele verfolgten.

Dem BDF, der im Jahr 1900 70.000 Mitglieder gezählt hatte, gehörten 1908 bereits etwa 200.000 Personen an.[32] Die Veranstaltungen und die Publikationen der Frauenorganisationen erfreuten sich nun zunehmender Aufmerksamkeit. Im 19. Jahrhundert in den Medien wenig beachtet, stießen die Aktionen der Frauenvereine nach 1900 nun vor allem in der liberalen Presse auf Resonanz. Über öffentlichkeitswirksame Veranstaltungen, wie die mit einer internationalen Tagung verbundene Ausstellung „Die Frau in Haus und Beruf" in Berlin im März 1912, wurde in vielen Zeitungen berichtet. Die Forderungen der Frauenbewegung nach höherer Bildung, nach rechtlicher Emanzipation und politischer Partizipation für Frauen blieben jedoch der Mehrheit der Bevölkerung – Männern wie Frauen – fremd. Unabhängig vom sozialen Status, der politischen und religiösen Zugehörigkeit und des Wohnorts: Die meisten Deutschen waren von der „Natürlichkeit der Geschlechterordnung" überzeugt und hielten an der „wesensmäßigen Bestimmung der Frau" als Mutter, Ehe- und Hausfrau fest.[33]

Aufbruchsstimmung der Frauenbewegung im Jahr 1913

1913 erschien im Teubner Verlag ein Buch, das den Titel trug: *Das Jahr 1913. Ein Gesamtbild der Kulturentwicklung.*[34] Mit der Veröffentlichung verband der Herausgeber David Sarason[35] große Ambitionen. Der Band sollte den Auftakt für eine Reihe bilden, die „jährlich erneute Darstellungen des kulturellen Niederschlages alles Geschehens"[36] versprach:

„Ein Jahrbuch der Gesamtkultur ist dieses Werk".[37] In einer Zeit, so der Herausgeber, die durch „zahllose zerflatternde Journale und Monatsschriften" gekennzeichnet sei, sollte darin das „Ganze der Kultur" dargestellt werden.

Abb. 1: Titelblatt Sarason: Das Jahr 1913

Die Beiträge sollten deshalb erstens das Wissen hierarchisieren, die „großen, bewegenden Gedanken der Zeit [...] erkennen und herausheben“ und nicht nur eine „mechanische Wissensbereicherung übermitteln.“ Zweitens sollten in dem Jahrbuch nicht Geschichte, sondern „Dokumente zur Geschichte, die unmittelbaren Quellen zur Erkenntnis der Kulturentwicklung unserer Zeit“, geboten werden. Und drittens war der Anspruch, dass „führende Geister“ ihr Fachgebiet auf „denkbar knappstem Raume zu einleuchtender und fesselnder Darstellung“ bringen sollten.

Zu diesen „führenden Geistern“ zählte Sarason auch Gertrud Bäumer. Sie verfasste als einzige Frau für das Buch einen Artikel zur Frauenbewegung, der als fünfter der 18 Beiträge abgedruckt wurde.[38] Gertrud Bäumer (1873-1954) feierte 1913 ihren 40. Geburtstag. Sie war eine der ersten promovierten Frauen in Deutschland, hatte eine Ausbildung zur Oberlehrerin absolviert und war seit vielen Jahren in der Frauenbewegung aktiv. Seit 1910 leitete sie als erste Vorsitzende den BDF.

Bäumer legte hier auf sechs Seiten die Bedeutung und Entwicklung der Frauenbewegung dar und rückte dabei das Thema ‚Frauenwahlrecht‘ in den Mittelpunkt ihrer Ausführungen. Die Darstellung der Frauenbewegung aus der Feder der ersten Vorsitzenden des BDF kann als offizielle Stellungnahme des Bundes gewertet werden und wird hier als Stimmungsbild und aktuelle Zustandsbeschreibung der deutschen Frauenbewegung im Jahr 1913 gelesen. Am Anfang ihres Artikels befasste sich Bäumer mit dem Stand des Frauenstimmrechts, wie er sich 1913 weltweit darstellte. Danach ging sie auf die Aktionen der Suffragetten in England ein, bevor sie auf das Frauenwahlrecht im Deutschen Kaiserreich, die gesellschaftliche Situation der Frauen, ihre politische Organisation, die „Frau in der Kommune“ und die „wirtschaftliche Frauenfrage“ zu sprechen kam. Dabei diskutierte sie die „Arbeiterin der gewerblichen Fortbildungsschule“, das „weibliche Handwerk“, die „berufliche Interessenvertretung“ der Frauen, „Beruf und Familie, Geburtenrückgang“ sowie die Gegner der Frauenbewegung.

Zu Anfang betonte Bäumer die Rückständigkeit des Deutschen Kaiserreichs im Spiegel eines aktuellen Ereignisses: Am 12. Juni 1913 war das Frauenwahlrecht in Norwegen eingeführt worden, in Deutschland wartete man noch darauf. Doch Bäumer sah die Chancen dafür Jahr für Jahr größer werden. In diesem Abschnitt griff sie auch den spektakulären Zwischenfall vom 4. Juni 1913 auf, den die englische Suffragette Emily Davison (1872–8. Juni 1913) auslöste, als sie sich bei dem bekannten Derby in Epsom auf die Bahn vor das Rennpferd des Königs warf und vier Tage später an ihren Verletzungen starb.

Wie ihre Lebenspartnerin Helene Lange[39], die 1913 65 Jahre alt geworden war, und wie die Mehrheit der deutschen Frauenrechtlerinnen lehnte Gertrud Bäumer das gewaltsame Vorgehen der englischen Suffragetten ab.[40] Diese zerstörten Briefkästen und Telegraphenleitungen, schlugen Schaufenster ein und wurden dafür zu Haftstrafen verurteilt. Im Gefängnis begannen sie oft einen Hungerstreik und wurden anschließend zwangsernährt. Die Suffragetten polarisierten nicht nur die englische Frauenstimmrechtsbewegung und die englische Gesellschaft. Sie erregten weltweites Aufsehen. Für Bäumer und Lange stand schon vor dem Tod von Emily Davison fest, dass die „Suffragettes der Sache des Frauenstimmrechts ganz beträchtlich geschadet" hätten.[41] Nach dieser Einleitung, die aktuelle Ereignisse thematisierte, wies Bäumer darauf hin, dass Frauen sowohl das kommunale, aktive und passive Wahlrecht sowie das Wahlrecht zu den Parlamenten in verschiedenen Formen weltweit erst ab 1900 bekommen hatten. Folglich handelte es sich beim Frauenwahlrecht also um eine relativ neue Errungenschaft. Das Frauenwahlrecht blieb ein wichtiges Thema der Frauenbewegung, die bis 1933 bemüht war, „den Stand des Frauenstimmrechts in der Welt" regelmäßig zu dokumentieren (s. Flugblatt, Abb. 2).

Welche Schlussfolgerungen zog Bäumer nun aus den Aktionen der Suffragetten in England und der Einführung des Frauenwahlrechts in Norwegen für Deutschland? Während Bäumer das Beispiel Norwegens lobend hervorhob, sah sie die Frauenbewegung durch die Entwicklung in England eher zurückgedrängt. Die Suffragetten hätten, so Bäumer, den Kampf der Frauen für mehr Einfluss mit dem Klassenkampf verwechselt. Hier könne Gewalt kein Mittel sein, um das Wahlrecht für Frauen zu erlangen, es müsse Überzeugungsarbeit geleistet werden. Wenn die Frauen in Deutschland auch noch nicht das Wahlrecht erlangt hätten, so wäre doch das anwachsende politische Engagement der Frauen eine gute Vorbedingung für den Erhalt des Wahlrechts, argumentierte Bäumer weiter. Zum einen traten seit 1908 immer mehr Frauen in die politischen (Männer-)Parteien ein, zum anderen organisierten sie sich in separaten Frauenvereinen, um politisch aktiv zu werden.[42]

Im nächsten Punkt betonte Bäumer die wachsende Zahl von Frauen, die im Wohlfahrtsbereich auf kommunaler Ebene tätig wurden. Waren im Jahr 1910 ca. 12.000 Frauen in der Armen- und Waisenpflege, in der Säuglingsfürsorge, in der Wohnungsinspektion und in der Schulverwaltung tätig, verzeichnete die Statistik 1913 bereits 19.000 Helferinnen im Wohlfahrtsbereich. Die Frauen und Mädchen, die sich in diesen Bereichen beruflich engagierten, konnten inzwischen in Wohlfahrtsschulen systematisch auf ihre Tätigkeiten vorbereitet werden, womit der Sektor der Wohltätigkeit auch seinen Teil zur Lösung der wirtschaftlichen Frauenfrage beitrug. Damit würde, so Bäumer, einer wichtigen Kulturforderung Rechnung getragen, Frauenberufe zu schaffen, die im Einklang mit der „seelischen Wesensart der Frau" stünden.[43]

Zahlenmäßig fielen diese neuen Berufe jedoch kaum ins Gewicht. Frauen nahmen zunehmend Arbeitsplätze in der Industrie und in der Landwirtschaft ein, auch die Zahl der verheirateten Arbeiterinnen wuchs an.[44] Bäumer forderte in Zukunft mehr Bildungsarbeit für die Arbeiterinnen, die z. B. in gewerblichen Fortbildungsschulen geleistet werden sollte. Die Novelle zur Gewerbeordnung gab den Städten die Möglichkeit, Fortbildungsschulen für Arbeiterinnen obligatorisch zu machen.[45] Darin sah Bäumer eine große Chance, „die Berufsbildung der unteren weiblichen Erwerbsschichten" auf eine ganz neue Basis zu stellen, indem Arbeiterinnen nun systematisch in den Genuss der „Bildungsfürsorge" kämen.[46] In diesem Zusammenhang forderte Bäumer zum einen die Regulierung des weiblichen Handwerks, das ähnlich aufgebaute Ausbildungsgänge wie für Männer in den typischen von Frauen betriebenen Handwerken wie „Schneiderei, Putzmacherei, Photographie und Friseurgewerbe" anbieten sollte. Zum anderen regte sie an, dass berufstätige Frauen in den Standesvertretungen der einzelnen Berufe aufgenommen werden sollten, um dort ihre Interessen vertreten zu können.[47]

Unter der Kapitelüberschrift „Beruf und Familie, Geburtenrückgang" fasste Bäumer noch einmal die Herausforderungen der weiblichen Berufstätigkeit zusammen, die von der Gesellschaft gerne für den Geburtenrückgang verantwortlich gemacht wurden. Bäumer wies diese Interpretation zurück, verhehlte jedoch nicht, dass die Vereinbarung von Familie und Beruf für Frauen nicht einfach sei. Sie verwahrte sich jedoch ausdrücklich dagegen, dass in der Frauenbewegung Tendenzen gepflegt würden, die Frauen aus Eigennutz gegen die Mutterschaft votieren ließen.[48] Am Ende ihres Aufsatzes erwähnte Bäumer den „Bund zur Bekämpfung der Frauenemanzipation", der sich 1912 gegründet hatte. Zwar hielt sie ihn für zu klein, um ihm Bedeutung beizumessen. Doch die Gegner der Frauenemanzipation waren ihr Anlass zu bemerken, dass die Anpassung der Frauen an die neuen wirtschaftlichen Verhältnisse es dringend nötig mache, sich „für die Werte des „Familienberufs der Frau voll ein[zu]setzen".[49]

Allgemeiner Deutscher Frauenverein.

Der Stand des Frauenstimmrechts in der Welt.

Der Weltbund für Frauenstimmrecht stellt durch den Allgemeinen Deutschen Frauenverein folgende Liste über das bestehende aktive und passive Frauenwahlrecht zur Verfügung.

Australien: volles a. u. p. Wahlrecht.
Belgien: volles a. u. p. Gemeindewahlrecht, passives Wahlrecht für Parlament und Provinzialvertretung: aktives nur für kl. Kreis Kriegsgeschädigter.
Dänemark: Volles a. u. p. W.-R.
Deutschland: Volles a. u. p. W.-R.
Esthland: Volles a. u. p. W.-R.
Finnland: Volles a. u. p. W.-R.
Griechenland: Aktives Gemeindewahlrecht wird 1927 in Kraft treten.
Großbritannien: A. u. p. Gemeindewahlrecht, Altersgrenze 30 Jahre, (Männer 21) und andere besondere Einschränkungen.
Indien: in Britisch-Indien: a. W.-R. in den Provinzen Bombay, Madras, Vereinigte Provinzen, Assam und Bengalien; in einigen Städten (z. B. Bombay und Bengal) a. W.-R. — Eingeborenen-Staaten: Wahlrecht (volles?) in Cochin, Travancur, Jahalvar und Mysur.
Insel Man: A. u. p. W.-R.
Irland: Freistaat (Süd-Irland) Volles a. u. p. W.-R.
Nord-Irland. Wie in Gr.-Britannien.
Island: Volles a. u. p. Wahlrecht.
Jamaica: A. Wahlrecht.
Kanada: A. u. p. W.-R. für Parlament und prov. Verwaltung, letzteres mit Ausschluß der Provinz Quebec. Ausschluß der Frauen von Sitz im Senat.
Kanal-Inseln: A. u. p. W.-R.
Kenya: Volles a. u. p. W.-R.
Lettland: Volles a. u. p. W.-R.
Littauen: Volles a. u. p. W.-R.
Luxemburg: Volles a. u. p. W.-R.
Niederlande: Volles a. u. p. W.-R.
Neufundland: A. Gemeindewahlrecht. Politisches mit Altersgrenze (25 J.; Männer 21).
Neuseeland: Volles a. u. p. W.-R.
Norwegen: Volles a. u. p. W.-R.
Oesterreich: Volles a. u. p. W.-R.
Palästina: Volles a. u. p. W.-R. für jüdische Volksvertretung; aber nicht nach allgemeiner Verfassung.
Polen: Volles a. u. p. W.-R.
Rhodesien: Volles a. u. p. W.-R.
Rußland: Volles a. u. p. W.-R.
Schweden: Volles a. u. p. W.-R.
Spanien: Beschränktes Gemeindewahlrecht.
Südafrika: A. u. p. Gemeindewahlrecht.
Trinidad und Tobago: Altersgrenze 30 J. (Männer 21). Von Sitz im Parlament ausgeschlossen.
Tschechoslowakei: Volles a. u. p. W.-R.
Ungarn: Stand des Gem.-W.-R. z. Zt. unbekannt. Politisches mit Altersgrenze von 30 Jahren (Männer 21) und anderen besonderen Einschränkungen.
Ver. Staaten v. N.-A. Volles a. u. p. W.-R.
Windward-Inseln: (Granada, St. Vinzenz, St. Lucia usw.) Wie bei Trinidad s. o.

Sonderdruck aus dem Nachrichtenblatt des Bundes Deutscher Frauenvereine vom 15. Dezember 1925,

Abb. 2: Flugblatt: Der Stand des Frauenstimmrechts (1925)

Bäumers Forderung nach dem Frauenwahlrecht im historischen und gesellschaftlichen Kontext des Jahres 1913

Sarasons Jahrbuch spiegelt wie der Beitrag von Bäumer zwar durchaus die Kritik am Zeitgeist, war jedoch insgesamt von einem großen Optimismus geprägt. Dem Plan, solche Jahrbücher jährlich zu veröffentlichen, setzte der Ausbruch des Krieges ein frühes Ende. 1914 veröffentlichte der Teubner Verlag lediglich eine Neuauflage des Buches *Das Jahr 1913*. Zu einer Fortsetzung der Publikationsreihe kam es nicht. Welche Schlüsse können aus dieser Veröffentlichung und aus anderen Quellen für die Situation der Frauen und der Frauenbewegung im Jahr 1913 gezogen werden? Während Florian Illies bzw. der Fischer-Verlag, die Freiheiten der Belletristik nutzend, der Leserschaft suggerieren, die Intellektuellen, Künstler und Musiker hätten im Jahr 1913 bereits den Kriegsausbruch des folgenden Jahres geahnt[50], zeigt sich dem Historiker bzw. der Historikerin ein weit differenzierteres Bild – sowohl beim Blick in die Quellen, wie z. B. in das von Sarason herausgegebene „Jahrbuch der Gesamtkultur“, als auch beim Blick in die von Illies präsentierten Textauszüge. Aufbruchsstimmung, Euphorie und Friedenshoffnung lassen sich neben Untergangsstimmung, pessimistischen Einschätzungen und Kriegserwartungen finden.

Die Frage, wie die Lage 1913 eingeschätzt wurde, hing eben stark von der Perspektive ab, in der Menschen auf dieses Jahr blickten. Gertrud Bäumer und mit ihr viele Mitstreiterinnen blickten durchaus optimistisch und hoffnungsfroh in die Zukunft. Auch wenn sich im Deutschen Kaiserreich die Dinge nach Bäumers Geschmack zu langsam änderten: Frauen hatten auf dem Weg zur Gleichberechtigung wichtige Etappen bereits zurückgelegt, sie durften das Abitur ablegen, konnten an Universitäten studieren und waren überzeugt, dass sie aufgrund ihres Pflichtbewusstseins und ihrer Leistungen als Gruppe auch bald gleiche Rechte wie Männer erobern würden. „Gleichwertigkeit“ der Frauen war das bevorzugte Schlagwort, mit dem diese Frauen dafür warben, dass Frauen mehr Einfluss zugestanden werden müsse, damit die Gesellschaft insgesamt davon profitieren könne. In der Frauenbewegung herrschte Aufbruchsstimmung, denn trotz aller Barrieren und Misserfolge zeichnete sich insgesamt ein positiver Trend ab. Die Veranstaltungen und die Publikationen der Frauenorganisationen, um die Jahrhundertwende noch kaum zur Kenntnis genommen oder bestenfalls belächelt, erfreuten sich nunmehr zunehmender Aufmerksamkeit.

Diese Erfolge produzierten zugleich aber auch Gegenkräfte. Frauen und Männer, die die Geschlechterhierarchie verinnerlicht hatten und als naturgegeben oder gottgewollt betrachteten, waren durch die Erfolge der Frauenbewegung irritiert und sahen verunsichert der Zukunft entgegen, in der die bislang in ihren Augen funktionierende Gesellschaftsordnung zugunsten eines Experiments mit ungewissem Ausgang aufgegeben werden sollte. Der von Bäumer kurz erwähnte Bund zur Bekämpfung der Frauenemanzipation ist Ausdruck solcher Gegenwehr. Aber auch auf individueller Ebene hofften selbst Väter, die sich für eine akademische Ausbildung ihrer Töchter einsetzten, zumeist, dass diese letztlich doch ihre Rolle als Ehefrau und Mutter finden würden.

Zwar waren wichtige Etappenziele auf dem Weg zur Emanzipation der Frauen 1913 erreicht, aber noch war im Deutschen Reich nicht das Frauenwahlrecht eingeführt worden, das von der deutschen Frauenbewegung seit Beginn des 20. Jahrhunderts immer nachdrücklicher gefordert und von Bäumer als roter Faden für ihre Darstellung der Frauenbewegung im Jahr 1913 verwendet wurde. Für eine Beurteilung von Erfolgen und Misserfolgen der deutschen Frauenbewegung auf dem Weg zur Gleichberechtigung bleibt hier zum einen festzuhalten, dass nur eine Minderheit von Frauen (und Männern) im Deutschen Reich vor dem Ersten Weltkrieg das Frauenwahlrecht forderte, während eine breite Mehrheit in ihrer Ablehnung so sicher war, dass sie diese oft gar nicht meinte begründen zu müssen. Zum anderen ist daran zu erinnern, dass das Frauenwahlrecht nur eine unter zahlreichen Forderungen der Frauenbewegung darstellte. Viele rechtliche Diskriminierungen betrafen Frauen weit direkter und unmittelbarer als das fehlende Frauenwahlrecht, über dessen Auswirkungen sich Befürworter wie Gegner, wie man im Rückblick leicht feststellen kann, unrealistische Vorstellungen machten.[51] So ging es in den Beratungen der Rechtsschutzstellen und in den Auseinandersetzungen um das 1900 eingeführte Bürgerliche Gesetzbuch in erster Linie um Fragen wie das Namensrecht in der Ehe, die Schlüsselgewalt der Frau und das Entscheidungs- und Kündigungsrecht des Mannes, um das eheliche Güterrecht, das Scheidungsrecht, die elterliche Gewalt, das Unehelichenrecht sowie Fragen der Vormundschaft. Diese Fragen beschäftigten Frauen aller Schichten, sobald Männer ihre Ernährerrolle nicht wie vom Gesetzgeber vorgesehen übernahmen oder aus unterschiedlichen Gründen nicht mehr übernehmen konnten, Familien in wirtschaftliche Not gerieten und Ehen auseinanderbrachen. Dass zwischen einem unehelichen Kind und dessen biologischem Vater rechtlich keine Verwandtschaft bestehen sollte, mochten um die Jahrhundertwende weder die bürgerliche Frauenbewegung, noch die in der SPD organisierten Frauen hinnehmen. Sie waren sich in der Verurteilung der Doppelmoral einig, die eine so ungleiche Behandlung von ledigen Müttern und unehelichen Vätern möglich machte.

Die Gegner des Frauenwahlrechts kamen nicht nur aus den Reihen der Konservativen, die dem gesellschaftlichen Wandel misstrauisch gegenüberstanden und fürchteten, dass ungebildete, politisch nicht erfahrene Bevölkerungsgruppen die Politik in demokratischen Wahlen bestimmen könnten. In ihrer Ablehnung des demokratischen Wahlrechts wurde bei Konservativen insbesondere Skepsis gegenüber den bäuerlichen Schichten, den Arbeitern, dem Dienstpersonal und den Frauen deutlich. Aber auch unter Liberalen und in der Arbeiterbewegung gab es gegenüber dem Frauenwahlrecht massive Vorbehalte.[52] Die Frage nach dem Frauenstimmrecht schien vielen geradezu absurd. Unter Verweis auf die Bibel wurde gerne die gottgewollte Unterordnung der Frau betont, der Sinn und Nutzen der hierarchischen Geschlechterordnung für das Familienleben und den Staat betont.

Doch im Laufe des 20. Jahrhunderts gerieten die Gegner des Frauenwahlrechts unter Druck, dessen Ablehnung auch argumentativ zu begründen. Weibliche wie männliche Gegner des Frauenstimmrechts wurden nicht müde zu betonen, dass die Frauen doch gar keine Beteiligung am politischen Leben wünschten, da ihr „natürlicher Platz" in der Ehe und in der Familie zu finden sei. Sie wären nicht gebildet und reif genug für die Ausübung des Wahlrechts, zudem würden sie durch ihre Ehemänner in der Politik umfassend und ausreichend vertreten. Als immer mehr gebildete, alleinstehende und beruflich selbständige Frauen das Wahlrecht forderten, zogen sich die Frauenwahlrechtsgegner auf die Position zurück, dass das Wahlrecht an die Wehrpflicht geknüpft sei und schon aus diesem Grund den Frauen nicht zugesprochen werden könne.[53]

Den Befürwortern des Frauenwahlrechts war von Beginn an klar, dass sie die Reichstagsmitglieder von ihrer Position überzeugen müssten, um ihre Forderung durchzusetzen. So wurde auf den Widerspruch hingewiesen, dass vermögende Frauen Steuer zahlen mussten, aber in der Regel nicht das mit Besitz verbundene Wahlrecht ausüben durften. Weiter wurde betont, dass immer mehr Frauen Bildung erwarben und berufstätig waren, trotz ökonomischer Selbständigkeit und geistiger Überlegenheit gegenüber manchem Mann jedoch kein Wahlrecht ausüben durften. Insgesamt, so die Argumentationslinie, hätten die Frauen am wirtschaftlichen und am kulturellen Leben seit den 1870er und 1880er Jahren einen so großen Anteil, dass ihre gesellschaftliche Inferiorität nicht länger zu rechtfertigen sei.[54] Weiter versprachen sich die Befürworter des Frauenwahlrechts von einer rechtlichen Gleichstellung der Frauen verbesserte Lebensbedingungen für alle Bevölkerungsschichten, da man davon ausging, dass Frauen aufgrund ihrer „Geschlechtseigenschaften" höhere moralische Maßstäbe und mütterliche Fürsorge für alle ihnen anvertrauten Personen und Arbeiten aufbringen würden. Die Befürworter des Frauenwahlrechts argumentierten aus der Überzeugung heraus, dass Frauen zur kulturellen Erneuerung der Nation und zu einer besseren Welt beitragen könnten, wenn sie nur ihren Anteil in der Politik einbringen könnten. Dabei ließen die Frauen unter Hinweis auf die Rechtslage in anderen „zivilisierten Staaten" den Reichstag wissen, dass ihre Gleichstellung dem Deutschen Reich in der Konkurrenz mit anderen Nationen einen Vorteil verschaffen würde.[55]

Auch zu Beginn des 20. Jahrhunderts verband die Mehrheit der Befürworter wie der Gegner des Frauenwahlrechts die Überzeugung, dass es prinzipielle Unterschiede zwischen Frauen und Männern gäbe und die Frauen für ihre Rolle als Mutter und Hausfrau prädestiniert seien. Beide Gruppen erwarteten von der Einführung des Frauenwahlrechts weitreichende Veränderungen der Gesellschaft. In beiden Gruppen wurden dabei die Leistungen der Frauen auf kommunaler Ebene diskutiert, wobei die Befürworter des Frauenwahlrechts unter Hinweis auf diese Leistungen das Wahlrecht auf Reichsebene forderten, während die Gegner den Frauen nicht einmal das kommunale Wahlrecht zugestehen wollten. Die Einführung des Frauenwahlrechts stellte in den Augen der meisten eine solch große Bedrohung der öffentlichen Ordnung dar, dass viele den Frauen nicht einmal eine eingeschränkte Form des Wahlrechts einräumen wollten. Selbst der Kriegseinsatz der Frauen und Frauenorganisationen schien diesbezüglich zu keinem Meinungsumschwung geführt zu haben.[56]

Nachdem die Allianz der Frauenwahlrechts-Gegner kaum aufzubrechen schien, verlegte sich ein Teil der Frauen auf die Forderung nach dem Frauenwahlrecht als zentrale Voraussetzung für den erwünschten gesellschaftlichen Wandel. In Frauenstimmrechtsvereinen wurde dieser Forderung seit der Jahrhundertwende Nachdruck verliehen.[57] Die Frauenstimmrechtsbewegung forderte damit nichts Neues, sondern priorisierte ihre Ziele anders als der BDF und seine Vorsitzende Getrud Bäumer, die ebenfalls die prinzipielle rechtliche Gleichstellung der Frauen anstrebten, dabei das Frauenwahlrecht aber nicht nur erkämpfen, sondern auch verdienen wollten.

Der Erste Weltkrieg – Katalysator der Frauenemanzipation?

Seit 1848/49 wurden die Forderungen nach Partizipation und Gleichberechtigung von Frauen lauter und regelmäßig erhoben. Frauen eroberten den öffentlichen Raum, vergrößerten ihre Bildungschancen, Handlungsräume und Berufsfelder. Den beginnenden Krieg betrachteten Lange und Bäumer als die große Bewährungsprobe für das deutsche Volk im Allgemeinen und für die Frauen im Besonderen. Ebenso wie die männlichen kulturellen Eliten erhofften sie sich vom Krieg die Freisetzung neuer Kräfte und die Revitalisierung der deutschen Kultur.[58] Die anfängliche Euphorie scheint unter den Frauen nicht weniger groß gewesen zu sein als unter den Männern. Bei Ausbruch des Ersten Weltkrieges stellte sich die deutsche Frauenbewegung wie die Frauenbewegungen in den anderen kriegführenden Ländern sofort hinter die Regierung und gründete am 1. August 1914 den Nationalen Frauendienst (NFD). Kriegsgegnerinnen waren in der Frauenbewegung ebenso rar wie Pazifisten in der deutschen Gesellschaft insgesamt, obwohl Frauen „angeborene und natürliche Friedensliebe" zugeschrieben wurde.[59]

Nachdem im Herbst 1917 der Kaiser, die Regierung und das Parlament eine politische Neuorientierung in Aussicht gestellt hatten, die unter der „Heranziehung der Kräfte des ganzen Volkes zur freudigen Mitarbeit am Staat" umgesetzt werden sollte[60], mahnte die Frauenbewegung die Einbeziehung der Frauen in diese Überlegungen an. Trotz aller Kriegsnöte forderte der BDF im November 1917 in diesem Zusammenhang unmissverständlich das Frauenwahlrecht. Am 18. November 1917 verschickte der BDF an Regierung und Parlament im Reich und in den Bundesstaaten eine Denkschrift, die den Titel „Die Stellung der Frau in der politisch-sozialen Neugestaltung Deutschlands" trug. In der vierseitigen Broschüre wurde eindringlich auf die Leistungen der Frauen im Krieg sowie auf ihre Bedeutung unter volkswirtschaftlichen und bevölkerungspolitischen Gesichtspunkten hingewiesen und daraus gefolgert:

> Wenn die ‚Neuorientierung' der inneren Politik ihren Namen verdienen, ihren Sinn auch den Frauen gegenüber betätigen will, so muß sie der gekennzeichneten Lage der Verhältnisse gerecht werden und auch die Frauen an der Arbeit des Staates vollverantwortlich beteiligen. [...] Die Einbeziehung der Frauen in das aktive Wahlrecht in Gemeinde und Staat ist unerläßlich, um den Einfluß der Frauen im Staat auf der ganzen Breite des tatsächlichen Frauenlebens aufzubauen. [...] Was sich während des Krieges [...] von selbst angebahnt hat, bedarf

> der gesetzlichen Stütze durch eine ‚Neuorientierung', die den Frauen zunächst das passive Wahlrecht die Gemeindevertretung [...] gewährt. [...] Die Wählbarkeit der Frauen in die Volksvertretung ist nach der Ueberzeugung des Bundes deutscher Frauenvereine die Form, die auf die Dauer die einzige sichere Gewähr dafür bietet, dass den Angelegenheiten der Frau und dem Lebenskreis der Mütter in Gesetzgebung und Verwaltung genügend Beachtung gezollt wird.[61]

Damit hatte nach den Stimmrechtsvereinen auch der BDF die Einführung des Frauenwahlrechts zu einer zentralen Forderung erhoben. Nachdem sich bereits im September 1917 der Deutsche Reichsverband für Frauenstimmrecht, der Deutsche Bund für Frauenstimmrecht, die Frauen der (Mehrheits-)SPD und der BDF darauf geeinigt hatten, in der Frage des Frauenwahlrechts zusammenzuarbeiten, fand am 17. Dezember 1917 in Berlin eine große Kundgebung für das Frauenwahlrecht statt.[62] Lediglich die USPD verweigerte weiterhin die Zusammenarbeit mit den bürgerlichen Frauen.

Frauen hatten „in allen kriegführenden Staaten in verschiedener Hinsicht Schlüsselfunktionen der Kriegsgesellschaften inne".[63] Viele der Errungenschaften und Veränderungen waren jedoch vorübergehender Natur und beschränkten sich auf die Zeit des Krieges. Auch wenn mit dem Ersten Weltkrieg der Einstieg der Frauen in die sogenannten Männerberufe erfolgte[64], so sollte nach 1918 „die weibliche Erwerbstätigkeit [...] quantitativ und qualitativ weitgehend zum Vorkriegsstand" zurückkehren.[65]

Die Geschlechterhierarchie blieb weitgehend erhalten, die männlichen Leistungen an der Front wurden nach dem Krieg rhetorisch überhöht, die Leistungen der Frauen auf die Heimatfront beschränkt und mit dem Makel versehen, die Front nicht ausreichend unterstützt zu haben.[66] Die durch die Einberufungen und die vielen Toten des Ersten Weltkrieges verursachte „Verweiblichung der Zivilbevölkerung"[67] führte nach der Niederlage bald in der öffentlichen Meinung zu der Polarisierung zwischen den heldenhaften Soldaten an der Front und einer Heimatfront, die diesen Soldaten nur ungenügend den Rücken gestärkt haben soll. Die sogenannte Dolchstoßlegende[68], die in der Weimarer Republik in verschiedenen Varianten kursierte, galt letztlich „der gesamten ‚Heimatfront' [...] und damit explizit oder implizit auch den Frauen".[69]

Einige Entwicklungen, die durch den Ersten Weltkrieg beschleunigt wurden, setzten sich in der Weimarer Republik allerdings fort. Immer mehr Frauen arbeiteten als Angestellte, und die Abwanderung der Frauen aus dem häuslichen Dienst hielt an.[70] Die Segregation und

Segmentierung der Berufsfelder nach Geschlecht nahm weiter zu. Die Geschlechterhierarchie spiegelte sich hier in erster Linie in der unbezahlten Reproduktionsarbeit, die vornehmlich von Frauen erledigt wurde, und in einem deutlichen Lohngefälle, was die bezahlte Erwerbsarbeit von Männern und Frauen betraf.[71]

Eine entscheidende und wegweisende Veränderung für die Frauen in Deutschland bedeutete der Erhalt des Wahlrechts nach dem Krieg. Sie erhielten das Wahlrecht vom Rat der Volksbeauftragten und nicht durch eine parlamentarische Entscheidung. Wenn damit auch Männer aus der SPD und der USPD die Forderung das Erfurter Programms von 1891 umgesetzt hatten: Maßgeblich beigetragen hatten dazu, wie dann auch wenig später zu der hohen Wahlbeteiligung von Frauen zur Nationalversammlung (fast 90%)[72], die jahrzehntelangen Forderungen der transnationalen Frauenbewegungen.[73] Die Vertreterinnen der Frauenbewegung hatten ebenso wie viele ihrer Zeitgenossen den Eindruck, dass „der Krieg die Handlungsräume von Frauen erweitert und ihr Selbstbewusstsein gestärkt habe."[74]

Wenn Frauen sich nach 1918 auch in immer größerer Zahl am Erwerbsleben beteiligten, so änderten sich die Mentalitäten und Gewohnheiten jedoch nur wenig. Haushalts- und Familienarbeit blieb die Domäne der Frauen. Die Vereinbarung von Beruf und Familie sowie die sogenannte Doppelbelastung wurden in der Weimarer Republik nur im Hinblick auf die Frauen diskutiert. Und auch in der politischen Arena, die nun die ersten Berufspolitikerinnen betraten, lastete ein großer Erwartungsdruck auf den Frauen, den sie selbst durch ihre Reden und Veröffentlichungen vor 1918 mit aufgebaut hatten: Diese Politikerinnen versprachen sich von ihrer Anwesenheit und Mitarbeit in den Parlamenten eine grundlegende Änderung der Politik, die nicht etwa durch die gleichberechtigte und zahlenmäßig dem Frauenanteil in der Bevölkerung entsprechende Umgestaltung von Institutionen und Organisationen der Macht erreicht werden sollte, sondern durch eine „weibliche Politik".[75]

Welche Rolle hat der Krieg nun für die Frauenemanzipation gespielt? Auch wenn sich der Alltag für Frauen während des Krieges verändert hatte, sie mehr Verantwortung übernehmen mussten und neue Berufsfelder eroberten: Die meisten Entwicklungen, die das Erwerbsleben der Frauen betrafen, setzten nicht erst mit dem Krieg ein, sondern wurden durch ihn nur verstärkt. Und viele der Neuerungen sollten sich nach 1918 nicht als dauerhaft erweisen. Die hierarchische Geschlechterordnung wurde nicht beseitigt. So hatte der Krieg den Aufbruch der Frauen weiter befördert, aber nicht initiiert. Die Frauenemanzipation wurde über die Zeit des Krieges hinweg, von 1848 bis 1933, kontinuierlich von der Frauenbewegung vorangetrieben. Die wegbahnenden Erfolge waren dabei in den Jahren kurz vor dem Ersten Weltkrieg erzielt worden: Die staatliche Regelung der höheren Mädchenbildung, die Zulassung der Frauen zum Abitur, zum Studium, zur Mitgliedschaft in den politischen Parteien sowie die zunehmende öffentliche Aufmerksamkeit für die Anliegen der Frauenbewegung.

Anmerkungen

1 | Luxemburgs Premierminister Jean-Claude Juncker in einem Interview im März 2013, http://www.spiegel.de/politik/ausland/juncker-spricht-von-kriegsgefahr-in-europa-a-887923.html [Zugriff 11.3.2013].

2 | Zur Entwicklung und Periodisierung der deutschen Frauenbewegung im „Jahrhundert der Frauen" von 1848/49 bis 1933 siehe Schaser, Angelika: Frauenbewegung in Deutschland 1848 bis 1933, Darmstadt 2006, S. 5–7.

3 | Siehe dazu ausführlicher: Schaser, Angelika: Frauenbewegung in Deutschland 1848–1933, Darmstadt 2006; Dies: Helene Lange und Gertrud Bäumer. Eine politische Lebensgemeinschaft, Köln/Weimar/Wien ²2010.

4 | Vgl. Kleinau, Elke/ Opitz, Claudia (Hgg.): Geschichte der Mädchen- und Frauenbildung, Bd. 2: Vom Vormärz bis zur Gegenwart, Frankfurt/New York 1996; Simmel, Monika: Erziehung zum Weibe. Mädchenbildung im 19. Jahrhundert, Frankfurt 1980; Twellmann, Margrit: Die deutsche Frauenbewegung im Spiegel repräsentativer Frauenzeitschriften. Ihre Anfänge und erste Entwicklung 1843 – 1889, Bde. 17/I und 17/II), Meisenheim am Glan 1972; Zinnecker, Jürgen: Sozialgeschichte der Mädchenbildung. Zur Kritik der Schulerziehung von Mädchen im bürgerlichen Patriarchalismus, Weinheim/Basel 1973.

5 | Vgl. die Liste der Mitgliedsvereine des ADF bei Twellmann, Die deutsche Frauenbewegung, Bd. 2, S. 149.

6 | § 1 der Statuten in: Twellmann, Die deutsche Frauenbewegung, Bd. 2, S. 136.

7 | Dies und das Folgende: Schaser, Angelika: Gendered Germany, in: Retallack,. James (Hg.): Imperial Germany 1871–1918, Oxford 2008, S. 128–150, hier S. 133–135.

8 | Wehler, Hans-Ulrich: Deutsche Gesellschaftsgeschichte, Bd. 3: Von der „Deutschen Doppelrevolution" bis zum Beginn des Ersten Weltkrieges 1849–1914, München 1995, S. 1203.

9 | Schaser, Gendered Germany, S. 134.

10 | Klewitz, Marion: Lehrerinnen in Berlin. Zur Geschichte eines segregierten Arbeitsmarktes, in: Schmoldt, Benno (Hg.): Schule in Berlin. Gestern und Heute, Berlin 1989, S. 141–162, hier S. 145.

11 | Albisetti, James C.: Could separate be equal? Helene Lange and Women's Education in Imperial Germany, in: History of Education Quarterly 22 (1982), S. 301–317.

12 | Zu den Anfängen des Frauenstudiums in Deutschland vgl. Schaser, Angelika: Die „undankbaren Studentinnen". Studierende Frauen in der Weimarer Republik, in: Schulz, Günther (Hg.): Frauen auf dem Weg zur Elite, München 2000, S. 97–116, hier S. 98–103.

13 | Huerkamp, Claudia: Frauen, Universitäten und Bildungsbürgertum. Zur Lage studierender Frauen 1900–1930, in: Siegrist, Hannes (Hg.): Bürgerliche Berufe. Zur Sozialgeschichte der freien und akademischen Berufe im internationalen Vergleich, Göttingen 1988, S. 200–222.

14 | Die Frau 15 (1907/08), S. 689ff.

15 | Diesen Prozess der Differenzierung stellte Frances Magnus-[von] Hausen heraus. Magnus-[von] Hausen, Frances: Ziel und Weg in der deutschen Frauenbewegung des XIX. Jahrhunderts, in: Wentzcke, Paul u. a. (Hgg.): Deutscher Staat und deutsche Parteien. Beiträge zur deutschen Parteien- und Ideengeschichte. Friedrich Meinecke zum 60. Geburtstag dargebracht, München/Berlin 1922, S. 201–226.

16 | „Frauenfrage" in: Meyers Großes Konversationslexikon, 6. Aufl., Band 7, Leipzig/Wien 1905, S. 38–42, hier S. 38 u. 40.

17 | Siehe dazu Schaser, Angelika: Zur Einführung des Frauenwahlrechts vor 90 Jahren am 12. November 1918, in: Feministische Studien 27 (2009) 1, S. 97–110, hier S. 100–102.

18 | Dohm, Hedwig: Der Frauen Natur und Recht, Berlin 1876, S. 162.

19 | Bock, Gisela: Frauenwahlrecht – Deutschland um 1900 in vergleichender Perspektive, in: Grüttner, Michael/Hachtmann, Rüdiger/Haupt, Heinz-Gerhard (Hgg.): Geschichte und Emanzipation. Festschrift für Reinhard Rürup, Frankfurt am Main/New York 1999, S. 95–123, hier S. 104.

20 | Bussemer, Herrad-Ulrike: Bürgerliche Frauenbewegung und männliches Bildungsbürgertum 1860–1880, in: Frevert, Ute (Hg.): Bürgerinnen und Bürger. Geschlechterverhältnisse im 19. Jahrhundert, Göttingen 1988, S. 190–205, hier S. 196.

21 | Braun, Lily: Die Frauenfrage. Ihre geschichtliche Entwicklung und ihre wirtschaftliche Seite, Leipzig 1901 (Reprint Berlin/Bonn 1979), S. 156–170.

22 | Ebd., S. 159.

23 | Bussemer, Herrad-Ulrike: Frauenemanzipation und Bildungsbürgertum. Sozialgeschichte der Frauenbewegung in der Reichsgründerzeit, Weinheim/Basel 1985, S. 28.

24 | Frevert, Ute: Frauen-Geschichte. Zwischen bürgerlicher Verbesserung und Neuer Weiblichkeit, Frankfurt am Main, 1986, S. 106–107.

25 | Einflussreich in dieser Richtung war etwa Möbius, Paul J.: Ueber den physiologischen Schwachsinn des Weibes, Halle 1900. Die Abhandlung erschien in kurzer Zeit in diversen Auflagen.

26 | Vgl. dazu Vogt, Annette: Vom Hintereingang zum Hauptportal? Lise Meitner und ihre Kolleginnen an der Berliner Universität und in der Kaiser-Wilhelm-Gesellschaft, Stuttgart 2007, S. 32.

27 | Die Resolution der „Weimarer Pädagogen" zitiert Lange in ihrer „Gelben Broschüre" 1887: Lange, Helene: Die höhere Mädchenschule und ihre Bestimmung, in: Dies.: Kampfzeiten. Aufsätze und Reden aus vier Jahrzehnten, Berlin 1928, S. 7–58, Zitat S. 9f. In ihrer Einleitung zu der Broschüre, die sie 1928 an den Anfang ihrer „Kampfschriften" stellte, weist Lange auf die heftigen Reaktionen hin, die diese Schrift ausgelöst hatte: Lange, Die Gelbe Broschüre, S. 1–6.

28 | Vgl. dazu Planert, Ute: Antifeminismus im Kaiserreich. Diskurs, soziale Formation und politische Mentalität, Göttingen 1998.

29 | S. dazu: Bäumer, Gertrud: Frauenbewegung und Nationalbewußtsein, in: Die Frau 20 (1912/13), S. 387–394; Lange, Helene: Der Bund zur Verbreitung von Irrtümern, in: Die Frau 21 (1913/14), S. 27–35; Naumann, Friedrich: Neue Frauengegner, in: Die Hilfe 18 (1912), S. 386f.

30 | Zum Internationalismus der Frauenbewegung vgl. Rupp, Leila J.: Worlds of Women. The Making of an International Women's Movement, Princeton 1997.

31 | Rathenau, Walther: Nachgelassene Schriften, Bd. 2, Berlin 1928, S. 404.

32 | Schaser, Frauenbewegung in Deutschland, S. 42.

33 | Ulbrich, Claudia: Geschlechterrollen, in: Jaeger, Friedrich (Hg.): Enzyklopädie der Neuzeit, Bd. 4, Stuttgart/Weimar 2006, Sp. 631–650.

34 | Sarason, David (Hg.): Das Jahr 1913. Ein Gesamtbild der Kulturentwicklung, Leipzig/Berlin 1913.

35 | Der promovierte Mediziner, am 28.2.1868 in Schubin (damalige preußische Provinz Posen) geboren, lebte in Berlin und war Herausgeber der „Jahreskurse für ärztliche Fortbildung", vgl. Sarason, David, Dr. med., in: Kürschners Deutscher Literatur-Kalender auf das Jahr 1915, Bd. 37, Berlin/Leipzig 1915, S. 1477.

36 | Sarason, David: Zur Einführung, in: Sarason (Hg.), Das Jahr 1913, S. V–VII, hier S. V.

37 | Dieses und die folgenden Zitate in: Sarason, Zur Einführung, S. V.

38 | Bäumer Gertrud: Die Frauenbewegung, in: Sarason (Hg.), Das Jahr 1913, S. 150–156.

39 | Lange, Helene: Die Taktik der Suffragettes, in: Die Frau 20 (1912/13), S. 363–367; Dies.: Die Suffragettes in deutscher und englischer Beleuchtung, in: Die Frau 21 (1913/14), S. 577–581.

40 | Auch „Klara Zetkin und Wally Zepler" lehnten „in der ‚Gleichheit' und in den ‚Sozialistischen Monatsheften'" im Namen der sozialdemokratischen Frauen die Taktik der Suffragetten ab. Anita Augspurg, Lida G. Heymann und Käte Schirmacher verteidigten diese dagegen (Zur Taktik der Suffragettes, in: Die Frau 20 (1912/13), S. 758f.).

41 | Lange, Taktik, S. 367. Die Forschung hat Helene Lange inzwischen Recht gegeben, vgl. Rover, Constance: Women's Suffrage and Party Politics in Britain 1866–1914, London/Toronto 1967, S. 91.

42 | Bäumer, Frauenbewegung, S. 151f.

43 | Ebd., S. 153.

44 | Ebd.

45 | 1911 wurde der §120 der Reichsgewerbeordnung ausdrücklich um die Arbeiterinnen erweitert. Vgl. den Kommentar zur Entwicklung des § 120, in: Reichsgewerbeordnung mit dem Hausarbeit-, Kinderschutz- und Stellenvermittlergesetze. Nebst einem Anhang enthaltend Kaiserliche Verordnungen und Bundesratsbestimmungen zur Ausführung der Gewerbeordnung. Für die Praxis erläutert von Georg Lindenberg, Berlin 1913, S. 204.

46 | Bäumer, Frauenbewegung, S. 154.

47 | Ebd.

48 | Ebd., S. 155.

49 | Ebd., S. 156.

50 | Illies, Florian: 1913. Der Sommer des Jahrhunderts, Frankfurt am Main 2012. Im Klappentext heißt es: „1913: ein Moment höchster Blüte, ein Jahr, in dem alles möglich scheint. Und doch wohnt dem gleißenden Anfang das Ahnen des Verfalls inne."

51 | Siehe dazu Bock, Frauenwahlrecht; Schaser, Einführung des Frauenwahlrechts.

52 | Vgl. dazu Bock, Gisela: Frauen in der europäischen Geschichte. Vom Mittelalter bis zur Gegenwart, München 2000, S. 202–212.

53 | Frevert, Ute: „Unser Staat ist männlichen Geschlechts". Zur politischen Topographie der Geschlechter vom 18. bis frühen 20. Jahrhundert, in: Dies.: „Mann und Weib und Weib und Mann". Geschlechterdifferenzen in der Moderne, München 1995, S. 61–132, hier S. 121.

54 | Schaser, Einführung des Frauenwahlrechts, S. 104f.

55 | So in der Resolution des Komitees der Münchner Frauen von 1896, vgl. Riedel, Tanja-Carina: Gleiches Recht für Frau und Mann. Die bürgerliche Frauenbewegung und die Entstehung des BGB, Köln/Weimar/Wien 2008, S. 394.

56 | Rosenbusch, Ute: Der Weg zum Frauenwahlrecht in Deutschland, Baden-Baden 1998, S. 500.

57 | Vor Ausbruch des Ersten Weltkriegs existierten im Deutschen Kaiserreich drei

überregionale, miteinander konkurrierende Frauenstimmrechtsorganisationen, vgl. Schüller, Elke: Marie Stritt. Eine „kampffrohe Streiterin" in der Frauenbewegung (1855–1928), Königstein im Taunus 2005, S. 188. Zu den Auseinandersetzungen um die Form des Frauenstimmrechts und die Rolle von Anita Augspurg in der Frauenstimmrechtsbewegung s. Kinnebrock, Susanne: Anita Augspurg (1857–1943). Feministin und Pazifistin zwischen Journalismus und Politik. Eine kommunikationshistorische Biographie, Herbolzheim 2005, S. 319–355.

58 | Vgl. dazu Mommsen, Wolfgang J.: Einleitung: Die deutschen kulturellen Eliten im Ersten Weltkrieg, in: Ders. (Hg.): Kultur und Krieg. Die Rolle der Intellektuellen, Künstler und Schriftsteller im Ersten Weltkrieg, München 1996, S. 1–15.

59 | Friedensbewegung, in: Illustriertes Konversations-Lexikon der Frau, 1. Band, Berlin 1900, S. 425f., Zitat S. 425. Vgl. dazu auch Kinnebrock, Anita Augspurg, S. 370.

60 | Bayerisches Hauptstaatsarchiv, MInn73626: Die Stellung der Frau in der politisch-sozialen Neugestaltung Deutschlands, adressiert an das Königliche Staatsministerium des Innern in München, S. 1.

61 | Ebd., S. 2–3.

62 | Schüller, Marie Stritt, S. 199f.

63 | Daniel, Ute: Frauen, in: Hirschfeld, Gerhard/Krumeich, Gerd/Renz, Irina (Hgg.): Enzyklopädie Erster Weltkrieg, Paderborn 2004, S. 116–134, hier S. 116.

64 | Frevert, Frauen-Geschichte, S. 151–153.

65 | Daniel, Frauen, S. 132.

66 | Hagemann, Karen: Heimat – Front. Militär, Gewalt und Geschlechterverhältnisse im Zeitalter der Weltkriege, in: Hagemann, Karen/Schüler-Springorum, Stefanie (Hgg.): Heimat – Front. Militär und Geschlechterverhältnisse im Zeitalter der Weltkriege, Frankfurt am Main/New York 2002, S. 13–52, hier S. 23.

67 | Daniel, Frauen, S. 121.

68 | Vgl. dazu Barth, Boris: Dolchstoßlegende und Novemberrevolution, in: Gallus, Alexander (Hg.): Die vergessene Revolution von 1918/19. Göttingen 2010, S. 117–139, und Krumeich, Gerd: Die Dolchstoß-Legende, in: François, Etienne/ Schulze, Hagen (Hgg.): Deutsche Erinnerungsorte, Bd. 1, München 2001, S. 585–599.

69 | Daniel, Frauen, S. 133.

70 | Frevert, Frauen-Geschichte, S. 172–179.

71 | Hausen, Karin: Wirtschaften mit der Geschlechterordnung. Ein Essay, in: Dies.: Geschlechtergeschichte als Gesellschaftsgeschichte, Göttingen 2013, S. 189–209.

72 | Frevert, Frauen-Geschichte, S. 165.

73 | Bock, Gisela: Frauen in der europäischen Geschichte, S. 200. Die Forderung nach dem Frauenwahlrecht kam 1891 in der SPD „von der Parteispitze und stieß an der Basis auf deutliche Vorbehalte" (ebd., S. 209). Siehe auch Schaser, Einführung des Frauenwahlrechts, bes. S. 106ff.

74 | Kundrus, Birthe: Geschlechterkriege. Der Erste Weltkrieg und die Deutung der Geschlechterverhältnisse in der Weimarer Republik, in: Hagemann/Schüler-Springorum (Hgg.), Heimat – Front, S. 171–187, hier S. 182.

75 | Zu ähnlichen Ergebnissen kommt Krista Cowman bei der Untersuchung der Autobiographien der ersten weiblichen Parlamentsmitgliedern in Großbritannien, vgl. Cowman, Krista: The Political Autobiographies of Early Women MPs, c. 1918–1964, in: Gottlieb, Julie V./Toye, Richard (Hgg.): The Aftermath of Suffrage. Women, Gender, and Politics in Britain, 1918–1945, London 2013, S. 203–223.

Das Jahr 1913

Aufbrüche in Architektur und Städtebau

Werner Durth

1913 erschien im Verlag von Bruno Cassirer ein Buch von Karl Scheffler mit dem Titel *Die Architektur der Großstadt*. Dieses Buch soll hier als Impuls zum Verständnis der Initiativen und Visionen zentraler zeitgenössischer Akteure dienen, die bereits kurz vor dem Ersten Weltkrieg Aufbrüche in Architektur und Städtebau vorangetrieben und ihnen neue Wege gebahnt haben.[1] Wie eine Fanfare klingt schon der erste Satz in Schefflers Buch:

> Die Stätte, wo der Kampf um die neue Baukunst ausgetragen werden muß, ist die Großstadt, weil sich dort in natürlicher Weise die geistigen Kräfte der Zeit zusammenfinden, weil die Großstädte, als die Zentren moderner Zivilisation, der Architektur neue Voraussetzungen profaner und idealer Art schaffen, weil die Idee der Großstadt langsam aber sicher Besitz ergreift vom Gemeindegeist auch der kleineren Städte und weil die Großstadtgesinnung sich darum mehr und mehr das ganze Land unterwirft.[2]

Karl Scheffler war damals als Chefredakteur der weit verbreiteten Monatszeitschrift *Kunst und Künstler* der wohl einflussreichste Kunstkritiker im Berlin der Kaiserzeit, leidenschaftlicher Verteidiger des deutschen Impressionismus gegen die Kunstpolitik des Kaisers, die er zumeist scharf abfällig kommentierte.[3] 1910 hatte er sein bekanntes Buch *Berlin – ein Stadtschicksal* publiziert, eine Polemik gegen die Entwicklung der Stadt und den pompösen Historismus in der Architektur. Darin findet sich der bis heute berühmte und oft zitierte Satz, Berlin sei dazu „verdammt", „immerfort zu werden und niemals zu sein".[4] Doch Scheffler gab zu bedenken:

> Nicht nur Berlin ist im heutigen Deutschland eine Großstadt. Auch Städte wie Hamburg, Köln, Dresden, Frankfurt, Leipzig haben durchaus Großstadtcharakter." Er stellte fest: „Es ist für den Begriff der modernen Großstadt nicht die Kopfzahl der Bewohner ausschlaggebend, sondern der Großstadtgeist. Dieser Geist ist es, der sich den neuen Architekturkörper baut.[5]

Abb. 1: Turbinenfabrik der AEG, Peter Behrens mit Karl Bernhard, Berlin 1909

Das Buch zeigt eine Fülle neuester Bauten verschiedener Gattungen, Gebäude für Arbeit, Wohnen, Verkehr und Verwaltung, darunter bereits jene, die bis heute als Ikonen des Aufbruchs in die Moderne des 20. Jahrhunderts gelten, etwa die gigantische Turbinenhalle der AEG von Peter Behrens oder eine Montagehalle, ebenfalls von Behrens entworfen, die auf jedes pathetische Beiwerk verzichtet, im Inneren eine hell belichtete Produktionsstätte neuen Typs. Dazu die neuesten Formen eines bescheidenen Wohnungsbaus, etwa die Kleinwohnungskolonie Neu-Westend bei München von Theodor Fischer oder die Reihenhäuser von Hermann Muthesius in Hellerau bei Dresden. Für die Mannesmann-Werke in Düsseldorf hatte Behrens ein 1913 eben fertig gestelltes Verwaltungsgebäude am Rheinufer in schlichter Monumentalität entworfen, jetzt schon in Schefflers Buch abgebildet, dazu die Frage des Autors: „Schickt die neue Zeit sich an, der Antike, der Gotik, der Renaissance als eine große weltgeschichtliche Epoche sich an die Seite zu stellen? Zuweilen will es so scheinen als könnte es so sein; denn es liegt kein Grund vor, der Menschheit jetzt weniger Schöpfungskraft zuzutrauen, als sie in früheren Jahrhunderten bewiesen hat."[6]

Abb. 2: Kaiser Friedrich-Museum, heute Bode-Museum, Ernst von Ihne, Berlin 1903

Das dritte und letzte Kapitel des Buchs ist den „Persönlichkeiten"[7] gewidmet, denen diese Hoffnung zu verdanken sei. Hier werden sie nun vorgestellt, die ‚neuen Götter' nach denen, die soeben als Helden des Historismus vom Sockel gestürzt worden waren. So heißt es im Abschnitt zu Peter Behrens:

> Wenn heute fremde Künstler oder kluge Kunstfreunde durch das neue Berlin wandern, so berichten sie nach Hause fast mit Geringschätzung vom Haus des Kaiser Friedrich-Museums oder vom neuen Dom; von Messels Wertheimbauten aber und von den Fabrikarchitekturen der A.-E.-G., die Peter Behrens gebaut hat, sprechen sie mit großer Achtung.

> Es wird nicht lange dauern, und der Baedeker wird eine Gattung von Gebäuden, die früher nicht der Beachtung wert schienen, mit einem Sternchen versehen.[8]

Mit dieser riskanten Prognose war Scheffler 1913 seiner Zeit weit voraus. Heute gibt es kein Standardwerk zur Architekturgeschichte, in dem nicht Peter Behrens als Pionier und sein Werk als zukunftweisend gewürdigt wird, beginnend mit jenem Haus in Darmstadt, das er 1901 als Maler und Grafiker, ohne jede Erfahrung im Bauen, als Autodidakt der Architektur zunächst in floralen Mustern gezeichnet und dann in gebaute Wirklichkeit umgesetzt hat. Dieses Haus in der Künstlerkolonie auf der Mathildenhöhe, in unmittelbarer Nachbarschaft zu den gleichzeitig errichteten Meisterbauten von Joseph Maria Olbrich, hatte ihn gleichsam über Nacht bekannt gemacht; Beachtung fand auch das Interieur, Auftakt für eine Serienproduktion, die später in Großkaufhäusern angeboten wurde.

Abb. 3: Haus Behrens, Peter Behrens, Darmstadt 1901

1903 wurde Behrens auf Empfehlung von Hermann Muthesius an die Kunstgewerbeschule in Düsseldorf berufen, 1907 als künstlerischer Beirat der AEG nach Berlin, wo er in wenigen Jahren von der Werbung über die Produktgestaltung bis hin zur Architektur ein *Corporate Design* eigener Prägung entwickelte, das ihn durch dieses weltweit agierende Unternehmen auch international einflussreich werden ließ. Doch wie konnte es zu solchem Aufbruch kommen, zum Umbruch in den wenigen Jahren seit 1907, als Scheffler in seinem früheren Buch mit dem Titel *Moderne Baukunst*[9] noch die passenden Bilder zu seiner mutigen These vom Beginn einer zeitgemäßen Architektur jenseits des Historismus fehlten, die sich dann nach rascher Entfaltung 1913 schon auf einem ersten Höhepunkt befand? Dazu ein kurzer Rückblick.

Gegen den Historismus in der Architektur

Wachstum und Wandel prägten die Hauptstadt Berlin. Nach einer geradezu explosiven Stadterweiterung mit Verdreifachung der Einwohnerzahl von 800.000 auf 1.900.000 zwischen 1870 und 1900 zählte man 1913 über 2 Millionen Menschen. Der Gründung des Deutschen Reichs 1871 war in Deutschland eine rasante Entwicklung der Wirtschaft gefolgt, Motor des Wachstums der Städte in der so genannten Gründerzeit. Von den Grünanlagen und Verkehrswegen bis hin zu den Stationen der U-Bahn wurden Erweiterungsgebiete vorbereitet und bei wachsender Nachfrage aufgefüllt durch spekulativen Wohnungsbau in Form so genannter Mietskasernen. Die Fassaden waren im Rahmen der Bauvorschriften stilistisch nahezu beliebig gestaltbar, mal in schlichtem Putzrelief, mal prächtig in wechselndem Stilkleid zwischen Renaissance und Neobarock. Im Zeitalter des Historismus stand je nach Aufgabe, Lage und Finanzkraft ein breites Repertoire zur Verfügung.[10] Modern war, was gerade Mode war, die Moderne also kein Stil-, sondern ein Bewegungsbegriff. Selbst neueste Technologie wurde architektonisch in historische Formen gekleidet, obwohl zur gleichen Zeit das Deutsche Reich mit den anderen großen Nationen der Welt im Export ihrer hochmodernen industriellen Produkte bereits um die Vorherrschaft auf dem Weltmarkt kämpfte. Angesichts der Folgen dieser frühen Phase der Globalisierung um 1900 bahnte sich in der Baukultur eine Zeitenwende an.[11]

Im Jahr 1907 resümierte der prominente Berliner Architekt Hermann Muthesius, der kurz zuvor dem deutschen Publikum in seinem berühmten Werk *Das englische Haus*[12] die gebauten Ergebnisse der Reformbewegung in England vorgestellt hatte:

> In der Architektur gelten wir als die zurückgebliebenste aller Nationen, wie denn überhaupt nach dem Urteil des Auslandes der deutsche Geschmack auf der denkbar tiefsten Stufe steht. Der deutsche Ruf ist hier so tief gesunken, daß deutsch und geschmacklos fast identische Begriffe sind.[13]

Gegenstand der Kritik war vor allem der heute wieder geschätzte Historismus in der Architektur, die viel beklagte *Stilmaskerade* im Bauen. Selbst neueste Bauaufgaben, wie Bahnhöfe, Kaufhäuser, Verwaltungsgebäude und Industriehallen, wurden durch historische Bezüge geadelt. Besonders die zum Zweck staatlicher Repräsentation unter Wilhelm II. errichteten Bauten – wie der bis 1904 am Lustgarten fertig gestellte Deutsche Dom oder das Kaiser Friedrich-Museum auf der Museumsinsel, heute Bode-Museum, geplant von Ernst von Ihne – waren in der Fachwelt heftig umstritten. So auch die 1913 soeben fertig gestellte Staatsbibliothek an der Straße Unter den Linden, die ebenfalls Ernst von Ihne entworfen hatte, der prominente und hoch geehrte Hofarchitekt des Kaisers.[14]

Gegen die Verwendung historischer Formen, wie sie nicht nur in Berlin in opulenter Pracht das Erscheinungsbild der öffentlichen Bauten bestimmten, sollte – so Scheffler, Muthesius und ihre Mitstreiter – eine andere „moderne" Baukunst propagiert werden, die gegenüber dem nur Modischen und dem Geschmack des Publikums eine den gesellschaftlichen Bedingungen der neuen Epoche entsprechende, wirklich zeitgemäße Architektur der Moderne hervorbringen sollte. Schon 1907 hatte Scheffler gefordert:

> Es handelt sich für die Architektur heute nicht zuerst darum, Das [sic!] zu schaffen, was der eklektizistische Sinn unserer Zeit das Schöne nennt, sondern darum, das Notwendige hervorzubringen. Nichts ist wichtiger als die Einsicht, dass es Kraftvergeudung wäre, nach einem Programm idealisierender Willkür zu arbeiten. In solcher Weise können einzelne interessante Bauten entstehen; nie eine Baukunst. Wir haben uns vielmehr das Programm von den Kräften der Zeit, die dem Willen des Einzelnen entzogen sind, geben zu lassen.[15]

Diese ‚Kräfte der Zeit' seien als Bewegung und Tendenz vor allem in den großen Städten zu spüren, besonders in Berlin, dieser besonderen Stadt, denn

> als Großstadttypus ist sie in der Entwicklung voraus. Früher als an anderen Orten traten hier im Getriebe der sich rapide vervielfältigenden wirtschaftlichen Interessen Fragen auf, denen eines Tages überall praktisch die Antwort gesucht werden muss, weil die Form der Großstadt in Zukunft die Art der Kleinstadt entscheidend beeinflussen wird.[16]

Da diese Fragen aber weit über lokale und nationale Besonderheiten hinauswiesen, seien damit zugleich Perspektiven einer internationalen Architektur eröffnet:

> Die sozialen und wirtschaftlichen Bedingungen, woraus die moderne Architektur ihre Lebenskräfte zieht, sind in den wichtigsten Punkten einander gleich, ob es sich nun um England, Amerika, Deutschland oder um einen anderen Industriestaat handelt. Der Kosmopolitismus baut die Städte und auch die Häuser. Das Problem von ‚Stein und Eisen' ist international.[17]

Für eine derart kühne Behauptung fehlte jedoch das Anschauungsmaterial, fehlte der gebaute Beleg. Dennoch zeigten die Abbildungen in Schefflers Buch 1907 erste Beispiele für jene Tendenz: Wenig überzeugend ein karg gegliedertes Mietshaus in Berlin oder das wuchtige Stadttheater in Dortmund; noch gotisierend, aber strukturell doch schon modern das Kaufhaus Wertheim von Alfred Messel in Berlin oder Messels schmuckloses Landhaus am Wannsee. Ganz anders war die Situation fünf Jahre später, 1913, als Scheffler sein Buch *Die Architektur der Großstadt* konzipierte und mit 60 Abbildungen neuester Bauten ausstatten konnte.

Der Deutsche Werkbund als Wegbereiter der architektonischen Moderne

Es waren vor allem die gelungenen Ingenieurbauten, wie Brücken, Markt- und Bahnhofshallen, in denen auch die noch akademisch ausgebildeten Architekten neue Maßstäbe für ihr künftiges Schaffen zu entdecken meinten, in Kontrast zum gängigen Eklektizismus im Bauen. Konsequenz dieser Einsicht war die Gründung des Deutschen Werkbunds 1907, im Selbstverständnis einer Elite, die gleichzeitig künstlerische Avantgarde *und* Motor einer modernen Volkswirtschaft sein wollte, um unter dem Label *Made in Germany* die *Deutsche Form im Weltverkehr*[18] im noch friedlichen, wirtschaftlichen Wettkampf der Völker international zur Geltung zu bringen. Unter Beteiligung prominenter Architekten und bildender Künstler, aber auch einflussreicher Unternehmer wie Robert Bosch oder Politiker wie Friedrich Naumann, wurde 1907 ein weltweit einmaliges Bündnis für ästhetische Innovation in allen Bereichen der Produktgestaltung beschlossen. Ziel war eine

Qualitätsoffensive in der Absicht, den rasanten technischen Fortschritt in dieser Epoche des Imperialismus zur Verbreitung deutscher Produkte auf dem Weltmarkt zu nutzen und ihn andererseits mit sozialen Reformen zu verbinden, die der aufblühenden Wirtschaft im Deutschen Reich neue Maßstäbe setzen sollten, wie insbesondere Friedrich Naumann forderte, der Chefideologe des Werkbunds, gleichzeitig glühender Nationalist und liberaler Reformer.[19]

Der Deutsche Werkbund wurde gegründet mit dem Ziel, in enger Verbindung von Kunst, Industrie und Handwerk durch eine „Durchgeistigung der deutschen Arbeit"[20] und die „Veredelung des Gewerbes" neue Formen der Produktgestaltung zu bewirken, um schließlich durch eine alle gesellschaftliche Lebensbereiche durchdringende *Kunst im Zeitalter der Maschine* – so ein Buchtitel Naumanns – ganzheitlich eine neue, zeitgemäße Umwelt zu schaffen. Fünf Jahre nach der Gründung konnte 1912 im ersten der reich illustrierten *Jahrbücher des Deutschen Werkbundes* bereits eine beachtliche Zwischenbilanz gezogen werden, doch blieb der Erfolgsbericht zunächst auf diese Publikation beschränkt. Um nach dem Vereinszweck die „Erziehung und Propaganda" auch auf anderer Ebene voranzutreiben, kam im selben Jahr noch die Idee auf, neben der Weiterführung der Jahrbücher für das Jahr 1914 eine große Ausstellung vorzubereiten, in der vom Kunsthandwerk und Mobiliar über die Architektur bis zum Städtebau alle Maßstabsebenen übergreifend die Reformbewegung dokumentiert und ihr Weg „vom Sofakissen zum Städtebau"[21] – wie Hermann Muthesius dies formulierte – einem breiten Publikum anschaulich gemacht werden sollte.

Die Werkbund-Ausstellung in Köln 1914

Als Standort für die große Werkbundausstellung 1914 wurde nicht Berlin, sondern Köln ausgewählt. Diese Entscheidung war 1913 befeuert von der Idee, dass sich in dieser Region am Rhein ein neuer Typ von Metropole heranbilden könnte. So schwärmte der im Werkbund einflussreiche Mäzen und Museumsgründer Karl Ernst Osthaus „von der ‚Fünfmillionenstadt', die hier am Rhein im Entstehen sei, und die Cöln, Düsseldorf, Essen, Hagen umfassen werde."[22] Erstaunt notierte Harry Graf Kessler nach seinem Gespräch mit Osthaus: „Er sieht schon hier die gewaltige Industrie Metropole des europäischen Kontinents, Grosskölln, die Rivalin von London und New York, Berlin überflügelnd."[23] Euphorisch auch das Jahrbuch des Werkbunds 1913:

> Köln macht in diesen Jahren eine Entwicklung durch, wie sie größer und umfassender nicht gedacht werden kann. Nach Sprengung des Festungsgürtels wird nicht nur die Gestaltung von Groß-Köln in seinen neuen Bebauungsplänen, Plätzen und Gartenanlagen festgelegt, auch das alte Köln muss von innen heraus dieser gewaltigen Expansion folge leisten.[24]

Die Konsequenz: „Ganze Stadtviertel und Baukomplexe, Prachtbauten, die kaum einige Jahrzehnte alt waren, wurden niedergelegt. Wo noch vor kurzem Häusermassen den Blick einengten, sieht man sich freien Bauplätzen gegenüber."[25] Der Furor des Neuen sollte sich Bahn brechen durch Zerstörung der überkommenen Stadt, um ohne jede Sentimentalität der Moderne Raum zu schaffen:

> So schmerzlich diese Verluste für das alte Kölner Stadtbild sind, sie waren nicht zu umgehen und vor der Großzügigkeit der Neubauten mußte jede Sentimentalität verschwinden, denn es handelt sich für Köln nicht nur um den Neubau einzelner Stadtteile, sondern für die nächsten Jahrzehnte geradezu um eine Neugestaltung der Stadt selbst.[26]

Vor diesem Hintergrund sollte gegenüber der Altstadt, auf dem rechten Ufer des Rheins, dem Werkbund ein weites Gelände bereitgestellt werden, um dort ein großes Ensemble aus zukunftweisenden Musterbauten zu errichten.

Im Jahrbuch 1913 wurde daher unter dem Titel *Die Kunst in Industrie und Handel* ein Großprojekt angekündigt, das der Entwicklung der Stadt Köln wegweisende Impulse geben und zugleich ihre internationale Bedeutung als Industrie- und Handelsstadt nachhaltig steigern sollte. Geplant war eine Bauausstellung mit Gebäuden, die einerseits den neuesten Stand moderner Architektur dokumentieren, andererseits im Inneren durch die Präsentation neuester Produkte aus allen Bereichen der Wirtschaft eine Leistungsschau der deutschen Industrie werden sollte. Autor des Berichts über die geplante Werkbundausstellung war 1913 Carl Rehorst, Beigeordneter der Stadt und geschäftsführender Vorsitzender des eigens für dieses Projekt gegründeten Vereins. Rehorst schrieb: „Die Stadt Köln hat für die Vorarbeit reiche Mittel und ein geradezu unübertrefflich schönes Ausstellungsgelände zur Verfügung gestellt."[27] Für diese Ausstellung wurde eigens ein Verein gegründet, in dem sich die Verwaltung der Stadt mit dem Vorstand des Werkbundes verband, mit dem Kölner Oberbürgermeister Wallraff und dem Werkbund-Vorsitzenden Peter Bruckmann an der Spitze.

Abb. 4: Deutsche Werkbund-Ausstellung, Plakat von Peter Behrens, 1914

„So sind die grundlegenden Organisationsfragen in glücklichster Weise erledigt und die Wege für eine großzügige Durchführung der Ausstellung geebnet," berichtete Rehorst: „Erwähnt sei noch, daß auch bereits eine sich auf die bedeutende Presse des In- und Auslandes erstreckende Propaganda eingeleitet worden ist, und daß unsere Werbearbeit allenthalben eine sympathische Aufnahme gefunden hat."[28]

Für diese bislang beispiellosen Maßnahmen einer breit gefächerten Städtewerbung war indes ein Kollege von Rehorst, der junge Beigeordnete Konrad Adenauer zuständig, ebenfalls engagierter Befürworter dieses Projekts, später Oberbürgermeister von Köln und nach 1949 erster Kanzler der Bundesrepublik. 1912 hatte Adenauer aus Düsseldorf den Organisator der Deutschen Städtebauausstellung von 1911 abgeworben, die dort international Aufsehen erregt hatte: Heinrich Wagner wurde der erste Verkehrsdirektor in dem eigens für diese Ausstellung erstmals geschaffenen Verkehrsamt. Mit gezielter Werbung und Gewerbeförderung wurde das kulturelle Prestige Kölns erfolgreich vermarktet.

Mit dem Konzept zur Ausstellung wurde kein geringerer als Peter Behrens beauftragt, der auch das Plakat dafür entwarf. Schon Ende 1912 hatte er einen Plan mit geradezu enzyklopädischem Anspruch vorgelegt. In der ersten Abteilung sollte unter dem Titel *Die Produktion* allgemein der „Herstellungsprozess vom Rohstoff über das Halbfabrikat bis hin zum fertigen Produkt" dargestellt werden.[29] In der zweiten Abteilung *Der Markt* sollte vorbildliche Werbung anhand von Schaufensterauslagen vorgeführt und gezeigt werden, „wie Qualitätsware auch in guter Form verkauft werden muß, daß Kunst und Geschmack dem Handeln nur förderlich sein können."[30] In der dritten Abteilung *Die Form* wollte Behrens „ohne Rücksicht auf Material und Herstellung eine ausgewählte Sammlung der erlesensten künstlerischen Erzeugnisse der Zeit" präsentieren[31] und Entwürfe aus verschiedenen Aufgabenbereichen des Werkbundes ausstellen.

Da diese Systematik von den Interessen der gewerblichen Aussteller und ihrem Wunsch nach reklameträchtigen Auftritten weit entfernt war, wurde Behrens' Konzept Anfang 1913 verworfen und stattdessen ein breites Themenspektrum angeboten, in dem sich alle Interessenten wiederfinden konnten; Behrens entwarf indes das Plakat und die Festhalle zur Ausstellung. Zügig wurden die Aufträge vergeben, wobei von Anbeginn feststand, dass die ‚Heroen' der Reformbewegung Vorrang haben sollten. So plante der Gründungsvorsitzende des Werkbunds, der Münchner Architekturprofessor Theodor Fischer die breit gelagerte Haupthalle, in der zahllose Firmen ihre Produkte präsentierten, von außen eher behäbig, an die Bäderhalle einer Kurstadt erinnernd. Auch das Gebäude der Farbenschau von Hermann Muthesius trat unter dem breiten Hut einer Kuppel eher in konventionellen Formen auf, die prominent platzierte Festhalle von Behrens sogar in unverkennbar klassizistischer Haltung, zur Enttäuschung all jener, die sich zu diesem Ereignis gerade vom Werkbund die Weiterentwicklung experimenteller Architektur erwarteten, wie sie die letzten Jahren geprägt hatte. So notierte nach seinem Besuch der Ausstellung der junge Architekt Erich Mendelsohn: „Peter Behrens versagt gänzlich. Dieser Rückschritt nach seinem Turbinenhaus zeugt fast von der Zufälligkeit jenes Entstehens, vielleicht nur geboren aus dem konstruktiven Genie eines seiner Ingenieure."[32] Und noch schlimmer: „Mein Lehrer – Theodor Fischer – versagt vollständig. Betonhalle mit dekorativen Mätzchen, Säulengang im Sinne des ausgehenden Barocks." Aber es gab auch Hoffnung: „Gropius mit seiner Fabrik sucht schon das Neue..."[33] Gemeint war die damals sensationelle *Musterfabrik*, entworfen von dem gerade 30-jährigen Walter Gropius, der kurz zuvor das Fagus-Werk in Alfeld an der Leine errichtet hatte, einen Skelettbau mit gläserner Vorhang-Fassade, ein Leitbau der Moderne, der rund 100 Jahre nach der Fertigstellung 2012 in die Weltkulturerbe-Liste der UNESCO aufgenommen wurde. Nach abgebrochenem Architekturstudium war Gropius ab 1908 im Berliner Büro von Peter Behrens mit der Turbinenhalle beschäftigt, hatte 1910 mit seinem Kollegen Adolf Meyer ein eigenes Büro gegründet und schon mit diesem ersten gemeinsamen Projekt überregional Anerkennung gefunden. 1913 gab ihm der Werkbund Gelegenheit, in seinem Jahrbuch gleichsam als Leitartikel einen ersten programmatischen Aufsatz zu publizieren, der im Diskurs um Tradition und Moderne einen völlig neuen Ton anklingen ließ.

Die Schönheit des Zweckmäßigen

Unter dem Titel *Die Entwicklung moderner Industriebaukunst* übertrug Gropius Prinzipien industrieller Massenproduktion auf die Arbeit der Architekten und forderte die konsequente Rationalisierung der Entwurfstätigkeit, wobei allerdings die „Durchgeistigung der Arbeit" ganz im Sinne des Werkbundprogramms eine ästhetische Veredelung der Produkte gewährleisten sollte. Gropius schrieb:

> Nicht nur bei der Fabrikation von Gebrauchsartikeln, auch beim Bau von Maschinen, Fahrzeugen und Fabrikgebäuden, die dem nackten Zweck dienen, kommen ästhetische Gesichtspunkte in Bezug auf Geschlossenheit der Form, auf Farbe und auf Eleganz des ganzen Eindrucks von vornherein zur Geltung. Augenscheinlich genügt nicht

> mehr die materielle Steigerung der Produkte allein, um im internationalen Wettstreite Siege erringen zu können. Das technisch überall gleich vorzügliche Ding muss mit geistiger Idee, mit Form durchtränkt werden, damit ihm die Bevorzugung unter der Menge gleichgearteter Erzeugnisse gesichert bleibt.[34]

Weit abseits von den bisher gepflegten Stildebatten wird hier im Blick auf internationale Konkurrenz eine neue Methode der Produktgestaltung auch in der Architektur gefordert, begründet mit der übergreifenden Rationalität des Markts, zu erproben zunächst im Experimentierfeld des Industriebaus:

> Gerade der völlig neue Charakter der Industriebauten muß die lebendige Fantasie der Künstler reizen, denn keine überlieferte Form fällt ihr hemmend in die Zügel. Je ungebundener sich aber die Originalität der Formensprache entfalten kann, desto mehr werbende Kraft wird das Bauwerk für sein Unternehmen besitzen und den Reklameabsichten seines Organisators begegnen.[35]

Im Abbildungsteil zu seinem Text zeigt Gropius als Beispiele der Schönheit nackter Zweckmäßigkeit in einprägsamer Gestalt monumentale Getreidesilos aus Kanada und aus den Vereinigten Staaten, daneben Fabrikhallen, wie die der *Continental Motor Manufacturing Company* in Detroit oder das Gebäude der *Ford Motor Company*: ein lang gestreckter Baukörper, dem Produktionsablauf entsprechend in striktem Rastermaß über alle Geschosse verglast. „Ungefähr am 1. April 1913 machten wir unsern ersten Versuch mit einer Montagebahn", erinnerte sich Henry Ford in seiner Autobiographie *Mein Leben und Werk*, die 1923 in deutscher Übersetzung zum Bestseller werden sollte.[36] Anschaulich schilderte er, wie mit der Einführung des Fließbandsystems 1913 eine schier unglaubliche Steigerung der Arbeitsproduktivität erreicht werden konnte: „Mit Hilfe wissenschaftlicher Experimente ist ein Arbeiter heute imstande, das Vierfache von dem zu leisten, was er vor noch verhältnismäßig sehr wenigen Jahren zu leisten vermochte."[37]

Gerade zwei Jahre nach der bahnbrechenden Schrift *The Principles of Scientific Management* von Frederick Winslow Taylor (deutsch: *Die Grundsätze wissenschaftlicher Betriebsführung*) kam durch die Einführung der Fließbandarbeit ab 1913 eine Revolution der industriellen Produktion in Gang, deren Ergebnis im Zusammenspiel der Steigerung von

Massenproduktion, Massenkonsumtion, Massenmobilität und Massenloyalität später mit dem Begriff des ‚Fordismus' bezeichnet wird.[38] Ein Kernelement dieses Systems war die Loyalität der Arbeiter durch Sozialpartnerschaft, ihre Identifikation mit dem System eines organisierten Kapitalismus und damit auch die Akzeptanz der Arbeitsbedingungen, die Ford selbst als seine nächste Aufgabe beschrieb:

> Es ist uns bisher in sehr großem Umfang gelungen, die Menschen von den schwersten und drückendsten Lasten, die ihre Kraft aufzehren, zu befreien, aber trotz dieser Erleichterung der schweren Arbeit, haben wir noch nicht die Eintönigkeit abschaffen können. Hier winkt uns eine neue Aufgabe – die Eliminierung der Eintönigkeit.[39]

Abb. 5: Musterfabrik mit Verwaltung, Walter Gropius, Köln 1914

Genau diesen Gedanken schien Gropius schon im Jahr 1913 zu antizipieren, als er schrieb:

> Eine klare innere Disposition, die sich nach außen hin übersichtlich veranschaulicht, kann den Fabrikationsgang sehr vereinfachen. Aber auch vom sozialen Standpunkt aus ist es nicht gleichgültig, ob der moderne Fabrikarbeiter in öden, hässlichen Industriekasernen oder in wohlproportionierten Räumen seine Arbeit verrichtet. Er wird dort freudiger am Mitschaffen großer gemeinsamer Werte arbeiten, wo seine vom Künstler durchgebildete Arbeitsstätte dem einem jeden eingeborenen Schönheitsgefühl entgegenkommt und auf die Eintönigkeit der mechanischen Arbeit belebend einwirkt. So wird mit der zunehmenden Zufriedenheit Arbeitsgeist und Leistungsfähigkeit des Betriebes wachsen.[40]

Solche Überlegungen sollten im Begriff des *Human Engineering* im *Scientific Management* bis in unsere Gegenwart virulent bleiben. Mit seinem Entwurf für eine nur als temporäres Gebäude errichtete Musterfabrik mit Ausstellungs- und Verwaltungstrakt konnte Gropius 1913 kaum mehr als eine Ideenskizze liefern, die in ihrer Verwirklichung 1914 durch die ungewöhnliche Architektur weltweit Aufsehen erregte.

Licht überwindet Grenzen: Bruno Tauts Glasarchitektur

Mit der Entscheidung, solchen Wagemut zu fördern und der jüngeren Generation die Kölner Ausstellung als Bühne zur Verfügung zu stellen, markierte das Jahr 1913 eine Weichenstellung, deren Folgen auf vielfachen Praxisfeldern erst nach dem Weltkrieg sichtbar werden sollten. Dennoch beginnt hier bereits – emphatisch gesprochen – die *Morgenröte einer neuen Zeit* aufzuscheinen, die im folgenden Jahr vom Schatten des Weltkriegs verdunkelt wird. Neben Walter Gropius war es vor allem sein jüngerer Freund und Kollege Bruno Taut, damals gerade Ende 20, der diese Kölner Ausstellung zum Leuchten brachte. 1913 hatte Taut im Auftrag der Deutschen Gartenstadt-Gesellschaft[41] die Gartenstadt Falkenberg bei Berlin entworfen und mit der Ausführung dieser später als Pionierprojekt berühmten Siedlung begonnen; im selben Jahr machte er durch seinen Ausstellungsbau für den deutschen Stahlwerksverband Furore, den er anlässlich der Leipziger Baufachausstellung entworfen hatte. „Monument des Eisens" nannte Taut seinen Turm, der nur aus Walzprofilen und Glas bestand, gekrönt durch eine vergoldete Kugel, die als stilisierte Erdkugel gedeutet werden konnte. Im Inneren ausgestattet mit einem Vortragssaal von 25 Metern Durchmesser, erhob sich dieses monumentale Gebäude sensationell eigenständig aus seiner Umgebung mit den rückständig konventionell anmutenden Nachbarbauten. Ebenfalls 1913 veröffentlichte Taut in der Zeitschrift *Der Sturm*, dem Organ der gleichnamigen Berliner Galerie von Herwarth Walden, in der seit 1912 Werke des deutschen Expressionismus und des italienischen Futurismus gezeigt wurden, einen programmatischen Aufsatz, der eine neue Einheit der Künste beschwor: „Bauen wir zusammen an einem großartigen Bauwerk, das nicht allein Architektur ist, in dem alles, Malerei, Plastik, alle zusammen eine große Architektur bildet, und in dem die Architektur wieder in den anderen Künsten aufgeht."[42]

In Waldens Galerie hatte Taut den Dichter Paul Scheerbart getroffen, der zu dieser Zeit an seinem Manifest für eine künftige Glasarchitektur arbeitete, das 1914 im Verlag *Der Sturm* erschien, gewidmet dem jungen Architekten Bruno Taut. Die ersten Sätze in diesem Manifest lauten:

> Wir leben zumeist in geschlossenen Räumen. Diese bilden das Milieu, aus dem unsere Kultur herauswächst. Unsere Kultur ist gewissermaßen ein Produkt unserer Architektur. Wollen wir unsere Kultur auf ein höheres Niveau bringen, so sind wir wohl oder übel gezwungen, unsere Architektur umzuwandeln. Und dieses wird uns nur dann möglich sein, wenn wir den Räumen, in denen wir leben, das Geschlossene nehmen. Das aber können wir nur durch Einführung der Glasarchitektur, die das Sonnenlicht und das Licht des Mondes und der Sterne nicht nur durch ein paar Fenster durch die Räume lässt – sondern gleich durch möglichst viele Wände, die ganz aus Glas sind – aus farbigen Gläsern. Das neue Milieu, das wir uns dadurch schaffen, muß uns eine neue Kultur bringen.[43]

Abb. 6: Glashaus, Bruno Taut, Köln 1914

Im Geiste dieser Forderung entwarf Bruno Taut für die Kölner Ausstellung einen Pavillon für die deutsche Glasindustrie, mit Wänden „die ganz aus Glas sind – aus farbigen Gläsern". Auf dem Zugring über dem

Eingang waren Verse von Paul Scheerbart zu lesen: „Das bunte Glas zerstört den Hass – Ohne einen Glaspalast ist das Leben eine Last." Im Inneren dieses sensationellen Baus führten über kreisrundem Grundriss geschwungene Treppen aus Glasbausteinen entlang der gebogenen Wände in einen Kuppelsaal, der durch sein Dach aus farbigen Gläsern im Wechsel des Tageslichts und künstlicher Beleuchtung geradezu psychedelische Raumerlebnisse vermittelte. Dieses Glashaus gilt bis heute als eines der ersten Dokumente des Expressionismus in der Architektur, Zeugnis der Suche nach einem Gesamtkunstwerk, wie sie nach dem Ende des Ersten Weltkriegs insbesondere im Rahmen des Bauhauses wieder fortgesetzt werden sollte.

Neue Formen des Siedlungsbaus

Als dritter Vertreter der jüngeren Generation in dieser epochalen Ausstellung sei beispielhaft noch Georg Metzendorf genannt, der im Februar 1913 den Auftrag erhielt, direkt neben der Musterfabrik den Prototyp einer neuen Siedlungsform zwischen Industrie und Landwirtschaft unter dem Titel *Das niederrheinische Dorf* zu entwerfen, um dadurch die Gartenstadt-Bewegung in Deutschland zu unterstützen. In der Denkschrift zur Kölner Ausstellung hieß es: „Es tritt das niederrheinische Dorf im Kampfe um Volkswohl und Volksgesundheit auf den Plan mit der Absicht, für ländliche, luftige offene Siedlungsweisen in allen Schichten der Bevölkerung Freunde zu werben, so daß sich die große Bewegung, die allenthalben eingesetzt hat, praktisch durchsetzt."[44]

Für diese Aufgabe war Georg Metzendorf durch seine Erfahrungen im Kleinwohnungsbau prädestiniert. 1908 hatte er durch ein Haus auf der Mathildenhöhe in Darmstadt erstmals überregional Aufsehen erregt. Nach der Kritik am elitären Gestus der 1901 auf der Mathildenhöhe errichteten Häuser hatte Großherzog Ernst Ludwig im Rahmen der Großen Hessischen Landesausstellung 1908 Prototypen für Arbeitersiedlungen errichten lassen, unter denen das Zweifamilienhaus von Metzendorf durch besondere Qualität auffiel. Nach dem Ende der Ausstellung wurde es als Wohnhaus für Landarbeiter an den Rand der Stadt transloziert.[45] Noch während der Ausstellungszeit entschied der Vorstand der Margarethe Krupp-Stiftung in Essen im Juli 1908, dass in Konkurrenz mit Bruno Taut und Richard Seifert allein Georg Metzendorf mit der Planung einer Gartenvorstadt namens Margarethenhöhe bei Essen beauftragt werden sollte. Tatsächlich sollte

Metzendorf bald Gelegenheit haben, eine breit gefächerte Wohnungstypologie zu entwickeln, die er mit diesem Beispiel des *Essener Hauses* exemplarisch 1914 in Köln vorstellen konnte. Schon im Januar 1909 hatte Metzendorf seinen Dienst in Essen angetreten und in großer Geste die Gartenvorstadt geplant, ab Frühjahr 1910 wurden die ersten 85 Wohnungen gebaut. Finanziert über die Stiftung, sollte auf einem Gelände von rund 130 Hektar eine Stadt von 16.000 Einwohnern entstehen. Mit steigendem Tempo und wachsenden Zahlen in der Jahresbilanz wurden allein im Jahr 1914 185 Gebäude fertig gestellt.[46]

Abb. 7: Essener Haus im Neuen Niederrheinischen Dorf, Georg Metzendorf, Köln 1914

Zur gleichen Zeit entstanden auf dem Ausstellungsgelände in Köln direkt neben der Musterfabrik von Gropius die Häuser des niederrheinischen Dorfs. Am zentral gelegenen Marktplatz lagen die Dorfkirche, ein Gasthaus, eine Jugendhalle sowie ein großes Gehöft und ein Gruppenwohnhaus, an den Straßen vier Arbeiterhäuser, ein Weingasthaus, ein Café, die Dorfschmiede und ein kleines Gehöft. Bei aller Vielfalt wurde die Einheitlichkeit im Erscheinungsbild durch die Verwendung regionaler Materialien, vor allem: Ziegelmauerwerk, gesichert. Zwar hatte Metzendorf den Gesamtauftrag für den Bau der Siedlung, doch wurden nach massiven Protesten aus der Kölner Architektenschaft

13 weitere Kollegen, vorwiegend aus Köln, beschäftigt. So zeigte sich beispielhaft auch hier die damals zeittypische Spannung zwischen Standardisierung und Ortsbezug, zwischen Typisierung und Heimatschutz-Architektur.[47] Doch von den zumeist kleineren Gebäuden unterschied sich Metzendorfs Typ des Familien-Doppelwohnhauses durch seine klare Kubatur und nüchterne Sachlichkeit. Auch das Mobiliar hatte der Architekt selbst entworfen. Mit diesem *Essener Haus* genannten Projekt stellte sich Metzendorf der Fachwelt auch als Planer der Gartenvorstadt Margarethenhöhe vor, die er als Lebenswerk bis zu seinem frühen Tod 1934 gestaltete, ein Ensemble, das noch Generationen von Architekten im Siedlungsbau zum Vorbild wurde.

Ein Rahmen für die Lebensreform: Die Gartenstadt Hellerau

Als wegweisendes Beispiel für die Lebensreformbewegung galt indes die ab 1906 in Hellerau bei Dresden errichtete Gartenstadt. Hier hatte ihr Gründer, der erfolgreiche Möbelfabrikant Karl Schmidt, mit dem Fabrikbau der Deutschen Werkstätten die Grundlage einer neuen Einheit von Wohnen und Arbeiten, Freizeit und Bildung geschaffen. An diesem Pilotprojekt zur Entwicklung neuer Lebensformen war die Gründergeneration des Werkbunds maßgeblich beteiligt, beispielsweise auch Hermann Muthesius mit einem Ensemble aus Kleinwohnungsbauten, abgebildet 1913 in Schefflers Buch. 1908 wurde die Geschäftsstelle des Werkbunds demonstrativ nach Hellerau verlegt. Weltweit bekannt wurde die Gartenstadt vor allem durch die Bildungsanstalt für rhythmische Gymnastik, als ‚Tempel des Tanzes' von Heinrich Tessenow entworfen, im Inneren ausgestattet mit beweglichen Treppenpodesten. Bis heute gilt dieses Gebäude als Gründungsort für das Experimental- und Tanztheater des 20. Jahrhunderts. Seit Eröffnung dieser Bildungsanstalt mit den ersten Festspielen im Juni 1912 wurde Dresden zum Treffpunkt der gebildeten Welt, der an Kunst und Kultur Interessierten aus allen Ländern Europas. Selbst aus den USA kamen Gäste, um dieses „Laboratorium einer neuen Humanität" zu besuchen, wie der französische Dichter Paul Claudel die Gartenstadt nannte. Aus England kamen Ebenezer Howard und der Dramatiker George Bernhard Shaw auf dem Höhepunkt ihres Ruhms, aus den USA der Schriftsteller Upton Sinclair, aus Russland Sergej Diaghilew. Die Liste der später prominenten Besucher ließe sich fortsetzen, sie reicht von Buber und Busoni über Le Corbusier, Kafka,

Nolde, Poelzig, Pfitzner, Rachmaninow, Rilke, Strawinsky, van de Velde bis zu Stefan Zweig. Doch die kulturelle Euphorie des Aufbruchs in Hellerau war nur von kurzer Dauer, letzter Höhepunkt waren die Festspiele im Sommer 1913. Gäste aus aller Welt kamen, um Christoph Willibald Glucks Oper *Orpheus und Eurydike* in der Interpretation von Emile-Jacques Dalcroze zu sehen, über 2.000 Besucher kamen im Juni 1913 in die Mustersiedlung bei Dresden, in der sich mehr als 300 Menschen aus 15 Ländern zur Arbeit in kulturellen Projekten miteinander verbanden.[48]

Der Krieg: Abbruch auf Zeit?

Der Beginn des Ersten Weltkriegs beendete hier wie anderenorts den rasanten Aufschwung der kulturellen Moderne im Kaiserreich. Nach glanzvoller Eröffnung Mitte Mai 1914 wurde die Kölner Werkbund-Ausstellung mit dem Ausbruch des Ersten Weltkriegs im August vorzeitig geschlossen, in die Ausstellungshallen zogen Rekruten ein. Um Abrisskosten zu sparen, wurde das Glashaus von Taut der Artillerie für Übungszwecke zur Zerstörung überlassen. Wie eine Vorahnung der kommenden Katastrophe erscheinen im Nachhinein die Gemälde apokalyptischer Landschaften, mit denen der Maler Ludwig Meidner 1913 seine Zeitgenossen verblüffte. Nach dem Ende des Krieges sollte er gemeinsam mit anderen Künstlern, mit Architekten, Malern, Bildhauern und Literaten dem revolutionären *Arbeitsrat für Kunst* beitreten, den am 24. Dezember 1918 Walter Gropius und Bruno Taut nach dem Vorbild der Arbeiter- und Soldatenräte gegründet hatten.

Im Sommer 1914 wurde das vorzeitige Ende der Kölner Ausstellung überschattet von einer Kontroverse, die schlagartig einen bislang latenten Grundsatzkonflikt zwischen maßgeblichen Werkbund-Mitgliedern aufbrechen ließ. So forderte Hermann Muthesius in einem Vortrag, der Werkbund müsse sich zur Steigerung deutscher Wirtschaftskraft eine konsequente Typisierung in der Produkt- und Baugestaltung als nationale Gemeinschaftsleistung zur Aufgabe machen. Dagegen vertrat der Belgier Henry van de Velde, einst international prominentes Gründungsmitglied des Werkbunds, inzwischen Professor in Weimar, die Individualität und Kreativität des frei schaffenden, kosmopolitisch und international orientierten Künstlers: „Der Künstler ist seiner innersten Essenz nach glühender Individualist, freier spontaner Schöpfer, aus freien Stücken wird er niemals einer Disziplin sich unterordnen, die ihm einen Typ, einen Kanon aufzwingt."[49]

In Zeiten des Krieges war eine solche individualistische Haltung nicht mehr gefragt. Die Suche nach einer neuen Formensprache kleidete sich zunehmend in nationalistisch-chauvinistisches Vokabular. Für Deutschland habe der Werkbund die Aufgabe zu übernehmen, „die Form, die ‚deutsche Form' zu nennen wohl berechtigt ist, zuerst zu einer solchen Reife und Allgemeingültigkeit zu entwickeln, daß sie auch fremden Völkern als eine in sich gefestigte, natürlichen Gesetzen gehorchenden Welt erscheint", hieß es 1915 in der Schriftenreihe *Weltkultur und Weltpolitik*, herausgegeben vom Geschäftsführer des Deutschen Werkbunds.[50] Zwar sei es noch verfrüht, schon „von der Beherrschung des Auslands zu reden", doch wurde bereits mit weltpolitischem Großmachtanspruch verkündet: „Genau dies aber ist die Aufgabe des Werkbundes, der dann, wenn einmal die ausländischen Märkte wieder geöffnet sein werden, auch die geeignete Macht ist, um die Eroberung der fremden Märkte zu übernehmen."[51]

Angewidert von solcher Rhetorik und der allgegenwärtigen Kriegsbegeisterung entschloss sich van de Velde, Deutschland zu verlassen, doch nicht ohne für seine Professur in Weimar einen Nachfolger vorzuschlagen, den er als Vertreter der jüngeren Generation im Sinne einer internationalen Orientierung mit künstlerischem Eigensinn zu fördern suchte. Im April 1915 erhielt Walter Gropius per Feldpost die Anfrage van de Veldes, ob er bereit sei, später dessen Stelle in Weimar zu übernehmen. In den folgenden Monaten war Gropius zwischen den Kämpfen an der Front damit beschäftigt, sich Grundzüge eines Lehrkonzepts auszudenken, das er im Dezember 1918 nach einem Treffen mit Bruno Taut in die revolutionäre Gruppe *Arbeitsrat für Kunst* einbringen sollte, mit dem Ziel: „Kunst und Volk müssen eine Einheit bilden. Die Kunst soll nicht mehr Genuss Weniger, sondern Glück und Leben der Masse sein. Zusammenschluß der Künste unter den Flügeln einer großen Baukunst ist das Ziel."[52] Da war er wieder, jener hohe Ton, mit dem Bruno Taut bereits 1913 die Einheit der Künste und ein Gesamtkunstwerk unter dem Primat der Baukunst gefordert hatte. Im ersten Überschwang des Expressionismus, der 1918 endlich auch die Architektur erfasste, befeuert von Künstlern wie Erich Heckel, Ludwig Meidner, Max Pechstein, Karl Schmidt-Rottluff und Lyonel Feininger, die sich 1913 in Waldens Galerie *Der Sturm* getroffen hatten, forderten nun auch Gropius und Taut den Umsturz der Akademien und eine Kultur-Revolution in der Ausbildung von Architekten.

„Wir haben jetzt wirklich fast alle wichtigen Leute unter den Künstlern und Kunstfreunden, die auf der radikalen Seite stehen, für uns (gewonnen) und stellen bereits eine Macht dar", schrieb im Januar 1919 Walter Gropius an seinen Förderer Karl Ernst Osthaus.[53] Drei Monate später eröffnete Gropius die *Staatliche Hochschule Bauhaus* in Weimar und radikalisierte nun konsequent die Reformbestrebungen van de Veldes. Die meisten der von Gropius ans Bauhaus berufenen Künstler waren der Galerie *Der Sturm* verbunden. Im Gründungsmanifest heißt es: „Das Bauhaus erstrebt die Sammlung alles künstlerischen Schaffens zur Einheit, die Wiedervereinigung aller werkkünstlerischen Disziplinen – Bildhauerei, Malerei, Kunstgewerbe und Handwerk – zu einer neuen Baukunst als deren unablöslichen Bestandteile. Das letzte, wenn auch ferne Ziel des Bauhauses ist das Einheitskunstwerk – der große Bau –, in dem es keine Grenze gibt zwischen monumentaler und dekorativer Kunst."[54]

Aufbruch in eine neue Gesellschaft

Das Jahr 1913 erscheint im Rückblick als Knoten im Netz biographischer Verflechtungen, die sich im Weltkrieg vorübergehend trennten. Fünf Jahre später, nach dem Weltenbrand, der auch viele Lebenslinien gewaltsam zerschnitt, können wir neue Knoten erkennen, in denen unterschiedliche Biographien und Entwicklungslinien in Architektur und Bildender Kunst neu zusammengefügt werden, mit Auswirkungen bis in unsere Gegenwart.[55] Ein solcher Knoten war das *Bauhaus*, dessen Lehre in der Ausbildung von Architekten und bildenden Künstlern nach dem Zweiten Weltkrieg eine bis heute wirksame Wiederbelebung erfuhr, nachdem Walter Gropius die expressionistische Phase ab 1923 abgelöst hatte durch das funktionalistische Konzept für eine „Internationale Architektur", wie er sie im Sinne Schefflers schon 1913 imaginiert hatte. Nach dem Standortwechsel von Weimar nach Dessau war *Internationale Architektur* 1925 Titel der ersten Publikation in der Reihe der Bauhaus-Bücher.[56]

„Die ‚Internationale Architektur' ist ein Bilderbogen moderner Baukunst" – so Gropius im ersten Satz seiner Programmschrift.[57] Die Genealogie dieser ‚Internationalen Architektur' führt zu jenen Bauten von Behrens, die als Zeichen der neuen Zeit als moderne Baukunst in Schefflers Buch von 1913 erstmals vorgestellt worden waren. Einige Seiten weiter folgen Gropius' eigene Bauten, in der zweiten Auflage 1927 ist auch der Dessauer Neubau für das *Bauhaus* zu sehen. Fünf Jahre später wird 1932 im Museum of Modern Art mit Werken von Gropius in New York die Ausstellung *International Style* eröffnet. Das Gebäude des Bauhauses wurde zur Ikone, zum Symbol für den neuen Stil.

Ein zweiter Knoten im kulturellen Beziehungsgeflecht der Weimarer Ära war der erneuerte Werkbund, den der Architekt Hans Poelzig in seiner Antrittsrede als Vorsitzender 1919 als das „Gewissen der Nation“ bezeichnet hatte. Vom Werkbund gingen maßgebliche Initiativen kultureller Erneuerung aus, in denen die Reformbewegungen der Vorkriegszeit aufgenommen und radikalisiert wurden. So war es der frühere Werkbund-Vorsitzende Peter Bruckmann, 1913 mit Wallraff im Vorstand der Kölner Werkbund-Ausstellung, der zehn Jahre später in Stuttgart eine Ausstellung unter dem Titel *Die Form* anregte, die eine radikal sachliche Produktgestaltung ohne jedes Ornament und damit einen neuen Lebensstil in der Moderne proklamierte. Gleichzeitig wurde in Stuttgart eine Bauausstellung gezeigt, die nach Jahren der Not und Inflation Impulse zur Belebung des Baumarkts zu geben versprach. Aus dem Erfolg beider Ausstellungen resultierte ein Jahrzehnt nach dem Kölner Ereignis der Plan, zum 20-jährigen Gründungsjubiläum für das Jahr 1927 eine neue große Werkbund-Ausstellung vorzubereiten, die – nach Darmstadt 1901 – als zweite Internationale Bauausstellung des 20. Jahrhunderts in die Geschichte eingehen sollte.[58]

Nach dem Vorbild der Kölner Ausstellung verband sich die Stadt Stuttgart mit dem Werkbund, der den Berliner Architekten Ludwig Mies van der Rohe zum künstlerischen Leiter ernannte. Mies war mit Gropius ab 1908 enger Mitarbeiter von Peter Behrens in Berlin gewesen, 1918 engagiert in der revolutionären *Novembergruppe*, die der Galerist Herwarth Walden als Künstlerbund gegründet hatte. Jetzt beauftragt mit einer Bilanz moderner Architektur im internationalen Vergleich, konzipierte Mies van der Rohe 1925 die bald berühmte Weißenhofsiedlung wie eine abstrakte Skulptur mit einheitlichem Ausdruck im Ensemble der experimentellen Bauten. Und er schreibt dazu: „Hierdurch könnte diese Siedlung eine Bedeutung erhalten, wie etwa die Mathildenhöhe in Darmstadt sie seinerzeit erreicht hat.“[59]

Diese Stuttgarter Ausstellung war als Experiment und als Provokation geplant, wobei sich Mies seiner Bündnispartner sicher sein konnte. Er hatte durchsetzen können, dass „nur Architekten zur Mitwirkung aufgefordert werden, die im Geiste einer den heutigen Verhältnissen angepassten fortschrittlichen künstlerischen Form arbeiten und mit den entsprechenden Einrichtungen für den Hausbau vertraut sind.“[60] Die meisten der beteiligten Kollegen waren durch die Berliner Architektenvereinigung *Der Ring* miteinander verbunden, den Mies van der Rohe ab 1923 mit seinen Freunden Otto Bartning, Hugo Häring, Erich Mendelsohn, Hans Poelzig, Hans Scharoun, Bruno und Max Taut gegründet hatte, um „gemeinsam der internationalen Bewegung zu dienen, die bestrebt ist, unter bewusstem Verzicht auf die beengenden Formen der Vergangenheit die Bauprobleme unserer Zeit mit den Mitteln der heutigen Technik zu gestalten und den Boden für eine neue Baukultur der neuen Wirtschafts- und Gesellschaftsepoche zu bereiten" – so das Gründungsmanifest des *Ring*.[61]

Ganz im Sinne des alten Werkbund-Programms nahmen die Berliner Kollegen Kontakt auf zu prominenten Architekten im Ausland, die sie für das Stuttgarter Unternehmen gewinnen konnten. So zeigte dieses Projekt schließlich die ganze Breite des Neuen Bauens der 1920er Jahre im Spannungsfeld zwischen der kühlen Modernität eines Mies van der Rohe, der vor seinem Stahlskelettbau eines Mietwohnhauses ein Automobil mit Dame in neuestem Schick präsentierte, und der *organischen Baukunst* eines Hans Scharoun, der in der äußeren Gestalt des Hauses die Nutzungsweisen und die Bewegung der Bewohner darin sichtbar werden lässt. International Furore machte indes das Doppelwohnhaus von Le Corbusier, in dem er seine *Fünf Punkte für eine neue Architektur* programmatisch zur Schau stellte.[62] Heute beherbergt dieses Gebäude das viel besuchte Museum zur Geschichte der Siedlung.

Abb. 8: Doppelwohnhaus, Le Corbusier mit Pierre Jeanneret, Stuttgart 1927

Mit der Radikalisierung der Programmatik moderner Architektur im Zeichen der Internationalisierung und Industrialisierung des Bauens ging unterdessen eine zunehmend auch politisch virulente Polarisierung der Positionen einher. Einflussreiche Vertreter der Gründergeneration des Werkbunds forderten die Rückbesinnung auf regionale Bautraditionen im Sinne landschafts- und handwerkgebundenen Bauens. Im Protest gegen die Einflussnahme des *Ring* auf die Entstehung der Weißenhofsiedlung und den euphorisch proklamierten „Sieg des neuen Baustils“[63] gründeten eher konservative Baumeister um Paul Bonatz, Paul Schmitthenner und Paul Schultze-Naumburg 1928 die Architektengemeinschaft *Der Block* mit der Forderung, „die Lebensanschauungen des eigenen Volkes und die Gegebenheiten der Natur des Landes zu berücksichtigen.“[64]

Nicht nur in Deutschland blieb das Alltagsgeschäft des Bauens bis hin zu prominenten Wettbewerbsergebnissen großenteils weiterhin von konservativen Wertorientierungen und traditionellen Gestaltungsmustern geprägt. Und so wundert es nicht, dass nach Abschluss der Stuttgarter Ausstellung der damals schon weltberühmte Architekt Le Corbusier ebenfalls 1928 die *Internationalen Kongresse für Neues Bauen* ins Leben rief, die als *CIAM* bis in die 1950er Jahre hinein Architektinnen und Architekten aus ganz Europa zu Fachkonferenzen zusammenführten. Der Gründungsveranstaltung in der Schweiz folgte die zweite Tagung 1929 zum Thema *Die Wohnung für das Existenzminimum* mit Besichtigung neuester Projekte in Frankfurt am Main, konzipiert und realisiert unter der Leitung des Frankfurter Stadtbaurats Ernst May.

Die 1933 in den CIAM erarbeitete, 1943 von Le Corbusier publizierte *Charta von Athen* mit Forderungen zur Auflösung der Städte in einzelne Funktionsbereiche wurde nach dem Zweiten Weltkrieg Grundlage des Wiederaufbaus zerstörter Städte in vielen Ländern Europas.[65] Der Traum von der neuen Großstadt der Moderne prägte vielerorts die Nachkriegsdebatten, im breiten Spektrum zwischen behutsamem Wiederaufbau und radikaler Erneuerung, wie sie seit dem ersten Jahrzehnt des 20. Jahrhunderts gefordert worden war.[66] Gegenüber jenen Architekten und Planern, die nun konsequent die Kriegszerstörungen als Chance einer strukturellen Modernisierung zu nutzen versuchten, gab es in vielen Städten auch Positionen des Widerstands mit dem Ziel der Wiederherstellung historisch überkommener Strukturen, wie exemplarisch am Protest gegen die Aufbaupläne der französischen Besatzungsmacht in Mainz gezeigt werden könnte, obwohl gerade hier vehement für die Forderungen der Charta von Athen geworben wurde.[67]

Abb. 9/10: Werbung für die Charta von Athen, Section du Plan, Mainz 1947

Doch bei allem Streit, in Mainz und andernorts: Erst in den letzten beiden Jahrzehnten des 20. Jahrhunderts folgte – im zeitlichen Abstand einer Generation – der Kritik an den Resultaten des Wiederaufbaus und den Bauten der Nachkriegsmoderne tatsächlich auch die vermehrte Rekonstruktion kriegszerstörter Bauten in Abkehr von jenen Aufbrüchen.

Bis in die Gegenwart zogen die Aufbrüche in Architektur und Städtebau in wechselnden Konjunkturen zwischen Tradition und Moderne über ein Jahrhundert jeweils ihre Gegenbewegungen nach sich. Angesichts der Debatten um die Wiederherstellung des Schlosses in Berlin, den Neubau der Frankfurter Altstadt und viele andere Projekte zur Stärkung lokaler Identität im Sog der Globalisierung bleibt der Rückblick auf den Wechsel der Epochen weiterhin aktuell und auch politisch virulent.

Anmerkungen

1 | Scheffler, Karl: Die Architektur der Großstadt, Berlin 1913.

2 | Scheffler, Architektur, S. 3.

3 | Paret, Peter: Die Berliner Secession. Moderne Kunst und ihre Feinde im kaiserlichen Deutschland, Berlin 1981.

4 | Scheffler, Karl: Berlin – ein Stadtschicksal, Berlin 1910, S. 267.

5 | Scheffler, Architektur, S. 3.

6 | Ebd., S. 77f.

7 | Ebd., S. 133.

8 | Ebd., S. 153.

9 | Scheffler, Karl: Moderne Baukunst, Leipzig [2]1908.

10 | Posener, Julius: Berlin auf dem Weg zu einer neuen Architektur. Das Zeitalter Wilhelms II., München/New York 1995.

11 | Durth, Werner/Sigel, Paul: Baukultur. Spiegel gesellschaftlichen Wandels, Berlin [2]2010.

12 | Muthesius, Hermann: Das englische Haus, 3 Bände, Berlin 1904/1905.

13 | Muthesius, Hermann (1907), zitiert in: Durth/Sigel, Baukultur, S. 82.

14 | Sander, Oliver: Die Rekonstruktion des Architektennachlasses von Ernst von Ihne 1848–1917, Dissertation, Berlin 2000.

15 | Scheffler, Karl: Moderne Baukunst, Leipzig [2]1908, S. 2f.

16 | Ebd.

17 | Ebd., Hervorhebung im Original.

18 | Jessen, Peter: Deutsche Form im Weltverkehr, in: Jahrbuch des Deutschen Werkbundes 1914, Jena 1914, S. 1.

19 | Campbell, Joan: Der Deutsche Werkbund 1907–1934, Stuttgart 1981, sowie Nerdinger, Winfried (Hg.): 100 Jahre Deutscher Werkbund 1007–2007, München 2007.

20 | Deutscher Werkbund, Jahrbuch 1912, Jena 1912, Vorsatzblatt.

21 | Muthesius, Hermann (1911), zitiert in: Durth/Sigel, Baukultur, S. 95.

22 | Osthaus, Karl Ernst (1911), zitiert nach: Harry Graf Kessler, zitiert in: Durth/Sigel, Baukultur, S. 63.

23 | Ebd.

24 | Creutz, Max: Die Neugestaltung des Kölner Stadtbildes, in: Jahrbuch des Deutschen Werkbundes 1913, Jena 1913, S. 79.

25 | Ebd.

26 | Ebd.

27 | Rehorst, Carl: Die Deutsche Werkbund-Ausstellung in Köln 1914, in: Jahrbuch des Deutsches Werkbundes 1913, Jena 1913, S. 86.

28 | Ebd., S. 87.

29 | Zum Folgenden siehe Thiekötter, Angelika: Der Werkbund und seine Ausstellungen in: Kölnischer Kunstverein (Hg.): Der westdeutsche Impuls 1900–1914. Kunst und Umweltgestaltung im Industriegebiet. Die Deutsche Werkbundausstellung Cöln 1914, Essen 1984, S. 73f.

30 | Ebd.

31 | Ebd.

32 | Mendelsohn, Erich: Briefe des Architekten, München 1961, S. 30.

33 | Ebd.

34 | Gropius, Walter: Die Entwicklung moderner Industriebaukunst, in: Jahrbuch 1913, S. 17.

35 | Ebd., S. 20.

36 | Ford, Henry: Mein Leben und Werk, Leipzig ^{2}1923, S. 94.

37 | Ebd.

38 | Hirsch, Joachim/Roth, Roland: Das neue Gesicht des Kapitalismus. Vom Fordismus zum Post-Fordismus, Hamburg 1986.

39 | Ford, Mein Leben, S. 325.

40 | Gropius, Entwicklung, S. 20.

41 | Zur Gartenstadt-Bewegung siehe Howard, Ebenezer: Gartenstädte in Sicht. Deutsche Ausgabe mit Geleitwort von Franz Oppenheimer und Anhang von Bernhard Kampffmeyer, Jena 1907, sowie Hartmann, Kristina: Deutsche Gartenstadtbewegung. Kulturpolitik und Gesellschaftsreform, München 1976.

42 | Taut, Bruno (1913), zitiert in: Durth/Sigel, Baukultur, S. 131. Siehe auch Hodonyi, Robert: Herwarth Waldens „Sturm" und die Architektur, Bielefeld 2010.

43 | Scheerbart, Paul: Glasarchitektur, Berlin 1914, S. 11.

44 | Hecker, Hermann: Das niederrheinische Dorf, in: Deutschland. Zeitschrift für Heimatkunde und Heimatliebe, Juni 1914, S. 393.

45 | Durth/Siegel, Baukultur, S. 80f.

46 | Metzendorf, Georg: Kleinwohnungsbauten und Siedlungen, Darmstadt 1920, sowie Metzendorf, Rainer: Georg Metzendorf 1874–1934. Siedlungen und Bauten, Darmstadt/Marburg 1994.

47 | Siehe Lampugnani, Vittorio Magnago/Schneider, Romana, Moderne Architektur in Deutschland 1900–1950. Reform und Tradition, Stuttgart 1992, sowie Pehnt, Wolfgang: Deutsche Architektur seit 1900, München 2005.

48 | Durth, Werner (Hg.): Entwurf zur Moderne. Hellerau: Stand Ort Bestimmung, Stuttgart 1996, sowie Schinker, Nils M.: Die Gartenstadt Hellerau 1909–1945. Stadtbaukunst, Kleinwohnungsbau, Sozial- und Bodenreform, Dresden 2013.

49 | Henry van de Velde (1914), zitiert in: Durth/Sigel, Baukultur, S. 105.

50 | Riezler, Walter: Die Kulturarbeit des Deutschen Werkbundes, München 1916, S. 40.

51 | Ebd., S. 6.

52 | Programm des Arbeitsrats für Kunst 1919, zitiert in: Durth/Sigel, Baukultur, S. 132.

53 | Gropius, Walter: Brief an Karl Ernst Osthaus vom 6. Januar 1919, zitiert in: Hesse-Frielinghaus, Herta (Hg.): Karl Ernst Osthaus. Leben und Werk, Recklinghausen 1971, S. 471f.

54 | Manifest zur Gründung der Staatlichen Hochschule Bauhaus in Weimar, Faksimile in: Durth/Sigel, Baukultur, S. 136.

55 | Durth, Werner: Deutsche Architekten. Biographische Verflechtungen 1900–1970, Stuttgart/Zürich [5]2001.

56 | Gropius, Walter: Internationale Architektur, München [2]1927.

57 | Ebd., S. 5, Hervorhebungen im Original.

58 | Kirsch, Karin: Die Weißenhofsiedlung. Werkbund-Ausstellung ‚Die Wohnung'-Stuttgart 1927, Stuttgart 1987.

59 | Mies van der Rohe, Ludwig: Brief an Gustav Stotz vom 11. September 1925, zitiert in: Kirsch, Weißenhofsiedlung, S. 45.

60 | Peter Bruckmann in der Vorstandssitzung des DWB in Berlin am 30. März 1925, zitiert in: Kirsch, Weißenhofsiedlung, S. 53.

61 | Manifest zur Gründung der Berliner Architektenvereinigung *Der Ring*, zitiert in: Durth/Sigel, Baukultur, S. 208f.

62 | Le Corbusier/Jeanneret, Pierre: Zwei Wohnhäuser. Fünf Punkte zu einer neuen Architektur von Le Corbusier und Pierre Jeanneret, Stuttgart 1927.

63 | Behrendt, Walter Curt: Der Sieg des neuen Baustils, Stuttgart 1927.

64 | Gründungserklärung der Architektenvereinigung *Der Block* vom Juni 1928, zitiert in: Durth/Sigel, Baukultur, S. 247.

65 | Hilpert, Thilo: Le Corbusiers ‚Charta von Athen'. Texte und Dokumente. Kritische Neuausgabe, Braunschweig 1984.

66 | Durth, Werner/Gutschow, Niels: Träume in Trümmern, Planungen zum Wiederaufbau zerstörter Städte im Westen Deutschlands 1940–1950. Band I: Konzepte, Band II: Städte, Braunschweig/Wiesbaden 1988.

67 | Ebd., Band II, S. 884f.

Nachwort

Der vorliegende Sammelband geht auf die Ringvorlesung „1913 – Götterdämmerung oder Morgenröte einer neuen Zeit?“ zurück, die im Sommersemester 2013 am Institut für Geschichte der Technischen Universität Darmstadt stattfand. Eine Publikation der Vorträge war zunächst nicht beabsichtigt. Die ungewöhnlich große Resonanz der Ringvorlesung und der vielfach geäußerte Wunsch der Zuhörerinnen und Zuhörer nach einer Veröffentlichung der Beiträge gaben den Anstoß für den Sammelband.

Wir danken den Autorinnen und Autoren für ihre Beteiligung an der Vorlesungsreihe und dem Buchprojekt. Vor allem danken wir ihnen für die Bereitschaft, die Vorträge für den Sammelband teilweise grundlegend zu überarbeiten. Im Verlauf des Vorlesungszyklus hatten sich bestimmte Themen und Fragestellungen als Leitmotive herauskristallisiert, die für die vorliegende Publikation stärker pointiert werden sollten. Die Autorinnen und Autoren haben sich dieser Aufgabe bereitwillig und zügig unterzogen, so dass der Band knapp ein Jahr nach Abschluss der Vorlesungsreihe vorgelegt werden kann.

Die Herausgeber danken allen, die am Entstehen und Gelingen von Vorlesungsreihe und Buchprojekt beteiligt waren, insbesondere Sonja Stein (www.grafik-stein.de) für die fachkundige und zuverlässige Zusammenarbeit bei der Erstellung des Satzes und Nikola Forwergk für die Korrekturlesung der Druckfahnen.

Darmstadt, Mai 2014

Dieter Schott/Detlev Mares

Autorinnen und Autoren

NOYAN DINÇKAL, PD Dr., ist Lehrkraft für Neuere und Neueste Geschichte an der Universität Paderborn und Privatdozent am Institut für Geschichte der TU Darmstadt. Seine Forschungsschwerpunkte sind: Urbane Umwelt- und Infrastrukturgeschichte, Technik- und Wissenschaftsgeschichte, Sport- und Körpergeschichte. Zu seinen Veröffentlichungen zählen: Sportlandschaften. Sport, Raum und (Massen) Kultur in Deutschland 1880–1930, Göttingen 2013 (= Kritische Studien zur Geschichtswissenschaft 211); „Sport ist die körperliche und seelische Selbsthygiene des arbeitenden Volkes". Über Arbeit, Leibesübungen und Rationalisierungskultur in der Weimarer Republik, in: Body Politics. Zeitschrift für Körpergeschichte 1 (2013), S. 71–97 (URL: http://bodypolitics.de); (Hg. mit Christof Dipper und Detlev Mares) Selbstmobilisierung der Wissenschaft. Technische Hochschulen im „Dritten Reich", Darmstadt 2010.

CHRISTOF DIPPER, Prof. Dr., em., war von 1990 bis 2008 Professor für Neuere und Neueste Geschichte am Institut für Geschichte der TU Darmstadt. Zu seinen Forschungsschwerpunkten zählen: Begriffs-, Sozial- und Agrargeschichte, deutsche und italienische Geschichte, Begriff und Geschichte der Moderne. Neuere Veröffentlichungen sind u.a.: Moderne, Version 1.0, in: Docupedia-Zeitgeschichte, 25.8.2010, URL: https://docupedia.de/zg/Moderne?oldid=80259; Die deutsche Geschichtswissenschaft und die Moderne, in: Internationales Archiv für die Sozialgeschichte der Literatur 37 (2012), S. 37–62; Die historische Schwelle um 1800. Eine Skizze, in: Geschichte in Wissenschaft und Unterricht 64 (2013), S. 600–611.

WERNER DURTH, Prof. Dr. Ing., Dr. h.c., ist Professor für Geschichte und Theorie der Architektur im Fachbereich Architektur an der TU Darmstadt. Zu seinen Veröffentlichungen zählen: Die Inszenierung der Alltagswelt. Zur Kritik der Stadtgestaltung, Braunschweig/Wiesbaden 1977; Deutsche Architekten. Biographische Verflechtungen 1900–1970, Braunschweig/Wiesbaden 1986; (mit Niels Gutschow) Träume in Trümmern. Planungen zum Wiederaufbau zerstörter Städte im Westen Deutschlands 1940–1950, 2 Bände, Braunschweig/Wiesbaden 1988; (mit Jörn Düwel und Niels Gutschow) Ostkreuz/Aufbau. Architektur und Städtebau der DDR, 2 Bände, Frankfurt/New York 1998; (mit Paul Sigel) Baukultur. Spiegel gesellschaftlichen Wandels, Berlin 2009 (^{2}2010).

Birte Förster, Dr. phil., ist wiss. Mitarbeiterin am Institut für Geschichte der TU Darmstadt, wo sie über Infrastrukturen im Afrika südlich der Sahara zur Zeit der Dekolonisierung forscht und die Redaktion der Zeitschrift *Neue Politische Literatur* leitet. Weitere Forschungsinteressen sind Geschlechter- und Mediengeschichte sowie Nationalismusforschung. Zu ihren Veröffentlichungen zählen: Der Königin Luise-Mythos. Mediengeschichte des „Idealbilds deutscher Weiblichkeit", 1860–1960, Göttingen 2011 (= Formen der Erinnerung 46); Popular History, Gender, and Nationalism. Female Narratives of a National Myth, in: Barbara Korte/Sylvia Paletschek (Hgg.): Popular History 1800–1900–2000, Bielefeld 2012, S. 149-168; (Hg. mit Martin Bauch) Wasserinfrastrukturen und Macht von der Antike bis zur Gegenwart, Berlin 2014 (= Sonderheft der Historischen Zeitschrift 63).

Elke Hartmann, Prof. Dr., ist Professorin für Alte Geschichte am Institut für Geschichte der TU Darmstadt. Zu ihren Forschungsschwerpunkten zählen die Kultur- und Geschlechtergeschichte der Antike sowie die Sozialgeschichte der römischen Kaiserzeit. Wichtige Publikationen sind u. a.: Frauen in der Antike. Weibliche Lebenswelten von Sappho bis Theodora, München 2007 (= Beck'sche Reihe 1735); (Hg. mit U. Hartmann und K. Pietzner) Geschlechterdefinitionen und Geschlechtergrenzen in der Antike, Stuttgart 2007; Heirat, Hetärentum und Konkubinat im klassischen Athen, Frankfurt a.M. 2002 (= Campus Historische Studien 30).

Detlev Mares, Dr. phil., ist wissenschaftlicher Mitarbeiter am Institut für Geschichte der TU Darmstadt. Seine Forschungsschwerpunkte sind die britische und deutsche Geschichte des 19. und 20. Jahrhunderts. Zu seinen Veröffentlichungen zählen: Margaret Thatcher. Die Dramatisierung des Politischen, Gleichen/Zürich 2014; (Hg. mit Noyan Dinçkal und Christof Dipper) Selbstmobilisierung der Wissenschaft. Technische Hochschulen im „Dritten Reich", Darmstadt 2010; Großbritannien – „Contemporary History" jenseits von Konsens und Niedergang, Version 1.1, in: Docupedia-Zeitgeschichte, 3.6.2011, URL: http://docupedia.de.

Walter Mühlhausen, Prof. Dr., ist Geschäftsführer der Stiftung Reichspräsident-Friedrich-Ebert-Gedenkstätte, Heidelberg, und Außerplanmäßiger Professor am Institut für Geschichte der TU Darmstadt.

Zu seinen Forschungsschwerpunkten zählen die Geschichte der Sozialdemokratie und die Zeitgeschichte Hessens. Wichtige Veröffentlichungen sind u.a.: Hessen 1945–1950. Zur politischen Geschichte eines Landes in der Besatzungszeit, Frankfurt a.M. 1986; Friedrich Ebert 1871–1925. Reichspräsident der Weimarer Republik, Bonn ^{2}2007; „Das große Ganze im Auge behalten". Philipp Scheidemann, Oberbürgermeister von Kassel (1920–1925), Marburg 2011.

Jürgen Reulecke, Prof. Dr., em., war von 1984 bis 2003 an der Universität Siegen und von 2003 bis 2008 an der Universität Gießen Professor für Neuere und Neueste Geschichte/Zeitgeschichte. In Gießen war er zudem Sprecher des DFG-Sonderforschungsbereichs „Erinnerungskulturen". Seine Lehr- und Forschungsschwerpunkte waren bisher die Geschichte der Sozialpolitik, Sozialreform und sozialer Bewegungen sowie der Urbanisierung im 19. und 20. Jahrhundert; außerdem hat er sich mit der Geschichte der Freizeit, bes. des Tourismus, beschäftigt und generationen-/erfahrungsgeschichtliche Studien zur Geschichte der Jugendbewegung und der Kriegskinderproblematik im 20. Jahrhundert publiziert. Neuere Publikationen: Väterlicher „Machtverfall": Von den starken Vätern des Kaiserreichs zur „vaterlosen Gesellschaft" nach 1918, in: Peter Hoeres u.a. (Hgg.): Herrschaftsverlust und Machtzerfall, München 2013, S. 207–219; Hundert Jahre Meißner-Pathos, in: Peter Stibane/Felix Prautzsch (Hgg.): Festschrift Meißner 2013, Karlsruhe 2013, S. 21–28; (zus. mit Barbara Stambolis) Die Gedanken sind frei. Akustische Erinnerungsorte, in: Gerhard Paul/Ralph Schock (Hgg.): Sound des Jahrhunderts, Bonn 2013, S. 460–465; Lebensentwürfe: Irritation und Formierung, in: Niels Werber u.a. (Hgg.): Erster Weltkrieg. Kulturwissenschaftliches Handbuch, Stuttgart/Weimar 2014, S. 85–96.

Angelika Schaser, Prof. Dr., ist Professorin für Neuere Geschichte an der Universität Hamburg. Bis 2010 war sie Teilprojektleiterin in der DFG-Forschergruppe „Selbstzeugnisse in transkultureller Perspektive" an der Freien Universität in Berlin (http://www.cms.fu-berlin.de/dfg-fg/fg530/). Zu ihren Forschungsschwerpunkten zählen die Auto-/Biographik, die Frauen- und Geschlechtergeschichte, die Stadtgeschichte sowie die Geschichte von Minderheiten. Wichtige Veröffentlichungen sind u.a.: (Hg. mit Claudia Ulbrich und Hans Medick) Selbstzeugnis und Person. Transkulturelle Perspektiven, Köln/Weimar/Wien 2012; Helene Lange und Gertrud Bäumer. Eine politische Lebensgemeinschaft, Köln/Weimar/Wien ^{2}2010; (Hg. mit Stefanie Schüler-

Springorum) Liberalismus und Emanzipation. In- und Exklusionsprozesse im Kaiserreich und in der Weimarer Republik, Stuttgart 2010.

FRIEDEMANN SCHMOLL, Prof. Dr., ist Professor für Volkskunde (Empirische Kulturwissenschaft) an der Friedrich-Schiller-Universität Jena. Seine Arbeitsschwerpunkte sind: Kulturgeschichte der Natur und Umwelt, Nahrungsethnologie, Wissenschaftsgeschichte, Rituale und Feste. Zu seinen Veröffentlichungen zählen: Erinnerung an die Natur. Die Geschichte des Naturschutzes im deutschen Kaiserreich, Frankfurt a.M. 2004; Die Vermessung der Kultur. Der „Atlas der deutschen Volkskunde“ und die Deutsche Forschungsgemeinschaft, Stuttgart 2009.

DIETER SCHOTT, Prof. Dr., ist Professor für Neuere Geschichte mit Schwerpunkt Stadt- und Umweltgeschichte am Institut für Geschichte der TU Darmstadt. Zu seinen Forschungsschwerpunkten gehören die Stadt- und Umweltgeschichte Deutschlands und Europas im 19. und 20. Jahrhundert, die Geschichte der USA und Großbritanniens im 19. und 20. Jahrhundert sowie die Geschichte der Energie- und Verkehrssysteme. Zu seinen wichtigsten Veröffentlichungen zählen: Europäische Urbanisierung (1000–2000). Eine umwelthistorische Einführung, Köln 2014; (Hg. mit Bill Luckin und Geneviève Massard-Guilbaud) Resources of the City. Contributions to an Environmental History of Europe, Aldershot 2005; Die Vernetzung der Stadt. Kommunale Energiepolitik, öffentlicher Nahverkehr und die „Produktion" der modernen Stadt. Darmstadt – Mainz – Mannheim 1880–1918, Darmstadt 1999.

Abbildungsverzeichnis

Reulecke

Abb. 1, Seite 28	Titelbild der Zeitschrift „Jugend" Nr. 1 (1896)
Abb. 2, Seite 32	Titelbild der Zeitschrift „Deutsche Volksstimme" (1905)
Abb. 3, Seite 35	Titelseite der Festschrift zum Meißnerfest 1913
Abb. 4, Seite 38	Festpostkarte zum Freideutschen Jugendtag auf dem Hohen Meißner

Schott

Abb. 1, Seite 71	Brooklyn Bridge (2008). Photograph: chrisbastian; *http://ny-pictures.com/nyc/photo/picture/18740/oldest_bridge_us*, Source image: *http://www.flickr.com/photos/chrisbastian/3021413116/*, abgefragt 9.5.2014.
Abb. 2, Seite 81	Pferdelose Straßenbahn. Scherzpostkarte zur Eröffnung der elektrischen Straßenbahn in Frankfurt a. M. 1898; *http://www.frankfurt-nordend.de/Images/1898_elektrische.jpg*, abgefragt 23.7.2013.
Abb. 3, Seite 88	Der Bayerische Platz in Berlin 1910. Entnommen aus „Homepage der Georg-von-Giesche-Schule, Berlin"; *http://www.georg-von-giesche-schule.de/geschichteneu/das-bayerische-viertel*, abgefragt 10.5.2014.

Förster

Abb. 1, Seite 145	„Boehms Jubiläumsmarke. Gerhard v. Scharnhorst", Gustav Boehm, Offenbach, HStA Darmstadt, R 4, Nr. 19006 (Sammlung Hugo Spengler).
Abb. 2, Seite 148	„Theodor Körners Heldentod bei Gadebusch", „Faustring" Lanolin-Seife, Firma Naumann, Offenbach, HStA Darmstadt, R 4, Nr. 19078/1 (Sammlung Hugo Spengler).
Abb. 3, Seite 154	Luftaufnahme vom Völkerschlachtdenkmal in Leipzig, 25. März 1957, Foto Junge, Heinz, Krueger, Bundesarchiv, Bilddatenbank, Bild 183-45510-0001.

Mühlhausen

Abb. 1, Seite 180	Die zweite Generation noch im Hintergrund – der SPD-Parteivorstand 1909; in der zweiten Reihe (v. l.) Luise Zietz (*1865), Friedrich Ebert (*1871) und Hermann Müller (*1876) neben der Gründergeneration mit Robert Wengels (*1850), hinten r., und in der ersten Reihe (v. l.) Alwin Gerisch (*1857), Paul Singer (*1844), August Bebel (*1840), Wilhelm Pfannkuch (*1841) und Hermann Molkenbuhr (*1851). (Archiv der sozialen Demokratie, Bonn)
Abb. 2, Seite 181	Die SPD-Fraktion nach den Wahlen vom Januar 1912: mit 110 von insgesamt 397 Abgeordneten die stärkste Kraft im Reichstag. Vorn in der Mitte die beiden Parteivorsitzenden Hugo Haase (7. v. r.) und Friedrich Ebert (6. v. r.) sowie Philipp Scheidemann (links neben Haase), (Mit-)Vorsitzender der Reichstagsfraktion ab 1913. (Archiv der sozialen Demokratie, Bonn)

Abb. 3, Seite 186	Postkarte mit dem Konterfei des 1913 verstorbenen SPD-Vorsitzenden August Bebel. Der Verweis auf Bebels Bekenntnis zur Landesverteidigung diente im Ersten Weltkrieg den Befürwortern der Burgfriedenspolitik als Legitmation. (Archiv der sozialen Demokratie, Bonn)

Schaser

Abb. 1, Seite 227	Titelbild des Buches: Das Jahr 1913. Ein Gesamtbild der Kulturentwicklung., B. G. Teubner, Leipzig/Berlin.
Abb. 2, Seite 231	Flugblatt „Der Stand des Frauenstimmrechts in der Welt. Sonderdruck aus dem Nachrichtenblatt des Bundes Deutscher Frauenvereine vom 15. Dezember 1925. (Helene-Lange-Archiv im Landesarchiv Berlin: LAB B Rep. 235-01 MF-Nr. 2859-2864, hier: 2861).

Durth

Abb. 1, Seite 244	Turbinenfabrik der AEG, Peter Behrens mit Karl Bernhard, Berlin 1909, Archiv Fachgebiet Geschichte und Theorie der Architektur, TU Darmstadt
Abb. 2, Seite 245	Kaiser Friedrich-Museum, heute Bode-Museum, Ernst von Ihne, Berlin 1903, Fotograf Jürgen Schreiter, Darmstadt
Abb. 3, Seite 246	Haus Behrens, Peter Behrens, Darmstadt 1901, Fotograf Jürgen Schreiter, Darmstadt
Abb. 4, Seite 252	Deutsche Werkbund-Ausstellung, Plakat von Peter Behrens, 1914, Archiv Fachgebiet Geschichte und Theorie der Architektur, TU Darmstadt
Abb. 5, Seite 256	Musterfabrik mit Verwaltung, Walter Gropius, Köln 1914, Archiv Fachgebiet Geschichte und Theorie der Architektur, TU Darmstadt
Abb. 6, Seite 258	Glashaus, Bruno Taut, Köln 1914, Archiv Fachgebiet Geschichte und Theorie der Architektur, TU Darmstadt
Abb. 7, Seite 260	Essener Haus im Neuen Niederrheinischen Dorf, Georg Metzendorf, Köln 1914, Archiv Fachgebiet Geschichte und Theorie der Architektur, TU Darmstadt
Abb. 8, Seite 266	Doppelwohnhaus, Le Corbusier mit Pierre Jeanneret, Stuttgart 1927, Archiv Fachgebiet Geschichte und Theorie der Architektur, TU Darmstadt
Abb. 9/10, S. 268	Werbung für die Charta von Athen, Section du Plan, Mainz 1947, Archiv Fachgebiet Geschichte und Theorie der Architektur, TU Darmstadt

Autorinnen, Autoren und Herausgeber haben sich um die Klärung aller Bildrechte bemüht. Sollte es dennoch übersehene Ansprüche geben, bitten wir um Kontaktaufnahme.

Histoire

Stefan Brakensiek, Claudia Claridge (Hg.)
Fiasko – Scheitern in der Frühen Neuzeit
Beiträge zur Kulturgeschichte des Misserfolgs

Februar 2015, ca. 230 Seiten, kart., zahlr. Abb., ca. 29,99 €,
ISBN 978-3-8376-2782-4

Torben Fischer, Matthias N. Lorenz (Hg.)
Lexikon der »Vergangenheitsbewältigung« in Deutschland
Debatten- und Diskursgeschichte des Nationalsozialismus nach 1945
(3., überarbeitete und erweiterte Auflage)

November 2014, 398 Seiten, kart., 29,80 €,
ISBN 978-3-8376-2366-6

Alexa Geisthövel, Bodo Mrozek (Hg.)
Popgeschichte
Band 1: Konzepte und Methoden

November 2014, ca. 250 Seiten, kart., ca. 29,80 €,
ISBN 978-3-8376-2528-8

Leseproben, weitere Informationen und Bestellmöglichkeiten finden Sie unter www.transcript-verlag.de

Histoire

Sophie Gerber
Küche, Kühlschrank, Kilowatt
Zur Geschichte des privaten Energiekonsums in Deutschland, 1945-1990

Dezember 2014, ca. 340 Seiten, kart., zahlr. Abb., ca. 34,99 €,
ISBN 978-3-8376-2867-8

Sebastian Klinge
1989 und wir
Geschichtspolitik und Erinnerungskultur nach dem Mauerfall

Dezember 2014, ca. 430 Seiten, kart.,
z.T. farb. Abb., ca. 38,99 €,
ISBN 978-3-8376-2741-1

Felix Krämer
Moral Leaders
Medien, Gender und Glaube in den USA der 1970er und 1980er Jahre

November 2014, ca. 430 Seiten, kart., ca. 35,99 €,
ISBN 978-3-8376-2645-2

Leseproben, weitere Informationen und Bestellmöglichkeiten finden Sie unter www.transcript-verlag.de

Histoire

Katharina Gerund, Heike Paul (Hg.)
Die amerikanische Reeducation-Politik nach 1945
Interdisziplinäre Perspektiven auf »America's Germany«
Oktober 2014, ca. 350 Seiten, kart., zahlr. Abb., ca. 32,99 €,
ISBN 978-3-8376-2632-2

Markus Hedrich
Medizinische Gewalt
Elektrotherapie, elektrischer Stuhl und psychiatrische »Elektroschocktherapie« in den USA, 1890-1950
September 2014, 346 Seiten, kart., zahlr. Abb., 34,99 €,
ISBN 978-3-8376-2802-9

Ulrike Kändler
Entdeckung des Urbanen
Die Sozialforschungsstelle Dortmund und die soziologische Stadtforschung in Deutschland, 1930 bis 1960
Februar 2015, ca. 420 Seiten, kart., ca. 39,99 €,
ISBN 978-3-8376-2676-6

Sibylle Klemm
Eine Amerikanerin in Ostberlin
Edith Anderson und der andere deutsch-amerikanische Kulturaustausch
Dezember 2014, ca. 440 Seiten, kart., zahlr. Abb., ca. 39,99 €,
ISBN 978-3-8376-2677-3

Nora Kreuzenbeck
Hoffnung auf Freiheit
Über die Migration von African Americans nach Haiti, 1850-1865
Februar 2014, 322 Seiten, kart., 32,99 €,
ISBN 978-3-8376-2435-9

Wolfgang Kruse (Hg.)
Andere Modernen
Beiträge zu einer Historisierung des Moderne-Begriffs
Januar 2015, ca. 350 Seiten, kart., zahlr. z.T. farb. Abb., ca. 38,99 €, ISBN 978-3-8376-2626-1

Livia Loosen
Deutsche Frauen in den Südsee-Kolonien des Kaiserreichs
Alltag und Beziehungen zur indigenen Bevölkerung, 1884-1919
Oktober 2014, ca. 650 Seiten, kart., zahlr. Abb., ca. 48,99 €,
ISBN 978-3-8376-2836-4

Bodo Mrozek, Alexa Geisthövel, Jürgen Danyel (Hg.)
Popgeschichte
Band 2: Zeithistorische Fallstudien 1958-1988
November 2014, ca. 350 Seiten, kart., zahlr. Abb., ca. 32,99 €,
ISBN 978-3-8376-2529-5

Claudia Müller, Patrick Ostermann, Karl-Siegbert Rehberg (Hg.)
Die Shoah in Geschichte und Erinnerung
Perspektiven medialer Vermittlung in Italien und Deutschland
Dezember 2014, ca. 280 Seiten, kart., zahlr. Abb., ca. 32,99 €,
ISBN 978-3-8376-2794-7

Peter Stachel, Martina Thomsen (Hg.)
Zwischen Exotik und Vertrautem
Zum Tourismus in der Habsburgermonarchie und ihren Nachfolgestaaten
Dezember 2014, ca. 280 Seiten, kart., ca. 38,99 €,
ISBN 978-3-8376-2097-9

Leseproben, weitere Informationen und Bestellmöglichkeiten finden Sie unter www.transcript-verlag.de